Über dieses Buch Dieses vor rund 20 Jahren zum erstenmal veröffentlichte Buch ist bereits ein klassisches Werk der Psychoanalyse. Die 1964 gedruckte letzte Ausgabe erschien im 70. bis 75. Tausend. Danach war der Band zehn Jahre vergriffen. Bei der vorliegenden Neuauflage handelt es sich um eine vollständig überarbeitete Fassung, an der Werner Kemper bis kurz vor seinem Tode im Jahre 1975 in Berlin gearbeitet hat. An Traumbeispielen aus seiner psychoanalytischen Praxis läßt der Autor den Leser des Buches Schritt für Schritt teilnehmen an den Beobachtungen und Schlußfolgerungen, die die Be-Deutung der Träume aufdecken. Er möchte uns zeigen, daß jeder, wenn ihm der Sinn dafür erst einmal aufgegangen ist, Einsicht in die Schönheit und Inhaltsfülle der Traumwelt gewinnen kann. Die Neuauflage enthält auch einen Beitrag von Helmut Bach über die Befunde der experimentellen Traumforschung.

Der Autor Der 1975 in Berlin gestorbene Psychoanalytiker war nach seinen eigenen Worten ein »sogenannter orthodoxer« Freud-Schüler, »der das große Glück gehabt hat, seine psychoanalytische Ausbildung noch am alten Berliner Psychoanalytischen Institut, dem ersten überhaupt, nach dessen Muster späterhin in aller Welt ähnliche Institute aufgebaut wurden, abschließen zu können«. Kemper siedelte 1948 nach Rio de Janeiro über, wo er als Psychoanalytiker tätig war, und kehrte 1967 nach Berlin zurück.

Werner W. Kemper

Der Traum und seine Be-Deutung

Mit einem Beitrag von Helmut Bach
über den neuesten Stand
der experimentellen Traum-
und Schlafforschung

Fischer Taschenbuch Verlag

Geist und Psyche
Begründet von Nina Kindler 1964

Ungekürzte Ausgabe
Fischer Taschenbuch 42184
Juni 1983
Fischer Taschenbuch Verlag GmbH, Frankfurt am Main
Lizenzausgabe mit freundlicher Genehmigung
der Kindler Verlag GmbH, München
© 1977 Kindler Verlag GmbH, München
Lektorat: Willi Köhler
Umschlaggestaltung: Graupner & Partner GmbH
Satz: Friedrich Pustet, Regensburg
Druck und Bindung: Hanseatische Druckanstalt GmbH, Hamburg
Printed in Germany
1480-ISBN-3-596-42184-5

Inhalt

TEIL I

Teil II

Helmut Bach: Zur experimentellen Traumforschung

Vorwort

Verfasser dieser Schrift ist ein – sogenannter orthodoxer – FREUD-Schüler, der das große Glück gehabt hat, seine psychoanalytische Ausbildung noch am alten Berliner Psychoanalytischen Institut, dem ersten überhaupt, nach dessen Muster späterhin in aller Welt ähnliche Institute aufgebaut wurden, abschließen zu können, bevor die deutschsprachige Psychoanalyse durch das Dritte Reich und den Zweiten Weltkrieg ihre Führungsposition verlor und der Schwerpunkt der Psychoanalyse sich in den anglo-amerikanischen Raum verlagerte.

Aufgrund meiner seit einem Vierteljahrhundert mit Vertretern aller Richtungen geführten Gespräche sowie aus eigener praktischer Erfahrung glaube ich, die Positionen der anderen Schulen ausreichend zu kennen, und hoffe, ihnen auch dort in meiner Darstellung sachlich gerecht geworden zu sein, wo ich mich von ihnen distanziere. In dieser Schrift geht es mir nicht um Werbung für eine Schule oder um Polemik gegen eine andere, vielmehr ist es meine Absicht, durch ein Nebeneinanderstellen der verschiedenen Auffassungen ein besseres Vergleichen zu ermöglichen und damit Klärung und bereichernde Verständigung vorzubereiten.

Besonders dringlich stellt sich diese Aufgabe neuerdings auch durch die Notwendigkeit der Auseinandersetzung mit den zunächst manchmal so überraschenden Funden der experimentellen Traumforschung. Die wissenschaftliche Diskussion kontroverser Standpunkte erweist sich stets für beide Seiten fruchtbar.

Nicht zuletzt wurde dieses Buch aus dem Wunsche heraus geschrieben, im Leser ein lebendiges Interesse für ein geheimnisvolles Reich zu wecken, an dessen Wundern, Aufgaben, »Anrufen« und Schönheiten ein jeder von uns allnächtlich teilhaben kann, wenn ihm der Sinn dafür erst einmal aufgegangen ist.

Werner W. Kemper

Enzyklopädisches Stichwort: Der Traum

Das Wort Traum leitet sich vom mittel- und althochdeutschen troum (altsächsisch *drom*, altfriesisch *dram*, mittelenglisch *dream*, altnordisch *draumr*) ab und läßt sich auf eine Bedeutung »Trugbild« zurückführen (wahrscheinlich vom germanischen *drau(g)ma* bzw. der indogermanischen Wurzel *dhreugh* = Trügen) (Kluge, Etymol. Wörterbuch, de Gruyter 1934).

Der Traum hatte im Altertum eine religiös-kultische Bedeutung, wie noch heute bei den sogenannten primitiven Kulturen. Im Britischen Museum findet sich eine umfangreiche Papyrusrolle über den Traum, deren Alter mit fast 4000 Jahren angegeben wird. Mehr Belege besitzen wir über die Zeit etwa ein Jahrtausend später. Damals stand der Traum bei den Babyloniern sowie bei den später ins Land eingewanderten Chaldäern und bei den Assyrern in so hohem Ansehen, daß nicht nur große politische Entscheidungen aufgrund von Träumen getroffen wurden, sondern auch der einzelne vor allen wichtigen Entschlüssen sich von seinem Traumdeuter beraten ließ, so etwa wie heutzutage bei solchen Anlässen vorher der Rechtsanwalt oder der – Astrologe konsultiert wird. Deshalb wurde der Name *Chaldäer* später nahezu gleichbedeutend mit »Traumkundigem«.

Der Einfluß der Chaldäer auf die semitische und die griechisch-römische Kultur ist unverkennbar. Das *Alte Testament* ist voller Träume, die in den frühen Büchern noch als Offenbarungen Gottes hingenommen wurden und erst zur Zeit der Propheten kritischer eingewertet werden. Auch im *Talmud* finden wir eine Fülle allgemeiner Beobachtungen über den Traum sowie spezielle Trauminterpretationen. Im griechisch-römischen Kulturkreis wurde der Traum zunächst ebenfalls als göttliche Offenbarung gewertet. Bekannt ist auch seine sakrale Funktion beim Tempelschlaf. Aber schon HOMER (Odyssee XIX, 562) unterscheidet zwei Arten von Träumen: wahre und falsche Verkündigungen. SOPHOKLES, SOKRATES, PLATO, ARISTOTELES, HIPPOKRATES und andere haben zum Teil umfangreiche Arbeiten über den Traum hinterlassen, die im wesentlichen schon all die Probleme berühren, mit denen sich auch heute noch die Traumfor-

schung befaßt. CICEROS skeptische Einstellung zum Traum und
zur Traumdeutung hat nicht verhindert, daß selbst CAESAR und
NERO sich ihren offiziellen Traumdeuter am Hofe hielten (gewissermaßen als Vorläufer des heutigen *Brain-Trust*).

Trotzdem war der Traum – zunächst Beweis göttlicher Offenbarung, dann fester Bestandteil des Kultes – durch die wissenschaftliche Forschereinstellung von ARISTOTELES und durch die
diagnostisch-therapeutischen Auswertungsversuche von HIP-
POKRATES inzwischen schon so weitgehend aus seiner früheren
metaphysischen Heimat herausgelöst worden, daß seine nüchterne Verweltlichung im letzten vorchristlichen Jahrhundert
nicht mehr aufzuhalten war. Seine einstige Glut und Gewalt
leuchtet noch einmal auf in den uns erhalten gebliebenen fünf
Traum-Bänden von ARTEMIDOROS (um 200 n. Chr.).

Dann wird es im westlichen Kulturraum für fast anderthalb
Jahrtausend nahezu still um den Traum, während ihm in der östlichen Welt des Islam bald eine ähnlich religiös kultische Stellung
eingeräumt wird, wie einst bei den Alten und wie bereits fast tausend Jahre vor unserer Zeitrechnung auch bei den Chinesen. Von
den wenigen Ausnahmen im Westen seien der Bischof SYNESIUS
(um 400 n. Chr.), ALBERTUS MAGNUS (um 1250), sein spanischer
Zeitgenosse VILLA NOVA, PARACELSUS (um 1500), der Spanier
FAJARDO (um 1600) und LEIBNIZ (1646–1716) genannt (Genaueres bei DIEPGEN (85). Zur Zeit der auf die Renaissance folgenden
Aufklärung wurde der Traum vollends mißachtet, und das Volk
mußte sich an den um diese Zeit immer mehr verbreiteten
»Traumbüchern« schadlos halten, die zum großen Teil aus falsch
übersetzten oder mißverstandenen ägyptischen und arabischen
Quellen schöpften. Erst die Romantiker und ihre Nachfahren
entdeckten den Traum wieder in seinem emotionalen und auch
irrationalen Aspekt (NOVALIS, JEAN PAUL, CARUS, auch SCHEL-
LING, GOETHE, später NIETZSCHE, dann KLAGES). Aber die bio-
mechanistische Grundeinstellung des fortschrittsgläubigen vergangenen Jahrhunderts setzte sich auch über solche Sentimenta-
litäten als unwissenschaftlichen Plunder hinweg (HERBART,
BINZ, FECHNER, WUNDT und andere) und glaubte, mit ihren
Hirnsekretions-, Dissoziations-, Leibreiz- und sonstigen Theorien nunmehr den Traum endgültig seines Geheimnisses entklei-
det zu haben; eine Einstellung, die teilweise auch heute noch besteht, so beispielsweise in gewissen Kreisen der Psychiatrie.

Die moderne Traumforschung leitete der Wiener Psychoanalytiker S. FREUD mit seiner 1900 erschienenen *Traumdeutung* ein. Auf diesem Werk fußt das gesamte mehrere tausend Bände umfassende moderne in- und ausländische Schrifttum über den Traum – und zwar auch dann, wenn es die Konzeption von FREUD zum Teil oder insgesamt bekämpft. Seine beiden genialen neuen wissenschaftlichen Ansätze waren, 1. den Traum als psychisches Phänomen mit den anderen unbewußten normalen und krankhaften Äußerungen des menschlichen Seelenlebens (z. B. mit Fehlhandlungen, neurotischer Symptomatik) zu vergleichen, und 2. dem manifesten Traumtext den latenten Traumhintergrund der äußeren und inneren Gesamtsituation des Träumers – und zwar in Gegenwart und Vergangenheit zugleich – gegenüberzustellen. Gegen diesen Hintergrund deutlich abgehoben müßte sich dann die spezifische Arbeitsweise des Traumes erkennen lassen. Diese Konzeption wirkte sich für FREUD als Bestätigung seiner bereits beim Studium der Neurosen gewonnenen Überzeugung aus, daß der unbewußte Anteil an den Äußerungen des menschlichen Seelenlebens (den die Schulpsychologie überhaupt nicht kannte und auch zunächst immer noch nicht anerkennen wollte) an Umfang größer und an Bedeutung für Gesundheit und Krankheit wichtiger ist als der bewußte.

Von FREUDs ersten und engsten Mitarbeitern, RANK, SACHS, JONES, STEKEL, SILBERER, MAEDER, L. BINSWANGER, ADLER, JUNG, haben sich einige im Laufe des vergangenen halben Jahrhunderts mehr oder weniger vom einstigen Lehrer entfernt. Gegenüber RANK und STEKEL, die anfangs durch ihre Arbeiten zum Traum rasch bekannt wurden, hat sich in den letzten Jahrzehnten vor allem C. G. JUNG im deutschen Sprachraum immer mehr neben FREUD durchgesetzt. JUNG hat versucht, die vorwiegend kausal-genetische Orientierung von FREUD durch eine final-prospektive zu erweitern und durch die Annahme eines kollektiven Unbewußten mit seinen Archetypen zu vertiefen. An neueren Ansätzen seien ferner genannt der anthropologische Entwurf des Neopsychoanalytikers SCHULTZ-HENCKE und der daseinsanalytische von L. BINSWANGER und von M. BOSS.

Mit FREUDs Erkenntnis, daß der Traum die *via regia* (der königliche Weg) zum Unbewußten sei, hat der Traum in diagnostischer, vor allem aber in therapeutischer Hinsicht eine nie zuvor gekannte Bedeutung erlangt. Seelische Krankenbehandlung ohne

Einbeziehung der Träume wäre heute unvorstellbar. So wird der Traum heute bei Kranken und Gesunden nicht mehr als Einzelphänomen gewertet, sondern eingebettet in die Gesamtpersönlichkeit des Träumers gesehen. Und zwar in Gegenwart und Vergangenheit zugleich, einschließlich der sich daraus in »natürlicher perspektivischer Fortsetzung« (MAEDER) ergebenden Zukunft. Darüber hinaus hält JUNG an einem noch konkreteren Offenbarungscharakter des Traumes fest. Dank des kollektiven Anteiles des Unbewußten könne der Traum über die Niederschläge persönlicher Erfahrung des Einzelwesens hinaus auch von unserer vor- und nachindividuellen Existenz Kunde geben. Ähnlich sieht BJERRE im Traum den Niederschlag der Begegnung des einzelnen mit den »kosmischen Mächten«. Während der Traum für die offizielle Psychologie und Psychiatrie eine biologische Minusfunktion (z. B. Dissoziation) darstellt, will BOSS ihm »die Würde einer eigenen Weise des menschlichen Daseins« zuerkennen. Im modernen anglo-amerikanischen Schrifttum interessiert vor allem die Frage, wieweit der Traum Rückschlüsse auf die allerfrüheste Entwicklung der Persönlichkeitsinstanzen (»Ich-Psychologie«) erlaubt.

Vergleicht man das Schrifttum über den Traum durch die Jahrtausende hindurch, so zeigt sich, daß er uns auch heute noch vor die gleichen Grundprobleme stellt wie einst. Ist der Traum gottgesandt, ist er ein Teufelswerk? Fremdartig geheimnisvolle Offenbarung oder nur ein sich interessant gebärdender Nonsens? Niederschlag der Begegnung mit kosmischen Mächten oder Ergebnis von Leibreizen (voller Magen)? Darstellung realer Begebenheiten oder Widerspiegelung innerer Befindlichkeit? Bezieht er sich auf die Gegenwart, die Vergangenheit oder die Zukunft? Gibt es verbürgte prophetische Träume? Sind alle Träume bedeutungsträchtig oder nicht? Wie ist seine Beziehung zur Phantasie? Zum Schlaf? Zur Telepathie? Zur Unsterblichkeit? Was ist seine Funktion? Wie ist seine Verwandtschaft mit Märchen, Mythen und Sagen zu erklären? Wie sind seine merkwürdigen, oft grotesken Inhalte zu verstehen? Und sein Reichtum an Symbolen, insbesondere an Sexualsymbolen? Wie kommt es zu solcher Scham- und Hemmungslosigkeit im Traum? Sind wir für unsere Träume verantwortlich? Usw., usw.

Hat FREUD dem Traum wieder die Würde eines ernsthaften wissenschaftlichen Forschungsobjektes und den Wert eines kostbaren therapeutischen Werkzeuges verliehen, so hat vor allem JUNG ihm darüber hinaus auch wieder eine kultische Bedeutung, ja eine nahezu religiöse Einschätzung zu geben versucht. Die »großen« Träume und die prophetischen Träume wären die heutigen Spielarten der einstigen Offenbarungsträume, als Gott sich seinen Auserwählten noch im Traum verkündete. Die zweifellos gegebene Beziehung des Traumes zu telepathischen Erfahrungen vertieft seinen numinosen Charakter und verstärkt seine seit Jahrtausenden unveränderte Faszination für die Menschen, die von jeher wenig nach der augenblicklichen Einstellung der zeitgenössischen Wissenschaft gefragt haben.

Einführung

Von dem chinesischen Dichter-Philosophen Tschuang-Tse wird berichtet, daß er morgens beim Erwachen die nachdenkliche Überlegung anstellte: »Heute Nacht habe ich geträumt, ich bin ein Schmetterling. Woher weiß ich jetzt, ob ich ein Mensch bin, der glaubt geträumt zu haben, ein Schmetterling zu sein, oder ob ich ein Schmetterling bin, der jetzt träumt, ein Mensch zu sein?«

Wir stutzen einen Augenblick über eine so unerwartete Fragestellung. Dann lächeln wir, halb wohlwollend, halb überlegen, über jenen merkwürdigen Weisen in fernen östlichen Landen; vielleicht beneiden wir ihn auch wehmütig ein wenig um seine Muße zu solch geistreich-tiefsinnigem Gedankenspiel. Aber dann kehren wir sogleich zu unserem konkreten Tagewerk, auf den »sicheren Boden der Tatsachen« zurück. Zu einem Betroffensein, das uns für das hinter dieser »hübschen« Geschichte verborgene geheimnisvolle Problem wirklich aufgeschlossen hätte, ist es nicht gekommen.

Ähnlich unbeteiligt, vielleicht noch unberührter, bleiben wir, wenn wir hören, daß es auf den australischen Südsee-Inseln heute noch Stämme gibt, die der Auffassung sind, daß jene Welt, in der sie nächtlich in ihren Träumen weilen, die »eigentliche«, die wirkliche Welt sei, aus der sie nur zur Tagzeit in das diesseitige Dasein zu gehen haben, um erst nach dem Tode endgültig in ihrer wirklichen Heimat verbleiben zu können. Wir sind nicht einmal allzusehr über solch einen abwegigen Glauben verwundert, da wir als gebildete moderne Menschen ja aus der vergleichenden Religions- und Völkergeschichte viele ähnliche Beispiele naiver, heute aber eben überholter »primitiver« Auffassungen kennen. Auch die Tatsache, daß kürzlich bei brasilianischen Indianerstämmen, die – rund 20000 km entfernt – in bisher unzugänglichen Urwaldgebieten leben, die gleiche Auffassung in nur wenig abgewandelter Form angetroffen wurde, läßt uns kaum aufhorchen. Ist sie uns doch nur wissenschaftlich beweiskräftig dafür, daß man in allen primitiven Kulturen gleichermaßen solch naiver, wirklichkeitsfremder »falscher« Vorstellungswelt begegnet.

Gehen wir aber jetzt einmal in Gedanken in unsere Kindheit zurück. Nicht einmal bis in jene früheste Zeit, in der die Welt der Märchen und Phantasien für uns noch eine lebendige, ja sogar eine faszinierendere Wirklichkeit darstellte als unsere damalige »reale« Wirklichkeit. Sondern nur bis zur Schulzeit, als wir beispielsweise zum ersten Mal die beiden bekannten Träume des König PHARAO hörten:

Pharaos Träume: »Da sah er aus dem Strom sieben schöne wohlgenährte Kühe heraufsteigen und im Riedgras weiden. Dann sah er nach diesen sieben andere Kühe aus dem Strom heraufsteigen, die sahen häßlich aus und waren mager an Fleisch und traten neben die anderen Kühe am Ufer des Stromes; hierauf fraßen die häßlichen und mageren Kühe die sieben schönen und wohlgenährten Kühe auf. Da erwachte der Pharao.

Als er dann wieder eingeschlafen war, hatte er einen zweiten Traum; und zwar sah er sieben Ähren an einem Halme wachsen, dicke und schöne; nach diesen aber sproßten sieben dünne und vom Ostwind versengte Ähren auf, und diese dünnen Ähren verschlangen die sieben dikken und vollen Ähren. Da erwachte der Pharao und merkte, daß es ein bedeutungsvoller Traum gewesen sei. Am Morgen fühlte er sich darüber innerlich beunruhigt, so daß er alle ägyptischen Schriftkundigen und Weisen rufen ließ; er erzählte ihnen seine Träume, aber es war keiner da, der sie dem Pharao zu deuten wußte.«[1]

Stimmten wir damals nicht PHARAO zu, wenn er spürte, einen »bedeutungsvollen Traum« gehabt zu haben? Fühlten wir nicht mit ihm mit, wenn er sich den ganzen Morgen deswegen »innerlich beunruhigt fühlte«? Und daß er – ein mächtiger und vielbeschäftigter König – nicht eher Ruhe gab, bis er endlich in JOSEPH einen sachkundigen Traumdeuter gefunden hatte? Nahmen wir es damals nicht als natürlich hin, daß die Träume von den Kühen und Ähren von JOSEPH dahingehend gedeutet wurden, daß dem Ägypterreich eine sieben Jahre während fette Fruchtbarkeit bevorstünde, der aber sieben Jahre schrecklicher Dürre folgen und den Überfluß der ersten sieben Jahre restlos verzehren würden? Wir haben auch nichts Auffälliges dabei gefunden, daß nun tatsächlich sieben Jahre der Fülle folgten und daß sie aufgrund dieser Träume klug genutzt wurden, um die Speicher und Kammern zu füllen, so daß die dann gleichfalls tatsächlich nachfolgenden sieben Jahre der Dürre überstanden werden konnten.

Gewiß, wir waren damals noch Kinder, noch nicht urteilsfähig. Sind wir nun aber dank der Bildung und Aufklärung, die wir

[1] I. Mos. 41, V. 1–8 i. d. Übers. v. MENGE.

uns inzwischen angeeignet haben, wirklich frei vom Einfluß dieser uns nächtlich begleitenden und magisch anziehenden geheimnisvollen Welt? Verbringen nicht auch wir noch gelegentlich einen Vormittag bedrückt, bis uns aufgeht, daß uns die ganze Zeit ein Traum »verfolgt« hat? Kennen wir nicht alle sonst ganz vernünftige, ernsthafte, lebenstüchtige Menschen, die ein geplantes Vorhaben – eine Reise, ein Geschäft, eine private Verabredung – deshalb nicht verwirklichen, weil ein Traum sie »gewarnt« habe? Das seien – so werden wir sofort eine Erklärung zur Hand haben – eben abergläubische Menschen. Das mag richtig sein. Aber lassen wir, die wir uns als nicht abergläubisch einschätzen, jetzt doch nach langen Jahren noch einmal jene uns ebenfalls aus unserer Kindheit bekannten beiden anderen Träume aus der Josephsgeschichte ruhig auf uns einwirken:

Josephs Träume: »Einst hatte Joseph einen Traum und teilte ihn seinen Brüdern mit; da haßten sie ihn noch mehr. Er sagte nämlich zu ihnen: »Hört einmal diesen Traum, den ich gehabt habe. Wir waren gerade beschäftigt, Garben draußen auf dem Felde zu binden, und denkt nur: meine Garbe richtete sich empor und blieb auch aufrecht stehen, aber eure Garben stellten sich rings im Kreise herum und verneigten sich vor meiner Garbe.« Da sagten seine Brüder zu ihm: »Du willst wohl gar König über uns werden oder gar Herrscher über uns sein?« Da haßten sie ihn noch mehr wegen seiner Träume und wegen seiner Reden.

Er hatte nämlich noch einen anderen Traum, den er seinen Brüdern so erzählte: »Hört, ich habe noch einen Traum gehabt. Denkt nur: die Sonne und der Mond und elf Sterne verneigten sich vor mir.« Als er das seinem Vater und seinen Brüdern erzählte, schalt ihn sein Vater und sagte zu ihm: »Was ist das für ein Traum, den du da gehabt hast! Meinst du, ich und deine Mutter und deine Brüder sollen kommen, um uns vor dir zur Erde zu verneigen?«[1]

Antwortet etwas in uns auch heute noch ähnlich wie damals? Finden wir es z. B. nicht merkwürdigerweise doch eigentlich ganz in Ordnung, daß sich die Brüder gegen die Überheblichkeit des Joseph geschlossen zur Wehr setzen? Stimmen wir insgeheim nicht auch mit dem Vater überein, wenn er Joseph wegen seiner Anmaßung zurechtweist?

Was machen wir Erwachsenen dann aber? Obwohl wir doch genau wissen, daß es sich nur um einen Traum, also um etwas Irreales handelt, ja, obwohl die Mehrzahl von uns vielleicht überzeugt ist, daß Träume bedeutungslos, sinnlos, »Schäume«

[1] I. Mos. 37, V. 5–10; i. d. Übers. v. Menge.

seien, die lediglich auf irgendwelche nächtlich störenden Leibreize zurückzuführen sind, fühlt sich etwas in uns doch von ihnen angesprochen, so als ob wir sie ernst genommen hätten. Trotz unseres Besserwissens hat Joseph für unser Gefühl mit solch überheblichem Traum tatsächlich gefrevelt und seine Strafe verdient. Wir kommen nicht um den Tatbestand herum, daß wir die Traumwelt zumindest insofern für Wirklichkeit halten, als wir gefühlsmäßig den Träumer für sein Verhalten im Traum verantwortlich machen. Warum pflegt z. B. der Mann, der nachts von einer anderen Frau träumt, dies wohlweislich vor seiner Gefährtin zu verheimlichen? Obwohl es doch nichts als »nur ein Traum« war? Offensichtlich, weil er ein schlechtes Gewissen wegen seiner geträumten »Untreue« hat und genau weiß, daß auch seine Gefährtin ihm diese – in Wirklichkeit doch gar nicht begangene! – Untreue übel vermerken würde. Joseph war weniger vorsichtig. Nicht genug damit, daß er im Traum überheblich war, beging er den weiteren Frevel, sich zu seinem Traum zu bekennen, indem er ihn den Betroffenen erzählte. So findet es unser volles Verständnis, wenn er vom Vater für seine zweifache Herausforderung gescholten wird und seine eifersüchtigen Brüder ihn aus tiefster Seele haßen und verfolgen.

Berichtet uns doch Plutarch, daß Marsyas zum Tode verurteilt wurde, weil er geträumt hatte, Dionys, den Tyrannen, ermordet zu haben. Und die Begründung lautete ausdrücklich, daß nur derjenige dieses Traumes fähig sei, der insgeheim mit solchen Mordabsichten umhergehe: juristisch gesehen zweifellos ein Justizmord. Aber wir Menschen verhalten uns bis auf den heutigen Tag offensichtlich immer noch so, als ob das, was jemand in seinem Traum tut, ihm eigen ist und ihn insofern verrät, als es einem wirklichen, wenn auch ihm selbst vielleicht verborgenen Impuls entspricht. Wir achten den im sonstigen Leben doch entscheidenden Unterschied zwischen einer real durchgeführten Tat und ihrer bloßen Möglichkeit im Traum so auffallend gering, als ob wir der imaginären Traumwelt einen realen Wirklichkeitscharakter beimessen. Schon im *Talmud* heißt es: »Was und wie der Mensch ist – so träumt er.« Sofort fällt uns dazu auch die Redensart ein: »Das würde mir nicht einmal im Traume einfallen«, womit wir die jeden Zweifel ausschließende Versicherung abgeben wollen, daß eine bestimmte Absicht uns so fern liege, daß sie sich nicht einmal im Traum verraten könne.

Und das geschieht, obwohl wir doch vieltausendfache Beweise dafür haben, daß Träume abwegig, unsinnig, verworren und dunkel sind. Die Gesetze der Logik, die Kategorien von Raum und Zeit sind im Traum aufgehoben. Dazu ein besonders eindringliches Beispiel:

Vier-Zeiten-Traum: Ich befinde mich im Schlafzimmer meines Geburtshauses, das im Traum zu einem Gebäude gehört, in dem ich erst 10 Jahre später wohnte. Ich sitze dort auf einem grüngestreiften Ecksofa aus meiner (erst weitere 12 Jahre später bewohnten) Studentenbude und bin in lebhafter Unterhaltung mit einer Figur aus einem historischen Roman, den ich am Abend vor dem Traum las, und der im Mittelalter spielt.

Also vier verschiedene Zeitabschnitte der Vergangenheit mit der größten Traum-Selbstverständlichkeit mit einem fünften, der Gegenwart, in eins verwoben! Ähnliche Willkür erlaubt sich der Traum mit den Personen: Jemand ist im Traum mein Vater, ist zugleich aber auch Professor X. Ebenso kann ich selber zugleich ich und noch jemand anders sein. Ich kann mir sogar im gleichen Traumbild zweimal, wenn nicht dreimal begegnen. Jemand träumte z. B. eine Szene in einem Theater, in der er, als Beobachter im Hintergrund bleibend, sich als Zuschauer im Parkett sitzen sieht, und außerdem noch zum drittenmal gleichzeitig als Mitwirkender auf der Bühne in Erscheinung tritt. Ich kann im Traume fliegen, unter Wasser leben, als noch nicht Geborener oder bereits Verstorbener existieren. Lebende können im Traum verstorben sein; Verstorbene können in leibhaftiger Lebendigkeit wieder unter uns weilen, wobei wir oftmals groteskerweise sogar wissen, daß sie ja eigentlich tot sind. Menschen können sich in Tiere verwandeln und umgekehrt, oder gar beides zu gleicher Zeit sein. Tiere können mit mir sprechen, ohne daß ich dies im Traum auch nur im geringsten absurd finde. Gegenstände können ins winzig Kleine zusammenschrumpfen oder ins Überdimensionale anwachsen. Ich kann mit drei Schritten mühelos von Berlin nach New York gelangen; kurz: alle Naturgesetze sind auf den Kopf gestellt.

Schlimmer noch, daß im Traum auch die uns im Wachzustand zur zweiten Natur gewordenen Gesetze von Recht, Sitte und Anstand in gröbster Weise durchbrochen sein können: Ich kann im Traume Eigenschaften entwickeln, die mir völlig fremd scheinen; kann ein von Geltungssucht, Neid, Rachedurst, Machtgier und Haß getriebenes Ungeheuer in Menschengestalt sein; kann, völlig unbeteiligt, die mir im Leben liebsten Menschen auf grausame Weise umkommen lassen oder gar selber kaltblütig umbringen. Befremdlicherweise kann ich aber auch umgekehrt meine wirklichen Feinde im Traume mögen. Ich bin zu allen Verbrechen fähig und ebenso auch zu allen sexuellen Abwegigkeiten, die mir im Wachzustand völlig fernliegen. Selbst die Inzestschranke besteht nicht mehr. Hatte nicht FREUD recht, wenn er seinem Buche *Die Traumdeutung* als Geleitwort »Acheronta movebo« (»Ich werde die Unterwelt entfesseln«), voranstellte?

Aber hat der Traum nur diesen Aspekt? Wir hörten bereits, daß wir im Traum unseren (realen) Feind liebhaben können. Kennen wir nicht auch in manchen Träumen eine Intensität des Lebensgefühls, wie wir sie, soweit unsere Erinnerung reicht, im Wacherleben in solcher Stärke kaum erlebt haben? Oder Traum-Landschaften, die uns tiefen Frieden und eine erhabene Ruhe vermitteln? Bilder von einer überirdischen Schönheit, die ein höchstes Glücksgefühl hinterlassen? Spüren wir im Traum nicht gelegentlich auch die Wonnen von bisher nicht geahnten Möglichkeiten in uns? Sind wir im Traum nicht auch zu Gedächtnisleistungen fähig, die ans geradezu Wunderbare grenzen? Besitzen sie nicht z. B. die Fähigkeit, seit Jahrzehnten vergessene und nie wieder erinnerte Szenen der Vergangenheit bis in ihre tausend Einzelheiten genau lebendig wieder erschaffen zu können? Kennen wir nicht ferner Träume, die für einen telepathischen Rapport, für eine prophetische Vorankündigung sprechen? Muß es uns nicht nachdenklich stimmen, wenn einige der namhaftesten unter den (doch immer als besonders kritisch und nüchtern bezeichneten) großen Naturwissenschaftlern, die mit dem Nobelpreis ausgezeichnet wurden, aussagen, daß sie ihre entscheidenden Funde Träumen oder traumartigen Phantasien verdanken, wie z. B. EHRLICH die Konzeption seiner Seitenketten-Theorie, KEKULÉ die des Benzolringes und BOHR die des Atommodells?

Wie kann man sich in der so widersprüchlichen, chaotischen Welt der Träume, die unsinnig, sinnvoll und übersinnlich zugleich erscheint, orientieren? Ist es zu verwundern, daß unsere innere Einstellung zu ihr ebenso chaotisch-zwiespältig ist? Als aufgeklärte, »gebildete« Menschen sind wir überzeugt, daß wir der Welt des Traumes keinen echten Wirklichkeitscharakter beimessen. Unsere Einfühlfähigkeit in die Reaktion des Vaters und der Brüder, als JOSEPH ihnen seine Träume berichtete, bewies uns aber, daß wir dem Traum insgeheim doch zum mindesten insofern eine reale Wirksamkeit zuerkennen, als auch wir JOSEPH stillschweigend seinen überheblichen Traum zum Vorwurf gemacht, ihn mithin als Beweis echter Überheblichkeit gewertet haben.

Wir sind also – so müssen wir zu unserer Überraschung folgern – doch nicht so weit entfernt von jenen Südsee-Insulanern, auch nicht von jenem chinesischen Weisen, dessen nachdenkliches Sinnieren über seinen Schmetterlingstraum bei uns ein leises Lächeln auslöste. Könnte dieses Lächeln nicht verraten, daß wir wehmütig etwas Verlorenem nachtrauern? Wie dem auch sei: wir sind auf etwas aufmerksam gemacht worden, das weiter zu verfolgen lohnend ist. Doch hören wir zunächst einmal, was uns hierzu die Geschichte lehrt.[1]

[1] Der Leser, der sich den bisher gewahrten inneren Zusammenhang nicht zerreißen lassen mag, kann den nun folgenden historischen Rückblick auf später verschieben und mit der Lektüre »Erste allgemeine Orientierung« bzw. »Die Quellen des Traumes« fortfahren.

TEIL I

Beurteilung und Einwertung des Traumes

I. Vom Altertum bis zum Ende des 19. Jahrhunderts[1]

Schon die zitierten Beispiele der *Bibel* zeigen, daß die Menschen der Frühzeit den Traum sehr ernst nahmen. Im vielleicht ältesten Dokument der Menschheit, dem mindestens 4000 Jahre alten babylonischen Keilschrift-Epos *Gilgamesch*, begegnen wir bereits der gleichen Hochschätzung. Nicht anders im *Talmud*, wie wir schon an einem Beispiel sahen. Darin steht auch der Satz: »Ein unverstandener Traum ist wie ein uneröffneter Brief«. In allen Weltreligionen, in vielen überlieferten Mythen und Sagen, in den großen Epen der Weltliteratur: überall und immer wieder hören wir, welch große Bedeutung dem Traum beigemessen wird. BUDDHAS Berufung erfolgte durch einen Traum. HOMER läßt AGAMEMNON aufgrund eines von ZEUS gesandten Traumes seinen Feldzug gegen Troja antreten. In der *Edda*, besonders auch im *Nibelungenlied*, sind die wichtigsten Ereignisse fast stets mit Träumen verknüpft, usw.

Wir können in jenen Frühzeiten dem Traum geradezu eine kultisch-religiöse Bedeutung zusprechen. Am reinsten zeigt dies die Institution der Tempelträume. Kranke, Konfliktbeladene, aber auch Gesunde vor lebenswichtigen Entscheidungen, legten sich, durch den Priester äußerlich und innerlich entsprechend vorbereitet (Fasten, Meditieren, Exerzitien, Einatmen des Rauches bestimmter Kräuter), im Tempel zum Schlafe nieder. Dem derart zur Aufnahme empfänglich Gewordenen sandten die Götter dann den erleuchtenden Traum, der vom Priester ausgelegt wurde. Es ist mehr als nur ein salopper Vergleich, wenn wir jene uralte kultische Institution der Reinigung und Läuterung zu den modernen psychotherapeutischen Verfahren in Beziehung setzen, etwa dem Aufenthalt in einem Sanatorium mit Heilfasten, Übungen, Schlafkuren, vor allem aber der psychoanalytischen Behandlung, in der auch das Auswerten der Träume eine ent-

---

[1] Die hier angeführten historischen Details sind zum Teil den Büchern von BOSS (77), FREUD (98a), GARMA (28) und MOUFANG-STEVENS (157) entnommen.

scheidende Rolle spielt. Und das wissenschaftliche »weltliche« Gewand dieser heutigen therapeutischen Maßnahmen sollte nicht darüber hinwegtäuschen, daß es im Grunde doch immer noch um die gleichen seelischen Vorgänge und ebenso auch immer noch um die gleichen seelischen Hintergründe geht.

Wir wissen, daß (selbst heute noch) bei den sogenannten primitiven Kulturen die Funktionen des Priesters und des Arztes in *einer* Person, dem Medizinmann (Priesterarzt, Schamanen), vereinigt sind. Entsprechend spielte im Altertum der kultische (und später auch berufsmäßige) Traumdeuter eine große und historisch sogar oftmals entscheidende Rolle. Von JOSEPH, der bei PHARAO dieses Amt aufgrund der Deutung der zuvor angeführten Träume antrat, hören wir, daß er bald neben dem König zum mächtigsten Manne in ganz Ägypten wurde. XERXES, der König der Perser, ließ sich trotz der Warnungen seines Traumdeuters ARTABANOS auf das verlustreiche Abenteuer seines Feldzuges gegen Griechenland ein. ALEXANDER DER GROSSE, bereits entschlossen, die monatelange ergebnislose Belagerung von Tyros aufzugeben, blieb und eroberte dann doch die Stadt, weil sein Traum von einem Satyros (Satyr) von seinem Traumdeuter ARISTANDROS als: Sa – Tyros (= Tyros ist Dein!) ausgelegt worden war.

Für PLATO (um 400 v. Chr.) war der Traum noch in erster Linie ein von den Göttern gesandter Hinweis auf Zukünftiges, wenngleich wir dem gleichen PLATO bereits die Erkenntnis verdanken, daß der Tugendhafte sich damit begnüge, von dem zu träumen, was der Böse im Leben verwirkliche. PLATOS Schüler ARISTOTELES (um 350 v. Chr.) dürfte als der erste wissenschaftlich-systematische Traumforscher angesehen werden. Für ihn ist der Traum die Fortsetzung der seelischen Tätigkeit im Schlafzustand, man müsse nur die wie in einem bewegten Wasser sich verzerrt widerspiegelnden Bilder zu entzerren wissen. So ist für ihn der Traumgehalt nicht mehr von den Göttern stammende Zukunftsweisung, sondern er sieht darin einen Ausdruck des »dem Naturbereich« angehörigen menschlichen Geistes. Beispielsweise sei das Wissen im Traum, daß dem Schlafenden eine Erkrankung bevorstehe, keine göttliche Ankündigung, sondern erkläre sich »natürlich« aus der im Schlafzustand gesteigerten Innenwahrnehmung, die auch alle sonstigen körperlichen und seelischen Innenwahrnehmungen im Traum ins Große übersteigert

erscheinen lasse. ARISTOTELES war bekanntlich Erzieher ALEX-
ANDERS DES GROSSEN und mußte nach dessen Tod, wegen seiner
wissenschaftlichen Lehre der Gottlosigkeit angeklagt, aus Athen
fliehen. So entbehrt es nicht eines gewissen Reizes zu erfahren,
daß sein Zögling ALEXANDER, in die Geschichte als der kühne
Welteroberer eingegangen, trotz aller wissenschaftlichen Aufgeklärtheit durch seinen berühmten Lehrer, doch noch selbst
nüchterne Kriegsentscheidungen von einer – als göttlichen Hinweis empfundenen – Traumankündigung abhängig machte, wie
sein eben erwähnter Traum bei der Belagerung von Tyros
(Sa–Tyros) zeigt.

An diese Tradition knüpft dann auch 500 Jahre später der be-
kannteste unter den berufsmäßigen Traumdeutern, ARTEMIDO-
ROS aus Daldis (Ephesos), ein Zeitgenosse MARK AURELS, in seinem großangelegten, uns erhalten gebliebenen fünfbändigen
Werk über den Traum an. Das durch den revolutionären Gesichtspunkt von ARISTOTELES, der die Auffassung vertrat, daß
die Träume natürlicher Herkunft seien, aufgeworfene Problem
versuchte ARTEMIDOROS zu lösen, indem er – wie HOMER – und
in gewissem Sinne auch heute noch JUNG – zwei Hauptarten von
Träumen unterschied: die zukunftweisenden, die doch als eine
Art göttlicher Eingebung anzusehen seien, und die gewöhnlichen, die sich nur auf Vergangenes und Gegenwärtiges aus dem
Leben des Träumers bezögen. Neben manchem uns heute
fremdartig Anmutendem begegnen wir bei ihm doch immer wieder überrascht einer Fülle zutreffender korrekter Einzelbeobachtungen. So z. B., wenn er annimmt, daß jene zweite Gruppe
durch körperliche oder seelische Bedürfnisse (oder ein Gemisch
von beiden) ausgelöst wird; wenn er aussagt, daß diese Bedürfnisse im Traum entweder als nach Befriedigung drängender Anspruch, weit häufiger jedoch als bereits aufs beste befriedigt dargestellt werden; wenn er – wie wir heute sagen würden – die
konkreten Realeinfälle des Träumers zu seinem Traum, ferner
die Kenntnis seiner gesamten Lebensumstände und besonders
dessen, was ihn vor dem Einschlafen innerlich beschäftigte, als
unerläßliches Ergänzungsmaterial für eine korrekte Traum-Interpretation erachtete, usw.

Am eindruckvollsten sind aber seine Ausführungen über die
Traumsymbole. Schon die Materialsammlung ist überwältigend.
Mehr noch die geradezu modern anmutende Art ihrer vielseiti-

gen Auswertung, einschließlich seiner Überlegung, warum wir im Traum so bevorzugt Sexualsymbole antreffen und was sie bedeuten. So könne z. B. das männliche Glied unter anderem im Traume symbolisieren: 1. sexuelle Körperstärke, aber auch ganz allgemein Lebenskraft, 2. das Zeugende, und somit die Eltern; aber auch das Gezeugte, also die Kinder. Ebenso könne es deshalb auch anspielen auf die Personen, mit denen der Träumer Sexualbeziehungen hat (Frau, Geliebte), 3. das Schwanken zwischen Überfluß und Armut (Geschwelltheit und Schlaffheit), 4. Zwang und Fessel, weil der Mensch seinem Geschlechtstrieb versklavt sei, 5. Plan und Geheimnis, weil mädea (μηδεα) im Griechischen sowohl die Bezeichnung für Glied als auch für Plan und Geheimnis ist, die zeugende, schöpferische, zündende Idee in Rede, Erziehung, die fortzeugend und über-zeugend sich fortpflanzt, usw. Wir sehen: die ganze Skala von einfacher Symbolübersetzung über allegorische Auswertung, indirekte Anspielung, Ersetzung durch eine zufällig wortgleiche Bezeichnung, bis zur »existentialen« Deutung ist vor fast 2000 Jahren einem Traumdeuter bereits bekannt gewesen.

Eine hohe Bedeutung wurde dem Traum auch im alten China und in Indien zuerkannt. Zur Zeit der Dynastie DSCHOU, d. h. etwa 700 Jahre vor unserer Zeitrechnung, wird bereits die wichtige Funktion des Traumdeuters erwähnt. Und noch ein halbes Jahrtausend weiter zurück weiß man schon von der Bedeutung der Traumsymbole. Aus dem alten Indien erfahren wir, daß ein halbes Jahrtausend vor unserer Zeitrechnung das Leben BUDDHAS mehrfach an entscheidenden Punkten durch Träume erleuchtet wurde, so wie bereits seiner Mutter das Los ihres künftigen großen Sohnes vor seiner Geburt im Traum verkündet worden war.

Überblicken wir etwas summarisch die im westlichen Kulturraum seit ARTEMIDOROS verflossenen rund 2000 Jahre, so stoßen wir bis zum Beginn dieses Jahrhunderts auf keine wesentlichen neuen Gesichtspunkte. Ob wir nun die Schriften der Kirchenväter, von PARACELSUS oder des nahezu unbekannten Spaniers FAJARDO (1612), der Aufklärungszeit und später der Romantiker, und schließlich der das Ende des vergangenen Jahrhunderts kennzeichnenden naturwissenschaftlich-mechanistischen Epoche lesen: immer geht es um Variationen der schon im Altertum aufgeworfenen Streitfrage, ob die Träume »göttliche« Eingebung, also »von außen gesandt« seien, oder aber lediglich Ausdruck der im Schlafzustand fortgesetzten normalen seelischen oder gar nur sinnlichen Tätigkeit des Menschen (so wie die körperlichen Funktionen im Schlafe ja auch nicht stillstehen). Und was die zumal im kultischen Bereich einst hohe Kunst der Traumauslegung angeht, so müssen wir feststellen, daß sie immer tiefer absank, bis sie zuletzt nur noch ein unwürdiges Dasein in »ägyptischen« Traumbüchern fristete, meist platten Symbollexika, die selbst da, wo sie – weil unverständlich – zunächst geheimnisvolle Tiefe vermuten lassen, diesen Umstand einem fatalen Mißverständnis infolge von Fehlübersetzungen aus dem Lateinischen oder Arabischen verdanken. Als rühmenswerte Ausnahmen hätten einzelne Persönlichkeiten, so besonders Leibniz, ferner Schelling, Carus, Fichte, und nicht zuletzt die großen Dichter wie Goethe, Nietzsche und viele andere in unserer summarischen Zusammenfassung allerdings eine besondere Würdigung verdient. Aber hier soll ja keine Kulturgeschichte des Traumes und seiner Deutung geboten, sondern die Geschichte nur soweit herangezogen werden, als sie zur besseren Abhebung unserer Problemstellung beiträgt.

II. »Die Traumdeutung« von Freud (1900)

Um die geistige Situation zum Zeitpunkt des Erscheinens von Freuds *Traumdeutung* (1900) voll erfassen und die zunächst ganz ausbleibende, dann aber revolutionäre Wirkung dieses Buches richtig verstehen zu können, müssen wir jetzt noch kurz einiges zur Charakterisierung des zu Ende gehenden 19. Jahrhunderts nachtragen.

Es war das Jahrhundert, in dem dem Chemiker Wöhler erstmals die künstliche »Schöpfung« einer organischen Substanz (Harnstoff) in der Retorte gelang, Robert Mayer das Gesetz von der Erhaltung der Energie entdeckte, Darwin seine Deszendenztheorie verkündete, Haeckel sein »biogenetisches Grundgesetz« bekanntgab und mit seinen berühmten Schriften *Die Welträtsel* und *Natürliche Schöpfungsgeschichte* das Mysterium des Lebens entschleiert zu haben schien, Pasteur die bakteriologische Ära eröffnete, Virchow seine Zellularpathologie begründete und Pawlow seine Lehre vom bedingten Reflex – von

technischen Erfindungen wie Telefon und Telegraf einmal ganz
abgesehen. – Mit einem Wort: ein Jahrhundert sich derart über-
stürzender naturwissenschaftlicher und technischer Großtaten,
alle auf solider, exakter, materieller Basis begründet, daß so un-
substantielle und abseitige Phänomene wie der Traum völlig ihren Kurswert eingebüßt hatten. Konnte doch zu jener Zeit selbst
das so viel sensationellere psychische Phänomen der Hypnose,
trotz der kurz zuvor noch aufsehenerregenden Erfolge von MES-
MER, nur das nachsichtige Lächeln eines fortschrittlichen Wissenschaftlers hervorlocken. Wenn Seelenleben Gehirnfunktion,
wenn nicht gar Gehirnsekretion war, dann mußten doch alle
diese seelischen Epiphänomene mit der anatomisch-physiologi-
schen Erforschung des Gehirns sowieso ihre natürliche Erklärung finden. Bis dahin konnte man dieses Gebiet getrost den ewig
Unbelehrbaren, den Romantikern und Ungebildeten, den
Wahrsagern, Kurpfuschern und Sonderlingen oder – Dichtern
überlassen.

Es war aber auch das Jahrhundert, in dem FREUD, ein junger,
begabter, ebenfalls naturwissenschaftlich »biomechanisch« ein-
gestellter Wiener Arzt, der sich durch seine minuziösen Studien
zur vergleichenden Entwicklungsgeschichte des Nervensystems
sowie durch seine hirnanatomischen Untersuchungen bereits einen Namen gemacht hatte, sich ein Jahr (1884/85) zu Studien bei
CHARCOT in Paris aufhielt, und dort aus bestimmten Beobachtungen eine Schlußfolgerung zog, deren später einmal weltum-
wälzende Auswirkung wohl das Allerwenigste war, was er selbst
damals geahnt hat. Der Hirnanatom und Hirnphysiologe FREUD
war ausgezogen, um in der Pariser *Salpêtrière* an Nervenkranken
mit dramatischen Symptomen das pathologisch-anatomisch faß-
bare Substrat dieser auffälligen Nervenkrankheiten zu entdek-
ken, so wie ihm und anderen Forschern dies auf diesem Gebiet
bei einer Reihe bis dahin ungeklärter Nerven- und Gehirnkrank-
heiten bereits gelungen war. Was er jedoch heimbrachte, war eine
ganz andere, unerwartete Entdeckung. Zunächst bemerkte er,
daß jene Symptomatik in auffälliger Weise den Bildern entsprach, wie sie – oft bis in kleinste Einzelheiten genau – ebenso
durch Hypnose hervorgerufen werden konnten. Dies hatten
FREUD die später berühmt gewordenen Hypnoseuntersuchun-
gen von LIÉBAULT und BERNHEIM in Nancy gezeigt. Wenn es
aber möglich ist, hypnotisch, also durch *psychischen* Einfluß, die

gleichen sich *körperlich* manifestierenden Veränderungen bei gesunden Versuchspersonen hervorzurufen, so lag es nahe, anzunehmen, daß »etwas Psychisches« auch die eindrucksvolle
Krankheitssymptomatik bei den Patienten der Pariser Klinik
ausgelöst hatte und unterhielt; und zwar selbst dann, wenn man
bei ihnen bestimmte, besonders günstige Voraussetzungen so-
matisch-konstitutioneller Art für ihre krankhaften Produktionen annehmen wollte.

Aber welches »Psychische«? Wenn beim Gesunden während
der Dauer der Hypnose z. B. eine Abasie (Gehunfähigkeit) genau der gleichen Art bewirkt werden konnte, wie sie bei CHAR-
COTS Kranken beobachtet wurde, so konnte »das Psychische« in
der hypnotischen Suggestion des Arztes doch nur der Auslöser
eines im Hypnotisierten latent bereits vorhandenen psychischen
Kräftespiels sein. Nur diese bereitliegende Dynamik – und nicht
eine »magische Willenskraft« des Hypnotiseurs! – konnte die
Hervorbringung der Symptomatik, gleich ob bei einer gesunden
Versuchsperson oder beim neurotisch Kranken, ermöglichen.
Da bei CHARCOTS Kranken die Symptome *gegen* ihre Absicht
und gegen ihren ausdrücklichen Willen auftraten bzw. fortbe-
standen, mußten sie ihre Dynamik von einem latent vorhandenen
»Gegenwillen« beziehen, von dessen Vorhandensein die Kranken offensichtlich selbst nichts wußten, ja den sie, darauf angesprochen, mit Überzeugung in Abrede stellten. Sollten nicht im
Traum anzutreffende, in manchem ähnliche befremdliche Manifestationen, die dem Träumer selber unverständlich sind, Ausdruck des gleichen Kräftespiels sein?

Diese vorläufige Konzeption suchte der nach Wien zurückge-
kehrte FREUD nun an seinen Patienten zu überprüfen. Er fand sie
voll bestätigt, indem ihm durch Aufdeckung und Bewußtmachung dieses »Gegenwillens« (wodurch es dann auch möglich
wurde, ihn auszuschalten) bei einigen seiner Patienten eindrucksvolle Heilerfolge gelangen. So entwickelte er – bald schon
unter Verzicht auf die Hypnose – schrittweise sein, dann Psychoanalyse genanntes neues Behandlungsverfahren. Uns interessiert hier besonders, daß ihm von den Patienten neben anderen
Mitteilungen auch immer wieder Träume gebracht wurden, in
denen sich jener ihnen selbst nicht bewußte »Gegenwille« meist
in auffallend unverhüllter Form äußerte. Offensichtlich erlaubt
der Kranke sich, im Traum mehr von sich zu wissen als im Wach-

zustand. Glücklicherweise ist aber das Träumen kein Privileg neurotisch Kranker, sondern ein auch dem Gesunden eigenes Phänomen. So lag es nahe, anzunehmen, daß beim Vergleich der Träume von Kranken und Gesunden das für jene Kranken Spezifische am psychischen Kräftespiel deutlich hervortreten würde. Und nun ergab sich die große Überraschung: selbst wenn gewisse quantitative Unterschiede bei den Träumen von Gesunden und Neurotikern vielleicht bestehen mochten – was aber nicht einmal sicher schien –, so unterschied sich qualitativ und strukturell der Traum des Gesunden in nichts vom Traum des Kranken. Hatte sich damit die neue Auffassung vom Traum nicht schon als falsch erwiesen?

Oder sollte etwa auch beim Gesunden ein gleiches Kräftespiel, der gleiche »Gegenwille«, ständig unbemerkt am Werk sein? Der Bereich des Psychischen wäre dann aber bei Kranken und Gesunden gleichermaßen größer als der Bereich unseres Bewußtseins. Anders ausgedrückt: ein Teil, vielleicht sogar der überwiegende Teil des Seelenlebens des Menschen würde unterhalb der Schwelle bewußter Wahrnehmung verlaufen. In schroffem Widerspruch zur bis dahin gültigen wissenschaftlichen Auffassung wäre dann aber Bewußtsein nur ein zwar mögliches, aber keineswegs obligatorisches Merkmal des Psychischen. Neurotische Symptomatik, Hypnosephänomene und Traum wären dann gleichermaßen Abkömmlinge dieses unbewußten Anteils des menschlichen Seelenlebens. Bewußtes und Unbewußtes schienen zudem weitgehend in einem dynamischen Gegensatz zu stehen. Der Traum als normales und natürliches Phänomen wäre somit die *via regia* zu dieser Welt des Unbewußten. Zudem sollte er besonders geeignet sein, beim Kranken das die Symptomatik hervorrufende und speisende unbewußte Kräftespiel aufzudekken, während es mit seiner Hilfe beim sogenannten Gesunden gelingen müßte, die noch nicht zu einer Symptomatik führenden unbewußten Konflikte zu erhellen.

So etwa waren FREUDS erste wissenschaftliche Konzeptionen über das Phänomen des Traumes. Mit Eifer studierte er dann in den folgenden 10 Jahren nicht nur die Träume seiner Kranken, sondern auch die von Bekannten und insbesondere die eigenen. Er hatte dabei gegen zwei Widerstände anzukämpfen: gegen einen subjektiven, daß er, der im Geiste DARWINS erzogene exakte Naturwissenschaftler, nun einem von der Wissenschaft so bei-

seite geschobenen vagen Phänomen wie dem Traum ein so großes
wissenschaftliches Bemühen widmen sollte; und gegen den objektiven, daß der Traum selbst sich äußerst widerstandsfähig
zeigte gegenüber allen Bemühungen, sich seiner wissenschaftlich
zu bemächtigen. Was nützten FREUD hier seine in Jahren mühsam erworbenen hervorragenden Spezialkenntnisse in Hirnana-
tomie und -physiologie, über Leitungsbahnen, Reflexprüfungen
usw.? Mußte er doch überhaupt erst einmal ein neues Arbeits-
»Instrumentarium« entwickeln, das diesem so ganz andersartigen Material werkgerecht entsprach. So brauchte er Jahre, bis er
sich in dem wirren Labyrinth einigermaßen zurechtgefunden
und das Ergebnis dieser Bemühungen in seiner neuen Grundauf-
fassung vom Traum und seinen Gesetzmäßigkeiten eingefangen
hatte. Aber selbst dann zögerte er noch weitere 5 Jahre, bis er
sich endlich 1900 zur Veröffentlichung entschloß. Heute, nach
mehr als einem halben Jahrhundert, stellen wir bewundernd fest,
daß einem in völliger Isolierung arbeitenden einzelnen mit diesem Werk nicht nur ein genialer Wurf gelungen ist, sondern daß
er auch nahezu sämtliche wirklich wesentlichen Daten zum Phänomen des Traumes und seiner Deutung bereits zusammengetragen und zu einer strukturellen Einheit verknüpft hat, so daß
der Nachwelt vergleichsweise nur noch wenig zu ergänzen üb-
rigblieb. Wenn auch später einige seiner Schüler, nachdem sie
sich von FREUD getrennt hatten, auch von diesem Werk abrück-
ten, so ging es ihnen dabei doch letztlich um andere Akzentset-
zungen oder ihnen wesentlich erscheinende Ergänzungen, ohne
daß das Gefüge seiner Konzeption bis heute erschüttert worden
wäre.

Wenn wir trotzdem davon absehen, jetzt das Werk in seinen
Grundzügen darzustellen, wie es eigentlich angebracht wäre, so
deshalb, weil eine theoretische Zusammenfassung ohne Veranschaulichung an praktischen Traumbeispielen konstruiert wirkte
und unverständlich bliebe. Solche Illustrierung würde aber den
uns zur Verfügung stehenden Raum weit über Gebühr in Anspruch nehmen. So ziehen wir es vor, das hier Unterlassene erst
später in lebendiger Verbindung mit den eigenen Traumbeispielen in allem Wesentlichen nachzuholen.

III. Von 1900 bis heute

Nachdem sie erst einmal auf die fundamentale Bedeutung des Traumes als Zugang zu den Manifestationen des unbewußten Seelenlebens für die wissenschaftliche Forschung und die Behandlung von psychisch Erkrankten aufmerksam geworden war, stürzte sich die sich nur langsam um FREUD scharende kleine Zahl verschworener Schüler nun mit Feuereifer aus das Studium des Traumes. Es bleibt nicht nur bewundernswert, was hier in wenigen Jahren von einigen wenigen bedeutenden Köpfen an Material zusammengetragen wurde, sondern es scheint auch aus der heutigen Distanz reizvoll zu beobachten, wie jeder von ihnen, ob er nun bei FREUD blieb oder sich später von ihm löste, bevorzugt *dem* Aspekt des Traumes nachging, der seinem eigenen Blickpunkt am meisten entsprach, und den er dann regelmäßig auch am Material hinreichend bestätigt fand.

STEKEL, der sich später von FREUD lossagte, hat das erste Symbollexikon des Traumes zusammengestellt. Zunächst fast ausschließlich der Sexualbedeutung der Traumsymbole nachgehend, fand er, je mehr er die Rolle der Bisexualität in der Pathogenese der Neurose erkannte, auch in den Symbolen diesen doppelgeschlechtlichen Aspekt, hinter dem er später regelhaft noch eine Auseinandersetzung mit der »Todesklausel« sah. RANK, von allen Schülern FREUDs wohl der am stärksten der Traumforschung Verfallene, hat insbesondere auf die zahllosen frappanten Parallelen zwischen bestimmten Traumthemen und Mythen, Sagen, Märchen und Dichtungen hingewiesen. ADLER, der spätere Begründer der Individualpsychologie, stellte statt des Libidobegriffes von FREUD den Machttrieb in den Mittelpunkt seiner neuen Lehre. Im Machttrieb als »männlicher Protest« sah er auch im Kampf der Geschlechter die eigentliche Triebfeder und fand folgerichtig in jedem Traum »ein Fortschreiten von der weiblichen zur männlichen (Leit)linie«. Entsprechend erkannte er – gemäß seiner Auffassung, daß bei der Entstehung und Aufrechterhaltung nervöser Symptomatik dem Finalen, dem »tendenziösen Arrangement«, eine große Rolle zukomme – auch dem Traume eine »vorausdenkende« Tendenz zu. Sie zeigt – wenn auch nur oberflächliche – Beziehungen zur *anagogischen* Traum-Interpretation, wie sie SILBERER neben der psychoanalytischen forderte. Wir danken ihm einige besonders feinsinnige

Beobachtungen über die Traumarbeit, insbesondere über die Umsetzung abstrakter Gedanken in (meist optische) »autosymbolische« Gebilde, die ihre Darstellbarkeit im Traum überhaupt erst möglich machen. Er hat auch auf das von ihm so benannte »funktionale Traumphänomen« aufmerksam gemacht, demzufolge statt eines eigentlich gemeinten Materialen etwas Funktionales dargestellt wird, also Zuständliches an die Stelle von Gegenständlichem tritt.[1]

Das markanteste Profil einer in wesentlichen Teilen von FREUDS Traumlehre abweichenden Auffassung weist der ehemalige FREUD-Schüler C. G. JUNG auf. Sie ist Folge eines andersartigen Begriffs vom Unbewußten, das – über den von FREUD allein berücksichtigten Aspekt eines »persönlichen« Unbewußten weit hinausgehend – als Wesentlichstes einen »kollektiven« Bereich umfasse. Dank dieses allen Menschen gemeinsamen kollektiven Grundes unseres Unbewußten stünden wir Menschen auch – und zwar unabhängig von unserem durch unsere Sinnesorgane gewährleisteten Kontakt – noch in einer qualitativ andersartigen urtümlichen Kommunikation, für die die sinnesphysiologisch gegebenen Grenzen keine Gültigkeit mehr besäßen. Dieser gemeinsame Grund erkläre auch die erwähnten eindrucksvollen thematischen Gemeinsamkeiten in Religion, Mythos, Märchen, künstlerischen Schöpfungen, Erlebniswelt des Kindes, Phantasie des Erwachsenen, neurotischer Symptomatik, psychotischen Produktionen und ebenso im Traum. Diese Übereinstimmungen seien die in »archetypischen« Figuren und Konstellationen sich immer wieder symbolisch darstellenden Niederschläge der existentiellen Urbefindlichkeit des Menschen. Das gelte auch für den Traum, dessen Inhalt in erster Linie »auf der Subjektstufe«, d. h. als Außendarstellung von Innenbefindlichkeiten und -erlebnissen verstanden werden müsse. In den aus der »kollektiven« Schicht des Unbewußten aufsteigenden »großen Träumen« transzendiere der Einzelmensch seine individuellen Begrenzungen, so daß sie »prospektiven«, also zukunftsweisenden oder gar prophetischen Charakter hätten (129).

Wir sehen: die ursprüngliche »kultische« Auffassung vom

---

[1] Genaueres über die hier nur schlagwortartig angeführten Bezeichnungen wie »Todesklausel« (STEKEL), Libidobegriff (FREUD), »männlicher Protest« (ADLER), »anagogisch« (SILBERER) u. a. m. möge der Leser aus den Originalarbeiten der betreffenden Autoren ersehen (s. Literaturverzeichnis).

Traum als Sendung einer höheren Macht ist in neuem Gewande wieder aufgelebt. Wir halten es aus den bereits dargelegten Gründen für besser, hier jetzt nicht in die Diskussion von Jungs Traumlehre einzutreten, sondern sie – wie auch Freuds Konzeption – erst später an unseren eigenen Beispielen zu erläutern. Ebenso müssen wir hier auf eine Darstellung der in vielem Jung nahestehenden Auffassungen von Maeder und Bjerre verzichten. Die unlängst von L. Binswanger entwickelte *Daseinsanalyse* mit ihrer zum Teil neuartigen Akzentuierung des Traumes, ferner die seines früheren Schülers Boss, und gleichfalls die sich durch Präzision und Klarheit auszeichnende Traumlehre von Schultz-Hencke seien aus dem gleichen Grunde hier zunächst nur einmal erwähnt. In den folgenden Kapiteln werden wir ausreichende und für den Leser geeignetere Möglichkeiten finden, ihre Auffassungen genauer kennenzulernen. Leider ist dies selbst bei den wichtigsten der im Ausland – vor allem seit 1933 im anglo-amerikanischen Raum – erschienenen Arbeiten nicht in gleicher Weise möglich. Selbst wenn sie mir hier [in Brasilien] jetzt alle zugänglich wären, würde ihre kritische Würdigung den für diese Schrift zugemessenen Umfang weit überschreiten.

Erste allgemeine Orientierung

Der Traum – wenigstens der echte Traum – ist an den Schlafzustand gebunden. Das heißt, daß erst der Schlaf die spezifischen
Voraussetzungen für das Zustandekommen von Träumen gewährleistet. LEONHARD nimmt an, daß die »Schlafdissoziation«,
d. h. eine »verschiedene Schlaftiefe verschiedener seelischer Ge-
biete« (146 b, S. 117) jene Voraussetzung darstelle, indem nämlich die motorische Sphäre tiefer schlafe als die sensorisch kognitive. Aber wäre mit solcher Behauptung *ad hoc* das erst zu
Beweisende wirklich erklärt?

Obwohl wir neben dem Traum noch andere, traumähnliche
Phänomene – die gleich noch zu besprechenden hypnagogen
Erlebnisse – kennen, die ebenfalls an den Zustand des Schlafens
bzw. Einschlafens gebunden sind, soll hier auf den Schlaf als ein
physiologisches Phänomen nicht weiter eingegangen werden,
sondern nur auf des Schlafes (HYPNOS) Sohn MORPHEUS, den
Traum, wie OVID uns beide als Gottheiten überliefert hat.
Ebenso wollen wir uns im folgenden auf den Traum beim
Menschen beschränken, obwohl fast alles dafür spricht, daß zum
mindesten die höheren Tiere, besonders unsere Haustiere,
bereits über eine dem menschlichen Traum entsprechende
Erlebnisart verfügen (vgl. HEDIGER). Laut Volksglauben träumt
der Hund von seiner Jagdbeute, das Schwein von Eicheln, die
Gans von Hirse – kurz: jedes Tier von seiner Wunsch-
welt.

Jeder weiß, was ein Traum ist, und doch ist seine Abgrenzung
nicht so scharf, wie es zunächst erscheint. Schon das Wort »Tagtraum« sowie die Charakterisierung eines Menschen als »Träumer« verraten seine enge Beziehung zur *Phantasie*. Denn auch
der tagsüber tief in seine Phantasien Versunkene »träumt«. Beim
Schlaftraum ist nur die Ausschaltung der realen Umwelt noch
stärker gewährleistet, indem die Sinneswahrnehmungen auf ein
Minimum reduziert sind und der Zugang zur Motorik – wenigstens im normalen Schlaf – nahezu abgedrosselt ist. Nacht- und
Tagtraum ist gemeinsam, daß sie vorzugsweise unsere geheimen
Erwartungen zum Inhalt haben und sich bei deren Erfüllung un-

bekümmert über die Schranken der Wirklichkeit hinwegsetzen. Die für unsere Existenz als Wachende bestehenden realen Begrenzungen durch Raum, Zeit, äußere Gebundenheit usw. sind aufgehoben.

Manche Menschen erleben kurz vor dem eigentlichen Einschlafen flüchtige, meist optische, seltener akustische Wahrnehmungen, die als *hypnagoge Bilder* bezeichnet werden. Wegen gewisser Ähnlichkeiten mit Wahrnehmungen, wie sie für die Schizophrenie charakteristisch sind, haben sie zur Zeit das besondere Interesse der Psychiatrie gefunden. Sie sind nicht mit dem echten Traum gleichzusetzen, der, wie wir noch hören werden, erst *nach* dem Einschlafen, wahrscheinlich an der Schwelle zum Tiefschlaf eintritt. Das hindert nicht, daß die zuvor fast halluzinativ erlebten hypnagogen Bild- oder sonstigen Sinneswahrnehmungen im Traum in thematischer Verarbeitung wieder auftauchen können.

Der oft gebrauchte Ausdruck *typischer Traum* wird leider in der Fachliteratur in zwei verschiedenen Bedeutungen verwandt. Wenn ein und derselbe Träumer einen bestimmten Traum mit nur geringen Abwandlungen mehrfach träumt, so ist das für ihn ein typischer Traum. Es wäre aber besser, diese Bezeichnung für bestimmte, bei fast allen Menschen gleichermaßen vorkommende, also in diesem Sinne typische Träume zu reservieren, z. B. Flugträume, Fallträume, Alpträume, Verfolgungsträume, Zahnträume, Nacktheitsträume usw.

Unter *manifestem Trauminhalt* verstehen wir seit FREUD das »reale« Traumgeschehen, so wie es der Träumer bei korrekter Wiedergabe seines Traumes als Traumtext liefert; unter *latenten Traumgedanken* dasjenige, was »hinter« dem Traumtext steht und was eine Deutung als dem Traum zugrunde liegend aufzuhellen vermag (s. u.). – Wir alle kennen das Phänomen, daß wir, wenn wir einen uns eben noch deutlich vor Augen stehenden Traum in Worte fassen wollen, oftmals dazu nicht recht imstande sind. Nicht weil – was auch oft vorkommt – der Traum oder eine Traumstelle unklar und verwaschen, also nur mühsam erinnerbar wäre, sondern weil das, was wir, wie wir merken, wenn wir uns in den Traum zurückversetzen, *eigentlich* gehört, empfunden, wahrgenommen, »*gefühlt*« haben, etwas anderes war als das, was wir, so sehr wir uns auch darum bemühen, in sprachlicher Fassung wiederzugeben vermöchten. Das Einfangen eines Traumes in Worte bedeutet nämlich schon eine Denaturierung seines anderen und besonderen Wesens. Der Traumtext verhält sich zum erlebten Traum wie die nachträglich gedruckt vor mir liegende Partitur zum vorher gehörten Konzert, wenn nicht sogar wie unter dem Mikroskop betrachtete Gefrierschnitte eines zu anatomischen Präparaten verarbeiteten Organgewebes zum einst lebendigen Organ.

Hier liegt meines Erachtens die entscheidende Schwierigkeit für den Zugang zum Traum: Wollte z. B. ein Mann versuchen, das Spezifische des Weiblichen dadurch zu kennzeichnen, daß er lediglich alles das aufzählt, worin es von ihm als Mann abweicht, so würde er trotz sachlich richtiger Einzelaussagen doch nur ein im doppelten Sinne des Wortes »negatives« Zerrbild beschreiben, niemals aber das Eigentliche des Weiblichen erfassen. Das Weibliche ist eben mehr als nur nicht-männlich, es ist »anders«, aber ebenso wirklich, autonom und in sich geschlossen wie das Männliche. Alle solcherart zustande gekommenen *nonischen Charakterisierungen* tun etwas qualitativ Andersartigem Gewalt an, dessen Eigenständigkeit sie verleugnen.

Auch der Traum ist ein solches »anderes«. Sich mit der Feststellung zu begnügen, worin sich das Träumen von unserem – stillschweigend als »normal« zugrunde gelegten – Erleben im Wachzustand unterscheidet, hieße glauben, das Wesen der Nacht als Nicht-Tag zutreffend und bereits ausreichend charakterisiert zu haben. Selbstverständlich darf und muß jede Wissenschaft, die sich der Erforschung eines Neuen zuwendet, unter anderem auch alle Nichtübereinstimmungen mit bisher bekanntem Ähnlichen herausarbeiten. Aber das ist nur methodologische Vorarbeit, ist noch nicht wissenschaftlicher Schöpfungsakt. Diese Tatsache scheint nicht allgemein wirklich klar erkannt worden zu sein; denn mit einiger Erschütterung kann man Auslassungen über den Traum von auf ihrem Fachgebiet sonst tüchtigen Wissenschaftlern der vorigen und selbst noch der heutigen Generation lesen, die Ehrfurchtslosigkeit, schulmeisterliche Überheblichkeit und mangelhafte Sachkenntnis bezeugen.

Noch eine Bemerkung zu dem unglücklichen Wort *»Traumdeutung«*, einer Bezeichnung, die sich aus früheren Zeiten bis auf unsere Tage erhalten hat. »Deuten« hat nicht nur den Sinn sachgerechter Auslegung, sondern leider auch den Beiklang von Hineindeuten, von Unterschieben. Zum Wesen wirklicher

Traumdeutung gehört aber, wie wir noch sehen werden, gerade, daß alles Hineindeuten in den Traum (selbst wenn es aus bester Absicht und gestützt auf wohlfundierte Theorien geschehen sollte) vermieden wird. Anderenfalls tun wir dem in jedem Traum neu erfolgenden Schöpfungsakt des Träumers und seinem Werk Gewalt an. – Die in der Literatur über den Traum immer wieder auftauchenden Ausdrücke wie Traumquelle, Traumarbeit, Verdichtung, Verschiebung, sekundäre Bearbeitung, Primär- und Sekundärvorgang usw. werden aus den bereits genannten Gründen besser erst an der zugehörigen Stelle besprochen.

Wie *häufig* träumt der Mensch? Wenn wir uns in unserem Bekanntenkreis nach Träumen umhören, bekommen wir vielfach die Antwort, daß jemand schon seit Jahren nicht mehr geträumt habe. Früher, insbesondere in der Kindheit, sei dies anders gewesen. Nicht selten wird dann sogar ein sich damals mit nur geringen Abwandlungen öfter wiederholender Traum mitgeteilt. Andere berichten uns jedoch, daß sie auch heute noch fast allnächtlich einen, ja oftmals mehrere Träume haben. Was ist hier »normal«? Vieles spricht dafür, daß wir, auch wenn wir uns seit Jahren nicht an einen Traum erinnern können, dennoch allnächtlich träumen. Der Übergang zum Tiefschlaf beim Einschlafen, vor allem aber der umgekehrte Übergang vom Tiefschlaf zum Erwachen scheint stets vom Traum begleitet zu sein.

Wer erinnert sich nicht, daß er morgens beim Erwachen den ihm entgleitenden, eben noch ganz deutlichen Traum trotz allen Bemühens nicht mehr einfangen konnte? Wer kennt nicht die andere Erfahrung, daß er sicher war, in der Nacht nicht geträumt zu haben, bis ihm dann im Laufe des Tages durch irgendeinen zufälligen optischen, akustischen oder sonstigen Eindruck plötzlich, wie auf ein Stichwort, der vergessene Traum wieder einfällt? Wie ist diese *Tendenz des Traumes zur Verflüchtigung* zu verstehen? Entsprechend beobachtet der Psychoanalytiker immer wieder, daß Patienten, die glaubwürdig angeben, seit vielen Jahren überhaupt nicht mehr zu träumen, mit Beginn ihrer analytischen Behandlung wieder regelmäßig von Träumen zu berichten wissen. Er kann allerdings oft auch die weitere Beobachtung machen, daß die Traumproduktion ebenso plötzlich wieder aufhört, wenn die Analyse an bestimmte unbewußt tabuierte Themen rührt. Hat der Patient dann wirklich nicht mehr geträumt? Offensichtlich doch; denn nicht selten erinnert er sich noch in der gleichen Analysenstunde auf einmal – dann nämlich, wenn es der Analyse gelang, die Abwehr des Patienten gegen jenes Thema zu überwinden –, daß er doch geträumt habe. Regelmäßig ergibt sich dann, daß sein Traum einen Bezug zu dem Thema hat, vor dem er in der Analyse auswich.

Was wie ein Nichtträumen aussieht, hat also, wie uns jetzt klar wird, eine psychologische Funktion. Es ist ein tendenziöses Vergessen, ein gelungenes Aussparen in der Wahrnehmung, ist der Beweis für eine Abwehr und hat – wie wir noch am konkreten Beispiel sehen und aus dem Zusammenhang heraus auch besser verstehen werden – mit dem zu tun, was wir als »Gegenwillen« kennenlernten. Mit solcher Feststellung bestreiten wir nicht, daß das Vergessen auch durch die Nichtachtung begünstigt wird, mit der unser technisches Zeitalter über ein so vages Phänomen, wie es der Traum ist, hinwegsieht. Würde dem Traum heute noch, wie früher, eine fast kultische Würdigung zuteil, so würden wir auch achtsamer und pfleglicher damit umgehen, statt ihn – durch Nichterinnern – achtlos abzuweisen. Das durch die Nichtachtung unseres Zeitalters begünstigte Vergessen wäre somit doch nur ein Beweis für eine kollektive Abwehr unserer Generation gegenüber dem, was der Traum uns über uns mitteilt, derselben Abwehr also, die uns als individuelles Verhalten beim einzelnen Patienten während bestimmter Phasen seiner Behandlung entgegentritt.

Wie lange *dauert* der Traum? Trotz aller experimentellen Versuche steht hier die endgültige Antwort noch aus. Das einzige, was wir mit Sicherheit wissen, ist, daß er ungeheuer schnell ablaufen kann. Deutlich zeigt sich das an jenem berühmten Traum MAURYS (22a, S. 161). Nach einer im Traum sich über Tage hinziehenden Vorgeschichte wird er schließlich vor ein französisches Revolutionstribunal gestellt und zum Tode durch die Guillotine verurteilt. Er erlebt dann im Traum noch die mehrstündige Fahrt im Schinderkarren durch Paris zur Exekutionsstätte, darauf die Einzelheiten der Vorbereitung zur Hinrichtung und schließlich das Niedersausen des Fallbeiles. In diesem Augenblick erwacht er schweißgebadet und stellt fest, daß sich eine Stange über seinem Bett gelöst und im Niederfallen seinen Nakken getroffen hat. Wir sehen also, daß der nur Bruchteile einer

Sekunde währende Zeitraum von der Berührung des Nackens durch die niederfallende Stange bis zum vollen Erwachen ausgereicht hat, um einen Traum zu bewirken, dessen Handlung sich über Tage erstreckte.

Die Quellen des Traumes

Welche Quelle speist unsere Träume? Im Altertum, aber auch heute noch für den Primitiven, ist diese Frage einfach gelöst: sie sind von den Göttern gesandt, um dem Menschen Bedeutsames zu verkünden. Bei unserem historischen Überblick sahen wir, daß sich allmählich neben der Auffassung, der Traum sei eine göttliche Eingebung, eine »natürliche« Erklärung durchzusetzen begann, derzufolge die Träume Fortsetzung der psychischen Tätigkeit des Menschen im Schlafzustand seien. Anfangs wurde dabei fast ausschließlich an seelische Tätigkeit gedacht, während mit dem Fortschreiten unserer naturwissenschaftlichen Erkenntnis zu Ende des vergangenen Jahrhunderts der Traum mehr und mehr als Widerspiegelung der im Schlafzustand noch verarbeiteten Sinneswahrnehmungen und der sie begleitenden körperlichen Abläufe aufgefaßt wurde, bis man zuletzt die Traumquelle vorwiegend in Körperreizen vermutete. Welche dieser verschiedenen Auffassungen hat nun recht? Sehen wir uns hierzu zwei wirkliche Träume an:

I. Beobachtungen

1. Grießbrei-Traum

Ein eben dreijähriger Junge, der wegen einer Ernährungsstörung auf ärztliche Anordnung für eine Woche auf kohlehydratarme Kost gesetzt worden ist und der infolgedessen am Vortage erstmals nicht seinen geliebten Grießbrei bekam, die ihm statt dessen angebotene Speise jedoch abgelehnt hat, träumt in der Nacht darauf:

Grießbrei-Traum: »Ich habe heute Nacht eine Schokoladentorte von Mutti gegessen.«

Hier wird niemand bezweifeln, daß der Hunger den Traum bewirkt hat. Außer dieser Feststellung ermöglicht dieser einfache Kindertraum uns aber eine Reihe weiterer Erkenntnisse. Erstens, daß das offensichtlich auch im Schlafzustand wahrgenommene Hungergefühl im Traum – wenn auch nur imaginär – beseitigt wird. Der Traum stellt also einen Mangelzustand als (imaginär) behoben dar. Damit erreicht er aber zweierlei. Zunächst eine (imaginäre) Befriedigung, die die am Vortage erlittene Versagung ungeschehen macht. Des weiteren, daß mit solcher »Scheinfütterung«, wenigstens vorübergehend, das quälende Hungergefühl zum Schweigen gebracht und damit dem Träumer ermöglicht wird, getrost weiterzuschlafen. So wie ja auch in der Hypnose durch eine imaginäre »Fütterung« ein realer Hunger für lange Zeit subjektiv völlig behoben werden kann. – Wir haben somit schon drei Eigentümlichkeiten dieses Traumes erfaßt: Erstens erweist sich der Traum als Hüter des Schlafes; zweitens verarbeitet er Vorfälle, die sich am vorangegangenen Tage ereignet haben; drittens unternimmt er den Versuch, durch imaginäre Befriedigung eine reale Versagungs- und Mangelsituation zu überwinden.

Warum aber Schokoladentorte statt Grießbrei, wo es doch am Vortage um den Entzug von Grießbrei ging? Um das aufzuklären, brauchen wir die Mitarbeit unseres kleinen Träumers. Wir erfahren von ihm sofort, daß er zum Geburtstag zum ersten Mal eine Schokoladentorte bekam, die für ihn Inbegriff aller Wonnen war. Zusätzlich erfahren wir von der Mutter, daß sie – diese Beobachtung pädagogisch ausnützend – ihm eine weitere Schokoladentorte nicht erst zum nächsten Geburtstag, sondern bereits für den Tag versprach, an dem er sein hartnäckiges Daumenlutschen endgültig aufgegeben haben würde.

Diese Mitteilungen setzen uns in die Lage, zwei weitere Traumeigentümlichkeiten folgern zu können: der Traum sucht also nicht nur – wie wir bereits gesehen haben – die am Vortage erlittene Versagung ungeschehen zu machen, sondern gewährt darüber hinaus sogar noch eine Entschädigung. Im Traum begnügt sich das Kind nicht mit dem gewohnten Grießbrei, sondern hält sich an der außergewöhnlichen Schokoladentorte schadlos. Das Motiv der Überkompensierung – diesmal nicht materiell, sondern emotional – findet sich in diesem so simplen und kurzen Traum sogar noch ein zweites Mal. In die Sprache unseres kleinen Träumers übertragen würde es etwa lauten: Es ist ja gar nicht wahr, daß meine Mutter mir etwas für mich Kostbares entzogen hat; nein, im Gegenteil, sie gibt mir ja eine Belohnung für besonders gutes Verhalten. Hatte die Mutter diese Belohnung doch in Aussicht gestellt, wenn das Kind das Daumenlutschen aufgäbe. Aufgeben des Daumenlutschens (des »Wonnesaugens«, wie es im Volksmund heißt) bedeutete ja wiederum für das Kind den Verzicht auf etwas Liebgewordenes und Gewohntes, ähnlich dem liebgewordenen und gewohnten Grießbrei. Der Ersatz des Grießbreis durch die Schokoladentorte ist also doppelt determiniert: es geht nicht nur um den Ersatz des Verlorenen durch etwas noch Kostbareres, sondern auch noch um den seit einem Jahr zwischen Mutter und Kind bestehenden Konflikt wegen des Daumenlutschens. Auch dieser Konflikt, der, wie wir von der Mutter erfahren, die Beziehung zwischen Mutter und Kind ernstlich zu trüben droht, ist im Traum (imaginär) gelöst. Die Schokoladentorte ist nämlich zugleich auch die Belohnung für das brav gewordene Kind, das nicht mehr lutscht. Auch dieser für das Kind viel wesentlichere Konflikt ist im Traum mit der Schokoladentorte als nicht mehr vorhanden erklärt. So haben wir nebenbei zwei weitere Eigentümlichkeiten des Traumes entdeckt: die Überkompensierung und die mehrfache Determinierung eines Traumdetails.

Fassen wir alles bisher aus diesem Traum Erschlossene zusammen, so legt er uns sogar noch eine weitere Folgerung nahe. Ein Kind von drei Jahren kann unmöglich einsichtsvoll für die Notwendigkeit einer Diät sein. So hat es den aus diätetischen Gründen notwendigen Entzug des Grießbreis fälschlicherweise mit dem Konflikt, der seit einem Jahr mit der Mutter wegen des Daumenlutschens besteht, verknüpft, indem es ihn – objektiv zu Unrecht – als Strafe für seine Unartigkeit erlebt hat. Die traumgeniale Lösung mit der Schokoladentorte beendet diesen Konflikt; sie sagt gewissermaßen: »Nun ist zwischen uns beiden alles wieder gut.«

Was lehrt uns nun dieser doch so simpel erscheinende Traum zu unserer Frage nach den Traumquellen? Kein Zweifel, daß er mit dem Grießbreientzug am Vortage zusammenhängt. Die Körperreiztheorie des Traumes (Hungergefühl) hat also recht. Aber erklärt sie wirklich das Wesentliche dieses Traumes? Anders gefragt: Würde ein solcher Grießbreientzug aus diätetischen Gründen bei einem anderen Kind, das nicht in der besonderen Lebenssituation unseres kleinen Träumers stände, eben gerade diesen Traum ausgelöst haben? Offensichtlich nein. Das für diesen Traum wirklich Wesentliche ist ja nicht die Befriedigung eines körperlichen Bedürfnisses (Hunger) in irgendeiner beliebigen Form, sondern in einer für dieses Kind spezifischen Form, die ihm ermöglicht, seine durch den Grießbreientzug am Vortage angesprochenen, weit wesentlicheren Konflikte mit der Mutter mit in den Traum hineinzutragen, und zwar mit der eindeutigen Tendenz, sie ebenfalls einer befriedigenden Lösung zuzuführen. Der akute quälende Leibreiz (Hunger) war offensichtlich nur Schrittmacher, um ein kategorial ähnliches, aber für das Kind existentiell weit wichtigeres Problem, nämlich die Bedrohung der guten Beziehung zur Mutter, auf den Plan zu rufen. Der Nahrungsentzug ist als Glied in der Kette in den viel bedrohlicheren Liebesentzug eingeordnet worden. Wir könnten diese erweiterte Erkenntnis, indem wir unsere frühere Formulierung korrigieren, für diesen Traum nunmehr etwa folgendermaßen fassen: »Es ist ja gar nicht wahr, daß meine Mutter mir den Grießbrei entzieht, weil sie mich nicht mehr liebt, da ich ein böses Kind (Daumenlutscher) bin, sondern zwischen uns herrscht bestes Einvernehmen, wie ja die Belohnung mit der Schokoladentorte beweist.« Das wirklich Traumspezifische war somit nicht der Leibreiz als solcher, sondern das, was er an im Träumer bereits vorliegender Problematik in Bewegung gesetzt hat, und ebenso die Art und Weise, wie versucht wurde, für diese Problematik dann imaginär eine befriedigende Lösung zu finden.

Halten wir einen Augenblick inne. Zu einem Kindertraum von nur neun Worten Text haben wir seitenlange Ausführungen über den Hintergrund des Traumes gemacht. Die neun Worte Traumtext stellen – in der Terminologie von FEEUD – »den manifesten Trauminhalt« dar, während sich unsere Ausführungen mehr auf »die latenten Traumgedanken« bezogen. Zweck unserer Ausführungen war nicht, ein Beispiel für eine Traumdeutung zu geben – sie würde wahrscheinlich noch weiteres für die Kind-Mutter-Beziehung Bedeutsames zu Tage fördern –, sondern zu veranschaulichen, wie die »Traumarbeit« (ebenfalls ein von FREUD geprägter Begriff) eine Traumquelle auswertet. Also wie der Traum mit dem, was uns innerlich bewußt, mehr aber noch unbewußt beschäftigt, umzugehen pflegt. Im Schlußvers von GOETHES Gedicht *An den Mond* heißt es:

> »Was, von Menschen nicht gewußt,
> oder nicht bedacht,
> durch das Labyrinth der Brust
> wandelt in der Nacht.«

Was die »Traumarbeit« betrifft, so sind wir schon jetzt bei nur neun Worten Traumtext auf eine Reihe von Eigentümlichkeiten, von Regeln gestoßen, die wir an weiteren Träumen überprüfen und vervollständigen müssen. FREUDS revolutionärer Beitrag zur Traumforschung bestand in der Abkehr von der ausschließlichen Beschäftigung mit dem manifesten Traumtext und der entschlossenen Bemühung um die Erfassung der regelmäßig »dahinter« anzutreffenden drängenden »latenten Traumgedanken«. Erst deren Kenntnis, sowie die Verfolgung der Wege ihrer Verarbeitung zum manifesten Traumtext machte die Dynamik des Traumes verständlich und ermöglichte es, seine spezifische Bedeutung zu erfassen. Dieser Schritt hat der modernen Traumforschung erst den entscheidenden neuen Zugang eröffnet und bleibt eine wissenschaftliche Großtat, auch wenn neuerdings – als dialektische Gegenbewegung – JUNG, L. BINSWANGER und andere dem manifesten Traum wieder eine höhere Bewertung zuteil werden lassen, oder wenn BOSS, von der Daseinsanalyse herkommend, sogar jede derartige Trauminterpretation ablehnt, da sich uns die Dinge im Traum in ihrem Gehalt unverstellt enthüllen, also keine »als ob« Auslegung erlauben.

Wir wollten die Frage nach den Traumquellen klären. Zweifellos hat das Hungergefühl (entzogener Grießbrei und abgelehnte Ersatzkost) bei diesem Traum Pate gestanden. Also ein typischer Leibreiztraum. Aber wir sehen bereits jetzt, daß dieser Leibreiz mit dem Eigentlichen des Traumes: dem existentiellen Konflikt des Kindes, um den es in Wirklichkeit in diesem Traume geht, kaum noch etwas zu tun hat. Und wir fragen uns besorgt: Wenn ein harmloser und besonders einfacher Traum eines Kleinkindes sich schon auf einen so komplexen Hintergrund bezieht, wie mag es dann erst mit den Träumen des Erwachsenen stehen? Oder sollten für sie andere Gesetze gelten? Nehmen wir wieder ein konkretes Beispiel:

2. Glocken-Traum[1]

Ein Student träumt in der Nacht vor seinem Staatsexamen:

Glocken-Traum: Ich befinde mich im Traum mit Frau B. in K. (einem Dorf) in Urlaub. Es ist Sonntagmorgen, die Kirchenglocken läuten; ich liege noch behaglich im Bett und freue mich auf den schönen Ferientag. Ich erwache durch lautes Klopfen des Hausmädchens an der Tür. Nachtrag: Mit den Glocken war etwas Komisches. Obwohl ich doch im Bett lag, sah ich sie dicht vor mir, wobei die Klöppel der Glocken unten an ihrem Knauf wie Schuhe aussahen. Auch das Geläute der Kirchenglocken war komisch. Es war zwar Glockenklang, aber eher wie an- und abschwellende Orgeltöne und zuletzt wie von einem mehrstimmigen Signalhorn eines Autos.

Ein merkwürdiger Traum. Wie kann man viele hundert Meter entfernt tönende Glocken dicht vor sich sehen? Wie kann ein Glockenklöppel Schuhform haben? Wie kann Glockengeläute wie Orgelton oder gar wie ein Autohorn klingen? Haben denn nicht doch diejenigen recht, die es von vornherein ablehnen, hinter solchen offensichtlichen Absurditäten etwas Sinnvolles zu vermuten? So wie wir uns ja auch weigern würden, nach einer Melodie zu suchen, wenn eine Katze über die Tasten eines Klaviers läuft.

Ich schlage vor, daß wir uns statt dessen einmal umgekehrt fragen: Wenn etwas offensichtlich Absurdes – wie z. B. tagsüber ein widersinniger Zwangsgedanke oder wie nächtlich so manches in unseren Träumen – sich gegen alle Einwände unserer Logik und Vernunft nicht nur hat durchsetzen, sondern sogar hartnäckig hat erhalten können, müssen dann nicht hinter derart »verrückt« Erscheinendem besonders starke Kräfte stehen? Welche Kraft hätte jedoch ein Interesse daran, solchen Unsinn zu produzieren? Wieder fragen wir: Könnte es nicht sein, daß dieser Unsinn, wenn es uns nur gelänge, das »Ver-rückte« wieder zurechtzurük-

---

[1] Das für das Verständnis eines Traumes Wesentliche berührt stets die Intimsphäre des Träumers. Es war deshalb notwendig, bei einigen Träumen gewisse biographische Verschlüsselungen vorzunehmen. Nur so war es möglich, die zum Traume gehörigen persönlich-intimen Hintergründe uneingeschränkt bekanntzugeben, ohne den Träumer der Gefahr auszusetzen, von diesem oder jenem Leser identifiziert zu werden. Am Traum selber sowie an seinen relevanten Hintergründen wurde jedoch grundsätzlich nichts abgeändert. Ferner sei darauf hingewiesen, daß die hier gebrachten Träume immer nur soweit ausgewertet wurden, wie es der Gesamtzusammenhang erforderte, den sie jeweils veranschaulichen sollten. Es handelt sich also bei unseren Traumauslegungen *nicht* um die tatsächlich von mir gegebenen therapeutischen Deutungen.

ken, uns doch einen Sinn offenbarte und dann auch die dahinter stehenden Kräfte erkennen und verständlich werden ließe? Sehen wir einmal zu, ob eine solche Arbeitshypothese uns hier weiterhilft.

Wir hörten vom Träumer, daß er am nächsten Tage sein entscheidendes Studien-Abschlußexamen abzulegen hatte. Wenn sein Traum ihn statt dessen in einen Ferienort, dazu noch an einem Sonntagmorgen, versetzt, so wären wir – gestützt auf unsere schon am Grießbrei-Traum gewonnenen Erfahrungen – nicht überrascht, wenn auch diesmal eine reale quälende Situation vom Vortage – das Bewußtsein des unmittelbar bevorstehenden Examens – im Traume »ungeschehen gemacht« wurde, indem sie als bereits (imaginär) überwunden dargestellt wird. Wenn die Formel des ersten Traumes hieß: »Nicht Qual des Grießbreientzuges, sondern sogar Schokoladentorte!«, so würde sie hier lauten: »Nicht Qual der Prüfungssituation, sondern sogar Feiertag!« Erbitten wir also zur Klärung wieder die Mithilfe des Träumers. Zunächst erfahren wir, daß das Hausmädchen ihn erst nach längerem Klopfen an der Tür zum Aufwachen brachte, und ihm selber geht auf, daß das Klopfen offensichtlich in den Traum eingegangen ist, in dem es zu Kirchengeläute »umgeträumt« wurde. Damit hätte sein träumendes Ich zu verstehen gegeben: »Ich werde nicht durch lautes Klopfen an meine Examenspflicht gemahnt; im Gegenteil, die Kirchenglocken im Ferienort am Sonntag geben mir die tröstliche Versicherung, daß ich in Ruhe im Bett bleiben kann in der Gewißheit, einen schönen Feiertag vor mir zu haben.« Das würde also gut zu unserer Vermutung passen. Wirklich bestätigt wird sie dann durch seine Mitteilung, daß er sich äußerst schlecht für sein Examen vorbereitet habe. Das bedrücke ihn schwer, weil sein Vater, ein kleiner Dorfschullehrer, nur mit äußerster Mühe das Geld für das Studium seines Sohnes zusammengebracht hätte. Würde er aber durchfallen, was zu befürchten er allen Grund habe (und was dann auch wirklich geschah), müßte er entweder sein Studium aufgeben oder er würde den alten kränkelnden Vater für ein weiteres Jahr zu finanziellen Opfern zwingen.

Soweit wäre dieser Teil des Traumes also tatsächlich wieder im Sinne einer (wiederum nur imaginären) Wunscherfüllung bereits verständlich. Wozu aber die schuhförmigen Klöppel? Wozu die Umdeutung des Pochens an der Tür nicht nur in Glockengeläute

– das verstehen wir jetzt schon –, sondern in Orgelklänge, ja sogar in die Töne einer mehrstimmigen Autohupe? Wieder brauchen wir dazu die Angaben des Träumers. Was wir nicht ahnen konnten, ist folgendes: Grund seiner Bummelei war, daß er, der bis dahin strebsame, wohlerzogene, weltunerfahrene Student, vor einem Jahr die Bekanntschaft einer Dame gemacht hatte, jener Frau B., die auch im Traume erscheint, einer kultivierten kinderlosen Witwe. Obwohl sie sich nach dem Tode ihres Mannes einem – ebenfalls verwitweten – Freund ihres Mannes freundschaftlich verbunden hatte, war die Begegnung mit ihr für unseren Studenten von elementarer und lebensentscheidender Bedeutung. Er trat ein in eine ihm völlig neue Welt. Die – erst viel später aufgenommene – Sexualbeziehung war dabei nicht das Wesentliche, sondern es war die Tatsache, daß er sich zum ersten Mal in seinem Leben von einer Frau, die er anfangs wegen ihres kulturellen Hintergrundes bewunderte, dann wegen ihrer warmen Menschlichkeit immer mehr verehrte und liebgewann, als Partner liebend angenommen fühlte. Sie mahnte ihn immer wieder, über ihrer Liebe das Studium nicht zu versäumen, und vergaß (trotz der sich offensichtlich auch von ihrer Seite entwickelnden starken Bindung) doch nie, daß schon der Altersunterschied auch in *seinem* Interesse eine Dauerverbindung verbiete.

Sie holte unseren Studenten meist im Wagen zu den vereinbarten Treffen ab, unter denen eine Wochenendfahrt zu dem im Traume vorkommenden Ferienort K. vor Monaten die entscheidende Wendung in ihrer Beziehung gebracht hatte. Seine Studentenbude lag an der von der Straße abgekehrten Seite des Hauses, so daß sie ihm ihre Ankunft stets durch Hupensignale kundgab. Die absonderliche Umdeutung des Klopfens an der Zimmertür über mehrere Zwischenstufen (Glockengeläute, Orgelklang) zu einem Hupensignal würde uns somit – wiederum im Sinne einer Wunscherfüllung – auch verständlich. Dies um so mehr, wenn wir hören, daß sie ihm als Belohnung für den Examenserfolg eine dreitägige Fahrt in den nahegelegenen Ferienort K. versprochen hatte. Wieder in der Sprache des träumenden Ich formuliert: »Ich brauche ja keine Angst mehr zu haben, morgen im Examen noch durchfallen zu können, denn ich bin ja (im Traume) bereits heute im Genuß der Belohnung für das *bestandene* Examen, der gemeinsamen Ferienreise nach K.!«

Das wäre zwar eine etwas merkwürdige, kindisch-magische

Art der »Beweis«-führung, die unsere Erwachsenenlogik fremdartig anmutet; wir können jedoch nicht leugnen, daß unsere eben vorgeschlagene Arbeitshypothese immerhin Sinn in das bis dahin Sinnlos-Unverständliche zu bringen beginnt. Aber – so meldet sich sofort unsere Kritik – welchen Beweis haben wir denn dafür, daß dieser »Sinn« auch tatsächlich vom Traume »gemeint« war, daß er traum-immanent ist und nicht erst von uns hineingedeutet wurde? Wenn der Träumer z. B. die Traumquelle, nämlich das Pochen an der Tür, wie Glockengeläute oder Orgelklang oder schließlich auch »wie von dem mehrstimmigen Signalhorn eines Autos« herrührend umträumt, wieso beweist das, daß das irgend etwas mit dem verabredeten Hupensignal zu tun hat, wenn die geliebte Frau ihn abholte? Kann das nicht eine rein zufällige Übereinstimmung sein? Auch dann noch, wenn der Träumer selbst es war, der nachträglich beides miteinander in Verbindung brachte?

Wir müssen gestehen, daß ein solcher grundsätzlicher Einwand berechtigt ist, so daß uns nur der Ausweg bleibt, unsere Arbeitshypothese an weiterem Material zu überprüfen. Greifen wir dazu wieder etwas besonders Auffälliges aus dem Traum heraus: die Schuhform der Glockenklöppel. All unser Bemühen, hinter diesem Unsinnigen etwas Sinnvolles zu entdecken, scheitert. So bleibt uns nur die Hoffnung, wieder vom Träumer selbst Hinweise zur Aufklärung zu erhalten. Aber diesmal weiß auch er uns trotz ehrlichen Bemühens nicht einen Schritt weiterzuhelfen.

Erst ein »Zufall« führte uns später auf die richtige Spur. Nachdem er, wie gesagt, wirklich am nächsten Vormittag durch das Examen gefallen war und nun nicht wußte, wie seinem Vater diesen Mißerfolg mitteilen, kramte er nachmittags, um den letzten Brief des Vaters nochmals vorzuholen, unter seinen Papieren und stieß dabei auf sein Tagebuch, das er regelmäßig führte. Sein blauer Einband erinnerte ihn an diesem Nachmittag auf einmal an ein gleichfarbiges Lesebuch in der Dorfschule, in der sein Vater zugleich sein Lehrer gewesen war. Und ebenso unmittelbar tauchte in ihm die Erinnerung an ein in diesem Lesebuch enthaltenes Gedicht auf, das damals ungeheuren Eindruck auf ihn gemacht hatte, nämlich das Gedicht von der Kirchenglocke, die, wenn das Kind aufs Feld läuft, statt zur Kirche zu gehen, vom Glockenturm herabsteigt und, zu seinem Schrecken, dem säumi-

gen Sünder nachläuft, um ihn zur Rechenschaft zu ziehen.[1] Er
hatte aber, wie es im gleichen Augenblick weiter in ihm dachte,
damals, als Kind, etwas offenbar viel Verwerflicheres begangen,
als nur den Kirchgang zu versäumen (so stellte es sich ihm wenigstens in der Erinnerung dar): denn als er mit den beiden Töchtern
des mit seinem Vater befreundeten Nachbarn, in dessen Garten
er nach dem Tod der Mutter seine Freizeit zu verbringen pflegte,
einmal »Hochzeit« gespielt hatte, woran er sich nicht mehr im
einzelnen erinnert, tauchte plötzlich der Vater der Mädchen auf,
versetzte ihm eine schallende Ohrfeige und verbot erregt jedes
weitere Zusammenkommen mit den Mädchen. Es folgte eine
Aussprache zwischen den beiden Vätern. Er bekam furchtbare
Prügel von seinem Vater und – was noch viel schlimmer war –
wurde für lange Monate moralisch geächtet.

Wenn, wovon der Träumer selbst nach diesem Einfall fest
überzeugt ist, die schuhförmigen Glockenklöppel auf die Kirchenglocken aus dem Gedicht des Lesebuches hinweisen, die
vom Turm herabsteigen und den Sünder überall finden und zur
Rechenschaft ziehen können – also offensichtlich ein Symbol des
Gewissens, das uns mit seinem »Geläute« zur Rechtschaffenheit
mahnt, uns aber, wenn wir gefehlt haben, bis in unsere geheim-
sten Verstecke hinein verfolgt –, so würde auch das absurde
Traumdetail der schuhförmigen Glockenklöppel sich nicht nur
als sinnvoll erweisen, sondern auch ausgezeichnet zur inneren
Verfassung des Träumers vor dem Einschlafen (Angst vor dem
Examen als dem ihm drohenden Strafgericht) passen. Allerdings
kann der gleiche Einwand erhoben werden, den wir soeben beim
Thema »Glockengeläut wie Ton eines Autosignals« erörterten.
Also wieder die Frage, ob es nicht auch diesmal eine rein zufällige
Übereinstimmung zwischen einem Traumdetail – der Schuhform
der Klöppel – und jenem Gedicht aus dem Lesebuch mit der
Erinnerung an das furchtbare Strafgericht in der Kindheit sei.
Immerhin würden sich diese »Zufälle« beidemal in auffallend
spezifischer Form auf für das Leben des Träumers höchst bedeutsame Erlebnisse beziehen. Selbstverständlich ist auch das
noch kein stichhaltiger Beweis. Aber wir sind doch wohl nachdenklich geworden und geneigter, diese Beobachtung weiter zu
verfolgen.

---

[1] »Die wandelnde Glocke« von GOETHE.

Ist es aber wirklich mehr als nur Zufall, so würde der Traum mit jener auffälligen Glockenklöppelform einen Brückenschlag von der aktuellen Situation des Träumers zu einer entsprechenden Kindheitssituation vollzogen haben. Wir hatten zunächst verstehen gelernt, daß seine Furcht vor dem Examen ihn das Klopfen an der Tür mildtätig in Glockengeläut und Ferienfrieden umträumen ließ. Seine berechtigte Examensangst aber hängt eng damit zusammen, daß er, statt wie bisher ein mustergültiger, dem Vater wohlgefälliger strebsamer Student zu sein, seit einem Jahr sein Studium zunehmend wegen der »verbotenen« (und vor dem Vater als »sündig« streng verheimlichten) Beziehung zu jener Frau versäumt hatte. Diese aktuelle Beziehung hätte demnach im Träumer jene schon lange Jahre vergessene Kindheitssituation wachgerufen, als er schon einmal wegen einer – damals ebenfalls vom Vater als »sündig« angesehenen – Beziehung zu einem Mädchen furchtbar gestraft und geächtet wurde. In der Tat bestätigt der Träumer, daß er in ständiger Angst lebt, der Vater könne hinter seine bestimmt als unmoralisch verurteilte Beziehung kommen, die für ihn selbst – genau wie damals – keineswegs einen »schlimmen« Charakter hat.

Nunmehr scheint – die Richtigkeit unserer These vorausgesetzt – der anfangs so absurde Traum in allen wesentlichen Einzelheiten durchsichtig geworden zu sein. Bei nochmaligem Durchlesen des Traumes merken wir, daß das Pochen an der Tür vorübergehend auch wie »Orgeltöne« geklungen hatte. Wir sind schon geneigt, uns damit zufrieden zu geben, dies sei wohl hinreichend dadurch erklärt, daß der Traum bei der Umwandlung des Klopfens über das Glockengeläut bis zur Autohupe eben als notwendiges Zwischenglied die Orgeltöne gebraucht habe. Zu unserer Überraschung teilt uns nun aber der Träumer selber etwas mit, worauf wir wiederum keineswegs vorbereitet waren. Wir erfahren, daß seine Mutter früh an Unterleibskrebs gestorben ist und daß seine stärkste Erinnerung an sie einem gemeinsamen Kirchgang gilt. Als bereits Schwerkranke wünschte sie, mit ihm, ihrem damals sechsjährigen einzigen Sohn, seinen ersten Kirchgang noch gemeinsam zu erleben. Mit heute noch nachschwingender Ergriffenheit berichtet er, wie er damals beim Einsetzen der vom Vater als Organist gespielten Orgel auf das tiefste erschüttert war. Seitdem seien Orgelklänge für ihn mit einem nie vergessenen innigen Verbundenheitsgefühl mit seiner Mutter in eins verschmolzen, wobei er sich deutlich erinnert, schon damals dumpf das drohende Verhängnis, sie zu verlieren, und sein ohnmächtiges Aufbäumen dagegen gespürt zu haben. Und jetzt berichtet er auch, daß es dieses gleiche Gefühl sein müsse, das ihn so schmerzlich-beglückt an seine heutige Partnerin binde: Das Wissen um die Begrenztheit der ihnen beiden geschenkten Frist habe ihn jede Minute mit ihr auskosten lassen, so daß er darüber sein Studium vernachlässigt habe. »Bei ihr habe ich das mit dem Tode meiner Mutter verlorene Zuhause endlich wiedergefunden und weiß doch immer, daß ich es bald wieder verlieren werde.«

Damit würde sich auch die im Traum vorübergehend vorgenommene Verarbeitung des Pochens an der Tür zu Orgeltönen als nicht zufällig erweisen, sondern sich wiederum höchst sinnvoll auf das für ihn so bedeutsame Erleben des Weiblich-Mütterlichen und des damit zugleich dahinter anklingenden Väterlichen (Vater = Organist) beziehen, so unauffällig es sich auch im Traumtext versteckt hat. – Oder sollte das Verstecken des Bedeutsamen hinter dem Unauffälligen auch eines der merkwürdigen Traumgesetze sein? Wie wir an weiteren Träumen noch sehen und später auch verstehen werden, ist es tatsächlich so. Auch dieser Traum wird es noch deutlicher zeigen, wobei wir allerdings der Willigkeit des Lesers, uns zu folgen, noch einiges mehr zumuten müssen.

Als nämlich Monate später im Zusammenhang mit einem anderen Traum die Beziehung des Träumers zu seinem Vater nochmals ausführlich besprochen wurde, machte er eine Mitteilung, die unseren in allen wesentlichen Einzelheiten bereits hinreichend verständlich erscheinenden Glockentraum in einen weiteren wichtigen Bezug rückte. Wir hörten, daß seine Beziehung zum Vater, seit er sich damals zu Unrecht schwer gestraft und geächtet gefühlt hatte, nie wieder gut geworden sei. Nun berichtete er zusätzlich, daß er sich bei der väterlichen Strafaktion nicht so sehr deshalb zu Unrecht gezüchtigt gefühlt hatte, weil er glaubte, nichts Schlimmes getan zu haben, als vielmehr, weil er damals die Unterleibserkrankung der Mutter irgendwie mit dem Vater in Verbindung gebracht habe. Er erinnert, bei der Strafaktion dumpf gefühlt zu haben, daß der Vater der letzte sei, der ein Recht habe, ihn für das, was er mit den Nachbarmädchen getan habe, zu strafen, da der Vater selber mit der Mutter doch etwas viel Schlimmeres gemacht habe! Er müsse nämlich damals – wie

er jetzt meint »komischerweise« – wohl wirklich geglaubt haben,
daß der Vater der Mutter die tödliche Krankheit beigebracht
habe.

Mit Recht wird der Leser einwenden können, daß das doch
Unsinn, nämlich objektiv falsch sei. Hätte es sich bei der Erkrankung der Mutter um die Folgen der Übertragung einer Ge-
schlechtskrankheit gehandelt, ließe sich solche These allenfalls
rechtfertigen. Aber doch niemals bei einem Krebsleiden! – Wieder werden wir antworten: Das ist zwar objektiv richtig, ändert
aber nichts daran, daß der Patient es damals als Junge (subjektiv)
in aller Intensität so erlebt hat! Irgendwie hat er dunkel gespürt,
daß es Intimitäten zwischen den Eltern gab; und was er ahnte,
hat er, da es ihm in jenem frühen Alter an genaueren anatomischen und medizinischen Kenntnissen fehlte, in objektiv falscher
Weise zu der Phantasie verwoben, daß der Vater der Mutter dabei die tödliche Krankheit beigebracht habe. Das entsprach seinem damaligen Weltbild, war seine (subjektive) *Realität*. Wenn
auch »nur« eine psychische. Obwohl sachlich falsch, hat sie sich
in ihrer Wirkungskraft doch als realer erwiesen als die objektive
Realität. Sie hat das spätere Leben des Träumers bis auf den heutigen Tag, ohne daß er selbst es bemerkt hätte, entscheidend beeinflußt und gestaltet, was hier in charakteristischen Einzelheiten
nicht weiter ausgeführt werden kann. Wir müssen uns hier auf
einige Mitteilungen mit Bezug zum Glockentraum beschränken.
Der Vater, der seit jener »ungerechten« Strafaktion als ein gefürchteter und insgeheim gehaßter, ja verachteter »Aufpasser«
angesehen wurde, war nun vollends außerstande, die durch den
Tod der Mutter gerissene Lücke auch nur einigermaßen auszu-
füllen. Der Junge wurde immer mehr zum Fremden im liebelee-
ren Elternhaus, der aus Angst die Forderungen des Vaters erfüllte, so auch Akademiker wurde, »weil er es doch einmal besser
haben sollte im Leben«. Mit guter Intelligenz ausgestattet, büf-
felte er pflichtgemäß, ohne aber jemals ein inneres Verhältnis zu
seinem Studium zu gewinnen. Er war ein Einzelgänger, hatte
keine Freunde. Mädchen mied er ängstlich, und bis zur Begegnung mit jener Witwe hatte er niemals eine nähere Beziehung zu
einer Frau.

Bei ihr fand er dann endlich ein Zuhause wie einstmals, als die
Mutter noch lebte. Sein graues Leben, bisher nur der Arbeit und
der Pflicht gewidmet, bekam plötzlich Farbe, gewann Inhalt und

Sinn. Das vom Vater geforderte Studium aber war für ihn nun vollends sinnlos geworden; galt es jetzt doch, jeden Tag auszukosten. Bis dann mit dem Tag des Examens die lange Zeit verdrängte Gestalt des strafenden Vaters plötzlich wieder in drohende Nähe rückte. Das Pochen an der Tür war gewissermaßen das Klopfen des Schicksals, das ihn zum längst fälligen Strafgericht rief.

Haben wir, da wir nun den Erlebnishintergrund unseres Studenten kennen, nicht volles Verständnis dafür, wenn er das Pochen an der Tür umträumt, wenn er sich also vor dem gefürchteten Strafgericht des Vaters in mütterliche Geborgenheit bei der liebenden Frau zu retten sucht? Alle Phasen der Metamorphose des Klopfens: Glockengeläut, Orgelklang, Autohupensignal erwiesen sich durch das vom Träumer dazu gebrachte Material nicht nur als sinnhaltig, sondern als hochspezifische Bezüge auf die existentiell entscheidenden Ereignisse im Leben unseres Träumers.

Der psychoanalytisch kundige Leser wird bei unserer bisherigen Traumauswertung längst zwei Folgerungen erwarten: einmal, daß mit der Vernachlässigung des Studiums insgeheim ja auch Rache am Vater als Vergeltung für erlittenes »Unrecht« genommen wird, und zum anderen, daß dieser Traum eine starke Bindung an die Mutter verrate. Beides zusammen ergebe somit eindeutig das von FREUD immer wieder hervorgehobene Ödipus-Thema: Kampf gegen den Vater mit dem Ziel, die Mutter für sich allein zu gewinnen. Tatsächlich ist beides eindeutig auch in diesem Traum enthalten; und wenn der Ödipus-Komplex nicht nur als eine auf das genitale Gebiet beschränkte sexuelle Triebregung verstanden, sondern zugleich auch als der von uns aufgezeigte weltenumspannende Hintergrund gesehen wird, ist gegen eine solche Einordnung des Traumes gewiß nichts einzuwenden.

3. Zeitlupenaufnahme einer fortlaufenden Traumquellenverarbeitung

Wir hatten diesen Traum als Beitrag zum Studium der Traumquellen gebracht. War im Grießbrei-Traum ein Leibreiz (Hunger) die Traumquelle, so ist es im Glocken-Traum eine äußere Sinneswahrnehmung (Pochen an der Tür). Dieses Pochen ist, wenn wir nunmehr den Träumer bei seiner Tätigkeit, diese

Quelle zu verarbeiten, im einzelnen verfolgen, offensichtlich in den aktuellen Konflikt des Träumers (sein Hoffen und Bangen um die bevorstehende Prüfung) folgendermaßen eingebaut worden: Das erste Klopfen an der Tür, das ihn zum wohlverdienten Strafgericht (Examen) holen will, bei dem all seine Sünden (»verbotene« Beziehung zur Frau, Studienversäumnis) offenbar werden müssen (Vater!), wird zunächst traumgenial in eine Belohnung für das bereits bestandene Examen (Ferientage mit der geliebten Frau und sonntagmorgendliches Kirchengeläute) umgewandelt. Die Gefahr scheint gebannt. Er kann getrost weiterschlafen. Aber das Schicksal in Gestalt des ihn weckenden Hausmädchens pocht weiter an die Tür. Dies dringt in der Form störend in seinen Sonntagstraum ein, daß das einmal gewählte Bild der Umträumung in Kirchenglocken zwar beibehalten wird, daß sie jetzt aber nicht mehr Sonntagsfrieden gewährleisten, sondern den Pflichtsäumigen persönlich aufsuchen und zur Rechenschaft ziehen (»ich sah sie dicht vor mir«, sowie »schuhförmige Klöppelform«, die an *Goethe*s Warngedicht von der »wandelnden Glocke« gemahnt). Noch einmal gelingt es jedoch dem Träumer, dem drohenden Schicksal durch Umträumen zu entweichen: die Glocken, die zur Beruhigung seit ihrer Umwandlung in Verfolger nicht mehr taugen, werden aufgegeben und durch Orgeltöne ersetzt, und damit wird das Bergungserlebnis bei der damals noch gegen die durch die Person des Vaters vertretene harte »böse« Welt Schutz bietenden geliebten Mutter heraufbeschworen (erster und einziger Kirchgang mit ihr). Aber dieser Beschwörungsversuch der Vergangenheit ist schon fragwürdig: war doch die damals schon vom Tode gezeichnete Mutter kein sicherer und starker Schutz mehr gegen die Welt des strengen Vaters. Mit dem anhaltenden Klopfen dringt der Vater dann auch bedrohlich in diese Bergungssuche bei der Mutter mit ein: war der Vater doch und ist auch heute noch Organist in der Dorfkirche, somit der Erzeuger der Orgeltöne. Und es pocht weiter. Die Flucht in die Vergangenheit, in der der überlebende Vater schließlich doch Sieger über das bergende Mütterliche geblieben war, vermag nicht mehr zu retten. Wie zu Anfang des Traumes wird ein letzter verzweifelter Versuch der Schutzsuche in der Gegenwart, bei der geliebten Frau, gemacht. Den fragwürdig doppeldeutig gewordenen Orgelklang versucht er – wie schon zuvor das Glockengeläut – erneut in ein unmißverständliches Bergungssymbol umzuträumen: in das mehrstimmige Signal ihres Autohorns, womit sie ankündigt, daß sie ihn zu Ferienfreuden abholt. So gewinnt er nochmals Augenblicke – wohl nur Sekundenbruchteile – eines erträumten Glücksgefühls, bis ihn das weiterpochende Schicksal dann endgültig in die bittere Wirklichkeit des Examenstages zurückholt. Er hat »ausgeträumt«, wie es unsere Sprache mit untrüglichem Instinkt so treffend ausdrückt.

II. Folgerungen

Ich bin mir bewußt, daß ich mit einer derart bis ins letzte durchgeführten Verflechtung von Außenweckreiz (Türpochen) und Ablauf der inneren Traumbilder der Aufnahmefähigkeit des Lesers einiges zumute. Er wird finden, daß es ja nahezu ans Wunderbare grenze, zu welchen sinnvollen, alle wesentlichen Lebenssituationen einbeziehenden Vollzügen der Mensch, ohne sich dessen bewußt zu sein, im Traum – ungeachtet seiner zunächst so unsinnig-absurd wirkenden Erscheinung – fähig sein solle. Er wird gewiß einräumen, daß eine solche Häufung von Entsprechungen zwischen zunächst Absurdem und realen Fakten aus Gegenwart und Vergangenheit des Träumers kaum noch Zufall sein könne. Aber er möchte doch lieber wirkliche Beweise. Am besten experimentelle. Beispielsweise dafür, daß der Traumablauf auch wirklich bis in alle Einzelheiten in der aufgezeigten Wechselbeziehung zur Traumquelle, dem Pochen an der Tür, gestanden habe. Wir müssen freimütig eingestehen, daß ein Beweis solcher Art in unserem Falle nicht erbracht werden kann, ja grundsätzlich nicht erbringbar ist, da sich der Traum, mag man versuchen, die experimentellen Bedingungen noch so spezifisch auf ihn abzustellen, einer derartigen Überprüfung entzieht. Das einzige, was wir für unsere Auffassung anführen können, ist die »breite Erfahrung« (GEHLEN). Wer sich in 25 jähriger Berufstätigkeit mit vielen Tausenden von Träumen befaßt hat, gewinnt zwangsläufig ein Urteil darüber, ob etwas im Traum eine einmalige Besonderheit, ob es eine seltenere Ausnahme oder feststehende Regel ist. Der hier zur Diskussion stehende Tatbestand stellt aber eine der wenigen Regelhaftigkeiten dar, die von allen Forschern, die sich ernsthaft mit dem Traum befaßt haben, bestätigt werden, mögen sie auch sonst noch so verschiedene Auffassungen vertreten.

1. Erste Traumregeln

Versuchen wir einmal, alles zusammenzustellen, was wir bei diesen beiden zum Studium der Traumquellen herangezogenen Träumen bereits an Beobachtungen über den Traum haben machen können. Wie schon der Grießbrei-Traum erweist sich auch der Glocken-Traum als Hüter des Schlafes, indem er schlafgefährdende, quälende Tagesgedanken mildtätig beschwichtigend »umträumt«. Auch er greift auf Erlebnisse vom Vortag zurück. Wieder macht er die Konfliktsituation des Vortages imaginär ungeschehen, wieder behebt er die Sorgen des Vortages in überkompensierender Weise (Feriensonntag mit der geliebten Frau). Wieder finden wir ein und dasselbe Traumdetail doppelt determiniert (Orgelton bezieht sich auf die Welt der Mutter, zugleich aber auch auf den Vater). Wieder erweist sich der Vergleich zwischen dem manifesten Traumtext und den dahinter stehenden »latenten Traumgedanken« als der Zugang zum Verständnis des Traumes.

Darüber hinaus zeigt uns dieser Traum noch eine Reihe weiterer – zumindest für ihn, wenn nicht für alle Träume – charakteristischer Eigenheiten. Obwohl es in diesem Traum um die aktuelle Examensnot unseres Studenten geht, führten uns die schuhförmigen Glockenklöppel und der Orgelton unversehens in die *Kindheit* des Träumers. Der Traum steht also zumindest auf zwei Beinen: mit einem in der *Gegenwart*, mit dem anderen in der *Vergangenheit*. Sofort fällt uns ein, daß ja auch der Grießbrei-Traum schon dieses Merkmal aufwies. Hinter dem aktuellen Grießbreientzug stand das weit bedeutsamere, in die Vergangenheit weisende Thema des drohenden Liebesentzuges durch die Mutter. Beim Glocken-Traum steht hinter dem mit dem aktuellen Examen drohenden Konflikt das Verhältnis zum Vater und dahinter die wohl noch bedeutsamere Beziehung zur Mutter. Und schon merken wir, daß in beiden Fällen eine aktuelle Situation des Träumers dazu gedient hat, in spezifischer Form die gesamte ihr kategorial entsprechende Erlebniswelt in der Vergangenheit auf den Plan zu rufen: ein Nahrungsentzug wies hin auf den drohenden Liebesentzug; ein wegen der Beziehung zu einer

Frau gefährdetes Examen offenbart das tragische Verhältnis zum gefürchteten, verachteten Vater und weckt die bis zur Begegnung mit dieser Frau lange Jahre verschüttete Sehnsucht nach der Liebe und Geborgenheit, die einst bei der Mutter erlebt wurde. Wir sehen: Nicht die aktuelle Situation verleiht dem Traum seine Dynamik, sondern erst die in jedem von uns aus der Vergangenheit bereitliegende Problematik, also etwas Unerledigtes, Unverarbeitetes, Unerlöstes; mag es sich dabei um Ansprüche triebhafter Art oder um sublimste Bedürfnisse handeln. Der gegenwärtigen Situation kommt kaum mehr als die Funktion eines spezifischen Auslösers zu.[1] Jetzt verstehen wir auch, warum im Traum Gegenwart und Vergangenheit so selbstverständlich in eins verwoben erscheinen. Geht es doch beidemal um das gleiche Grundthema.

Als weitere Regel entnehmen wir diesem Traum das *Gesetz des pars pro toto*, das besagt, daß statt eines gemeinten Ganzen nur ein Teil von ihm erscheint. Hinter dem Autosignal steht die für das Leben unseres Träumers so bedeutsam gewordene Frau; hinter dem Orgelton die schmerzlich entbehrte Welt der geliebten Mutter und zugleich auch der drohende Schatten des Vaters. Ja wir könnten sogar (zum mindesten für diesen Traum) behaupten, daß etwas um so unauffälliger, ja geradezu versteckt erscheint, je mehr es existentiell bedeutsam für das Leben des Träumers ist; ein Sachverhalt, der uns noch zu beschäftigen haben wird. – Ferner finden wir im Traum eine Tendenz zur *Verdichtung*, z. B. bei der Glocke. Ihr Geläute dient zur Symbolisierung des Sonntagsfriedens; ihr schuhförmiger Klöppel zur Darstellung des den Sünder verfolgenden Gewissens. Weiter muß es auffallen, daß beim ersten Erzählen des Traumes der spätere Nachtrag zunächst ausgelassen, »vergessen« wurde. Sollte es sich hier nicht wieder um ein tendenziöses Vergessen der gleichen Art handeln, wie wir es bereits als Ausdruck eines geheimen »Gegenwillens« kennengelernt und besprochen haben? Was um so mehr zu vermuten ist,

---

[1] Es sei hier – obgleich es nicht eigentlich zum Traum gehört – darauf hingewiesen, daß das gleiche Gesetz auch bei den Neurosen und Psychosen gilt: Ein lange aufgestaut bereitliegendes Konfliktmaterial wird durch eine aktuelle spezifische Versuchungs- und Versagungssituation derart in Bewegung gebracht, daß ein bis dahin gerade noch aufrechterhaltenes Gleichgewicht zusammenbricht. Die daraufhin einsetzende Symptomatik läßt die bis dahin latente Neurose oder Psychose manifest werden, was den irrigen Eindruck erweckt, daß die Krankheit erst jetzt entstanden wäre.

als jener zunächst vergessene Nachtrag gerade die bedeutungsvollsten Traumhintergründe erschloß und überhaupt erst den Brückenschlag von der aktuellen Situation zur schmerzlichen Vergangenheit ermöglichte. Tatsächlich zeigt vieltausendfache Erfahrung, daß den zunächst vergessenen Nachträgen zum Traum eine besondere Bedeutung zukommt. Sie liefern vielfach erst den Schlüssel zum Verständnis des Vorhergehenden.

Und schließlich noch eine Beobachtung, die, obwohl sie zunächst mit dem Traum als solchem nicht zusammenzuhängen scheint, dennoch zeigt, wie Traum und Wach-sein insgeheim miteinander verwoben bleiben, selbst wenn wir wachend nicht merken, daß wir im Dienste der Traum-Wirklichkeit (oder richtiger: einer Wirklichkeit, die Träumen und Wachen gleichermaßen umschließt) handeln. Wir meinen jene Szene, als dem Träumer der klärende Einfall zu den Glockenklöppeln kam, der mit einem Male das Tor zur Vergangenheit aufriß. Unter seinen Sachen kramend, stieß er auf sein Tagebuch. Ohne daß ihm, trotz täglicher Einträge, bisher jemals eine solche Ähnlichkeit aufgefallen wäre, rief es am Tage nach diesem Traum erstmals die Erinnerung an ein gleichfarbiges Schulbuch wach, in dem das bedeutsame Gedicht von der verfolgenden Glocke stand, an das er seit seiner Kindheit überhaupt nicht mehr gedacht hatte. Zufall? Dann zum mindesten ein sehr merkwürdiger! Wenn aber die Erfahrung ein solches Vorkommnis als gar nicht einmal so selten erweist, würden wir wieder der erstaunlichen Tatsache gegenüberstehen, daß unsere unbewußte Seelentätigkeit insgeheim mit einer Präzision und Folgerichtigkeit am Werke ist, von der – wir verwenden absichtlich die hier etwas paradoxe Formulierung – sich unser Wachbewußtsein niemals etwas hätte träumen lassen!

2. Traumquelle und innere Situation des Träumers

Zwei kurze Träume und welche Fülle von Entdeckungen! Dabei hatten wir die Träume eigentlich nur gewählt, um uns an konkreten Beispielen über das Problem der Traumquelle zu orientieren. Im ersten Traum war es zweifellos ein Leibreiz, das Hungergefühl. Im zweiten Traum ein äußerer Sinnesreiz, das Klopfen an der Tür. So viel können wir aber aus diesen beiden Träumen schon jetzt folgern: das weitere Forschen nach den Traumquellen hat für das Verständnis des Eigentlichen im Traum sehr an Interesse verloren. Denn das Entscheidende ist ja offensichtlich nicht die Wahrnehmung des Hungers bzw. des Klopfens, sondern die Art, wie der Träumer aufgrund seiner inneren Situation auf diese mehr zufälligen äußeren oder inneren Reize antwortet. Wir verstehen jetzt schon, daß von hundert verschiedenen Träumern jeder auf den gleichen Hunger- oder Klopf- oder sonstigen Reiz »seinen« Traum haben wird, in dem er diese Reize in einer für ihn einmaligen und charakteristischen Form träumerisch verarbeiten wird. Sie hängt von der aktuellen Verfassung des Träumers beim Einschlafen ab, die in Beziehung steht zu den Erlebnissen am Vortage. Mehr aber noch davon, welche für den Träumer existentiellen Themen im Rahmen seiner gesamten Lebenssituation und insbesondere auch seiner Vergangenheit bis in die Kindheit hinein durch jene Ereignisse am Vortag angerührt wurden. Und das wiederum hängt – wie wir noch verstehen werden – davon ab, ob es dem heutigen Träumer damals gelang, jene Themen in einer altersgemäß reifen Form zu verarbeiten oder nicht.

So erklärt sich auch die experimentell erhärtete Beobachtung, daß nicht nur, wie schon gesagt, von hundert verschiedenen Träumern jeder auf denselben äußeren oder inneren Reiz mit »seinem« Traum antwortet, sondern daß bei demselben Träumer in verschiedenen Lebenssituationen die gleiche Traumquelle in verschiedener Weise verarbeitet wird. Dies zeigen z. B. die drei Wecker-Träume von HILDEBRANDT, der den gleichen äußeren Sinnesreiz, das im Schlaf wahrgenommene Rasseln des Weckers, in einem ersten Traum zu Kirchenglockengeläut, im zweiten zum Schellenklingeln eines Schlittens und im dritten zum Geräusch von am Boden zerschellendem Porzellan träumerisch verarbeitete.

Alle diese Erfahrungen bestätigen, daß es nicht berechtigt ist, äußeren oder inneren Sinnesreizen besondere Bedeutung für den Traum zuzusprechen. Nicht die Traum*quelle*, sondern die seelische Verfassung des Träumers ist das Wesentliche beim schöpferischen Akt des Träumens. Millionen von jungen Männern haben von alters her bis heute Liebeserlebnisse gehabt, aber nur ein GOETHE gestaltete sein Erlebnis mit FRIEDERIKE BRION zu einer *Faust*-Dichtung.

Begnügen wir uns deshalb damit, möglichst kurz systematisch zusammenzufassen, was zum Thema Traumquelle noch auszuführen ist. Wir haben als Traumquelle bisher kennengelernt:

1. *äußere* Sinneswahrnehmungen; z. B. im ausführlich besprochenen Glocken-Traum (Pochen an der Tür). Statt akustischer
können natürlich genauso auch optische oder sonstige, etwa
taktile Reize, die gleiche Rolle übernehmen (Guillotine-
Traum von MAURY). Anstelle von äußeren können auch
2. *innere* Sinneswahrnehmungen zur Traumquelle werden. Verhältnismäßig häufig handelt es sich hier jedoch um eine nachträgliche Verarbeitung von ursprünglich äußeren Sinneswahrnehmungen vor dem Einschlafen. Eine andere Form innerer
Sinneswahrnehmungen wären die Leibreize (Grießbrei-
Traum).

Anfangs erwähnten wir schon die den Alten bereits bekannte
Tatsache, daß bevorstehende Erkrankungen oftmals zuerst im
Traum wahrgenommen werden. ARISTOTELES führte dies auf
eine im Schlafzustand gesteigerte Fähigkeit der Innenwahrnehmung zurück; so wie das über dem Lärm des Tages nicht wahr-
nehmbare leise Murmeln des Baches erst in der Stille der Nacht
für unser Ohr hörbar wird und damit in unseren Traum eingehen
kann. Dann dürfen wir uns aber auch nicht wundern, wenn nicht
nur krankhafte Vorgänge, sondern auch die tagsüber unter-
schwellige, also unhörbare »Sprache« der Organe unseres Leibes
für uns überhaupt erst nächtlich wahrnehmbar wird. Und zwar
nicht nur, daß – wie im Grießbrei-Traum – ein auch schon am
Tage leise nagendes Hungergefühl laut wird, sondern auch andere Bedürfnisse sich vernehmlich melden, deren Drängen nach
Befriedigung wir über dem Lärm des Tages überhörten.

Das gilt entsprechend auch für die Welt unserer urtümlichen
Antriebe. Haben wir ihnen doch tagsüber als Gemeinschaftswesen, die nur unter gewissen, uns schon zur zweiten Natur gewordenen ständigen Verzichtsleistungen in sozial eingeordneter
Form leben können, unablässig Versagungen aufzuerlegen. So
z. B. wenn ich mir »selbstverständlich« nicht erlaube, zu betrü-
gen oder zu stehlen, selbst wenn es wahrscheinlich niemals her-
auskäme, und ich glaubte, meine finanziellen Nöte auf diese
Weise beheben zu können. Oder wenn ich »natürlich« meinen
geheimen Groll gegen meinen Chef unterdrücke. Oder wenn ich
der Versuchung widerstehe und von vornherein auf ein locken-
des Abenteuer mit einer Frau verzichte, um nicht Schwierigkeiten mit meiner Lebenspartnerin heraufzubeschwören.

Mit Beispielen dieser Art nähern wir uns dem Verständnis der

Tatsache, daß die meisten Menschen es aus begreiflichen Gründen »natürlich« vorziehen, sich doch lieber nicht allzu genau mit
ihren Träumen zu befassen. Sind wir doch in unseren Träumen
zu unserem Erschrecken tatsächlich fähig, eben solche Handlun-
gen, sogar aggressive und sexuelle Ungeheuerlichkeiten zu bege-
hen, von denen sich unser Tagesbewußtsein, ohne auch nur einen
Moment zu zögern, sofort distanziert haben würde. – Sind wir
denn nun wirklich solche Ungeheuer, wie wir uns manchmal im
Traum erleben? Hat die Traumwirklichkeit recht? Oder unser
gesittetes Wachbewußtsein? Oder ist beides in uns lebendig,
auch wenn die meisten von uns es nicht wahrhaben wollen? Wir
»vergessen« es allzu gern, daß die auch in uns mächtige »Unterwelt« derart in Bewegung geraten kann, daß sie in unsere Wachexistenz einbricht. Sogar GOETHE hat freimütig bekannt, daß es
keine noch so verabscheuungswürdige Tat gäbe, zu der er sich
nicht auch fähig fühlte. Wir können der Erkenntnis nicht ausweichen, daß der Mensch *beides* ist: kreatürliches Triebwesen
und vernunftbegabtes Geistwesen.

3. Traumquelle und unbewußtes Seelenleben

Wenn dem so ist, würde sich unsere Frage, ob die Traum- oder
die Wachwirklichkeit den »wahren« Menschen widerspiegelt, in
die andere Frage verwandeln, wie es kommt, daß unsere (sonst
weitgehend verborgene) kreatürliche Triebhaftigkeit im Traum
so mächtig in Erscheinung tritt. Eine Teilantwort hörten wir bereits: weil nächtlich die Fähigkeit zur Innenwahrnehmung gesteigert ist. Aber die eben angestellten Überlegungen decken erst
den eigentlichen Grund auf. Mit unseren zugelassenen »guten«
Impulsen und Eigenschaften geraten wir nämlich im sozialen
Zusammenleben tagsüber so gut wie niemals in größere Schwierigkeiten; ihrer vollen Verwirklichung sind praktisch kaum
Schranken gesetzt. Nichts verbietet uns die Erfüllung unserer
sublimen Bedürfnisse. Dagegen brächte uns die rücksichtslose
Befriedigung unserer kreatürlichen Triebbedürfnisse im Tagesleben, die sozial ebenso wie von unserem eigenen Gewissen verurteilt würde, unaufhörlich in schwerste Konflikte mit uns selber
und mit unserer Umwelt. So haben wir von Kindesbeinen an in
einem schmerzlichen Erziehungsprozeß mehr und mehr gelernt,
instinktiv darauf zu verzichten, unseren als »böse« verworfenen

Triebregungen zu folgen oder sie auch nur zur Kenntnis zu nehmen. Und wenn sie, in einer aktuellen Versuchungssituation in Bewegung gebracht, erneut durchzubrechen drohen, so versuchen wir, ihnen durch bewußte Verurteilung, also durch einen bewußt vollzogenen Verzicht, die Verwirklichung zu verwehren.

Besinnen wir uns jetzt darauf, was wir bereits vom Traum wissen: Tatsächlich vorhandene Sorgen, Nöte, Versagungen und Mangelzustände, die uns am Tage bedrücken und uns wohl den Schlaf rauben können, werden im Traum dadurch »behoben«, daß sie traumgenial ganz einfach weggezaubert werden; am Tage erlittene Enttäuschungen und Entbehrungen werden ungeschehen gemacht und in der fiktiven Traumwelt in Erfüllung umgewandelt (Schokoladentorten-Prämie anstelle des realen Grießbreientzuges; Genuß der Ferien-Belohnung anstelle der realen Examensnöte). Ist es denn nun nicht nur folgerichtig, wenn entsprechend auch seit unserer frühen Kindheit und bis in die Gegenwart unterdrückte konfliktträchtige Triebregungen nächtlich in unsere Träume einbrechen, wobei nunmehr jedoch die ihnen zugrunde liegenden Wünsche als befriedigt dargestellt werden, um ihren beunruhigend drängenden Charakter zu beschwichtigen?

Jetzt wird auch verständlich, warum wir alle im Traum so oft bestimmte existentielle Bedürfnisse nicht in der Vorstellungswelt und in der Sprache des Erwachsenen dargestellt verarbeiten, sondern in der uns so befremdend anmutenden, kategorial entsprechenden Erlebniswelt und Ausdrucksweise des Kleinkindes. SCHULTZ-HENCKE hat darauf aufmerksam gemacht, daß die drei mönchischen Gebote: Armut, Gehorsam und Keuschheit Verzichtsforderungen gegenüber den drei kreatürlichen (»animalischen«) Grundbedürfnissen des Menschen darstellen: dem Streben nach Besitz und Fülle, nach Macht und Geltung und nach Sexualität. Von frühester Kindheit an werden wir dazu erzogen, unsere ursprünglich nach sofortiger konkreter Befriedigung drängenden kreatürlichen Triebregungen dahingehend abzuwandeln, daß sie »gesittet«, das heißt maßvoll gebändigt, wie es das soziale Zusammenleben erfordert, in Erscheinung treten und auf sublimere Ziele ausgerichtet werden. Das Kleinkind und der Heranwachsende bewältigen diese Aufgabe auf recht verschiedene, ihrer jeweiligen Entwicklung entsprechende Weise. Anfänglich hauptsächlich durch Identifizierung mit dem Erzieher, wodurch das Kind eine Gegenwehr gegen seine ursprünglichen Triebregungen aufrichtet und damit zugleich die durch sie ständig heraufbeschworenen, die Liebe der Eltern gefährdenden Konflikte meiden lernt; später auch durch bald reflektorisch funktionierende Verdrängungen, die das Vorhandensein solcher Impulse »vergessen« lassen; ferner dadurch, daß diese Impulse auf ein sozial tragbares Maß eingeschränkt oder auf andere erlaubte Ziele abgeleitet, »sublimiert« werden; und schließlich dadurch, daß man, heranwachsend, zu bewußtem Verzichten fähig wird.

Welche dieser vielfachen Möglichkeiten nun auch nach- oder nebeneinander eingesetzt werden: gemeinsam ist ihnen allen, daß sie zu einer zunehmenden Einschränkung der ursprünglichen Natur dieser Triebregungen führen. Und das macht es uns verständlich, daß diese Triebregungen, unabhängig von unserem geistigen Niveau, im Traum wieder ihr lebenslang zurückgedrängtes volles Recht fordern. Daher die auffallende Häufigkeit, mit der sich in unseren Träumen die ursprüngliche Natur des einstigen noch nicht gesitteten Kleinkindes versteckt oder vielfach sogar unverhüllt äußert: ungehemmte Befriedigung leiblicher Bedürfnisse, unbekümmerte Beschäftigung mit den Exkrementen, rücksichtslose Durchsetzung der eigenen Wünsche, gleich ob andere dabei zugrunde gehen, noch durch kein Schamgefühl in Schranken gehaltene sexuelle Ansprüche usw. Für diese von früh an zu kurz gekommene Welt stellt der Traum das ungefährliche, weil nur virtuelle kompensatorische Betätigungsfeld dar. Das nehmen wir zwar nur ungern zur Kenntnis, und sogar noch im Traum wird diese Welt aus Gründen, deren Verständnis uns noch einige Kopfschmerzen bereiten wird, vielfach »versteckt«. Aber auch dies ist *eine*, und zwar eine wesentliche Seite des Traumes.

Was aber für Spannungen im Bereich des Trieblebens gilt, gilt dann billigerweise auch für alle uns sonst bedrängende Problematik, mithin auch für das Erleben, das wir dem seelischen Bereich zuzuordnen pflegen. Es war die tragische Grundproblematik des Studenten in seiner Examensnot, daß er mit dem Tode der Mutter so früh sein Zuhause verloren hatte, als nur noch ein als ungerecht erlebter, aufpassender, zwar verachteter, aber doch gefürchteter Vater übriggeblieben war. Endlich war durch die

Begegnung mit der geliebten Frau, die ihm das Verlorene wieder ersetzte, eine beglückende Wende in diesem versagungsreichen Lebensschicksal eingetreten. Hier müssen wir aber etwas Wichtiges hinzufügen. Bis zu dieser Begegnung war sich unser Träumer keineswegs der Tragik seiner Lebenssituation und insbesondere auch nicht der Rolle, die sein Vater und seine Mutter dabei spielten, klar bewußt gewesen. Er erlebte sich vielmehr als einen leidlich eingeordneten Menschen, der seine Pflicht in dieser nun einmal kargen Welt erfüllte, und damit basta. Um am Verlust der Mutter und an der Ächtung durch den Vater nicht innerlich zu zerbrechen, hatte er wesentliche Bereiche seiner Gefühlswelt verdrängt, d. h. seiner eigenen Wahrnehmung völlig entzogen, so daß er, als ihm dann jene Frau begegnete, durch das, was er zu erleben fähig war, einfach überwältigt wurde. Und erst danach war dann Stück für Stück die seit fast 20 Jahren vergessene Welt seiner bedeutsamen Kindheitserlebnisse aus der inneren Absperrung hervorgebrochen.

Und nun das Überraschende: Seit vielen Jahren hatte er schon wiederholt Träume von gemeinsamen Kirchgängen mit der Mutter gehabt. Er hatte sie nie beachtet, weil er ihren bedeutungsvollen Hintergrund nicht verstand. Das beweist aber, daß im Traum unsere Wahrnehmungsfähigkeit nicht nur für körperliche Vorgänge, beispielsweise Organsensationen (Hunger, drohende Krankheit), gesteigert ist, auch nicht nur für unsere frustrierten kreatürlichen Triebregungen, sondern ebenso für unsere *sublimen existentiellen Bedürfnisse*. Wobei das wieder einmal Überraschende ist, daß der Traum in all den Jahren um die Bedeutung jener dem Bewußtsein des Träumers entzogenen Notwendigkeiten »wußte« (sich wiederholender Kirchgang mit der Mutter), also geradezu einen Spürsinn für das gehabt hat, was für den Träumer als notwendig und damit als Not-wendend wesentlich war, auch wenn sich sein Bewußtsein dafür noch als taub und blind erwies.

Wieder hat tausendfache Erfahrung gezeigt, daß die erweiterte Innenwahrnehmung im Traum in spezifischer Weise die für jeden Menschen wesentliche unbewußte Problematik aufspürt. Oder, dasselbe richtiger formuliert: daß sich das, was sich, weil es uns nicht bewußt ist, der bewußten Auseinandersetzung und damit auch einer Klärung entzieht, im Traum solange (ent)äußert, bis es früher oder später einmal eine befriedigende Lösung findet. So sehen wir nicht nur, daß der Traum die Funktion eines Mahners bekommt, der uns auf das, was not tut, unermüdlich hinweist, sondern auch, daß eben jenes uns-not-Tuende sich vorwiegend auf unbewußte Problematik beziehen muß, die somit eine wichtige Traumquelle darstellt, und zwar, wie wir zu ahnen beginnen, von allen bisher genannten die allerwichtigste. Freud hatte recht, wenn er den Traum als die *via regia* zum Unbewußten bezeichnete. Ein uns am Tage verschlossener Zugang zur Welt unserer unbewußten Nöte, aber auch unserer nicht verwirklichten Möglichkeiten, steht uns nächtlich im Traum offen.

4. Rangordnung der Traumquellen

So sind wir unversehens von den Traumquellen *draußen*, den zufälligen Sinnesreizen, über die *inneren* Sinneswahrnehmungen auf die Hauptquelle des Traumes gestoßen. Es ist die *fast unbegrenzte* Welt *unserer unbewußten Triebregungen, Ansprüche, Wünsche, Notwendigkeiten und Möglichkeiten*, sowie der mit ihnen verknüpften Befürchtungen und Ängste, um die es letztlich im Traum geht. Sinnesreize von außen oder innen haben lediglich auslösende Funktion. Was den Traum wirklich speist und bestimmt, das ist jene andere innere, unserem Wachbewußtsein jedoch meist entzogene Welt.

Damit wird auch – wenigstens zum Teil – verständlich, daß wir, was wir im Traum tun oder was mit uns geschieht, als fremdartig und nicht zu uns gehörig erleben. Das war es auch gewesen, was die Alten veranlaßt hatte, den Traum als göttliche Eingebung hinzunehmen. Da aber so manche Greuel im Traum unmöglich göttlich eingegeben sein konnten, wurde dann zwischen göttlichen und »natürlichen« (später auch noch dämonischen) Träumen unterschieden, bis man dann schließlich zu Ende des 19. Jahrhunderts Träume als unsinnige »Schäume« bezeichnete. So grundverschieden diese Auffassungen auch erscheinen, stellen sie doch alle die einer jeden Epoche gemäße Reaktion auf das Erlebnis des Träumers dar, den die Inhalte der eigenen Träume ich-fremd anmuten.

Die Traumarbeit

Überblicken wir den bisher zurückgelegten Weg, so waren wir, als wir uns mit dem Studium der Traum*quellen* befassen wollten, unversehens schon in eine Art von Traum*deutung* hineingeraten. Wir hatten zunächst bei den beiden zur Untersuchung herangezogenen Träumen eine Anzahl von Eigentümlichkeiten kennengelernt, die, sollten sie sich auch sonst bei Träumen als zutreffend erweisen, die Feststellung bestimmter Traumregeln oder Traumgesetze erlauben würden. Außerdem war uns bei der Suche nach den Quellen dieser Träume vom Träumer selbst »Material« in Form von Einfällen zu den Einzelheiten seines Traumes angeboten worden, das, wie sich erst hinterher herausstellte, eine auffällige Bezüglichkeit zu den unverständlichen Stellen des Traumes zeigte. Ohne daß der Träumer selber sich dessen vorher bewußt gewesen wäre, vermochten sie, wie das Lösungswort eines Rätsels, bis dahin dunkel, unsinnig oder absurd Erscheinendes schlagartig sinnvoll zu erhellen. Diese Erfahrung wiederholte sich so oft, daß wir unsere anfänglichen Zweifel, ob es sich dabei nicht um zufällige Übereinstimmungen handle, aufgrund dieser Regelhaftigkeit immer mehr verloren.

I. Latente Traumgedanken – Manifester Trauminhalt

So waren wir auf die Wichtigkeit des sich hinter dem *manifesten* Traumtext verbergenden *latenten* Traumgehalts gestoßen, der anscheinend jedem Traum zugrunde liegt. Ohne es zu beabsichtigen, hatten wir bei unserer Forschung nach den Traumquellen den kondensierten Traum*text* in die hinter ihm stehenden, ihn gewissermaßen speisenden Traum*gedanken* wieder zurückverwandelt, also genau den Schritt wieder rückgängig gemacht, den der Träumer vorher im Akte des Träumens mit der Kondensierung seiner Traumgedanken zum Traumtext vollzogen hatte. Für diesen Vollzugsakt hat FREUD die Bezeichnung »*Traumarbeit*« eingeführt. Sein großes Verdienst bleibt, daß er als erster für die wissenschaftliche Traumforschung die Notwendigkeit einer prinzipiellen Unterscheidung zwischen den vorausgehenden latenten Traumgedanken und dem späteren manifesten Trauminhalt erkannt hat. Erst diese Differenzierung ermöglichte, die im Akt des Träumens (also bei der Verwandlung der latenten Traumgedanken in den manifesten Trauminhalt) vollzogene Traumarbeit nachzuweisen und sie in ihren einzelnen Schritten durch systematische Vergleichung von Traumgedanken und Traumtext der Forschung zugänglich zu machen.

Ob wir allerdings die damals von FREUD gewählte Terminologie heute noch glücklich finden, ist eine andere Frage. Das dynamisch Wirksame bei dem, was er latente Traum*gedanken* nannte, ist, wie wir am Glocken-Traum gesehen haben, nicht ein »Gedanke«, sondern die mit dem Gedanken verbundene emotionale Erlebniswelt. Aber schließlich hat auch DESCARTES bei seinem berühmten *»cogito, ergo sum«* nicht »denken« im engeren Sinne gemeint, sondern – wie aus seinen begleitenden Ausführungen eindeutig hervorgeht – ausdrücklich den das *gefühlsbetonte* Denken tragenden emotionalen Erlebnisbereich treffen, oder zumindest mit einbeziehen wollen. Genau das hat aber auch FREUD mit »latenten Traumgedanken« gemeint. Mit dem später von JUNG, BINSWANGER, BOSS u. a. erhobenen Vorwurf, daß FREUD über der zu einseitigen Betonung der latenten Traumgedanken die Bedeutung des manifesten Traumes vernachlässigt habe, wollen wir uns zum Schluß noch auseinandersetzen.

Um die Traumarbeit wissenschaftlich korrekt zu untersuchen, müßten wir also jetzt immer wieder die latenten Traumgedanken eines Menschen seinem manifesten Traumtext gegenüberstellen und dann im Vergleich beider die jeweils erfolgten Umwandlungen studieren. Die hierbei gewonnenen Erfahrungen müßten dann an einer größeren Zahl von Personen und ihren in gleicher Weise zu untersuchenden Träumen auf Allgemeingültigkeit hin überprüft werden. Das allein würde aber schon mehr Raum beanspruchen, als uns für unsere Ausführungen insgesamt zur Verfügung steht. Wichtiger ist uns bisher auch gewesen, daß der Leser uns wirklich bei den einzelnen Schritten unseres Vorgehens folgen konnte; daß er gewissermaßen selbst daran teilnahm, wenn wir uns anfangs vermutungsweise, dann mit immer größerer Gewißheit Schritt für Schritt in der zunächst undurchsichtigen Welt des Traumes zurechtzufinden suchten und schließlich eine sinnvolle Geordnetheit, wenn auch ganz anderer und uns fremdartig anmutender Art, zu entdecken vermochten. Leider müssen wir nun, um Raum zu sparen, diesen didaktisch wünschenswerten Weg verlassen. Wir hoffen allerdings, daß der bereitwillige Leser inzwischen doch so viel Vertrauen zu der Art unseres Vorgehens gewonnen hat, daß er uns im Nachstehenden, auch wenn alle Einzelheiten nicht mehr in der bisherigen Ausführlichkeit dargelegt und begründet werden können, doch weiter zu folgen geneigt ist.

II. Mittel der Traumarbeit

1. Die Verdichtung

Was uns bei solchem Vergleich zunächst auffällt, ist das Mißverhältnis zwischen dem riesenhaften Umfang der latenten Traumgedanken und der Gedrängtheit des knappen Traumtextes. Wer hätte beispielsweise vermutet, daß hinter dem Grießbrei-Traum von nur neun Worten eines gerade dreijährigen Kindes nicht nur die Anspielung auf den realen Grießbreientzug am Vortage steht, sondern mit der Schokoladentorten-Belohnung zugleich auch auf das Daumenlutschen und die sich dahinter auftuende existentielle Bedrohung des Kindes durch die damit verbundene Störung der Kind-Mutter-Beziehung hingewiesen wird? Noch viel augenfälliger ist dies Mißverhältnis beim Glocken-Traum, zumal wenn wir verraten, daß er nicht nur auf die hintergründige Problematik des Träumers hinweist, deren Darlegung bereits so viele Seiten füllte, sondern auch noch auf weitere Problematik des Studenten anspielt, die nur auf dem Vielfachen an Seiten skizziert werden könnte.

Wir sind damit auf das Phänomen der *Verdichtung* als eines der Mittel der Traumarbeit gestoßen. Wie wird solche Verdichtung bewerkstelligt? Eine kurze Überlegung sagt uns, daß ein Gegenstand um so geeigneter scheint, eine schillernde und damit vieldeutige Interpretation zuzulassen, je unschärfer und undifferenzierter er ist. Unscharf konturierte, flüchtig wechselnde Wolkenfetzen am Himmel ermöglichen dem Spiel unserer Phantasie, darin ein Tier oder die Konturen eines Landes oder eine menschenähnliche Fratze und noch vieles andere mehr zu erkennen, während das mit photographischer Treue präzise wiedergegebene Bild eines bestimmten Gegenstandes oder einer bestimmten Person jede Vieldeutigkeit ausschließt. Je unbestimmter und damit vieldeutiger somit etwas im manifesten Traum ist, um so geeigneter erscheint es, nicht nur einen, sondern zwei, drei, vier und mehr der latenten Traumgedanken zugleich darzustellen, also in sich zu »verdichten«.

Sehen wir uns daraufhin den Glocken-Traum nochmals an: Gerade die Vieldeutigkeit dessen, wozu das Klopfgeräusch an der Tür umgeträumt wurde, nämlich etwas Unbestimmtes zwischen Glockenklang, Orgelton und Hupensignal, ermöglichte es, die drei wohl bedeutsamsten Themenkreise aus dem Leben des Träumers in einem darzustellen. Wir konnten die Arbeit der Verdichtung bei diesem Traum sogar geradezu in *statu nascendi* beobachten, als wir die verschiedenartige träumerische Verarbeitung der stets gleichbleibenden Traumquelle (mehrfaches Klopfen an der Tür) genau rekonstruierten. Noch leichter ist diese Verdichtungsarbeit zu verfolgen, wenn im Traum eine anfangs bestimmte Person oder ein anfangs bestimmter Gegenstand im weiteren Verlauf zugleich auch eine zweite oder sogar noch dritte Person (oder Sache) geworden ist, so als ob ein Film mehrfach (»übereinander«) belichtet worden wäre.

a) Die drei Arten von Verdichtung

1. Die Tendenz zur Verdichtung ist nicht traumspezifisch. Wir treffen bei verschiedenen menschlichen Betätigungen darauf, nämlich immer dann, wenn wir etwas, verschiedenen Individuen *Gemeinsames* herausstellen wollen, so z. B. in der Naturkunde aus den gemeinsamen Merkmalen mehrerer Arten den Gattungsbegriff bilden oder bei der Bruchrechnung den gemeinsamen Hauptnenner suchen. Wir werden also erwarten, daß auch der Traum dort verdichtet, wo er etwas bei mehreren Personen oder Dingen Gemeinsames herausstellen will. Anschaulich zeigt das der nachfolgende Traum:

Traum vom Riesen: Ein über 50jähriger erfolgreicher Geschäftsmann träumte, daß ein Riese besonders nett, ja zärtlich zu ihm war. Er zeigte die Züge seines Vaters, war aber zugleich unzweifelhaft auch der Dorfgendarm aus seiner Kindheit und schloß auch noch den Feldwebel aus seiner Dienstzeit viele Jahre später mit ein.

Wir werden sofort vermuten, daß es beim Träumer um irgendwelche Auseinandersetzungen mit gefürchteten Autoritätsper-
sonen geht, die Gewalt über ihn haben bzw. hatten. Und wir
werden – gestützt auf das, was wir schon über Träume gelernt
haben – leise lächeln, wenn wir dann von ihm »zufällig« nebenbei
erfahren, daß der Traum am Abend vor der Abgabe der Steuererklärung geträumt wurde. Denn wir haben guten Grund zu fragen, warum der Träumer es bei der bevorstehenden Auseinandersetzung mit seinem Finanzamt (also mit einem mit
Machtmitteln einschließlich Strafgewalt ausgestatteten Vertreter
der staatlichen Autorität) nötig hat, diese Behörde ausgerechnet
mit üblicherweise besonders gefürchteten anderen Repräsentan-
ten von »Vater (!) Staat« (Gendarm, Feldwebel) zu verdichten,
dieses Verdichtungsprodukt dann aber zu einer zwar riesenhaften, jedoch liebenswürdigen, ja geradezu zärtlichen Vater-Figur
umzuträumen.

Was uns im Augenblick aber mehr an diesem Traum interessieren soll, ist die Feststellung, daß alle drei der in eins verdichteten Gestalten der gleichen Erlebniskategorie angehören. Oder
um es korrekter auszudrücken: daß die mit Gendarm und Feldwebel verdichtete Vater-Figur für den Träumer offensichtlich ein
Hinweis ist auf eine im Zusammenhang mit der Steuererklärung
geweckte Furcht vor einer drohenden, mit Strafgewalt ausgestatteten Autoritätsinstanz, hinter der sich wahrscheinlich eine
gleiche Sicht auf die Welt als Ganzes auftut. Statt also das gleiche
Thema an zwei, drei, vier oder noch mehr dazu geeigneten Personen in Variationen nacheinander darzustellen (was gelegentlich auch einmal im Traume geschieht), hat der Traum hier räumlich und zeitlich in eins verdichtet.

2. Neben dieser Art von Verdichtung, die sich auf *Gemeinsamkeiten* stützt, gibt es aber noch zwei andere Arten, die unserem
Wachdenken weniger einleuchten wollen. Nicht nur Gemeinsamkeiten, sondern paradoxerweise auch *Gegensätzlichkeiten*
können eine Eignung für eine Verdichtung im Traum begründen.
Dann nämlich, wenn eine Doppelgesichtigkeit, wenn gegensätzliche Aspekte aufgezeigt werden oder eine – Unruhe oder Angst
auslösende – Erinnerung an eine bestimmte Figur schnell durch
Verdichtung mit einer entgegengesetzten, also beruhigende Züge
aufweisenden Figur, beschwichtigt, gewissermaßen widerlegt

werden soll. In gewisser Weise ist das übrigens sogar schon in dem eben angeführten Traum, in dem Vater, Gendarm und Feldwebel verdichtet wurden, geschehen. Denn die Zärtlichkeit, die der aus diesen Personen verdichtete Riese dem Träumer zuteil werden ließ, bestand darin, daß er ihn in einer bestimmten Art zärtlich anschaute und dabei seine rechte Hand auf des Träumers linke Schulter legte, wie dies sein Lieblingsonkel oft getan hatte, niemals jedoch sein Vater. Der durch *optische* Verdichtung des Vaters mit zwei »bösen« Autoritätsfiguren wachgerufene drohende *Vateraspekt* erweist sich also auch noch verdichtet mit einer ganz entgegengesetzten Verhaltensweise, die in Wirklichkeit dem »guten« Onkel, dem Bruder der Mutter, angehört.

Die Sprache kennt übrigens Parallelen zu dieser Art Verdichtung aufgrund von Gegensätzen, wenn auch nur als scherzhafte oder »dumme« Redensarten gebraucht. So z. B. »Gott sei leider«, das aus einer Verdichtung von »Gott sei Dank« und »leider Gottes« entstanden ist und die Zwiespältigkeit eines Menschen ausdrückt, der den Ausgang einer bestimmten Angelegenheit zwar einerseits bedauert, andererseits aber doch froh darüber ist.

3. Noch merkwürdiger und schwieriger zu verstehen ist die dritte Art der Verdichtung. Mit gewissen Witzen, den sogenannten Kalauern, weist sie eine entfernte Verwandtschaft auf. Ihr genaues Gegenstück finden wir in der Pathogenese neurotischer Symptomatik, was aber hier nicht ausgeführt werden kann. Ich würde wahrscheinlich versäumt haben, diese dritte Art hier anzuführen, hätte nicht ein kleines Stück aus einem sehr ausführlichen Traum der letzten Nacht mich wieder an diese geradezu witzige Verdichtungstechnik erinnert. Es lautete:

Professoren-Traum: Ich teile Professor Leonhard etwas mit (was, weiß ich nicht mehr), der darauf sichtlich bestürzt ist, dies aber zu verbergen sucht.

Schon beim Aufwachen frage ich mich verwundert, wieso ich von L. geträumt habe, da er mir völlig fernsteht. Ich lernte ihn, den Frankfurter Psychiater, zufällig 1948 in London auf einem Kongreß kennen. Gewiß liegt sein Buch »Gesetze und Sinn des Träumens« neben anderer Literatur über den Traum auf meinem Schreibtisch, und mein Blick mag es am Vortag zufällig gestreift haben. (Wie ich mich nachträglich überzeugte, lag es wirklich als oberstes auf einem von drei Buchstapeln.) Aber ich habe schon seit Wochen nicht mehr hineingeschaut, und an LEONHARD persönlich habe ich in all den Jahren seit unserer Begegnung in London auch nicht mehr gedacht. Schon will ich das Traumstück als unwichtig abtun, zumal ich zeitig aufstehen wollte, um einen freien Vormittag für das Schreiben an diesem Buch auszunutzen. Aber ist nicht gerade diese Eile verdächtig, da ich mir zugleich doch auch vorgenommen hatte, während der Niederschrift des Buches meine eigenen Träume als Materialquellen besonders zu beachten?

Was ist also mit diesem Auftauchen von LEONHARD heute nacht im Traum los? Ich lasse sein Bild, wie es im Traum war, wieder vor mir auftauchen. Obwohl es einwandfrei LEONHARD war, erinnere ich mich jetzt deutlich, daß es – wie bei einem doppelt belichteten Film – doch zugleich auch noch jemand anders war. Und zwar wegen der Schädelform. Nun weiß ich es: es ist mein verehrter Lehrer, der Internist VOLHARD, weltbekannt durch seine Studien über Nierenkrankheiten. Aber etwas stimmt noch nicht. Eine bestimmte Schulterhaltung und auch die Stimme passen weder zu LEONHARD noch zu VOLHARD. Jetzt steht es mir klar vor Augen: sie gehören zu meinem einstigen Studienfreund LEHNARTZ, zuletzt Professor für Physiologie in Münster. An VOLHARD und LEHNARTZ habe ich ebenfalls seit langen Jahren nicht mehr gedacht.

Erst jetzt mache ich zu meiner Überraschung die folgenden Feststellungen: die im Traum erfolgte Verdichtung dieser drei Personen zu einer Figur gründet sich auf drei reale Entsprechungen. Erstens sind alle drei Mediziner und Universitätsprofessoren. Zweitens haben sie alle eine Beziehung zu Frankfurt, wo VOLHARD und LEONHARD Universitätsprofessoren sind (bzw. waren), und auch das wichtigste Ereignis in meiner Studenten-Freundschaft mit LEHNARTZ hat mit jemandem zu tun, der in dem Frankfurt benachbarten Offenbach wohnte. Drittens – was am frappantesten erscheint – ist LEONHARD nicht nur klangähnlich mit LEHNARTZ, sondern stellt darüber hinaus offensichtlich auch noch eine Verdichtung von LEHN(artz) und (Vol)HARD dar nach der Formel: LE(H)NARTZ + VOLHARD = LE(O)NHARD. Anscheinend also wieder eine Verdichtung der beim Traum vom Riesen bereits besprochenen ersten Art, nämlich aufgrund von Übereinstimmungen. Diesmal nicht aufgrund von Eigenschaften, sondern von Klangähnlichkeiten der Namen sowie beruflichen und geographischen Gemeinsamkeiten.

Aber hier ist doch noch mehr geschehen. Die zwei Personen gemeinsame Übereinstimmung (bzw. Ähnlichkeit) von Teilen ihres Namens mit dem Namen einer dritten Person (LE(H)NARTZ und volHARD mit LE(O)NHARD) hat dazu gedient, die ersten beiden hinter diesem Dritten verschwinden zu lassen. Hätte ich mich nicht im Augenblick des Erwachens zu sofortiger Analyse dieses Traumstückes gezwungen, würde wenig später schon nur die Erinnerung an diesen Dritten übriggeblieben sein. Die beiden ersten wären meinem Gedächtnis wohl endgültig entschwunden. Und sofort wird mir auch klar, daß ich nur allzu guten Grund habe, die ersten beiden dadurch zu beseitigen, daß ich ihre Namen hinter einem dritten, aus beiden verdichteten und für mich indifferenten Namen unmerklich verbarg. Denn ich sah mich aufgrund einer akuten Erkrankung plötzlich von einer Nierenoperation bedroht, die sich dann wider Erwarten als nicht mehr notwendig erwies. VOLHARD ist aber als der »Nieren-VOLHARD« eine Weltautorität gewesen. Und im Lehrbuch der physiologischen Chemie von LEHNARTZ habe ich eines erkrankten Kollegen wegen vor Jahren das Kapitel über Nierensteine nachgelesen. Beide Namen sind also zweifellos unter dem Druck meiner eigenen akuten Nierenerkrankung aus der Unzahl der im Archiv meines Gedächtnisses aufbewahrten Namen heraufbeschworen worden, sind dann aber beide durch Weglassung je einer Namenshälfte und Verdichtung der übrigbleibenden zu einem neuen Namen, mit dem sich für mich nur belanglos-indifferente Erinnerungen verknüpfen, verharmlost worden, wobei offensichtlich das Vorhandensein von Gemeinsamkeiten (Klangähnlichkeit, Beruf, Beziehung zu Frankfurt) diese Verknüpfung erleichterte.[1]

b) Traumtechnik und Witztechnik

Eigentlich eine unglaubliche Leistung, die ich da als Träumender vollbracht haben soll! Und gäbe es nicht tausendfache Bestätigungen für diese Art von Traumarbeit, würden wir es wieder

---

[1] Es sei an dieser Stelle nochmals darauf hingewiesen, daß Träume nur soweit ausgewertet werden, wie es der Zusammenhang gebietet, zu dessen Veranschaulichung sie jeweils herangezogen werden. Eine erschöpfende Traumanalyse vorzunehmen, ist nicht beabsichtigt.

einmal vorziehen, das Ganze doch lieber als ein merkwürdiges Zusammentreffen von zufällig klangähnlichen Namen zu erklären. So wissen wir nicht, worüber wir uns mehr wundern sollen: Über die Findigkeit, mit der hier aus meinem Gedächtnisarchiv drei Personen mit dreifachen Gemeinsamkeiten herausgesucht wurden, mit denen aufgrund ihrer partiellen Namensübereinstimmung ein höchst kompliziertes psychologisches Spiel ausgetragen werden konnte, oder über die etwas kindische, ja fast läppisch anmutende Technik, deren sich diese dritte Art der Verdichtung im Traum bedient. Sie erinnert fatal an die Witztechnik, der gewisse Kalauer ihren immer als leicht peinlich empfundenen Effekt verdanken. So z. B., wenn Graf Bobby, in Verlegenheit, wie er eine Gesellschaft geistreich unterhalten soll, sich vorher von seinem Kameraden das folgende scherzhafte Fragespiel zeigen läßt: Man schüttet einen Haufen Bohnen auf den Tisch, legt dann eine Bohne beiseite und fragt darauf die Gesellschaft, was das bedeute. Antwort: BONAPARTE (Bohne beiseite = Bon-à-part[e]). Graf Bobby ist hell begeistert und führt das Ratespiel in der Gesellschaft vor. Als niemand errät, was das Beiseitelegen einer Bohne bedeutet, schmettert er, sein überlegenes Wissen auskostend, los: »Ist doch klar: NAPOLEON!« und kann nicht begreifen, daß die Gäste noch immer nicht den doch so geistreichen Scherz erfassen.

Ergeht es uns bei der zur Namensersetzung führenden Verdichtungstechnik im Professoren-Traum nicht ähnlich wie den Gästen von Graf Bobby bei seiner – ebenfalls durch Namensersetzung (NAPOLEON statt BON-A-PART[E]) – verkorksten Pointe? Selbst bei der nachträglichen Aufklärung des Ganzen reicht es doch nur zu einer etwas gezwungenen Heiterkeit. Trotzdem: Haben wir ein Recht, der Traumarbeit etwas zu verweigern, was wir doch bereit sind, dem Witz zuzugestehen?

Soviel wird uns am Vergleich mit dem Bobby-Witz klar: Um den spezifischen Effekt dieser dritten Art von Traumverdichtung zu erzielen, muß außer der Verdichtung noch etwas anderes vorgenommen worden sein. Es wurden zwar die beiden wirklichen »Nieren-Professoren« zu Professor LEONHARD verdichtet, aber die Verdichtungsfigur scheint nichts mehr mit dem für mich, den Träumer, entscheidenden Thema meiner Nierenerkrankung zu tun zu haben. War nicht schon genauso im Bobby-Witz mittels Ersetzung des Namens BONAPARTE durch NAPOLEON die zum

Verständnis entscheidende Möglichkeit einer Bezugnahme auf das Bohnenspiel aufgehoben worden? Obwohl der ersetzte Name sogar der gleichen Person angehört. Im Professoren-Traum wie im Bobby-Witz ist insgeheim zugleich auch eine Verschiebung vorgenommen worden. Beim Bobby-Witz erfolgte sie durch Ersetzung des Namens BONAPARTE durch den – so scheint es wenigstens – gleichwertigen Namen NAPOLEON. Kann ich doch tausend verschiedene Aussagen über den Korsen machen, bei denen ich die Namen NAPOLEON und BONAPARTE gleichwertig verwenden darf, also getrost gegeneinander austauschen könnte. Auf diese Erfahrung stützt sich die Pointe (um nicht zu sagen: der Trick) des Bobby-Witzes. Denn was tausendmal gilt, gilt im Falle des spezifisch an den Namen BONAPARTE gebundenen Spieles des Bohne-zur-Seite-Legens eben gerade nicht. Wir sehen: beide Namen sind zwar gleich*artig*, sind aber, obwohl sogar der gleichen Person zugehörig, *in bezug auf den im Augenblick entscheidenden Sinnzusammenhang keineswegs gleichwertig.* So wurden wir, wenn wir uns stillschweigend auf die tausendfache Erfahrung der Gleichwertigkeit der beiden Namen verließen, in die Irre geführt und bedurften einer gewissen Zeit der Überlegung, bis wir uns von unserer Verblüffung erholten und das Spiel durchschauten.

Im Professoren-Traum geschieht prinzipiell das gleiche, wenn auch in leicht abgewandelter Form und dadurch noch schwerer durchschaubar. Er führt uns an die klangähnlichen Namen eine Verdichtungsarbeit vor, die, wie es zunächst aussieht, nichts weiter ist als ein interessantes Beispiel der Verdichtung aufgrund von vorhandenen Gemeinsamkeiten. So glauben wir uns auf sicherem Boden und merken nicht, daß wir trotz *formell* korrekter Verdichtungsarbeit *inhaltlich* dabei in die Irre geführt wurden. Denn so interessant, ja brillant das im Traum vollzogene Verdichtungsspiel mit den Namen, dem Beruf und der allen dreien gemeinsamen Beziehung zu Frankfurt auch sein mag, es scheint unmerklich (wie beim Bobby-Witz) den für den Träumer im Augenblick entscheidenden Sinnzusammenhang außer acht zu lassen: waren doch VOLHARD und LEHNARTZ gerade in ihrer Eigenschaft als »Nieren-Professoren« unter dem Druck meiner akuten Krankheitsbedrohung aus meinem Gedächtnisarchiv hervorgeholt worden. Mag also auch eine technisch korrekte und formal brillante Verdichtung ihrer Namen bei der Traumarbeit

vorgenommen worden sein: bei dem Namen LEONHARD, der
sich als Folge dieser Verdichtung ergab, scheint die Verbindung
zu jenem entscheidenden Bedeutungsgehalt (Nierenkrankheit)
unmerklich unter den Tisch gefallen zu sein (wie mit dem Namen
NAPOLEON die Verbindung zum Bohnenspiel).

Man kann den gleichen Effekt auch noch durch eine andere
Variante erzielen. Wieder handelt es sich um einen geheimen
Austausch, diesmal aber auf der Mehrfachbedeutung ein und
desselben Wortes beruhend. Auch hier mag ein witzartiges
Wortspiel, das BISMARCK zugeschrieben wird, das Gemeinte
veranschaulichen. Er soll einem ausländischen Gesandten auf
dessen Bitte den für den Ausländer schwer verständlichen Unterschied zwischen »senden« und »schicken« angeblich mit der
Feststellung erklärt haben: »Sie sind ein Gesandter, aber kein
Geschickter (geschickter!)«. Der witzige Effekt dieser Formulierung beruht wieder auf der Ersetzung einer Bezeichnung durch
eine gleichartig erscheinende, wobei sich verblüffenderweise
herausstellt, daß sie (infolge der Doppelbedeutung des Wortes
»geschickt«: 1) geschickt = gesandt; 2) geschickt = Gegensatz
zu ungeschickt) alles andere als gleichwertig ist.

Vergleichen wir die Traumtechnik im Professoren-Traum mit
der Witztechnik im Bobby- und BISMARCK-Beispiel, so ergibt
sich als Gemeinsames, daß der Verblüffungseffekt auf einer un-
merklichen Irreführung beruht. Sie kommt dadurch zustande,
daß tatsächlich vorhandene charakteristische Gemeinsamkeiten
mehrerer Personen (oder Dinge, oder Begriffe) geschickt benutzt
werden, um – mit oder ohne gleichzeitige Verdichtung – scheinbar Gleiches auszutauschen (zu ersetzen). Erst zu spät erweist
sich dann aber das Ausgetauschte trotz der vorhandenen Gleichartigkeit in Wirklichkeit keineswegs als gleich*wertig*, da der im
Augenblick allein entscheidende Sinnbezug mit dieser Aus-
wechslung unmerklich aufgehoben wurde.

Trotz dieser Übereinstimmung bleibt zwischen Traum- und
Witztechnik ein wichtiger Unterschied. Beim Witz muß für den
Zuhörer die Möglichkeit erhalten bleiben, den Austausch jederzeit nachträglich erkennen und damit prinzipiell wieder rückgängig machen zu können. Nicht aber beim Traum. Da ist sie sogar in der Regel aufgehoben. Hätte ich nicht durch sofortige
Analyse im Augenblick des Erwachens hinter LEONHARD gerade
noch die hochbedeutsamen Figuren VOLHARD und LEHNARTZ

»erwischen« können, wäre die entscheidende Verbindung endgültig abgerissen. Es würde nur eine für mich indifferente Figur
mit einem nach der Verdichtung ebenso indifferenten Namen
übriggeblieben sein. Niemals mehr wäre dann die Auflösung
durch Rückgängigmachen der Vertauschung möglich gewesen.
Der Traum geht also einen Schritt weiter als der Witz und – wie
wir noch sehen werden – auch das Rätsel. Die Verschleierungs-
technik des Traumes, auf den Witz angewandt, würde sich z. B.
in der BISMARCK-Anekdote nicht mit dem wegen seiner leicht er-
kennbaren Doppeldeutigkeit jederzeit rückgängig zu machenden
Wortspiel Gesandter = Geschickter begnügt, sondern das Wort
Gesandter dann noch zusätzlich ersetzt haben (etwa durch die
doch ähnliche diplomatische Berufsbezeichnung Botschafter)
nach dem besprochenen Prinzip, etwas gegen scheinbar Gleichartiges, das aber im aktuellen Sinnbezug eben *nicht* gleichwertig
ist, auszutauschen. Mit solch zusätzlicher Operation wäre die
Spur dann endgültig getilgt. Allerdings auch die Witzigkeit der
Anekdote. Sie wäre tot. Es sei denn, daß es sich um eine besondere Kategorie von Witzen handelt, die davon leben, daß – wie
z. B. beim Bobby-Witz – der Hörer dank seiner vorherigen In-
formiertheit lustvoll auskosten kann, wie die im Witz auftretende
Person sich tödlich in den Schlingen ihres eigenen Verwechs-
lungsspiels verfängt, daß es mithin um Witze geht, deren Pointe,
paradox formuliert, im Verkorksen der . . . Pointe besteht. Aber
selbst in diesen Fällen bleibt – wie stets beim Witz und beim Rätsel – die Entstellungsspur rückverfolgbar erhalten. Bei Witz und
Rätsel ist dadurch jederzeit die Rückübersetzbarkeit und damit
die Möglichkeit der Wiederauflösung grundsätzlich gewahrt.
Nicht aber beim Traum.

Vielleicht ist dann aber die Verdichtung bei dem, was wir als
dritte Verdichtungsart bezeichnet hatten, gar nicht mehr das
Entscheidende, sondern vielmehr der Umstand, daß dabei trotz
formal korrekter Verdichtung die Rückführbarkeit und damit
auch die Wiedererkennbarkeit des einstigen Zusammenhanges
aufgehoben ist. Sollte gerade das ihr Zweck sein? Daß hier also
gewissermaßen der Trick angewandt wird, ein scheinbar harmloses Kabinettstück intelligenter Verdichtungsarbeit durch Ersetzung vorzuführen, um damit geschickt von etwas Harm-vol-
lem abzulenken, das bei dieser Ersetzung unmerklich ausgeboo-
tet wurde? Im Falle meines Traumes von meiner Erkrankung

abzulenken? Indem von den mit LEHNARTZ und VOLHARD verbundenen beunruhigenden Assoziationen (Nierenkrankheit) bei der Namensverdichtung zu LEONHARD (Traumbuch-Autor) geschickt auf einen harmlosen Namen und zugleich auf mein eigenes Traumbuch abgelenkt wurde, an dem ich in diesen Tagen mit ausgesprochener Freude schrieb. Wir würden uns dann auf bekanntem Boden befinden. Denn im Glocken-Traum waren wir ja bereits Zeugen, wie immer wieder versucht wurde, die durch das bevorstehende Examen geweckten bedrohlichen Vorstellungen ebenfalls durch Umträumen zu verharmlosen. Ist auch in meinem Professoren-Traum die Art, in der das Beruhigungsmittel verabreicht wird, etwas anders als bei jenem Studenten, so erweist sich der Traum doch wieder einmal als Hüter des Schlafes, der den Träumer gegen die aus dem Tagesleben hereinbrechenden Nöte abzuschirmen sucht. Wird aber jemand eine Mutter beschuldigen, eine Trickbetrügerin zu sein, wenn sie ihr weinendes Kind sein Weh-Weh dadurch vergessen läßt, daß sie es geschickt auf etwas Angenehmes hinlenkt?

Wir stellen fest: der mühselige und zeitraubende Umweg des Vergleichens von Traumarbeit und Witzarbeit hat unser Verständnis für den Traum sehr bereichert, worauf FREUD bereits nachdrücklich aufmerksam gemacht hatte. Sind wir doch so auf eine Reihe weiterer Faktoren gestoßen, die außer der Verdichtung bei der Traumarbeit im Spiel sein können: die Auslassung, die Anspielung, die Vertretung des Ganzen durch einen Teil, die Ersetzung bzw. Verschiebung, die darin bestehen kann, daß das eigentlich Gemeinte gegen ein charakteristisches oder aber auch umgekehrt, gegen ein besonders unauffälliges Ähnliches ausgetauscht ist, wodurch es dann zu merkwürdigen Affektverschiebungen kommen kann, und schließlich als Effekt all dieser und noch anderer »Mechanismen«, die Entstellung, die jedoch vielfach den Eindruck einer tendenziösen Verschleierung macht. Dies alles wird uns in diesem Kapitel über die Traumarbeit noch zu beschäftigen haben.

c) Das Prinzip des pars pro toto

Die wenigen bisher von uns untersuchten Traumbeispiele zeigten bereits, daß die oft so erstaunliche Verdichtung im Traum niemals möglich sein würde, wenn ihr nicht die Darstellbarkeit

eines gemeinten Ganzen lediglich durch ein ihm zugehöriges
Teilstück zugute käme, also das Prinzip des *pars pro toto*. Im Professoren-Traum waren bei LEONHARD nicht nur Namensteile
verdichtet, derart, daß jede Hälfte seines Namens den ganzen
Namen einer anderen Person vertrat, sondern auch optisch galt
dieses Prinzip: die Schädelform von VOLHARD und die Schulterhaltung und der Stimmklang von LEHNARTZ genügten, um diese
beiden Personen in LEONHARD aufgehen zu lassen.

Auch das Prinzip des *pars pro toto* gehört keineswegs nur dem
Traum an. Wenn beispielsweise eine Mutter als einziges Anden-
ken an ihren gefallenen Sohn nur noch einen Uniformknopf be-
sitzt, so umschließt dieser sonst wertlose, aber ihr so kostbare
Knopf für sie die ganze Welt des Toten. Haben wir dann aber
ein Recht, uns zu wundern, wenn auch im Traum – jetzt im übertragenen Sinne gemeint – ein lächerlicher Uniformknopf oder
eine sonstige für den Außenstehenden belanglos erscheinende
Nichtigkeit tatsächlich Welten vertreten kann? Wenn also, wie
wir im Glocken-Traum sahen, das Hupensignal wirklich die
ganze Welt der geliebten Frau für den Träumer umschließt, die
Schuhform der Glockenklöppel für die Welt des Vaters steht und
mit dem Orgelklang für ihn die Welten beider Eltern heraufbeschworen werden.

Das ist übrigens auch der Grund, weshalb die Mitteilung von
Träumen in Form einer summarischen Zusammenfassung oder
einer »Beschränkung auf das Wesentliche« für die Traumforschung ebenso wie für die therapeutische Auswertung wertlos
ist. Geht dabei doch gerade die hinter den (dann nicht beachteten
und infolgedessen auch nicht berichteten) »Nebensächlichkeiten« stehende Wesenhaftigkeit verloren.

2. Die Verschiebung

Mit all dem sind wir nachdrücklich auf ein Mittel der Traumarbeit aufmerksam gemacht worden, dem wir, ohne uns dessen
ausdrücklich bewußt geworden zu sein, von Anfang an schon
mehrfach begegnet sind: der bereits erwähnten Verschiebung.
Offensichtlich haben wir sie – sehr zu Unrecht – bisher nicht genügend gewürdigt. Denn wenn sich die wesentlichsten Dinge im
Leben wie im Traum hinter einem für den Nicht-Wissenden unauffälligen »Uniformknopf« verstecken können, dürfen wir uns

nicht wundern, wenn es infolge dieser Verschiebung, wobei zunächst ja nur das eigentlich Gemeinte durch Ähnliches vertreten oder durch ein Teilstück ersetzt wird, auch zu merkwürdigen, oftmals grotesk wirkenden Verzeichnungen der affektiven Perspektive kommt. Auf diese Weise kann das Wesentliche im Leben des Wachenden völlig belanglos erscheinen, und (scheinbar) lächerliche Banalitäten können mit stärksten Gefühlen besetzt sein. Diese Unstimmigkeit der affektiven Perspektive wird sekundär dann noch dadurch gesteigert, daß – im Gleichnis gesprochen – zweit- und selbst drittrangige Größen an die erste Stelle gerückt erscheinen, wenn die wirklich großen Geister in einer Gesellschaft schweigen und unerkannt im Verborgenen bleiben. Der Dynamik des Traumes wird ein anderer Vergleich besser gerecht: In der großen Politik und im Kriegsgeschehen ist der Schauplatz, auf dem es am lautesten hergeht, keineswegs nun auch der strategisch wichtigste. Meist ist es umgekehrt.

Gerade diese Verschiebung des emotional Bedeutsamen auf nichtige Nebensächlichkeiten ist es aber, die nicht nur einen Außenstehenden, der die Problematik des Träumers nicht kennt, sondern auch den Träumer selbst in die Irre führt. Da der Traum jetzt nicht mehr einfühlbar ist, erscheint er unverständlich oder sinnlos absurd. Damit bestätigt sich unsere Vermutung, daß der spezifische Effekt der besprochenen dritten Art von Verdichtung nicht so sehr eine Folge der Verdichtung war, sondern mehr durch eine Verschiebung bewirkt wurde. Graf Bobbys witziges BON-A-PART(E)-Spiel ist mit der ersetzenden Namensverschiebung (NAPOLEON) für die Gäste uneinfühlbar, weil es – wie wir formulierten – für sie nicht mehr rückübersetzbar ist. Auch mir wäre es beim Professoren-Traum mit dem Namen und der Figur von LEONHARD fast genauso ergangen. Wir befinden uns eigenen Träumen gegenüber fast stets in dieser Situation. Der Zugang ist uns durch Verschiebung oder verschiedene andere schon besprochene oder gleich noch zu besprechende Mittel der Traumarbeit in der Regel verschlossen. Dazu ein anschauliches Beispiel:

Grüner Fensterladen-Traum: In ein und demselben Traum schneidet ein Vater völlig unberührt sein Kind in Scheiben (so wie am Abend zuvor eine Ananas), ist dann aber beim Anblick der grünen Farbe des Fensterladens eines ihm unbekannten Hauses zu Tränen gerührt.

Das erscheint wirklich absurd! Und erst wenn wir bei der Analyse des Traumes erfahren, daß das *Grün* des Fensterladens genau dem Lichtgrün eines Kleides der verstorbenen Lieblingsschwester des Träumers entsprach, die nach dem Tod der Mutter bei ihm die Mutterstelle vertrat, horchen wir auf. Wir hören dann weiter, daß die frühe Jugend unseres Träumers durch den ewigen Zank zwischen den Eltern schwer überschattet war und daß eine immer wiederkehrende Äußerung der Mutter bei solchen Streitereien mit dem Vater sich tief beim Träumer eingegraben hatte: ihr halb verzweifelter, halb drohender Ausruf: »Du wirst mich noch so weit bringen, daß ich aus dem *Fenster* springe!«

Jetzt verstehen wir mit einem Male: hier ist die Traumarbeit mit dem *grünen Fensterladen*, der uns (und auch dem Träumer selbst!) so nichtssagend erschien, nach dem Prinzip des *pars pro toto* verfahren, indem von der Lieblingsschwester die Farbe des Kleides und von der Mutter die Drohung, aus dem Fenster zu springen, herausgegriffen und in eins verdichtet wurde – so wie ja auch im Leben unseres Träumers die Schwester nach dem Tode der Mutter an deren Stelle getreten war, bis auch sie starb. Seine Trauer über den Verlust von Mutter und Schwester und die Äußerung seines Schmerzes sind im manifesten Traum auf den *grünen Fenster*laden verschoben und infolge dieser für den Nichteingeweihten undurchschaubaren Verschiebung nun nicht mehr einfühlbar. Sie wirken inadäquat, grotesk, »ver-rückt«.

Hat der Träumer dann aber nicht recht, beim Anblick eines scheinbar banalen *grünen Fenster*ladens zu Tränen gerührt zu sein? Waren nicht vielmehr wir, die wir diese emotionale Reaktion des Träumers als absurd, ja als »falsch« beurteilen, wieder einmal in der beschämenden Lage von ungebildeten Primitiven, die, weil sie – im Vergleich gesprochen – nur von der Existenz ihrer eigenen Sprache wissen, jeden Fremdsprachigen als abwegige, komische und nicht ernst zu nehmende Figur überheblich belächeln? Und dabei hat der Traum doch nichts anderes getan, als in einer bildhaft darstellbaren Verdichtung und Verschiebung die emotional getönte Erinnerung an die beiden Toten heraufbeschworen (»zu Tränen gerührt«).[1]

---

[1] Aus einer hinterlassenen Notiz geht hervor, daß der Autor plante, an dieser Stelle einen Abschnitt einzufügen und auch die Hintergründe der sehr bedeutsamen ersten Traumhälfte (zerschneiden des Kindes) darzustellen, die einen ganz anderen Aspekt in der Einstellung des Träumers zu Mutter und Schwester aufleuchten lassen, um daran die Entstehung des »Bösen« im manifesten Traum aus latenten Traumgedanken zu erläutern.

3. Umsetzung in traumhaft Darstellbares

Durch den letzten Traum werden wir auf ein weiteres Mittel der Traumarbeit hingewiesen: die weitgehende Umsetzung latenter Traumgedanken ins Visuelle, die dem Traum in erster Linie zur Verfügung stehende sinnliche Ausdrucksmöglichkeit. Denn Traum wie Phantasie sind Bekundungen des *anschaulichen* (und nicht des abstrakten) Denkens. Um diese Übersetzungsleistung richtig würdigen zu können, sollten wir uns einmal die Aufgabe stellen, die uns im Augenblick beschäftigenden wissenschaftlichen, beruflichen oder sonstigen Probleme in rein bildhafter Form auszudrücken. Ich möchte dem Leser nahelegen, an dieser Stelle die Lektüre kurz zu unterbrechen, und *wirklich* einmal diesen Versuch zu machen.

a) Zuständliches – Gegenständliches

Für uns problematisches, konflikthaftes Erleben ist das wichtigste Rohmaterial unserer Träume. Es ist Teil von dem, was wir »latente Traumgedanken« genannt hatten, und macht sie uns zugänglich. Diese Welt ist, selbst wenn vieles an konkrete und damit optisch darstellbare Einzelerlebnisse gebunden sein mag, doch vorwiegend eine Welt der Empfindungen, Gefühle, Erwägungen, für die die bildliche Darstellung nicht taugt. Man versuche doch einmal das, was etwa durch BEETHOVENS V. Symphonie in uns angerührt wird, optisch darzustellen. WALT DISNEY. hat filmisch versucht, Musik ins Bildhafte umzusetzen. Wenn auch der von ihm geschaffene Bildstreifen in vielem ein ästhetischer Genuß war, wird doch niemand behaupten, daß es dem optischen Genie eines Disney gelungen wäre, diese Aufgabe zu lösen.

In prinzipiell der gleichen Situation befindet sich aber der Traum. Er muß, wie SILBERER es einmal treffend formuliert hat, *Zuständliches* durch *Gegenständliches* darstellen. Vielfach ist das durch Mittel möglich, die wir schon kennengelernt haben (*pars pro toto*, Verschiebung usw.). Erinnern wir uns des »grünen Fensterladens«. Und selbst im Glocken-Traum, in dem ausnahmsweise das akustische Element eine bedeutende Rolle spielt (Glockenklang, Orgelton, Hupen), weil die auslösende Traumquelle, das Klopfen an der Tür, ein akustischer Reiz war, sind diese akustischen Wahrnehmungen, in denen sich die bedeutsamsten Themenkreise im Leben des Träumers niederschlagen, doch wieder unter *optischen* Gesichtspunkten verarbeitet worden: die Glocken werden nicht nur gehört, sondern auch, obwohl viele hundert Meter entfernt, dicht vor Augen gesehen und damit als unmittelbare Bedrohung dargestellt. Diese wird dann noch durch die so absurd erscheinende – bildhaft wahrgenommene! – Umwandlung der Klöppel in Schuhform unterstrichen, womit ein Bezug zu einer realen Jugenderinnerung hergestellt wird (Gedicht im Schullesebuch).

b) Bilderrätsel-Technik

Es gibt eine eigenartige Möglichkeit, selbst Nichtanschauliches im Traum bildhaft darzustellen, die wir sogar im Wachzustand in spielerischer Form anwenden, nämlich bei den *Bilderrätseln.* Sie beruhen darauf, daß wir einen hinter einem solchen Rätsel versteckten Text durch eine Folge von Bildern darstellen, und zwar von Bildern, die – das ist für die Parallele mit der Traumarbeit wichtig! – als solche weder mit dem verborgenen Gesamttext noch mit den einzelnen Worten, aus denen er sich zusammensetzt, sinngemäß irgend etwas zu tun haben. So finden wir beispielsweise in einem Bilderrätsel das abstrakte Wort »und« durch einen gezeichneten Hund dargestellt, dessen Kopf durchgestrichen ist, wodurch ausgedrückt werden soll, daß sein Kopf, d. h. der Anfangsbuchstabe H, fortfallen muß. Würden wir das Spiel des Bilderrätselratens wirklich »beim Wort nehmen«, dürften wir formulieren: »und« ist ein kopfloser Hund. Wer einen solchen Satz hört, ohne unsere voranstehenden Ausführungen zu kennen, würde uns leicht für geisteskrank halten. Nebenbei bemerkt: der »sinnlose« Wortsalat Geisteskranker kommt tatsächlich auf diese – oder ähnliche – Weise zustande. Nicht anders drückt sich vielfach aber auch der Traum aus.

Ring-Traum: Eine Frau, deren Mann auf einer längeren Auslandsreise ist, träumt, daß sie einen Brief von ihm öffnet, den sie soeben erhalten hat. Die zugeklebte Stelle auf der Rückseite des Umschlags ist mit einer Briefmarke verschlossen, die das Symbol der fünf olympischen Ringe zeigt. Beim Öffnen des Briefes zerreißt sie diese Ringe. Der einzige Inhalt des Briefes ist ein in zwei Teile zerbrochenes E aus gehämmertem Gold.

Daß sich die zerrissenen Ringe wie auch das zerbrochene E auf den Bruch der Ehe beziehen, ist ebensoviel und ebensowenig ab-

surd wie beim Bilderrätsel die optische Darstellung des Wortes
»und« durch einen kopflosen Hund. Dieser Traum erlaubt zugleich einen anschaulichen Einblick in die Werkstätte der
Traumarbeit: Die Ehe (ein optisch nicht darstellbarer Begriff),
um die es in diesem Traum geht, mußte zunächst einmal sichtbar
in Erscheinung treten. Das hierfür am besten geeignete Symbol
ist der Ehering. Er kommt auch tatsächlich zweimal im Traum
vor, allerdings beide Male durch etwas Ähnliches ersetzt: zuerst
durch die olympischen Ringe (insofern ein weiterer Hinweis auf
die Ehe, als die Träumerin ihren Mann bei der Olympiade in Berlin kennengelernt hatte); dann durch das goldene gehämmerte
große E (ihr Ehering ist aus dem gleichen feingehämmerten
Gold). Beide Ersatzbilder des die Ehe darstellenden Eheringes
sind zerstört: die olympischen Ringe werden beim Öffnen des
Briefes zerrissen, und das goldgehämmerte E – nochmals eine
Anspielung auf Ring und Ehe! – ist in zwei Teile zerbrochen und
wird – ein weiterer Hinweis auf die Auflösung der Ehe – zurück-
gegeben.

Ist es nicht wirklich die gleiche Darstellungsart, wie wir sie
vom Bilderrätsel her kennen und dort auch ohne großes Befrem-
den hinnehmen und verstehen? Bedient sich nicht auch die Dichtung, insbesondere das Volkslied, der gleichen Ausdrucksweise?
Versteht nicht jeder sofort, wenn im Volkslied das Mädchen
klagt:

> »Das Ringlein ist zerbrochen,
> die Liebe, sie hat ihr End.«

daß nicht ein wirklich zerbrochener Ring, sondern das Zerbrechen der durch den Ring bildhaft dargestellten Liebesbeziehung
gemeint ist?

c) Allegorie und Metaphorik

Kürzlich geriet eine Zeichnung in meine Hände, auf der, zusam-
mengedrängt in einem einzigen Bild, nicht weniger als zehn
Sprichwörter bzw. Redensarten dargestellt waren. Man sah ein
Kind, das vergebens nach einem zu hoch angebrachten Brotkorb
langt, offensichtlich eine Anspielung auf »den Brotkorb höher
hängen«; an eine Hauswand malte jemand einen Teufel, wobei
er von einer Person bedroht wurde, was unverkennbar auf »man

soll den Teufel nicht an die Wand malen« anspielte. Ein Mann trug seine Frau auf den Händen, ein anderer fiel aus den Wolken zur Veranschaulichung der entsprechenden Redensarten. Ein Maler vom Range eines Bruegel hat es nicht verschmäht, zwei Bildserien zu zwölf Bildern zu malen, von denen jedes ein solches Sprichwort darstellt. In seinem Sprichworteiland (Kaiser-Friedrich-Museum, Berlin) hat er sogar hundert niederländische Sprichwörter und Redensarten in einem einzigen Gemälde zusammengefaßt. Wenn das aber einem Maler von Weltruf recht ist, warum sollten wir uns dann eigentlich dagegen sträuben, die gleiche Darstellungsart billigerweise auch dem Träumenden für seine Traumarbeit zuzugestehen, zumal Träumer wie Maler gleichermaßen auf bildliche Darstellung angewiesen sind?

So erscheinen oftmals zunächst sinnlos oder grotesk wirkende Einzelheiten im Traum dann mit einem Male sinnvoll, wenn wir sie als konkrete, als wirklich »beim Wort genommene« bildliche Darstellungen erfassen. Ein eindringliches Beispiel hierfür war ein Traum, in dem sich jemand selbst mit einem Brett voller Nägel vor dem Kopf erblickte. So läppisch es auch klingen mag: hier sind wirklich »wie vernagelt sein« und »ein Brett vor dem Kopf haben« – also zwei gleichsinnige Redewendungen – im Traumbild in eins verdichtet und wörtlich dargestellt worden.

Kürzlich fand ich dafür noch eine unerwartete Bestätigung: Ich arbeite seit mehreren Jahren in Brasilien, einem Land mit einer mir bis dahin völlig unbekannten Sprache und einer andersartigen Kultur, die einen ihr entsprechenden Schatz an Sprichwörtern und Redensarten besitzt. Ein recht merkwürdiges Traumstück, in dem der Träumer sich selbst an seinem eigenen Körper aus der verschlossenen Tür des Büros eines ihm befreundeten Geschäftsmannes mit Mühe herauszog, blieb mir unverständlich. Erst Monate später lernte ich die hierzulande übliche Redensart: »Tirar o corpo fôra« (wörtlich übersetzt: »seinen Körper aus etwas herausziehen«) kennen, die dann gebraucht wird, wenn man sich aus einer mulmig erscheinenden Sache herausziehen möchte, weil man nichts mehr damit zu tun haben will. Tatsächlich handelte es sich damals bei meinem Träumer um folgende Situation: Er glaubte, mit einem gut befreundeten Geschäftsmann in ein besonders günstiges Geschäft einsteigen zu können, das ihm laut Aussage dieses Freundes innerhalb weniger Monate einen hohen garantierten Gewinn bringen würde. Am

Abend vor dem Traum waren ihm aufgrund einer Bemerkung des Freundes erste Zweifel an der Korrektheit des Geschäftes gekommen, die er aber – wegen des lockenden Gewinnes – nicht recht ernst genommen und beiseite geschoben hatte. Der weitere Verlauf der Angelegenheit gab seinem Zweifel und damit auch seinem Traum jedoch nur allzu recht.

FREUD hat, gestützt auf die Äußerungen eines ehemals Geisteskranken, diese Art der bildhaften Darstellung des Gemeinten einmal mit einer einst allen Menschen eigenen »Grundsprache« verglichen. So ist auch heute noch die sich an unsere optische Wahrnehmung wendende »Sprache« der Gebärden das allgemeinste Verständigungsmittel der Menschheit, da es von der akustisch aufzunehmenden regional unterschiedlichen Landessprache unabhängig ist. Diese »Grundsprache« spricht auch der Traum. Zuneigung stellt er beispielsweise durch eine wirkliche, d. h. körperliche Zu-Neigung zu einem anderen dar; entsprechend auch andere innere Haltungen wie: sich an-lehnen, dazwischen-stehen, sich brüsten, etwas über-sehen, jemandem etwas nach-tragen usw. Soll etwas als hervorragend charakterisiert werden, so ragt es in der Traumdarstellung wirklich hervor. Die besonders eindringliche Wirkung der (scheinbaren) sprachlichen Neuschöpfungen des berühmten »Berliner Schusterjungen« beruht darauf, daß sie zum großen Teil nichts anderes sind als Rückübersetzungen von jetzt abstrakten Bezeichnungen in ihren ursprünglichen konkreten Sinn.

So erweist sich der Traum als ein geradezu genialer Sprachspürer, der uns den ursprünglichen Bedeutungsgehalt vieler Sprachschöpfungen, den wir im täglichen Gebrauch längst vergessen haben, »in des Wortes wahrer Bedeutung« wieder »sichtbar« vor Augen führt. Daß dies in einer unser Wachbewußtsein oft läppisch anmutenden Form geschieht, ist eine Eigentümlichkeit dieser »Grundsprache«. Wer sieht, wie Taubstumme sich in ihrer ebenfalls ins Visuelle umgesetzten »Sprache« miteinander verständigen, ohne zu wissen, worum es geht, wird ihr Benehmen auch läppisch finden.

Trotz ihres zunächst befremdlichen Charakters ist uns allen doch mit nur wenig Übung der Zugang zum Verständnis dieser metaphorisch-allegorischen Darstellung im Traum so leicht möglich, daß zwei Beispiele hier zur Veranschaulichung genügen mögen.

Ein heimlich verlobtes Mädchen träumt in der Nacht vor ihrem Geburtstag, daß sie ein luxuriöses Auto steuert, dabei aber nicht auf dem Fahrersitz am Steuer, sondern merkwürdigerweise oben, mitten auf dem Wagendach sitzt. Sie be-sitzt damit wirklich den Wagen und hat so das ihr von ihrem Verlobten für den Tag der Hochzeit in Aussicht gestellte Geschenk – und damit auch die Heirat – bereits ähnlich vorweggenommen wie unser Student im Glocken-Traum die Ferienreise mit der geliebten Frau als Belohnung für ein bestandenes Examen. Und wenn eine andere Frau nach dem Besuch ihrer »besten« Freundin, die dramatisch klagte und zum Schluß unter Tränen um einen erheblichen Geldbetrag bat, daraufhin diese Freundin im Traum im zoologischen Garten halb als Mensch, halb als Krokodil sah, so hat der Traum deren gierige Unersättlichkeit gekennzeichnet und die Tränen als Krokodilstränen entlarvt.

d) Die Symbolik im Traum

Die meisten der angeführten Beispiele zeigen, wie sehr sich die Traumarbeit bei der Umsetzung ins Visuelle der *Allegorisierung* bedient. Auch wenn es fließende Übergänge von der Allegorie zum Symbol gibt, sollte doch grundsätzlich beim Traum Symbolik von bloß metaphorisch-allegorischer Darstellung unterschieden werden. Leider wird beides oftmals zusammengeworfen. Diese bedauerliche Begriffsverwirrung geht zum Teil darauf zurück, daß der Begriff Traumsymbol zu Beginn der psychoanalytischen Traumforschung unpräzise verwendet worden ist. Die Allegorie lebt lediglich von der Anspielung auf etwas anderes. Das Symbol ist jedoch selbst lebendige Inkarnation. Obwohl statisch in der Form, enthält es geballte Dynamik. Die Allegorie muß durchsichtig-einleuchtend sein, da sie sich mehr an das *geistige* Verständnis wendet. Das Symbol bleibt eher dunkel, und trotzdem spricht es den *ganzen* Menschen unmittelbar an. Es vermag das Archaisch-Kreatürliche in uns ebenso zu treffen wie das Sublime (Symbol kommt vom griechischen συμβαλλειν – zusammenwerfen, verdichten). Mit ihrem Leben haben Soldaten die Fahne verteidigt. Im Namen des Kreuzes haben tausende den Märtyrertod erlitten, wurden Kreuzzüge – sogar von Kindern! – unternommen und zur Zeit der Inquisition unzählige Menschen zu Tode gefoltert und verbrannt, werden aber auch heute

noch tagtäglich vieltausendfach in aller Welt bewunderungswür-
dige Werke selbstloser Nächstenliebe verrichtet. Einem Fetzen
Tuch oder einem Stück Holz oder Stein, zum Symbol erhöht,
wohnt eine geballte Potenz inne, die sogar den wohl ältesten
Ur-Instinkt des Menschen, die Selbsterhaltung, zu überwinden
vermag.

Es geht beim Symbol also darum, daß es – und zwar gefühls-
und nicht verstandesmäßig! – unsere »höchsten« (sublimen) und
unsere »tiefsten« (kreatürlichen) Erlebensmöglichkeiten zugleich anspricht und uns gleichermaßen zu gutem wie zu bösem
Tun aufrufen kann.

In diesem echten Sinne gibt es nur wenige Symbole. Meist verdient das, was in der Literatur als »Traumsymbol« bekannt geworden ist, diese Bezeichnung nicht zu Recht. Handelt es sich
dabei doch in der Regel nur um eine Entsprechung für das, was
in der Stenographie Sigel genannt wird, also um feststehende Ab-
kürzungszeichen für bestimmte Worte oder Wortteile. Ohne deren Kenntnis wird jemand, auch wenn er sonst die Kurzschrift
ausgezeichnet beherrscht, in jedem Satz auf so viele unlesbare
Stellen stoßen, daß er den Gesamttext entweder gar nicht versteht
oder es ihm günstigenfalls gelingt, durch Interpolation zwischen
den verständlichen und den unklaren Stellen einen ihm sinnvoll
erscheinenden Zusammenhang herzustellen, wobei ihm aber
böse Irrtümer unterlaufen können.

In eben dieser Lage befinden wir uns gegenüber dem Traum,
wenn wir seine Symbole oder Sigel nicht kennen. Da sie der Ver-
dichtungstendenz der Traumarbeit – in möglichst wenig Text
möglichst viel Inhalt einzuschließen – und ebenso der Notwendigkeit, bildhaft darstellbar zu sein, in geradezu idealer Weise
entgegenkommen, macht der Traum reichlich Gebrauch von ihnen. Trotzdem kommt – wie FREUD schon bald feststellte – auffälligerweise nur eine begrenzte Zahl von ganz bestimmten Dingen im Traum durch Symbole zur Darstellung (Symbol hier im
weiteren Sinne verstanden). Wobei die Feststellung, wie sehr die
Traumsymbolik gewissen Prägungen der Umgangs- und Vulgärsprache des Volkes (nicht der Schriftsprache) sowie den Gestaltungen in Folklore und Mythos entspricht, uns wieder nachdenklich macht.

Zu den wenigen Dingen, die im Traum durch Symbol darstellbar sind, gehören: die durch Wasser symbolisierte *vorgeburtli-*

che Existenz (vgl. Fruchtwasser, Storchenteich, der in einem schwimmenden Kästchen ausgesetzte MOSES, u. a.); der durch Abreise dargestellte *Tod* (»jemand hat seine letzte oder seine große Reise angetreten«); die Familie des Kleinkindes, wobei die *Eltern* als König und Königin (Märchen!) und die jüngeren *Geschwister* als kleines Getier erscheinen können (man denke an die Unzahl der dem Vergleich mit Tieren entlehnten Kosenamen für kleine Kinder); der durch Räumlichkeiten dargestellte menschliche *Leib* (»Frauenzimmer«; »Du altes Haus«), wobei sogar der konturenreichere weibliche Körper vom männlichen unterschieden und durch ein Haus mit Vorsprüngen, z. B. Balkon, dargestellt zu werden pflegt (Brust – Balkonbrüstung).

Hauptsächlich wird Symbolik aber zweifellos im Bereich des Geschlechtlichen verwandt. Und wenn in der Frühphase der psychoanalytischen Traumdeutung zur großen Überraschung von FREUD und seinen Schülern und zum großen Ärgernis der gesamten Umwelt sich erwies, daß Träume massenhaft von Sexualsymbolen durchsetzt sind, so ist – das sei hier mit allem Nachdruck festgehalten – diese Beobachtung zu Recht gemacht worden. Wir haben auch bereits die Gründe kennengelernt, weshalb die kreatürlichen Bedürfnisse und damit auch die Sexualität in unseren Träumen eine so große Rolle spielen. Was wir jetzt hinzufügen müssen, ist folgendes: Ein Sexualsymbol im Traum kann im eben entwickelten Sinne echtes Symbol sein; es kann aber auch bloß die Bedeutung eines Sigels haben oder nicht mehr sein als eine Allegorie. Und auch diese Grenzen können fließend sein. Es wäre also in jedem Falle, wenn im Traum ein Sexual»symbol« vorkommt, zu fragen, wieweit es allegorisch auf den sexuellen Bereich im enggefaßten genitalen Sinne anspielt und darauf begrenzt bleibt, oder aber ob es als Symbol im eigentlichen Sinne viel Weiteres umfaßt und sich an die Gesamtpersönlichkeit des Träumers wendet, also auch die sublimen Verarbeitungen der kreatürlichen Grundstrebungen einschließt. Nichtgenitale Gegenstände wie etwa Revolver und Vase können im Traum absolut eindeutig Genitales darstellen; andererseits kann aber umgekehrt selbst eindeutig Genitales im Traum letztlich etwas meinen, was nicht genital, ja nicht einmal sexuell im eigentlichen Sinne ist.

Wenn dies hier ausdrücklich unterstrichen wird, sollten wir uns zugleich aber auch gegen das umgekehrte Mißverständnis verwahren, nämlich im Sexualsymbol nur Sublimes als das »eigentlich Gemeinte« sehen zu wollen. Konkret gesprochen heißt das: Ein im Traum vorkommender phallusähnlicher Gegenstand, also zweifellos ein männliches Sexualsymbol, kann sich auf das männliche Glied beziehen, bzw. die dadurch symbolisierte »Lendenkraft« (sexuelle Potenz) bedeuten, aber auch Macht und Stärke (»Potenz«) im übertragenen Sinne; ebenso kann er das aktiv sich Bemächtigende bis hin zum gewaltsam zerstörerisch Eindringenden darstellen; kann aber auch auf das schöpferisch Zeugende bis hin zum geistigen Funken hinweisen, usw. Und entsprechend kann sich jeder durch einen Hohlraum – das weibliche Sexualsymbol – gekennzeichnete Gegenstand nicht allein konkret auf das weibliche Geschlechtsorgan beziehen, sondern er kann auch das Aufnehmende, Bergende, Bewahrende, Erhaltende, mütterlich Trächtige und Nährende – das weibliche Prinzip also umschließen, das jedoch ebenso auch Ausdruck des Festhaltenden, Saugenden, Verschlingenden sein kann (Vamp!).

Wer die letzten Zeilen einmal mit dem vergleicht, was ARTEMIDOROS vor fast 2000 Jahren über Sexualsymbolik geschrieben hat (wovon wir im einleitenden historischen Überblick eine Stichprobe gaben), wird von der Übereinstimmung der Auffassungen überrascht sein. Es war übrigens nicht die Psychoanalyse, sondern der Philosoph K. A. SCHERNER, der (1861) die Traumsymbole einschließlich der Sexualsymbole (wieder)entdeckt hat; und es war der norwegische Experimentalpsychologe MOURLY VOLD, der die Traumsymbolik experimentell bestätigt hat.

Jedenfalls muß uns die komplexe Hintergründigkeit eines Sexualsymbols jederzeit gegenwärtig sein, wenn wir vermeiden wollen, aus theoretischer Voreingenommenheit bei der Deutung in Einseitigkeiten zu verfallen. Wie die Erfahrung gezeigt hat, ist begreiflicherweise die Neigung des Menschen zur »sublimen«, »metaphysischen« und existentiellen Interpretation eines Symbols weit größer als umgekehrt die Gefahr, »im bloß Triebhaften steckenzubleiben«. – Eine ganz andere Frage ist es, ob im Verlaufe einer psychoanalytischen Kur, dann also, wenn ein Traum jeweils vom Gesamtzusammenhang der Behandlung her verstanden werden muß, in einer bestimmten Phase nicht doch ein bestimmter der verschiedenen Aspekte des Symbols in den Vor-

dergrund zu stellen ist. Im Kapitel Traumdeutung werden wir
darauf noch eingehen.

III. Das Problem der Traumentstellung

Kein Zweifel, daß die Verwendung von Allegorien, besonders
aber von Sigeln und Symbolen erheblich zur Unkenntlichmachung, ja zur Entstellung des Traumtextes beiträgt. Wobei der
befremdliche Tatbestand vorliegt (der uns noch ausführlich zu
beschäftigen hat!), daß wir, obwohl ohne Zweifel die spirituellen
Autoren unserer Träume, dennoch die geheime »Grundsprache«
unserer eigenen Schöpfungen nicht kennen, zumindest sie im
Wachzustande nicht mehr verstehen. Ja, wir wissen dann nicht
einmal von ihrer Existenz, begnügen uns vielmehr – sofern wir
überhaupt von unseren Träumen Kenntnis nehmen – mit ihrer
manifesten Oberfläche. Wenn aber in einem Telegramm ein Teil
der Worte einen Geheimcode darstellt, *ohne daß der Empfänger
davon weiß*, wird er das Wesentliche der Mitteilung ahnungslos
überlesen und eine etwaige durch den Code bewirkte Holprig-
keit des Textes, die ihn stutzig werden lassen könnte, auf Text-
verstümmelungen bei der Telegrammdurchgabe zurückführen.
Nun wird er alle Bruchstellen so lange glättend bearbeiten, bis
sich ein ihm verständliches einheitliches Sinngefüge ergeben hat.
So begreiflich dieser Wunsch, so verhängnisvoll die Folge. Denn
Ergebnis dieser Bemühung ist unvermeidlicherweise, daß sich
der Empfänger, je mehr er sich um einen »glatten« sinnvollen
Text bemüht, um so weiter von dem ihm unbekannten Sinn der
Botschaft entfernt.

1. Die sekundäre Traumbearbeitung

Tatsächlich befindet sich der Träumer seinem eigenen Traumtext
gegenüber in einer ähnlichen Lage. Was im Traum durch Symbolisierung und die sonstigen bereits besprochenen Mittel der
Traumarbeit für das Wachbewußtsein bis zur Unkenntlichkeit
entstellt worden ist und dadurch den Charakter sinnloser Zufäl-
ligkeit bekommen hat, wird nun in einem letzten Akt der
Traumarbeit in eine Ordnung gemäß den für das Wachbewußtsein geltenden Kategorien gebracht. Stellen wir uns vergleichs-

weise vor, wie sich ein solches Verfahren auf meine Bibliothek auswirken würde: Meine in meinem Arbeitszimmer auf mehrere Regale verteilten Bücher sind, wie ich sehr wohl weiß, von mir in einer genau bestimmten, für den Gebrauch optimalen Art angeordnet, obwohl doch auf allen Regalen große und kleine Bände, dazu noch in farblich den allerverschiedensten Einbänden, scheinbar ganz willkürlich durcheinander gestellt sind. Würden diese gleichen Bücher jetzt, geschmackvoll nach Größe und Farbe geordnet, neu eingereiht werden, so wäre zwar dem ästhetischen Bedürfnis besser Genüge getan; allerdings auf Kosten der dem Gegenstand (Bibliothek) innewohnenden eigenen Ordnung, die bis zur Unkenntlichkeit zerstört sein würde.

Solche Umordnung, die die zufälligen äußeren Merkmale, aber nicht die wesentlichen inneren Notwendigkeiten berücksichtigt, kann aus Unwissenheit und naiver Ahnungslosigkeit vorgenommen werden. Das ist z. B. der Fall, wenn unsere Putzfrau auf unserem mit den verschiedenen Schriftstücken vollgepackten Schreibtisch einmal gründlich »aufräumt«. Es kann damit aber auch eine Ablenkung oder Irreführung bezweckt sein. Unsere bisherigen Erfahrungen mit den von uns untersuchten Träumen machen uns argwöhnisch, ob nicht auch die sekundäre Traumbearbeitung zugleich ebenfalls im Dienste jener Tendenz steht, die wir schon als Traumentstellung kennengelernt haben, daß also auch sie wesentlich zum Verwischen von Spuren beiträgt, wie wir dies im »Grünen Fensterladen-Traum« als Auswirkung der Affektverschiebung feststellten. Wer durch Affektverschiebung perspektivisch verzeichnet und entstellt oder durch sekundäre Bearbeitung glättet und dadurch Spuren vertilgt, sucht offensichtlich etwas zu verbergen.

Wer könnte aber beim Träumen etwas zu verbergen haben? Es kann doch nur der Träumer selber sein. Und vor wem? Wiederum doch nur vor sich selbst. Dann aber müßten im Traum verschiedene Persönlichkeitsanteile des Träumers miteinander in Widerstreit liegen. Und zwar bereits normalerweise. Denn der Traum, der auf diese Spaltung aufmerksam macht, ist ja ein normales Phänomen (wenngleich Geisteskranke bekanntlich auch träumen). Aber dann würde der Traum ein Beweis dafür sein, daß wir alle, ohne es zu wissen, prinzipiell dem gleichen Kräftespiel unterworfen sind wie jene Kranken in der Pariser Salpêtrière, deren Symptomatik einstmals FREUD zu der folgenschweren Konzeption seiner Theorie vom Gegenwillen veranlaßt hatte, aus der sich dann die Psychoanalyse entwickelte. Somit hätte der Traum offenbar werden lassen, daß auch der sogenannte Normale – zumindest zeit- und teilweise – jenen intrapsychischen Spannungen, um nicht zu sagen: Spaltungen unterworfen ist, die wir bisher stillschweigend als ein trauriges Privileg des Neurotikers und Psychotikers angesehen hatten. Daß also tatsächlich ein Teil von uns nicht weiß, was ein anderer Teil denkt, fühlt und tut. Sollten wir alle etwa latente Neurotiker oder potentielle Geisteskranke sein? So wie FREUD den Traum einmal »gleichsam als die normale Psychose des Menschen« bezeichnet hat.

Überlegen wir weiter: Nur vor einer Person oder vor einer Instanz, die zu fürchten man guten Grund zu haben glaubt, verbirgt man etwas oder verwischt Spuren. Wenn aber, wie wir eben feststellten, wir selber es sind, die im Traum vor uns selbst etwas durch Entstellung und Spurenverwischung verbergen: vor welchem Teil von uns hat ein anderer Teil von uns Angst? Und jetzt fällt uns auf, daß wir bisher überhaupt nicht berücksichtigt haben, daß es ja auch Angstträume gibt! Sie können sich sogar zu qualvollen Alpträumen oder zu furchtbaren Verfolgungsträumen steigern, aus denen wir stöhnend und schweißgebadet erwachen.

Nun wird es vollends wirr. Eben haben wir uns erst daran gewöhnt, im Traum einen freundlichen Helfer zu sehen, der uns tröstet und unsere Nöte und unseren Kummer – wenn auch nur imaginär – behebt. Jetzt soll im Traum auch noch eine Zensurinstanz am Werke sein, die sogar zum bedrohlichen Verfolger werden kann. Sollte dieser befremdliche Widerspruch mit der ebenso befremdlichen Tatsache zusammenhängen, daß wir, obwohl wir doch die Autoren unserer Träume sind, nachher im Wachzustande die vorher im Schlaf gesprochene »Grundsprache« unserer eigenen Träume nicht mehr kennen?

Wir müssen die Klärung dieser Fragen noch für kurze Zeit aufschieben und uns jetzt darauf beschränken, unseren früheren Vergleich der sekundären Traumbearbeitung mit der Tätigkeit einer Person, die eine Bücherei unter Zugrundelegung von Größe und Farbe der Bücher »ordnet«, durch einen anderen zu ersetzen, der unserer neuen Erkenntnis besser gerecht wird: etwa mit dem Tun eines Buben, der heimlicherweise ein mechanisches Spielzeug auseinandergenommen hat und der, als er die Schritte des Vaters hört, schnell die vor ihm ausgebreiteten Einzelteile ohne Rücksicht auf ihre Funktionstüchtigkeit so zusammenbaut, daß, von außen gesehen, alles intakt erscheint. Noch besser dem Traum entsprechen würde der Vergleich mit bestimmten Filmen (z. B. von CHAPLIN), in denen jemand, der gerade zu irgend etwas Unerlaubtem ansetzen will, als er sich plötzlich beobachtet fühlt (Zensur), die intendierte »schlimme« Bewegung in eine harmlos »zufällige« Ausdrucksgeste umzutäuschen versucht.

Gelegentlich können wir übrigens durch Eigenbeobachtung feststellen, daß diese sekundäre Traumbearbeitung am Werke war. Wenn wir uns im Augenblick des Erwachens den soeben geträumten Traum nochmals intensiv vergegenwärtigen, sind wir manchmal in der Lage, noch mit Sicherheit zu wissen, daß eine bestimmte Traumgegebenheit mit etwas zusammengehört, was im manifesten Traum überhaupt nicht in Erscheinung tritt. Dieses Wissen pflegt uns schon Sekunden später verlorenzugehen. Beim Professoren-Traum machten wir bereits darauf aufmerksam.

Hierzu nun ein weiteres anschauliches Beispiel: Ein junger Kollege, der zufällig beobachtet hatte, wie in der Küche ein Ei auf den Boden gefallen war und die Katze das Eigelb sofort gierig aufschleckte, träumte in der folgenden Nacht:

Kanarienvogel-Traum: Ich füttere zwei ausgehungerte Kanarienvögel. Sie scheinen unersättlich, und ich muß sehr aufpassen, daß sie mich dabei nicht mit ihren großen Schnäbeln schnappen. Sie liegen in zwei getrennten Nestern, die aber dicht nebeneinander sind, tief eingekuschelt, so daß ich ihren gelben Kopf und ihren Schnabel jedesmal nur für den Moment des Zupickens sehe.

Im Augenblick des Erwachens wußte der Träumer mit Sicherheit, daß die Kanarienvögel in seinem Traum die Brüste einer Hausangestellten in seiner Kindheit bedeuteten (sie »waren« es, wie er wörtlich sagte), ohne daß er irgendwie hätte angeben können, wieso und warum das so war. Auch als ihm die am Vortage in der Küche beobachtete Szene mit der Katze einfiel, die offensichtlich den Charakter einer Traumquelle hatte (beiden gemeinsames Thema: Gier und Fütterung), brachte uns das zunächst nicht recht weiter. Erst mein Hinweis auf das Traum und Einfall gemeinsame Gelb (Kanarienvögel, Eigelb) vermochte den verlorengegangenen Zusammenhang wieder herzustellen. Nun tauchte eine vergessene Kindheitserinnerung auf, in der jene

Hausangestellte eine gelbe Bluse trug. Er war damals 4–5 Jahre alt und meist – scheinbar unbeteiligt – zugegen, wenn das Mädchen nachmittags nach verrichteter Küchenarbeit in ihrer Kammer ihre Bluse wechselte. Eines Tages jedoch erlebte er mit deutlicher Erregtheit, wie sie eine gelbe Bluse anzog. War er doch wenige Stunden zuvor von seinem älteren Bruder über die Bedeutung der von den Vögeln übernommenen Vulgärbezeichnung aufgeklärt worden und hatte von geheimnisvoll-intimen Dingen erfahren, die sich zwischen Mann und Frau abspielen sollten und die ihn wegen ihres lustvoll-lockenden, zugleich aber unheimlich bedrohlichen Charakters erschauern ließen. Die Frau sollte nämlich dabei eine Art von dämonischem Zauber treiben, indem sie den nichts ahnenden Mann anlockt. Sie reize ihn mit ihren nackten Brüsten so lange, bis sie ihn dazu verführt habe, aus ihnen zu trinken. Darauf verfalle er – wie nach einem Zaubertrank – in einen Zustand willenloser Abhängigkeit, in dem sie dann »alles mit ihm machen könne«.

Es kommt jetzt nicht darauf an, ob der große Bruder dies alles seinem kleinen Bruder wirklich so berichtet hat, oder ob sein Bericht erst in der Vorstellungswelt unseres damals 4–5jährigen Träumers jene seinem Alter gemäße Form angenommen hat (die – nebenbei bemerkt – trotz ihrer Kindlichkeit in der Großartigkeit der Konzeption einem Matriarchats-Mythos entnommen sein könnte!). Es kommt allein darauf an, daß unser Träumer, der schon so manches Mal beim Umkleiden des Mädchens zugegen gewesen war, an jenem Nachmittag infolge der vorherigen »Aufklärung« durch seinen großen Bruder mit einer heute deutlich erinnerten Mischung von Angst und Erregung den Augenblick erwartete, in dem beim Blusenwechsel für einen Moment jene unheimlich gewordenen Brüste sichtbar werden mußten. Ebenso ist es völlig unerheblich, daß dieser persönlich geschaffene dramatische Mythos objektiv falsch und ohne reales Fundament ist; daß er nichts weiter darstellt als die Phantasie-Ausgeburt eines »lebensunerfahrenen« und »urteilsunfähigen« Kindes. Es kommt hier überhaupt nicht auf die »*objektive* Realität« an, sondern nur darauf, wie sie durch das Prisma der emotional getönten Vorstellungswelt des Kleinkindes damals erlebt wurde, also allein auf die »*psychische* Realität«.

Vor diesem historischen Hintergrund soll uns jetzt interessieren, was im manifesten Traum nach erfolgter sekundärer Bear-

beitung von dem ehemals erregenden Mythos über das bedrohlich verschlingende Weibliche übriggeblieben und auf welchem
Wege die Verwandlung vor sich gegangen ist. »Gieriges Verschlingen« und die Farbe Gelb sind offensichtlich die geheimen
Verbindungsfäden zwischen jener bedeutungsvollen Kindheitsszene und dem aktuellen Traum. Tatsächlich können wir an
ihnen alles Wichtige wieder hervorholen. Die beiden (gelben)
Kanarienvögel, die, nebeneinander in zwei getrennten Nestern
tief eingekuschelt, vom Träumer gefüttert werden wollen, sind
offensichtlich die durch die (gelbe) Bluse verborgenen, getrennt
nebeneinander liegenden Brüste. Und zwar gefährliche Brüste –
mit denen sich einzulassen gemäß der brüderlichen »Aufklärung« verhängnisvolle Folgen hat. Das ist im Traum durch die
Unersättlichkeit der beiden Vögel dargestellt sowie durch die
Vorsicht des Träumers, damit sie ja nicht seinen Finger schnappen.

Wenn wir daran denken, daß das Fingerglied eines der häufig-
sten Symbole für das männliche Glied ist, ähnlich wie das Ei die
männliche Keimdrüse symbolisieren kann (wie übrigens auch die
Vulgärsprache unmißverständlich bestätigt), und wenn wir uns
ferner daran erinnern, daß »die« Katze (als Gattungsbezeichnung
und unabhängig vom tatsächlichen Geschlecht des einzelnen
Tieres gemeint) allgemein als weiblich empfunden wird, so können wir den beiden Folgerungen nicht mehr ausweichen: daß erstens die am Tage vor dem Traum zufällig beobachtete »niedli-
che« Küchenszene, wie eine Katze gierig ein Eigelb aufschleckte,
in spezifischer Art den seit seiner Kindheit für unseren Träumer
höchst bedeutsamen kategorial entsprechenden Mythos von dem
den Mann kastrierenden, verschlingenden und bis aufs Mark
aussaugenden Weiblichen geweckt hat; und daß zweitens jenes
hochexplosible frühe »Kindheitsmaterial« latent lückenlos auch
wieder im heutigen Traum enthalten ist, wenn auch manifest alles
so harmlos zurechtgerückt und in neue »plausible« Zusammenhänge eingeordnet wurde (sekundäre Traumbearbeitung), so daß
zum Schluß aus den ursprünglich zum Bau eines gefährlichen
Sprengkörpers bestimmten Einzelteilen ein harmloses Spielzeug
geworden zu sein scheint. Die bedrohlichen Brüste, von denen
alles Unheil seinen Anfang nimmt, haben sich in kleine ausgehungerte Kanarienvögel verwandelt (die übrigens mit ihren letzten beiden Silben noch auf jene damals erschreckende Vulgärbe-

zeichnung für den sexuellen Verkehr hinweisen). Die Kastrationsbedrohung ist zum Picken ins Fingerglied abgemildert. Das gierige Aufschlecken des Eigelbs durch die Katze, das den im Träumer noch nachwirkenden Mythos vom gefährlichen Weibe mobilisiert hatte, ist, ebenso wie die an die verhängnisvollen Brüste gemahnende *gelbe* Bluse, im unauffälligen *Gelb* eines harmlosen Vogelgefieders aufgegangen.

Der wirksamste Versuch der »Entschärfung« des Sprengmaterials besteht aber in der »Darstellung durch das Gegenteil«. Im kindlichen Mythos wird der Zaubertrank aus der Brust des Weibes dem Manne zum Verhängnis. Im Traum ist es – in Umkehrung der Rollen – der Mann, der füttert. Er ist (scheinbar) der Aktive, Herr der Situation. Er kann die Vögel (Brüste) verhungern lassen, sie aber können ihn nicht verschlingen!

So stellt sich auch dieser Traum als ein Musterbeispiel einer Entstellung durch Verdichtung, Verschiebung, Symbolisierung und nachträgliche sekundäre Bearbeitung heraus. Trotz dieser Unkenntlichmachung gelang es in diesem Fall dem Träumer, den Zusammenhang zwischen den Kanarienvögeln und den Brüsten des Mädchens im Augenblick des Aufwachens doch noch zu erwischen und an diesem dünnen Faden später bei systematischer Traumanalyse auch alles andere Dazugehörige wieder heraufzuholen. Entsprechend würde auch ich bei meinem Professoren-Traum, hätte ich mich nicht fast gewaltsam im Augenblick des Erwachens zu sofortiger Analyse gezwungen, nur noch die indifferente Figur von LEONHARD übrigbehalten haben; und durch die weitere Irreführung dadurch, daß er (und nicht ich!) der Bestürzte war – also wiederum durch eine »Darstellung durch das Gegenteil« –, würde die Traumarbeit erreicht haben, daß jeder Zusammenhang mit der mich bedrohenden Nierenerkrankung ebenso geschickt wie unmerklich wegretuschiert worden wäre.

Die eben besprochene sekundäre Traumbearbeitung hat sich uns als eines der Mittel erwiesen, die verhindern, daß bestimmte latente Traumgedanken im manifesten Traum erkennbar werden. Wir hatten schon früher festgestellt, daß einige andere Mittel der Traumarbeit den gleichen Effekt haben, z. B. Darstellung nach dem Prinzip des *pars pro toto*, Auslassung, Verschiebung, Verdichtung, Allegorisierung, Symbolisierung u.a.m. Jedes dieser Mittel hatte bereits für sich allein – also gewissermaßen noch unkoordiniert – mehr oder weniger auch zur Verschleierung von

Zusammenhängen und damit zur Unkenntlichmachung, zum
Teil sogar schon zur direkten Entstellung beigetragen, wie uns
das Beispiel der Affektverschiebung gezeigt hatte. Im Vergleich
dazu würde sich die sekundäre Traumbearbeitung als eine Art
generelle Abschlußretusche erweisen, durch die der Traum insgesamt nach all diesen mannigfachen Umformungen im einzelnen gewissermaßen in letzter Redaktion doch wieder ein einheitliches Kolorit bekommt.

2. Die Doppelsinnigkeit

Hatten wir ganz zu Anfang die Möglichkeit offengelassen, daß
die Traumentstellung ein quasi unbeabsichtigter Nebeneffekt
sein könnte, sich z. B. lediglich als Folge der optischen Darstel-
lungsnotwendigkeit erklären ließe, so können wir nach all unseren inzwischen an konkreten Traumbeispielen gewonnenen Einsichten eigentlich nicht mehr daran zweifeln, daß es sich dabei
wenigstens zum Teil um eine planmäßige Leistung der Traumarbeit handelt, ja daß die Unkenntlichmachung vielleicht ihre
wichtigste Aufgabe darstellt. Bevor wir jedoch über diese Frage
endgültig entscheiden (vgl. das folgende Kapitel »Funktion des
Traumes«), wollen wir uns noch mit zwei weiteren Mitteln der
Traumarbeit befassen, von denen wir hoffen dürfen, daß sie uns
im Verständnis des befremdlichen Phänomens der Traumentstellung weiterhelfen: mit der Ausnutzung der *Doppelsinnigkeit*
und der *Darstellung durchs Gegenteil.*

Beide sind wiederum nicht spezifische Möglichkeiten des
Traumes. Sollte es Zufall sein, daß ausgerechnet wieder der Witz
und das Rätsel sich ebenfalls der *Doppeldeutigkeit* oder *-sinnig-
keit* für ihre besonderen Effekte bedienen? Die meisten Leser
kennen das in geselligem Kreise beliebte sogenannte *Teekessel-
Rätselspiel.* Es beruht darauf, daß einem Uneingeweihten aufgegeben wird, ein bestimmtes mehrdeutiges Wort zu raten. Etwa
das Wort Kerze, das sich 1. auf die Wachskerze zum Leuchten,
2. auf die Zündkerze beim Auto und 3. auf die Kerze als Gymna-
stikübung beziehen kann. In jeweils nur einer seiner Bedeutungen wird dieses Wort nun drei eingeweihten Personen zugewiesen. Sie berichten nun dem Hereingerufenen so lange von
irgendwelchen Eigenschaften »ihrer« Kerze, bis er das allen gemeinsame Schlüsselwort erraten hat.

Dieselbe Technik wendet auch der Traum an, indem er den einen Bedeutungsgehalt der »Kerze« durch einen anderen ersetzt, also etwa – um als besonders drastisches Beispiel ein tatsächliches Vorkommnis zu berichten – die Ruhr-Krankheit (Dysenterie) durch den gleichnamigen Ruhr-Fluß. Wobei dieser zunächst frappante Gedankensprung des Traumes durch zwei Umstände erleichtert worden sein mag: Erstens, daß es sich bei den Entleerungen des Kranken und bei dem durch Abwässer stark verunreinigten Fluß gleichermaßen »um stinkende Flüssigkeiten« handelt, und zweitens, daß es für den Träumer damals um das Thema des moralischen Schmutzes, des Morastes in ihm selber, ging.

Aber selbst mit solcher zusätzlicher Erklärung erscheint uns diese Teekessel-Ersetzungs-Technik eines Wortsinnes durch einen anderen als Traumarbeit so befremdend, daß wir wieder zögern, dem Traum solche zwar geistvolle, aber letztlich doch groteske Fähigkeit zuzuerkennen. Und doch verhält er sich dabei nicht grotesker als beispielsweise der englische General NAPIER, der 1843 die Eroberung der ostindischen Stadt Sindh mit dem einzigen Wort *»peccavi«* meldete. Auch hier stutzen wir zunächst befremdet, bis wir erfaßt haben, daß das lateinische *peccavi* = ich habe gesündigt, auf englisch *»I have sinned«* heißt, der Aussprache nach aber auch als *»I have Sindh«* verstanden werden kann. Wiederum fragen wir, warum das, was einem englischen General recht ist, nicht dem Traum billig sein soll?

So erinnere ich mich der Träume eines Mannes, in denen mehrfach in einem jedesmal unverständlichen Zusammenhang Schneelandschaften vorkamen oder Szenen im Schnee, bis sich eines Tages herausstellte, daß in der Kindheit des Träumers der frühere Afrika-Gouverneur SCHNEE eine große Rolle gespielt hatte. Der Traum hatte statt eines Menschen namens SCHNEE das gleichnamige Naturphänomen in Erscheinung treten lassen. Es ist leicht einzusehen, daß Familiennamen, die einen Berufs-, Orts- oder sonstigen Hinweis enthalten (z. B. Schneider, Mannheimer, Vogel oder Kurzrock) für ein solches Ersetzungsspiel besonders geeignet sind.

Aber gerade das Beispiel dieser Träume läßt uns aufhorchen. Denn in meinem Professoren-Traum (LEHNartz + VOLHARD = LEONHARD) hatten wir zum besseren Verständnis des ihm zugrunde liegenden Verdichtungs- und Verschiebungseffektes die

Parallele zur Technik bestimmter Witze gezogen. Der dort zitierte (angebliche) BISMARCK-Ausspruch: »Sie sind ein Gesandter, aber kein Geschickter« (geschickter), und auch das Graf Bobby-Beispiel (NAPOLEON statt BON-A-PARTE) beruhen aber letztlich auf dem gleichen Prinzip wie die Schnee-Träume oder das Teekessel-Spiel oder die Meldung *»peccavi« (I have Sindh)* von General NAPIER. Wir befinden uns also auf vertrautem Boden und brauchen bloß auf das zu verweisen, was bereits über die Verzerrung der affektiven Perspektive mittels Verschiebung ausgeführt wurde (siehe Traumtechnik und Witztechnik).

Alle eben genannten, auf dem gleichen Prinzip – nämlich der unerwarteten Ausnutzung einer übersehenen Doppelbedeutung – beruhenden Beispiele haben, obwohl sie den allerverschiedensten Bereichen angehören, doch den gleichen Effekt: eine ausgesprochen groteske Wirkung. Wie nahe aber grotesker Scherz und abgründiger Tiefsinn beieinander wohnen, beweist das nachfolgende Gedicht von FRIEDRICH SCHLEIERMACHER. Wie beim Teekessel-Spiel handelt es sich dabei wieder um ein Rätsel, das wiederum auf dem gleichen Prinzip – der Doppelsinnigkeit eines Wortes – aufgebaut ist:

> Wir sind's gewiß in vielen Dingen,
> im Tode aber sind wir's nicht.
> Die sind's, die wir zu Grabe bringen,
> und gerade diese sind es nicht.
> Und weil wir leben,
> sind wir's eben
> an Geist und Angesicht;
> und weil wir leben,
> sind wir's eben
> zur Zeit noch nicht.

Wer dieses Gedichträtsel liest, spürt sofort, daß es, obwohl es doch nur einen spielerischen Zeitvertreib darstellt, darin um Ernsthaftes geht. Doch werden wohl nur wenige Leser das gesuchte Schlüsselwort finden. Es lautet »verschieden«. Verschieden einmal in der Bedeutung »unterschieden«, das andere Mal im Sinne von »verstorben«. Wir sind wieder überrascht. Aber diesmal ohne den grotesken witzigen Effekt wie bei den vorherigen Beispielen zu erleben. Denn wir fühlen uns von verborgenem Tiefsinn geheimnisvoll angerührt. Liegt die andere Wirkung daran, daß es bei diesem Rätsel um recht ernste Dinge, nämlich um das Verscheiden, geht? Offensichtlich nein. Denn es gibt andere recht groteske, sogar »saftige« Witze über Sterben und Tod.

Erst langsam erfassen wir den Unterschied: Etwas in uns muß von vornherein bemerkt haben – ohne daß es uns jedoch ausdrücklich bewußt geworden wäre –, daß die verschiedenen Bedeutungen des Wortes »verschieden« in Wirklichkeit ja gar nicht so verschieden sind, wie es zunächst den Anschein hat. Ist doch der soeben Verschiedene das gleiche einmalige Wesen, als das er wenige Augenblicke zuvor noch lebend unter uns weilte, so verschieden die beiden Zustände – Leben und Tod – auch sein mögen. Dieses uralte Menschheitsproblem, das sich jedem einzelnen von uns immer aufs neue stellt, wenn wir daran denken, daß wir mit unserem uns bevorstehenden Verscheiden verschieden sein werden, obwohl wir uns doch nur als gleiche vorstellen können, steht geheimnisvoll ernsthaft hinter der Lösung jenes scheinbar nur »spielerisch« in Verse gefaßten Rätsels. Und wenn wir uns jetzt nochmals der *peccavi*-Botschaft des Generals NAPIER erinnern und nach dem Motiv für diese merkwürdige Formulierung einer dienstlichen Siegesmeldung forschen, so drängt sich uns die Frage auf, ob – ihm unbewußt – hinter der Freude am Wortspiel nicht auch etwas ganz anderes mit anklingt: die Gewissensbelastung des Generals durch die auf seinen Befehl gebrachten Blutopfer. Auch Generäle sind Menschen.

So geschieht es mit voller Absicht, wenn wir nach NAPIERS Siegesmeldung, dem BISMARCK-Ausspruch und dem Rätsel von SCHLEIERMACHER, in dem unversehens das Wort »verschieden« in seinem tiefsinnigen Doppelsinn aufleuchtete, jetzt die Besprechung eines noch ausstehenden weiteren Mittels der Traumarbeit: der Darstellung durchs Gegenteil, unmittelbar folgen lassen. Geht es dabei doch ebenfalls um ein Verschiedensein, von dessen richtigem Verständnis wir die Klärung der von uns bisher noch nicht befriedigend gelösten Widersprüche und die Antwort auf bisher noch offenstehende Fragen über den Traum erhoffen.

3. Darstellung durchs Gegenteil

Wir haben diese »Technik« als eines der Mittel der Traumarbeit bereits beim Professoren-Traum und beim Kanarienvogel-Traum kennengelernt. Das Befremdliche dabei besteht darin, daß das eigentlich Gemeinte paradoxerweise im manifesten Traum durch sein *Gegenteil* vertreten wird. Das ist in der Tat zunächst schwer verständlich. Zwar hatten wir beim Studium der Verdichtungsarbeit gesehen, daß im Traum nicht nur Gleichartiges in eins verdichtet, gewissermaßen auf den gemeinsamen Hauptnenner gebracht werden kann, sondern merkwürdigerweise auch Gegensätzliches, z. B. im Traum vom zärtlichen Riesen. Aber die hier behauptete Vertretung durch das Gegenteil mutet uns doch noch mehr zu.

Und dennoch gibt es auch hierzu im Wachleben gewisse Parallelen. Wenn ich beispielsweise vom Original einer Plastik für eine Serienherstellung eine Gipsform (Negativ) herstelle, so ist dieser Abdruck das genaue Gegen-Teil, nämlich das Negativ des Originals. Dieses bis in alle Einzelheiten werkgetreue Gegen-Stück würde ohne das Original niemals existieren. Obwohl sein Gegenteil schließt es doch potentiell das Original in sich ein: käme es z. B. auf eine absolut korrekte Wiedergabe des Positivs (Original) an, würde das Negativ (Abdruck) sogar zur authentischen Darstellung besser geeignet sein als eine Nachbildung des Originals durch einen anerkannten Künstler. – Sind nicht Geiz und Verschwendungssucht auch extreme Gegensätze? Und doch sind beide zwar entgegengesetzte, aber letztlich nur verschiedene und sogar einander ergänzende Verarbeitungsformen der gleichen Störung gegenüber der gleichen Kategorie: einer Störung im Umgang mit dem Besitz; ähnlich wie Zwerg- und Riesenwuchs gleichermaßen Ausdruck einer Dysfunktion derselben Hormondrüse sein können. Und auch die von uns schon so oft als Ratgeber bemühte Sprache kennt dieses Phänomen. Dabei brauchen wir nicht einmal bei uns so fremden Sprachen wie dem Altägyptischen nachzusuchen, wo vielfach gegensätzliche Eigenschaften durch das gleiche Wort gekennzeichnet waren, wobei lediglich in der Aussprache durch Tonklang oder Stimmhöhe erkennbar wurde, welche von den beiden entgegengesetzten Qualitäten gemeint war. Sogar noch im Lateinischen haftet z. B. dem Wort *sacer* der Charakter des Heiligen wie des Verruchten gleichermaßen an. Auch das deutsche Wort Boden, das doch eindeutig das erdnahe Unten meint, bezieht sich beim Hause auf den Speicher (Söller), also das Oben. Und als ich vorhin schrieb, daß das Symbol zugleich die »höchsten« (sublimsten) und die »tiefsten« (kreatürlichen) Bereiche des Menschen anspricht, habe ich

die Anführungszeichen erst nachträglich gesetzt, weil ich mit
ebenso gutem Recht auch das Sublimste als »das Tiefste« im
Menschen hätte bezeichnen können (wie ja auch im Lateinischen
altus gleichermaßen hoch und tief bedeuten kann).

Wie sind diese Widersprüche in sich im Sinngehalt eines
Wortes zu erklären, die sich eigentlich selber widerlegen und
ausschließen müßten? Verständen wir sie, so würden wir vielleicht auch die Darstellbarkeit von etwas durch seinen eigenen
Gegensatz im Traum verstehen. Ist es der Bedeutungswandel,
dem die Worte einer Sprache im Laufe der Zeit immer unterworfen sind, und der in seltenen Fällen bis zu einer Verkehrung ins
Gegenteil führen kann? So wie z. B. der heute ehrenrührige Ausdruck »Frauenzimmer« noch zu GOETHES Zeiten etwas Aus-
zeichnendes hatte, oder wie bis zum Ersten Weltkrieg Worte wie
»wacker«, »markig« usw. gewissermaßen noch ohne Anführungszeichen gemeint und auch verstanden wurden. Dann würde
die wechselseitige Vertretbarkeit von Gegensätzlichem im
Traum nur eine Vorwegnahme, quasi eine zeitlich zusammenge-
raffte Verdichtung dieses Bedeutungswandels in das Gegenteil
darstellen.

Selbst wenn derartiges mit im Spiel sein sollte, befriedigt diese
Erklärung für unsere Zwecke nicht. Wir spüren, daß da noch etwas fehlt, daß es sich bei solcher Umkehrung im Traum um etwas
Grundsätzlicheres handelt. Das muß es auch sein, was unser Interesse für diese Darstellungsmöglichkeit im Traum so besonders
in Anspruch nimmt. Oder sollte es sich dabei doch nur um die
uns bereits bekannte Tatsache handeln, daß der Traum infolge
seiner Wunscherfüllungstendenz real vorhandenes Uner-
wünschtes ins Gegenteil umkehrt? Also statt des Entzuges einer
Kostbarkeit (Grießbrei) ein geburtstägliches Sonderangebot
(Schokoladentorte). Und entsprechend im Glocken-Traum: statt
der quälenden Examensbedrohung eine friedliche Sonntagsvor-
mittags-Ferienstimmung. Oder im Professoren-Traum: statt daß
ich bestürzt wäre über das, was mir meine »Nieren-Professoren«
mitgeteilt hatten, ist umgekehrt Professor LEONHARD (hinter
dem die Nierenärzte geschickt versteckt worden sind) durch
meine Mitteilung sichtlich betroffen.

Was ist all diesen Beispielen gemeinsam? Daß in der objektiven
Realität eine Angst-, Not-, Mangel- oder Gefahrensituation besteht, die dann im Traum dank dieser »Technik« der Darstellung

als nicht mehr vorhanden und sogar ins (erfreuliche) Gegenteil verkehrt erlebt wird. Wir sehen: was wir schlagwortartig schon mehrfach als Wunscherfüllungstendenz des Traumes bezeichnet hatten, steht – zumindest bei den eben angeführten Beispielen – hinter dieser »Darstellung durchs Gegenteil«. Das Beunruhigende, Schlafverscheuchende ist auf diese Weise weggeräumt, und die mütterliche Rolle des Traumes als Hüter des Schlafes wird wieder einmal deutlich.

Somit könnten wir mit dieser beruhigenden Feststellung eigentlich dieses Kapitel endlich beschließen. Aber – so fragt es in uns weiter – geht es bei dieser Umkehrung im Traum wirklich nur darum, unseren Schlaf zu hüten? Könnte nicht mein schlafendes Ich sich unter so völlig anderen, »verschiedenen« Bedingungen befinden, daß das, was für das wache Ich recht – und zwar »recht« sowohl im Sinne von richtig = passend, bekömmlich, als auch von richtig = wahr – ist, es für das schlafende keineswegs mehr zu sein braucht? Ja, daß manches dann sogar ausgesprochen »unrecht« wird – wiederum sowohl im Sinne von unrichtig = unpassend, unbekömmlich, als auch von unrecht = unwahr = falsch verstanden? Und ebenso natürlich auch umgekehrt? So etwa wie – je nach dem Standort der Aussagenden – derselbe Gegenstand am selben Ort einmal mit Recht »oben« und »rechts«, zur gleichen Zeit aber auch »unten« und »links« lokalisiert werden kann. Oder wie – ein besser zutreffendes Bild – für mein eigenes Spiegelbild meine rechte Hand zur linken geworden ist, während sein rechter Fuß mein linker ist.

Was hieße das eigentlich konkret? Nicht mehr und nicht weniger, als daß das, was wir bisher als Wach-Ich und Traum-Ich einander gegenübergestellt haben, die sinnfälligen Bezeichnungen für zwei zum Teil recht gegensätzliche Schwerpunktzentren in uns wären. Wir müßten es aufgeben, im Kreis mit seiner einen und einigen Mitte (»Schwerpunkt«) das Gleichnis des Menschen zu sehen, zugunsten einer Ellipse mit ihren zwei Brennpunkten, die trotz ihres Getrennt-seins doch eine ausgewogene Einheit darstellen. Derselbe Gegenstand innerhalb oder außerhalb von uns erführe eine verschiedene Einordnung und Einwertung, je nach dem »Brennpunkt« des Erlebens, von dem aus er wahrgenommen wurde. Anders formuliert: Ein und dasselbe Ereignis bekäme je nach dem Brenn- und Schwerpunkt in mir, von dem aus ich es sehe, beurteile und einwerte, einen verschiedenen, nicht selten sogar einen völlig entgegengesetzten Aspekt. Ich kann es ehrlich bedauern, daß mein glücklicher Rivale (im Beruf, bei einer Frau), der ein wirklich bedeutender Mann ist, einem tragischen Unfall zum Opfer fällt, und doch könnte ich in meinem anderen »Schwerpunkt« diese Nachricht mit Genugtuung, ja mit dem Gefühl des Triumphes zur Kenntnis nehmen: wird damit doch – so glaube ich wenigstens im Augenblick – nun für mich endlich der Weg frei.

Würden wir nicht guten Grund haben, derart »häßliche« Regungen vor der Welt und vielleicht noch mehr vor uns selbst zu verbergen, hätten wir wahrscheinlich im Traum keine »Darstellung durchs Gegenteil« nötig. Es gilt »als des Menschen unwürdig«, sich über die einem durch den Tod des Vaters zufallende Erbschaft zu freuen, obwohl man den Vater echt betrauert, oder glücklich zu sein über das Aufrücken in die bisher durch einen schwer erkrankten Vorgesetzten blockierte Stelle, obwohl man mitfühlend und bedauernd Anteil an seinem Schicksal nimmt. So haben wir gelernt, im Wachleben das in jenem anderen Brennpunkt zentrierte Erleben weitgehend zu verleugnen. Verdächtig bleibt nur, daß wir es meist doch für erforderlich halten zu betonen, *wie* fern uns jene andere Empfindung oder Verhaltensweise liege.

Der Traum respektiert diese Verleugnung jedoch nicht mehr. Im Traum fordert jener sonst verleugnete »Brennpunkt des Erlebens« sein Recht. Und offensichtlich um so schroffer und unerbittlicher, je mehr wir es ihm am Tage, um unseren anderen Brennpunkt zentriert, versagt haben. So wären unsere bisherigen Ausführungen über eine »Darstellung durchs Gegenteil« rein deskriptiv zwar korrekt gewesen. Wir verstehen jetzt aber, daß dieses dann im Traume dargestellte Gegen-Teil in Wirklichkeit nur mein *alter ego*, mein anderes Ich ist, das, wenn es sich auch um eine vor den Menschen und vor mir selbst verleugnete Wesensseite handelt, letztlich also doch wieder ich selber bin.

4. Zugzwang und potentielle Freiheit

Ich würde somit – um auf den zu Anfang zitierten chinesischen Weisen zurückzukommen – als Schlafender im Traum mich zwar nicht gerade in einen Schmetterling oder ein sonstiges nicht mehr menschengleiches Wesen verwandeln, das dann seinerseits von einer periodischen Existenz als Mensch träumen mag; aber ich würde mich träumend in einer immer noch zum normalen menschlichen Dasein gehörigen Existenzform befinden, die jedoch durch ein mir selbst als Wachendem Gegenübergestelltsein sehr erheblich »verschieden« (um nicht zu sagen »ver-rückt«) ist von dem, was ich stillschweigend als allein »richtig« und damit auch als normal anzuerkennen mich gewöhnt habe. Eine Existenzform von mir – ich könnte auch sagen: ein »Daseinsmodus« –, wofür bestimmte Kategorien, wie z. B. Raum, Zeit, Kausalität, in die ich als wache und meiner selbst bewußte Person unlösbar verstrickt bin, keine Gültigkeit mehr haben. Nicht nur die sogenannten Naturgesetze scheinen also aufgehoben, sondern auch die Ordnungen, die sich die Menschheit im Laufe von Jahrmillionen geschaffen hat: Ordnungen, in die sich einzufügen jeder einzelne von uns gemäß seiner individuellen Lebensgeschichte – von Anbeginn an über alle Etappen der Entwicklung und Reifung bis auf den heutigen Tag – unter oftmals schmerzlichen Verzichten zu erlernen gehabt hat.

Wie der Schlafzustand schon häufig als periodische Rückkehr in einen frühkindlichen, zum Teil sogar in einen vorgeburtlichen Zustand unserer *physiologischen* Existenz gedeutet worden ist, so könnte das Träumen, das die uns gewohnten Ordnungen sprengt, in entsprechender Weise als eine mehr oder minder weitgehende periodische Rückkehr zu frühen Entwicklungsstufen unserer *psychischen* Existenz mit ihren kategorial anderen, uns fremdartig anmutenden und gelegentlich sogar unseren bewußten Rechts- und Ordnungskategorien direkt entgegengesetzten (»ver-rückten«) Ordnungen verstanden werden. Zweifellos werden die »verschiedenen« Ordnungen jener Welt, in der wir als Träumende nächtlich weilen, gemessen an den »diesseitigen«, uns allein normal erscheinenden Ordnungsmaßstäben, den Eindruck von Rückbildung, sogar von Chaos machen. Aber bietet sich uns dafür »dort« nicht wieder die ganze Fülle der noch ungelebten Entwicklungsmöglichkeiten an, die wir »hier« bereits aus der Hand gegeben, gleichsam »abgelebt« haben? Dadurch nämlich, daß wir, indem wir uns entwickelten, immer »festgelegter« wurden, weil jeder Schritt, den wir »diesseits« in eine bestimmte Entwicklungsrichtung hin einmal vollzogen haben, unwiederbringlich den Verzicht auf alle anderen ebenfalls ursprünglich vorhanden gewesenen entgegenstehenden Möglichkeiten bedeutet? So wie die zum Spiel aufgestellten Schachfiguren vor Beginn der Partie potentiell noch alle Milliarden von theoretisch möglichen Spielverläufen in sich bergen. Nach Beginn des Spieles schrumpft die Zahl der Möglichkeiten mit jedem Zuge in geometrischer Regression schnell zusammen, bis zum Schluß sich sogar umgekehrt ein fataler *Zugzwang* als Folge der bereits vorausgegangenen Spielentwicklung einstellt.

Was am Traum, als sich die Psychoanalyse vor einem halben Jahrhundert mit ihm zu beschäftigen begann, an Ungeheuerlichkeiten in Form von *sacro egoismo*, von diabolischen Grausamkeiten und von scheußlichen Perversionen zunächst in die Augen sprang, wäre dann nur der sinnfälligste Aspekt unserer Rückkehr in die ontogenetische Vergangenheit, hinter der auch die phylogenetische aufleuchtet. Diese Ungeheuerlichkeiten wären gewissermaßen die Kehrseite jenes von uns gesuchten Reiches, in dem noch nicht alles unwiderruflich festgelegt oder unwiederbringlich vertan ist, sondern in dem – gerade weil alles entfesselt und chaotisch ist – alle Möglichkeiten noch (oder wieder) offenstehen. Wir kehrten somit allnächtlich im Traum in das verlorene Reich unserer einstigen unbegrenzten potentiellen Fülle zurück, um dem quälenden »Zugzwang« des Wachlebens zu entgehen, der uns bei den wenigen uns noch offenstehenden Möglichkeiten immer unerträglicher verstrickt hat und immer starrer werden läßt!

Was wir also im Traum in Wirklichkeit suchen, wäre die Wiedererlangung der verlorenen Freiheit, aber nicht deren eben geschilderte besonders augenfällige Kehrseite, die so befremdlich anmutete, daß sie begreiflicherweise zunächst das Interesse der Traumforscher gefesselt hatte. Wir möchten – wenigstens vorübergehend wieder – dem (leidvoll erlebten) »Festgestelltsein« (NIETZSCHE) entrinnen. Die gesuchte Freiheit schließt jedoch stets auch jene Abgründigkeit als Möglichkeit in sich, so daß bei dieser Suche die Begegnung mit ihr unausweichlich ist. Sollte dies der Grund sein, warum der Mensch seinen Träumen auszuweichen pflegt? Indem er sie entweder vergißt, oder, falls er sich ihrer erinnert, sie nicht beachtet, oder sie, wenn sie sich ihm aufdrängen, zu entwerten sucht: »Träume sind Schäume« bzw. noch eindeutiger: *»songes – mensonges«*. Aber sollte dann nicht auch die bis zur Entstellung gehende Verschlüsselung im Traum, die wir als Effekt der Traumarbeit kennengelernt hatten, Folge dieser Begegnung mit dem Abgründigen sein? Daß der Mensch die Erinnerung an solche Begegnung im Wachzustand nur in verschleierter Form ertrüge? So wie er ja auch unverhüllt nicht den Anblick des verschleierten Bildes zu Sais ertrug und ebensowenig den Anblick der Gottheit? Oder geschieht es, weil der Traum doch noch mehr als nur die Widerspiegelung unserer nächtlichen intrapsychischen Begegnung mit unserem eigenen Abgründigen ist? Weil er, wie z. B. Bjerre glaubt, den »Treffpunkt zwischen den Kräften des Ich und des Kosmos« darstellt, so daß es auch für den Traum ein Die-Götter-Versuchen bedeuten würde, wenn der Mensch begehrte unverhüllt

». . . zu schauen, was sie gnädig bedecken mit Nacht und
Grauen.«

Wozu träumt der Mensch dann aber überhaupt?

Die Funktion des Traumes

I. Bisherige Auffassungen

Über kaum etwas gingen und gehen die Meinungen beim Traum derart auseinander wie über seine Funktion. Für die Alten war er, soweit uns aus verschiedenen Kulturen Zeugnisse erhalten geblieben sind, noch eine sakrale Erscheinung von Offenbarungscharakter. Die Gottheit bediente sich des Traumes, um dem, dem sie wohlgesinnt war oder den sie verderben wollte, ihre Botschaft oder ihre Warnung zukommen zu lassen. Und FREUD hat einmal die Bemerkung gemacht, daß für die Alten ein Feldzug ohne ständige Konsultierung des Traumdeuters ebenso undenkbar gewesen wäre wie für uns heute ein Krieg ohne ständige Flieger-Aufklärung. Für die Wissenschaftler um die Jahrhundertwende war der Traum lediglich Ausdruck des Schlafzustandes der Gehirnzentren. Von seiner einstigen göttlichen Würde war er so zum sinnlos-zufälligen Produkt – um nicht zu sagen zum Abfallprodukt – der durch den physiologischen Schlafzustand lahmgelegten oder am richtigen Funktionieren verhinderten psychischen Tätigkeit herabgesunken.

Die Auffassungen der heutigen Traumforscher bewegen sich nach wie vor zwischen diesen beiden Extremen. Auch heute noch wird der Traum von manchen Psychiatern, die sich intensiv damit beschäftigt haben, als eine Art »Veitstanz der Seele« angesehen, also mit dem grotesken unwillkürlich-unkoordinierten Muskelspiel der Chorea-Krankheit auf gleiche Stufe gestellt, und »seinen ärmlichen Möglichkeiten« wird jeder Sinn abgesprochen. Beim Traume »unbewußte Weisheit oder dunkle, tiefe Regungen ... vorauszusetzen und danach zu suchen, haben wir keinen Anlaß« (HOCHE). Demgegenüber sei nochmals BJERRE, ebenfalls Psychiater, angeführt, für den »die Traumbildung der Treffpunkt zwischen den Kräften des Ich und des Kosmos« ist, oder AEPPLI zitiert: »Die Urweisheit des Lebens offenbart sich im Traum«, so daß der Traum einem die »Antwort« gibt, »wo man steht«, und »die Wege andeutet, welche man jetzt am besten zu gehen hat«. Nach NIETZSCHE gäbe es ohne Traum keine Metaphysik und wahrscheinlich auch keinen Jenseitsglauben.

Es ist in diesem Zusammenhang nicht ohne Reiz, daß die 1940 erschienene erste Auflage eines Buches von LEONHARD (jenes Psychiaters aus meinem Professoren-Traum) noch den Titel hat *Die Gesetze des normalen Träumens*; dort führt LEONHARD den Traum in seinen charakteristischen Einzelheiten auf eine Schlaf-dissoziation zurück (d. h. darauf, daß die motorische Sphäre tie-fer schläft als die sensorisch-kognitive), woraus er die von ihm aufgefundenen »Traumgesetze« ableitet. Der elf Jahre später er-schienenen zweiten Auflage seines Werkes gab der Autor bereits den Titel *Gesetz und Sinn des Träumens*; der »tiefe Sinn« des Traumes äußere sich darin, daß er an der »großartigen Zusam-menarbeit der verschiedenen menschlichen Bewußtseinssphä-ren« (Bewußtes – Unbewußtes) ». . . ausschlaggebend beteiligt« sei. Demgegenüber lautet der Titel des Buches des schwedischen Psychiaters BJERRE, aus dem wir vorhin zitierten, bezeichnen-derweise: *Der Traum als Heilungsweg der Seele*. Und schließlich sei daran erinnert, daß in einer der neuesten Veröffentlichungen über den Traum, dem Buch von BOSS *(Der Traum und seine Aus-legung)*, dem Traum eine Funktion im Sinne der bisherigen Auf-fassungen überhaupt abgesprochen wird. Der Traum stelle eine andere Modalität des Daseins dar, womit die von der Ebene des Wachbewußtseins gestellte Frage nach seiner Funktion bereits falsch gestellt sei.

ADLER erkannte, wie wir zum Teil schon hörten, dem Traum eine »vorausdenkende«, STEKEL eine »funktionale«, SILBERER eine »anagogische«, JUNG eine »prospektive« Funktion zu, und MAEDER eine »progressive« und eine *»fonction ludique«*. FREUD wollte ihm als »einzige« Funktion nur die intrapsychische Kräf-tebindung zubilligen, derart, daß im Unbewußten mobilisierte Erregung wieder unter die Herrschaft des Vorbewußten ge-bracht würde, wodurch erreicht werde, daß der Träumer getrost weiterschlafen könne. Wie stellen wir uns nun gegenüber derart widersprüchlichen Aussagen ein, nachdem sich auch uns im vo-rigen Kapitel – zumindest indirekt – wiederholt die Frage nach der Funktion des Traumes aufgedrängt hat?

II. Traumarbeit und Traumfunktion

Es war für den Leser gewiß nicht leicht, immer zu folgen, als wir uns einen Weg durch das verschlungene Gestrüpp der Traumarbeit zu bahnen suchten. Mehr als einmal gerieten wir in eine Sackgasse oder mußten umkehren, weil wir auf noch nicht überwindbare Hindernisse gestoßen waren. Oder wir mußten – weil unerwarteterweise Unstimmigkeiten und Widersprüche auftraten – zur Kenntnis nehmen, daß ein Gebiet, das bereits genügend durchforscht schien, doch noch unbekannte Bereiche enthielt.

Dabei hätte der Leser die Strapazen, die solche Entdeckungsreisen in ein unerforschtes Land immer mit sich bringen, wesentlich leichter ertragen und wohl auch williger auf sich genommen, hätten wir ihm nicht obendrein an manchen Stellen noch das drückende Gepäck tatsächlich schwer zumutbarer Auffassungen aufgebürdet. Mag der Leser bei Grießbrei- und Glocken-Traum zwar auch schon etwas zögernd, aber noch willig mitgegangen sein, als wir ihm vorschlugen, dem zunächst sinnlos, ja absurd Erscheinenden im Traum doch einmal versuchsweise einen – lediglich ver-rückten – Sinn einzuräumen, so muteten wir ihm beim Professoren-Traum zu, dem Träumenden die Fähigkeit zur Taschenspieler-Akrobatik eines Zauberkünstlers zuzuerkennen, die aus dem Nichts Namen hervorzaubern kann und, während noch artistisch mit ihnen jongliert wird, unbemerkt die entscheidenden Zusammenhänge ebenso akrobatisch ins Nichts wegzuzaubern vermag. Der Kanarienvogel-Traum sollte sogar die Umkehrung einer quasi mythologischen Schöpfungsgeschichte darstellen, eine schöpferische Leistung, wie wir sie einem primitiven Volke oder einem Dichter, in ihrer besonderen Art vielleicht auch noch einem – Perversen zutrauen, nicht aber der Psyche eines vier- bis fünfjährigen Kindes. Nicht genug damit, sollen Träume sich auch noch mit Bilderrätseln, Teekessel-Spielen und sonstigen komplizierten Denksportaufgaben befassen, wo es doch viel näher liegt, anzunehmen, daß in der nächtlichen Pause sich nicht nur der Leib, sondern ebenso der Geist für die Arbeit des neuen Tages ausruht.

1. Wach- und Traumwirklichkeit

Trotz aller begreiflichen Einwände dürften uns jedoch gerade einige der im letzten Kapitel gewonnenen neuen Einsichten in die Lage versetzen, diese befremdlichen Sachverhalte und scheinbaren Widersprüche zu klären und auch die Mehrzahl der bisher noch offenen Fragen nunmehr befriedigend zu beantworten – jedenfalls soweit Wissenschaft dies überhaupt kann.

Wir waren ganz zuletzt bei der Untersuchung des so auffälligen Traummittels der »Darstellung durch das Gegenteil« nachdrücklich auf etwas hingewiesen worden, was wir nur allzu leicht vergessen: daß der Mensch nämlich nicht nur in wachbewußter und rational gesteuerter physiopsychischer Existenzform lebt. Verweilen wir doch mehr als ein Drittel unseres Lebens im Zustande des Schlafes und der Träume, existieren also während eines ganz erheblichen Anteiles auch unseres psychischen Daseins in einem völlig andersartigen Seinsmodus. Die noch weitverbreitete Auffassung, daß die eigentliche psychische Tätigkeit vom Einschlafen bis zum Wiedererwachen ruhe, also praktisch eingestellt sei, ist unhaltbar geworden. Sie ist nicht allein durch die Tatsache des Träumens widerlegt, sondern auch durch Phänomene, wie das Erwachen zur vorgenommenen Zeit oder nur auf einen spezifischen Weckreiz (etwa: die durch die Pflege ihres kranken Kindes schwer erschöpfte Mutter erwacht, wenn es leise wimmert, während sie lauten Gewitterdonner überschläft).

Es bedeutet für uns keine große Überraschung, wenn die angeführten Traumbeispiele lehrten, daß trotz dieser Verschiedenheit der menschlichen Daseinsformen Probleme der Wachexistenz uns unablässig bis hinein in jenen andersartigen Seinsmodus verfolgen und beschäftigen. Wir sind weniger darauf vorbereitet, daß auch umgekehrt jener andere Seinsmodus in unsere wache Existenz unablässig und oftmals recht nachhaltig hereinwirkt, wenn wir es auch vielfach nicht bemerken. Auch dies zeigte sich uns schon am Beispiel des Studenten, der, am Nachmittag nach seinem Glocken-Traum unter seinen Papieren kramend, auf sein Tagebuch stieß. Obwohl er es täglich benutzte, erinnerte es ihn ausgerechnet an diesem Tage zum ersten Mal an ein Schulbuch, in dem das – ebenfalls seit seiner Kindheit vergessene – Gedicht von der vom Turm herabsteigenden und den Sünder verfolgenden Glocke stand; also das Gedicht, das die überraschende Auflösung des Rätsels der in der Nacht zuvor geträumten befremdlichen Schuhform der Glockenklöppel brachte.

Wir kennen unzählige ähnliche Belege, die aufzeigen, wie eng unsere Tag- und Nachtexistenz ineinander verwoben bleibt, so scharf getrennt und entgegengesetzt sie uns auch erscheint. Der Mensch hat in beiden Bereichen zugleich – das Wort »zugleich« räumlich und zeitlich verstanden – sein Zuhause. Er hat nicht nur in beiden Heimatrecht, sondern er kümmert und kann sogar seelisch oder körperlich erkranken, wenn er zu ausschließlich in der Wach- oder der Traumwirklichkeit verweilt, bzw. wenn er die eine zu sehr nach den Maßstäben der anderen perspektivisch verzeichnet oder gar abzuändern versucht. Solcher Versuch schadet nicht nur, sondern er ist auch unnütz. Denn wir können nun einmal nicht dem Schicksal des Menschen entfliehen, beiden Bereichen verhaftet und verpflichtet zu sein, d. h., beide mit ihren verschiedenen Ordnungen anerkennen zu müssen, mögen sie uns auch infolge ihrer spiegelbildartigen Seitenverkehrtheit vielfach als unvereinbare Gegensätze erscheinen.

Bei der beim Einschlafen und beim Wiedererwachen allnächtlich mindestens einmal in beiden Richtungen erfolgenden Passage aus der einen »Wirklichkeit« in die andere, die wahrscheinlich der Augenblick des Träumens ist, sind wir im Moment des Übertritts über die Schwelle voll »Wissende«, gewissermaßen für Bruchteile einer Sekunde um eine Erkenntnis-Dimension reicher als sonst. Was wir von unserem Aufenthalt »drüben« bzw. von unserem Erlebnis der Schwellenpassage ins Wachbewußtsein herüberretten können, verliert, wenn wir mit unserer wachen Sinnes- und Bewußtseinswelt danach greifen, um es zu erfassen und festzuhalten, schon seine wahren Formen, Farben, Töne und Düfte. Günstigenfalls gelingt es uns, wenigstens ein Stück Partitur oder einen »farbigen Abglanz« des Wahrgenommenen herüberzuretten; meist zerrinnen jedoch selbst diese »schwankenden Gestalten« bereits unter unseren Händen zu Schattengebilden und vagen Fetzen, die nicht einmal mehr erahnen lassen, was wir kurz zuvor noch – im Augenblick der Schwellenpassage mit seiner Blickmöglichkeit in beide Bereiche zugleich – erschauten.

Wir hatten den Tatbestand, daß unser Wissen im Traum nachträglich wieder aufgehoben wird, gleich eingangs erwähnt, als wir von der schon den Alten bekannten Erfahrung sprachen, daß unsere innere Wahrnehmungsfähigkeit nächtlich zum Teil erweitert ist, so daß wir z. B. manchmal im Traum vorweg wissen, daß uns eine Erkrankung bevorsteht. Wir hatten uns damals damit zufrieden gegeben, das nachträgliche Zerfließen des Traumwissens als einfache Folge davon anzusehen, daß unsere Auffangorgane im Wachen unzulängliche Empfänger für jene Mitteilungen darstellen. Haben wir diese Auffassung auch bisher nicht widerrufen müssen, so haben wir uns doch, je tiefer uns jeder Traum Einblicke in die Werkstatt der Traumarbeit erlaubte, um so unausweichlicher der befremdlichen Tatsache gegenüber gesehen, daß dieses Schwinden des Traumwissens bis zur Verstümmelung und Entstellung nicht nur Folge unzulänglicher Empfangsinstrumente sein kann, sondern meist ausdrücklich beabsichtigt ist. Daß also auch vorsätzliche Entstellung vorgenommen wird, offensichtlich um zu verschleiern, um Spuren zu verwischen oder auf eine falsche Fährte zu locken. Wir hatten uns überrascht gefragt, wieso denn ich als Traumautor vor mir selber den Inhalt meines eigenen Werkes durch Verschlüsselung verbergen solle. Zwar erinnerten wir uns gleich daran, daß wir den Traum als Hüter des Schlafes kennengelernt hatten. Dann brauchte auch diese Art von Entstellung nur eines der Mittel zu sein, mit denen der Traum alles fernhalten will, was, durch Tagesereignisse mobilisiert, den Seelenfrieden des Schlafenden so sehr beunruhigen könnte, daß er darüber erwachen würde. Es blieb jedoch die berechtigte Frage, ob der Traum sein Ziel, im Interesse der Schlafbewahrung alles Störende fernzuhalten, nicht durch wesentlich einfachere Ablenkung erreichen könne als durch Mittel, die uns zudem oftmals reichlich kindisch, ja läppisch erscheinen.

Aber dann hatten wir uns der Angstträume erinnert. Wie kann der Traum Schlafhüter-Funktion haben, wenn es eine Kategorie von gar nicht so seltenen Träumen gibt, wie Angstträume, Alpträume, Verfolgungsträume, Träume, in denen man qualvoll etwas sucht und nicht findet, in denen man in größter Not hinter einem davonfahrenden Zug herrennt, in denen man sich peinlich beschämt nackt oder unziemlich bekleidet in einer Gesellschaft bewegt? Widersprechen solche Träume, aus denen man verstört und schweißgebadet aufzuschrecken pflegt, nicht eindeutig der Wunscherfüllungstheorie und der Schlafhüterfunktion des Traumes?

Oder sollten dies lediglich *mißlungene* Versuche sein, die aber nicht grundsätzlich gegen die Richtigkeit der Auffassung des Traumes als Schlafbewahrers sprächen? So wie ja auch die Tatsache, daß immer wieder Flugzeuge abstürzen, nicht die Behauptung widerlegt, daß Flugzeuge zum Zwecke des Fliegens gebaut und verwendet werden, und nicht, damit sie abstürzen. Oder um einen hier besser angebrachten und bereits von Freud gebrauchten Vergleich etwas abzuwandeln: Auch die Bürger einer Stadt haben ihren Nachtwächter angestellt, damit seine Wachsamkeit zur Nachtzeit ihnen einen ruhigen Schlaf gewährleiste. Trotzdem werden sie ihm nicht vorwerfen, daß er gegen seine Aufgabe verstoßen habe, wenn er bei einer Feuersbrunst Alarm gibt und sie unsanft aus dem Schlafe reißt. Wohl aber hätten sie ein Recht zu solchem Vorwurf, wenn er sie bei einem harmlosen Feuerchen weckte, das er gut allein hätte löschen können.

Sinngemäß auf den Traum angewandt, würden somit die Entstellungen, Verschleierungen, Spurenverwischungen durch all die früher aufgeführten Mittel der Traumarbeit (wie Verschiebung, Verdichtung, Symbolisierung, Darstellung durch das Gegenteil usw.) solche Selbsthilfen unseres nächtlichen Schlafbewahrers darstellen. Und nur dann, wenn diese Mittel sich als unzureichend erweisen, ein entfachtes »Feuer« in Schach zu halten, also nur dann, wenn ernsthaft Gefahr eines Großfeuers besteht, würde mit einem Angsttraum das Alarmzeichen zum Aufwachen gegeben.

Das alles klingt zwar nicht gerade besonders überzeugend, gäbe aber immerhin eine Erklärungsmöglichkeit. Aber was für einem »Feuer« oder gar »Großfeuer« sollten wir denn als Schlafende bzw. Träumende ausgesetzt sein?

2. Traum und innere Wahrnehmung

Wir hatten vom »Zugzwang« gesprochen, dem wir mit fortschreitender Entwicklung durch zunehmende Einengungen im Wachleben mehr und mehr erliegen und dem wir nächtlich dadurch zu entgehen suchen, daß wir im Traume in das einstige »verlorene Paradies« zurückkehren, »in dem noch nicht alles unwiderruflich festgelegt oder unwiederbringlich vertan ist, sondern in dem – gerade weil alles entfesselt und chaotisch ist – alle Möglichkeiten noch (oder wieder) offenstehen«. Wir hatten er-

kannt, daß die gesuchte Freiheit grundsätzlich jedoch auch die
Möglichkeit enthält, daß wir von all dem Abgründigen, das dem
noch nicht gestalteten Chaos potentiell innewohnt, einschließlich seiner »Scheußlichkeiten«, überwältigt werden. Abschließend hatten wir uns gefragt, ob dies der Grund dafür sei, daß der
Mensch seine Träume flieht. Schon vorher hatten wir festgestellt,
daß die im Traum erweiterte Wahrnehmungsfähigkeit sich nicht
nur auf körperliche Vorgänge (z. B. beginnende Erkrankung)
bezieht, sondern überhaupt allen unseren Möglichkeiten gilt – im
Guten wie im Bösen –, und auch die Welt unserer »urtümlichen
Antriebe« einschließt. Und wir hatten verstehen gelernt, warum
gerade die im Laufe der Menschheitsentwicklung im sozialen
Zusammenleben am meisten eingedämmten kreatürlichen
Triebregungen sich im Traume sehr viel stärker durchsetzen als
solche Regungen, deren soziale Anerkennung ihre Verwirklichung im Wachzustand ermöglicht.

Wie sollen wir aber diese »erweiterte innere Wahrnehmungsfähigkeit« verstehen? Der schon von Aristoteles gebrauchte
anschauliche Vergleich mit dem erst in der Stille der Nacht hörbar werdenden leisen Plätschern des Baches ist doch nur eine
Metapher. Ist diese Erweiterung Folge oder Ausdruck einer
nächtlichen Begegnung mit überpersönlichen Mächten – Bjerre
sagt »Kräften des Kosmos« –, die uns im Traume ähnlich er-
leuchten, wie es in lange zurückliegenden Zeiten den großen Se-
hern und Kündern oder einst den Propheten widerfuhr, wenn
Gott sich ihnen als seinen Auserwählten offenbarte?

Die Menschheit hat im Laufe der Jahrhunderte zu viele böse
Erfahrungen mit Kündern und Propheten und sonstigen sich
auserwählt Dünkenden machen müssen, als daß sie nicht recht
skeptisch geworden wäre gegenüber allem, was mit dem Anspruch des Geoffenbarten verkündet wird und wofür man deshalb kritiklose Annahme und blinden Gehorsam glaubt fordern
zu dürfen. Und gerade unsere Generation hat allen Grund, hier
besonders mißtrauisch geworden zu sein. So ist solche Auser-
wähltheit, die einen Menschen angeblich in so unmittelbaren
Kontakt mit überpersönlichen Mächten oder mit der Gottheit
selbst treten läßt, daß sie ihm ihren Willen offenbaren, heute umgekehrt eher zu einem recht zweifelhaften Vorrecht geworden.
Derartiges hält man stillschweigend eigentlich nur noch der Nai-
vität von Primitiven, Kindern und Ungebildeten zugute oder bil-

ligt es der Narrenfreiheit von Dichtern, Phantasten und Geisteskranken zu. Und selbst die katholische Kirche, also die Instanz,
die für manches in der Vergangenheit jenen göttlichen Offenbarungscharakter ausdrücklich verbürgt hat, übt heute in dieser
Hinsicht allergrößte Zurückhaltung.

Hier kann uns vielleicht eine Beobachtung bei der Hypnose
weiterhelfen. Wie durch hypnotische Suggestion etwas real nicht
Vorhandenes (etwa ein angeblich an der Wand hängendes Bild
oder der Duft einer angeblich vorhandenen Blume) vom Hypnotisierten wahrgenommen und erlebt wird wie ein realer Gegenstand, ebenso kann durch entsprechende Suggestion auch umgekehrt bewirkt werden, daß der Hypnotisierte real Vorhandenes
als nicht (mehr) vorhanden erlebt. Im Felde seiner inneren
Wahrnehmung scheint diese Stelle dann gleichsam verdunkelt zu
sein. So wird z. B. ein entsprechend Hypnotisierter mit offenen
Augen zwar behutsam um einen – laut hypnotischer Suggestion
angeblich nicht vorhandenen – Stuhl in der Mitte des Zimmers
herumgehen, wenn er aufgefordert wird, das Zimmer diagonal zu
durchqueren, und wird trotzdem und ohne Zweifel mit voller
Überzeugung versichern, daß nichts in der Mitte des Zimmers
vorhanden war und ist (obwohl er doch soeben noch, für alle
sichtbar, einen Bogen um den Stuhl herum gemacht hat). Es gibt
demnach Bewußtseinszustände, in denen wir tatsächlich Dinge
nicht bewußt wahrzunehmen vermögen, obwohl aus unserem
Verhalten oder sonstwie eindeutig zu erkennen ist, daß ein unserem Bewußtsein derzeit nicht zugänglicher Teil in uns sie doch
wahrgenommen haben muß. Es gibt also paradoxerweise eine
nicht (bewußt) wahrgenommene Wahrnehmung; eine Perzep-
tion ohne Apperzeption.

Machen wir diese Beobachtung für den Traum nutzbar, so
können wir die im Traum vorhandene partielle Erweiterung unserer inneren Wahrnehmung derart verstehen, daß eine bis dahin
bestehende, uns selbst aber – ähnlich jenem Hypnotisierten –
nicht bewußte Beschränkung unseres Wahrnehmungsvermögens
im »Seinsmodus des Träumens« (wieder)aufgehoben ist, so daß
wir die Dinge nunmehr »unverhüllt« sehen können – ähnlich wie
der aus der Hypnose Erwachte nunmehr den Stuhl wahrnimmt.
Es würde aller unserer Erfahrung widersprechen, wollten wir
annehmen, daß uns für die Dauer des Traumes plötzlich auf irgendwelche wunderbare Weise von außen eine Sinnesfähigkeit

geschenkt würde, die uns außerhalb des Traumes absolut we-
sensfremd wäre.

Der Sachverhalt wäre somit genau umgekehrt als erwartet:
*Eine bestimmte uns als Menschen prinzipiell zur Verfügung ste-
hende Weite der inneren Wahrnehmung würde im »Seinsmodus
des Wachseins« eingeschränkt sein und sich nur im nächtlichen
Traum wieder unverstellt erschließen.* Eine ebenso verblüffende
wie kühne Folgerung! Wäre damit doch die bisher vorherr-
schende Auffassung, die in Schlaf und Traum nur Minus-Vari-
anten der des Menschen eigentlich allein würdigen Wachexistenz
sah, beinahe auf den Kopf gestellt.

Mit solcher These würden sich auch die bisher noch offenge-
bliebenen Zweifel und Widersprüche auflösen. Sie vermöchte
sogar das heikle, von uns bisher nicht bewältigte Problem der
Traumentstellung befriedigend zu erklären, so daß wir zum
Schluß doch noch zu einer in sich geschlossenen Theorie über
den Traum kämen. Wir vermuteten bereits, daß jenes uns im
Wachzustande »Verstellte«, das sich erst der erweiterten Wahrnehmungsfähigkeit des Träumenden enthüllt (nach unserer Auffassung *wieder* enthüllt), mit dem Chaotischen, dem Abgründigen zu tun hat, dem der Träumende auf seiner Suche nach
Freiheit vom Zugzwang seiner Tagesexistenz unvermeidlicherweise im Traum begegnet, und mit dem er sich auseinandersetzen
muß. Dadurch werden gewaltige Kräfte, »Erregungsquanten«,
im Träumer mobilisiert, die vorher »normalerweise« (so erleben
wir es jedenfalls infolge der bei Tage eingeschränkten Innenwahrnehmung) nicht vorhanden waren, zum mindesten aber
friedlich geruht hatten. Nun liegt die weitere Vermutung nahe,
daß die Möglichkeit der erweiterten Innenwahrnehmung im
Traum mit der Tatsache zusammenhängt, daß die durch den
Schlafzustand bedingte weitgehende Ausschaltung der Motorik
verhindert, daß jene mobilisierte und damit zur Realisierung
drängende Erregung nun etwa unmittelbar verwirklicht werden
könnte. Um sie in die wirkliche Tat umzusetzen, müßte der
Träumer sich nämlich erheben, also – wenigstens normalerweise
– erwachen, wodurch sich sein inneres Gesichtsfeld wieder auf
Tagesumfang einschränkte.

Damit stünden wir aber vor der Frage, warum der Traum als
Niederschlag der Begegnung mit dem Abgründigen dann überhaupt noch einer Abmilderung durch Verschleierung, Entstel-

lung usw. bedarf. Warum er dann nicht nackt und unverhüllt
darstellt, wenn doch die partielle Lähmung im Schlafzustand als
Sicherung eingebaut ist.

Es muß sich, wie wir zu ahnen beginnen, um das gleiche Problem handeln, das sich uns mit den Angstträumen gestellt hatte,
die auch so gar nicht in unsere ursprüngliche Konzeption vom
Traum als Freund und Hüter des Schlafes hineinpassen wollten.
Für beides gilt die gleiche Antwort: Sind wir Menschen auch, wie
wir schon mehrfach nachdrücklich betont haben, im Seinsmodus
des Träumens und in unserem anderen Seinsmodus des Wachens
verschieden – in manchem sogar bis zum Gegenteil –, so sind wir
doch in beiden Seinsmodalitäten immer noch die gleiche Person.
Hatten wir vorher Wert auf die Feststellung gelegt und sie auch
durch Beispiele veranschaulicht, daß unsere Traumexistenz in
unser Dasein als Wachende hineinwirkt, so gilt ebenso umgekehrt, daß wir auch als Träumende unserer Wachexistenz bedingt verhaftet bleiben. Wieder können wir auf die Hypnose verweisen. Trotz der geschilderten grotesken Verleugnungen der
objektiven Realität, die auch eine völlig gesunde Versuchsperson
im Zustand der Hypnose auf Geheiß des Hypnotiseurs vor-
nimmt, gibt es selbst hier eine Grenze: Suggestionen, die die moralische Integrität des Hypnotisierten in unerträglicher Weise in
Frage stellen würden, werden nicht realisiert, sondern mit Unruhe, mit Erwachen, mit einem Angstzustand oder mit einem der
gefürchteten »hypnotischen Zwischenfälle« (z. B. kataleptischer
Starre) beantwortet. Das beweist aber, daß selbst in tiefer Hypnose das Wachbewußtsein mit seinen Kategorien, zu denen auch
die moralische gehört, keineswegs völlig ausgeschaltet – gewissermaßen »weg« – ist. Dasselbe gilt für Schlaf und Traum, selbst
für die »tiefen« Träume. Es war also falsch, wenn wir vorhin formulierten, daß wir nächtlich im Traum in eine ontogenetische
Frühphase oder, wie manche Autoren sagen, sogar in die vorgeburtliche Mutterleibssituation oder in noch frühere phylogenetische Daseinszustände zurückkehren. Richtig ist, daß wir auch
im Traume die Menschen von heute mit all unseren bis auf den
heutigen Tag gemachten Erfahrungen, einschließlich der unter
schmerzlichen Verzichten erworbenen Wertordnungen, bleiben,
daß sich uns aber im Traume zusätzlich die Gesamtheit unserer
früheren Erlebensmöglichkeiten wieder eröffnet.

NIETZSCHE hat das bereits klar erfaßt. Ihm verdanken wir

nicht nur Feststellungen wie: »Der Traum bringt uns in ferne
Zustände der menschlichen Kultur wieder zurück« oder: »Wir
alle gleichen im Traum diesem Wilden«, sondern er hat auch bereits erkannt: »In Schlaf und Traum machen wir das Pensum früheren Menschentums *noch einmal* durch« (I.c.S. 27). Die Wie-
dererweckung dieser frühen Erlebensmöglichkeiten kann mit
solcher Stärke und Glut erfolgen, daß darüber die heutigen Ordnungen des wachen Seins bis zur Nicht-mehr-Wahrnehmbarkeit
verblassen – wenigstens vorübergehend. Sie sind deswegen aber
nicht »weg«. Wir erinnern uns der minuziösen Analyse des
Kampfes zwischen den einander widerstrebenden Versuchen des
Traumes und Anforderungen des Wach-Seins im Glocken-
Traum, wo das Traum-Ich dreimal das anhaltende Klopfen umzuträumen vermochte und das Wach-Ich sich trotzdem immer
wieder durchzusetzen wußte.

3. Triebwelt, Archetypen, Transzendentes

Man könnte einwenden, daß dieses Beispiel deshalb für das jetzt
in Frage stehende Thema nicht beweiskräftig sei, weil es sich in
diesem Falle doch um einen *real* anhaltenden Klopfreiz gehandelt
habe, der die völlige Abschüttelung der Ordnungen der Wachexistenz verhindert habe. Überprüfen wir deshalb daraufhin die
anderen Traumbeispiele. Auch dort stoßen wir stets auf die gleichen Zusammenhänge, die, schematisiert, das folgende Bild ergeben: Ein (objektiv gesehen meist belanglos erscheinender) Tagesreiz, die Traumquelle, setzt sich in einem Traum fort bzw.
lebt in ihm wieder auf, weil er (wie beispielsweise die Beobachtung, daß die Katze ein Eigelb aufschleckte) Eigenschaften aufwies, die geeignet waren, ein kategorial entsprechendes, existentiell hoch bedeutsames Thema des Träumers spezifisch
anzusprechen und die damit zusammenhängende affektive Bewegtheit so zu mobilisieren, daß sie ihrerseits gebieterisch nach
Abfuhr drängt. Nicht daß dadurch überhaupt erst der innere
Spannungszustand zwischen nunmehr mobilisierten und zur
Realisierung drängenden Kräften einerseits und ihnen entgegenstehenden, sie bisher gebunden haltenden Kräften andererseits
geschaffen worden wäre. Er bestand schon vorher in vollem
Ausmaß, war aber »stumm«, so wie zwei einander entgegenwir-

kende gleich starke und sich wechselseitig bindende Kräfte das Bild eines bewegungslosen Stillstandes bieten.

In diesen (scheinbaren) Stillstand ist nun aber Unruhe gekommen, da der Tagesreiz entweder die Triebseite oder die Abwehrseite spezifisch angesprochen und in Bewegung gesetzt hat. Der bisher einigermaßen ausgewogene Gleichgewichtszustand gerät aus den Fugen. Die im Traum erweiterte innere Wahrnehmungsfähigkeit für alle grundsätzlich vorhandenen Möglichkeiten läßt den Träumer die dadurch dynamisch völlig neue Situation erfassen und veranlaßt ihn, die bisher »unter Zugzwang« getroffenen und als endgültig hingenommenen Entscheidungen erneut daraufhin zu überprüfen, ob sie richtig und noch notwendig sind, oder ob sie durch derzeit bessere ersetzbar wären.

Bei der auf diese Weise potentiell vorübergehend wiedererlangten Handlungsfreiheit laufen aber selbst festgefügte Verzichte und Tabus (die wir im Wachzustand deshalb als solche gar nicht mehr bemerken, weil sie »uns zur zweiten Natur geworden« sind) Gefahr, im Schmelztiegel einer möglichen Neuorientierung wieder eingeschmolzen zu werden. Der Blick in die sich damit auftuenden Abgründe – »Abgründe« vom Standpunkt unserer Wachexistenz – wird dem auch im Traum nie gänzlich ausgeschalteten Wach-Ich mittels Symbolisierung oder sonstiger Chiffrierung soweit verschleiert und verstellt, als notwendig ist, damit es gerade noch für die Dauer des Schlafzustandes diese Sicht ertragen kann. Wir haben aber allen Grund anzunehmen, daß unser träumendes Ich – anders ausgedrückt, daß wir im Seinsmodus des Träumenden – jene andere »Grundsprache« voll verstehen; ja daß es für unser Traum-Ich gar keine »Symbole« oder sonstige uns im Wachen als Verhüllungen oder Entstellungen erscheinende Phänomene gibt. Diesen Aspekt bekommen sie erst, wenn wir erwachen. – Hat aber ausnahmsweise einmal die durch den Tagesreiz in Gang gesetzte Mobilisierung bisher gebundener Kräfte ein Ausmaß erreicht, daß unserem Wach-Ich trotz aller Symbolisierung oder sonstiger Verschleierungsversuche die drohende Gefahr eines unkontrollierten massiven Einbruches nicht mehr verborgen bleiben kann, wird gewissermaßen die Notleine eines zum Erwachen führenden Angsttraumes gezogen, der dem weiteren Eintauchen in die gefährlichen Abgründe schleunigst ein Ende setzt.

So wären wir wieder zu einer Auffassung gekommen, die in

etwa der von Freud allein anerkannten Funktion des Traumes entspräche: die allnächtlich in uns frei werdenden Erregungen im Interesse der Schlaferhaltung wieder zu binden. Aber gäbe es nicht noch eine andere Möglichkeit? Wäre es grundsätzlich nicht auch möglich, daß nicht allein die Rücksichtnahme auf das Wach-Ich das Erwachen erzwingt? Könnte nicht – um eine neuerdings wieder öfter gehörte Auffassung zu erwähnen – auch unser Traum-Ich vom Anblick des unverhüllt Geschauten so betroffen sein, daß es seinerseits – und nicht des Wach-Ichs wegen – »dem weiteren Eintauchen in die gefährlichen Abgründe ein Ende« zu setzen sucht?

Um zu prüfen, ob hinter dieser Frage mehr steht als nur leere theoretische Spekulation, müssen wir klären, was konkret mit der doch nur metaphorischen Bezeichnung »Abgründe« getroffen werden soll. Ist es das Abgründige, das potentiell mit unserer Triebwelt gegeben ist, deren latente Möglichkeiten sich in negativer Form als Neurose, als Verbrechen, als Perversion, als Geisteskrankheit, oder positiv als heroische Tat, als geniale Entdeckung, als künstlerischer Schöpfungsakt oder in der Begegnung von Liebenden entäußern können? Oder ist es das Grauen, das uns packt, weil wir, wie Bjerre behauptet, den von außen einwirkenden Kräften des Kosmos begegnen? Oder sonstigen überpersönlichen Mächten, gleich ob draußen oder drinnen?

An dieser Stelle müssen auch die von Jung »Archetypen« genannten Figuren und Gebilde angeführt werden. Er meint, daß sie gewissermaßen Inkarnationen bedeutsamer Erlebnisse sind, die dem Menschen in typischen Situationen seiner phylo- und frühen ontogenetischen Entwicklung widerfahren. Sie beherrschen nach Auffassung seiner Schule – ähnlich dynamisch geladenen Symbolen – das »kollektive Unbewußte« des Menschen, eine »Schicht« des Unbewußten, die als noch ältere »unter« dem von Freud allein gesehenen und berücksichtigten »persönlichen« Unbewußten liege, die aber für normale und krankhafte seelische Abläufe – mithin auch für den Traum – weit bedeutsamer sei als das persönliche Unbewußte, das lediglich die nachgeburtliche Lebensphase umschließe. Durch das allen Menschen gemeinsame kollektive Unbewußte sollen wir über unsere bloß persönliche Existenz hinausgreifen und an einer Art kollektiver All-Seele teilhaben. Diese Kommunikation sei es auch, die uns in bestimmten inneren Zuständen, so also auch im Traum, jene

Blickfeld-Erweiterung ermögliche, durch die wir über die uns als Menschen üblicherweise gesetzten Grenzen hinauswachsen.

Kein Zweifel, daß es die von JUNG als Archetypen bezeichneten intrapsychischen Gestaltungen in uns allen gibt. Jeder, der sich mit den gesunden und krankhaften Manifestationen des unbewußten Seelenlebens befaßt, begegnet ihnen unablässig. Und ebenso sind die Träume voll von ihnen. Die Frage ist nur, ob sie wirklich das sind, wofür JUNG und seine Schule sie halten, eine Frage, mit der wir uns im nächsten Kapitel noch befassen müssen.

Wie auch die Antwort ausfallen mag: Eine derart weite Konzeption wie die von BJERRE oder JUNG überschreitet die Zuständigkeit einer wissenschaftlich orientierten Fragestellung bzw. Forschungsmethode. Kein Wissenschaftler wird dem Frommen das Recht streitig machen, auch im Traum eine der mannigfachen Offenbarungen der Gottheit zu sehen und ihn als solche zu werten. Solch gläubige Grundhaltung hat wohl niemand so schön formuliert wie GOTTHELF:

> »Wenn Gott sich kündet in der Morgenröte, im Tau der Blume, in des Windes Spiel, und des Frommen Auge den Ewigen erkennt in allem Vergänglichen, warum soll dasselbe ihn nicht auch erkennen in des Traumes Spiel, diesen Offenbarungen des innersten Lebens des Menschen, diesen Weissagungen von Kraft und Schwäche, diesem wunderbaren Leben, das, wenn die Sinne ruhen, die Welt verhüllet ist, sich gestaltet als eine eigene Welt, bald verbunden mit dieser Welt und bald abgerissen von allem Bekannten, eine nie sichtbar werdende Insel im ungeheuren Meere des unsichtbaren inneren Lebens, das in der Menschheit nach unbekannten Gesetzen ebbet und flutet! Wenn jede gute Gabe von Gott kömmt, dem Vater der Lichter, und dem Frommen alles zur guten Gabe werden soll, und wenn wir Rechenschaft zu geben haben von jeder, sind da nicht auch Träume gute Gottesgaben, und haben wir sie nicht anzuwenden zu unserem geistigen Wachstum?«[1]

Wir sind als Psychotherapeuten mit GOTTHELF der Meinung, daß wir unsere Träume haben »anzuwenden zu unserem geistigen Wachstum«; wir finden sogar, daß eine Bemerkung im *Alten Testament* die Aufgabe des Traumes vielleicht am besten definiert: »auf daß Du Deines Herzens (heimliche) Gedanken erführest«. (Daniel 2, V. 30.) Sie stammt von einem Propheten, der zudem überzeugt war, daß die Träume von Gott gesandt wären und ihre Deutung auch nur dank göttlicher Erleuchtung möglich sei.

[1] Zitiert nach E. AEPPLI: Der Traum und seine Deutung. Rentsch, Zürich 1950.

Und doch haben wir uns als Wissenschaftler mit der Feststellung zu begnügen, daß weder DANIEL noch GOTTHELF und ebensowenig BJERRE und andere Moderne auf diese Weise den göttlichen Ursprung der Träume oder ihre kosmische oder überpersönliche Heimat erweisen können. Womit selbstverständlich umgekehrt die Wissenschaft nun keineswegs behaupten wollte, daß eine derartige Auffassung vom Traume sich als »falsch« erwiesen hätte. Das Wach-Ich mit seinen dem Traum-Ich vielfach entgegengesetzten Ordnungen haben wir auch nicht als allein »richtig« erklärt und das Traum-Ich somit als »falsch«; und ebensowenig umgekehrt. Statt daß Wissenschaft und Religion sich weiter in doch von vornherein unfruchtbare Streitereien um Richtigkeit, Recht und Zuständigkeit verbeißen, sollte der Fromme sich klarmachen, daß seine Glaubensgewißheit nicht der Stelzen zusätzlicher wissenschaftlicher Begründungen bedarf, und der Forscher, daß Wissenschaft eine wichtige und für den heutigen Menschen unerläßliche Form der Begegnung und Auseinandersetzung mit der Welt ist, daß es aber außerdem auch andere gültige Weltaspekte gibt, die mit wissenschaftlichen Methoden weder als »richtig« bewiesen noch widerlegt werden können.

Für unsere zur Diskussion stehende Frage ist jetzt allein die Überlegung wichtig, daß selbst dann, wenn wir im nächtlichen Traum die Möglichkeit einer Begegnung und Auseinandersetzung des Menschen mit der Gottheit oder mit übernatürlichen Mächten und Kräften annähmen, jene Mächte – bildlich gesprochen – nicht mit ihrer als überirdisch gedachten »Energie« materiell konkret in das irdische »Energiefeld« des Menschen eingreifen würden, sondern ihre Einwirkung sich auch dann nur indirekt in einer Veränderung des innerseelischen Kräftespieles äußern, also in Wirklichkeit nur widerspiegeln würde. Das auf der Netzhaut unseres Auges entstehende Bild eines Gegenstandes der Außenwelt ist ja auch nicht aus dessen materiellen Partikeln gebildet, sondern stellt ein von uns selbst (entsprechend den Möglichkeiten des menschlichen Sinnesorgans) gestaltetes Abbild jenes Außen-Objektes dar. Genauso ist es beim Traum. Wir selber sind es, die, wie in der Phase des »Stillstandes« so auch wenn das Kraftfeld in Unruhe gerät, immer beide Seiten speisen und die immer wieder versuchen, beide in ein leidliches Gleichgewicht zu bekommen. So liefern wir selber die Kräfte, die sich im Traum bedrohlich aus dem Abgrund erheben können und unsere bisherigen Ordnungen zu stürzen drohen; wir selber liefern aber auch die bändigenden Kräfte, die das Entfesselte im Schach halten. FREUD hat auf das Paradoxon aufmerksam gemacht, daß in uns zwar unvorstellbar abgründige Impulse schlummern (»Es«), von denen wir nichts ahnen, daß wir aber auch viel moralischer sind (»Über-Ich«), als wir wissen. Hier hat der Traum eine regulierende Funktion. Er läßt die beiden, den Menschen charakterisierenden und für ihn gleichermaßen lebenswichtigen Aspekte, den leiblich-kreatürlichen und den seelisch-geistigen, zu ihrem Recht kommen. Zugleich aber verfügt er – wenigstens normalerweise – über die Mittel, um den für unsere Existenz als Individuum notwendigen Burgfrieden zwischen den widerstreitenden Kräften aufs neue herzustellen, wenn beim nächtlichen Versuch einer besseren Neuorientierung im Traum die beiden Seiten bei ihrer Auseinandersetzung so weit auseinanderklaffen, daß wir uns nach der einen oder anderen Seite hin zu verlieren drohen. Mißlingt dies, bleibt, wie bereits gezeigt, die »Notbremse« des Angsttraumes, der, falls erforderlich, zur Flucht in die wache Existenz mit ihren sicher geprägten Ordnungen führt. So wird der Angsttraum zum Schutz gegen die Gefahr, daß ein im Traum in Gang kommender Dammbruch ein solches Ausmaß annimmt, daß er die Wachexistenz des Träumers unterhöhlt und als neurotische oder psychotische Symptomatik in Erscheinung tritt, oder, wie neuere Forschung immer eindeutiger zeigt, sich sogar in Form von körperlichen Erkrankungen äußert.

III. Die verschiedenen Aspekte der Traumfunktion

Überblicken wir den zurückgelegten Weg noch einmal, so schließt sich jetzt das bisher Inhomogene, vielfach Auseinanderlaufende und anfangs sogar Widersprüchliche doch mehr und mehr zu einem einheitlichen Ganzen zusammen. Zunächst einmal sehen wir die von FREUD hartnäckig vertretene Auffassung, daß es die Funktion des Traumes sei, zur Gewährleistung des Schlafes *intrapsychische Erregung zu binden*, ebenso bestätigt wie seine These, der Traum sei als Versuch einer imaginären *Wunscherfüllung* zu verstehen. Das muß allerdings in einem tieferen Sinne verstanden werden, als dies gemeinhin geschieht, und als es auch uns beim Grießbrei-Traum zunächst erschien. Was »Wunscherfüllung des Traumes« in Wirklichkeit meint, habe ich einmal folgendermaßen formuliert: »Der Mensch, und zwar nicht nur der neurotisch oder psychotisch kranke, fühlt sich im Leben unablässig Situationen ausgesetzt, auf die er zwiespältig reagiert. Er leidet nicht nur an der Diskrepanz zwischen seinen Trieben und den ihrer Verwirklichung entgegenstehenden Behinderungen seitens der Außenwelt, sondern auch am ewigen Widerstreit in sich selbst zwischen seinen Trieben und seinen eigenen verbietenden oder korrigierenden Instanzen. Ja, seine verschiedenen Antriebe können sogar einander widerstreiten, und ebenso können auch seine eigenen Gebote und Verbote miteinander in Widerstreit liegen. Aus dieser ständigen, oftmals schmerzlich gespürten, oftmals kaum wahrgenommenen Spannung zwischen widerstreitenden Kräften, befreit uns der Traum (und ähnlich auch seine Schwester, die Phantasie) dadurch, daß er, wenn auch nur in imaginärer Form, eine Lösung anzubieten weiß, in der diese beunruhigenden und quälenden Dissonanzen verstummen, indem nämlich in (fiktiver) Harmonie alles konfliktlos unter einen Hut gebracht zu sein scheint.«

Auch die These, daß der Traum *Hüter des Schlafes* sei, erfährt durch diese Definition eine tiefere Auslegung. Der Traum hilft uns nämlich mit seiner »Wunscherfüllung« nicht nur über die Versagungen und Enttäuschungen, die uns die *reale Außenwelt* am Vortage bereitete, durch fiktive Erfüllungen hinweg (nach Art der »Scheinfütterung« im Grießbrei-Traum). Er sucht uns auch wie eine tröstende Mutter die Enttäuschung über unser *eigenes* Versagen und die unseren Schlaf beeinträchtigenden Selbstvorwürfe wegen unserer *eigenen* Schwäche, Schuld, Sünde, Schmach, Schande (oder wie auch immer unsere am Vortag erlebte Unzulänglichkeit heißen mag) dadurch vergessen zu machen, daß er unser eigenes Handeln und Verhalten so umzudeuten versucht, wie wir selber wünschten, uns verhalten zu haben. Es heißt nicht umsonst: »Gut Gewissen ist ein sanftes Ruhekissen!«

Damit ist der Traum klar in einen Aspekt gerückt, der zwar am Rande schon mehrfach aufleuchtete, sich uns aber bisher noch nicht in voller Deutlichkeit zeigte: Traum und moralische Wertungen, Traum und sittliche Verantwortung des Träumers, einschließlich seiner Verantwortung für den Traum. Ein uraltes

Problem, mit dem schon in grauen Vorzeiten König ÖDIPUS
nach seinem tragischen Geschick, das mit einem Traum verknüpft war, gerungen hat. Erschütternd auch der Kampf des
heiligen AUGUSTINUS, der nach seinen »sündigen« Träumen verzweifelt mit Gott ringt: »Bin ich dann nicht ich, Herr, mein
Gott?«, der aber schließlich, auf »dem Unterschied zwischen mir
und mir« fußend (wir lernten ihn ähnlich als den Unterschied
zwischen Wach-Ich und Traum-Ich kennen), zu der Gewißheit
kommt, daß »eben wegen dieser Verschiedenheit von mir selbst
. . . ich das nicht getan habe, obwohl es mich schmerzt, daß es
gewissermaßen in mir geschehen«.[1] So gelangt er zu einem ver-
söhnlichen Ausweg – wie schon vor ihm ÖDIPUS.

Ganz anders NIETZSCHE. Im 2. Buch der Morgenröte heißt es:
»In allem wollt ihr verantwortlich sein! Nur nicht für eure
Träume! Welche elende Schwächlichkeit, welcher Mangel an fol-
gerichtigem Mut! Nichts ist *mehr* euer Eigen als eure Träume!
Nichts mehr *euer* Werk! Stoff, Form, Dauer, Schauspieler, Zuschauer – in diesen Komödien seid ihr alles ihr selber! Und gerade
hier scheut und schämt ihr euch vor euch . . .« Er fährt dann al-
lerdings – was meist zu zitieren vergessen wird! – später fort:
»Muß ich hinzufügen, . . . daß wir wirklich nicht für unsere
Träume – aber ebensowenig für unser Wachen verantwortlich
sind . . .?« (161 Bd. IV, S. 127). FREUD hat dem Thema der Verantwortlichkeit für den Inhalt unserer Träume ein besonderes
Kapitel gewidmet (98 i, S. 565). Seine kluge Antwort lautet:
»Selbstverständlich muß man sich für seine bösen Traumregun-
gen verantwortlich halten«, da sie doch ebenso wie die guten ein
Teil von uns sind. Und sollte ich sie zu leugnen suchen, so kann
ich »erfahren, daß dies von mir Verleugnete nicht nur in mir ›ist‹,
sondern gelegentlich auch aus mir ›wirkt‹«.

Den uns hier im Augenblick interessierenden Aspekt des Problems der Verantwortlichkeit hat wohl der durch seine Daseins-
Analyse bekannt gewordene Psychiater LUDWIG BINSWANGER
am besten getroffen, wenn er schrieb: »Die wissenschaftliche
Traumdeutung ist ohne Gewissenserforschung nicht mehr
denkbar«. Verdanken wir der frühen Psychoanalyse bereits die
schwerwiegende Entdeckung, daß es in jeder Neurose und Psychose immer auch um das Problem der subjektiven Schuld geht,

[1] Confess X, 30.

so ist in konsequenter Verfolgung dieser Entdeckung die moderne psychosomatische Medizin auf dem besten Wege, nicht nur bei den »psychogenen«, sondern auch bei den sogenannten organischen Erkrankungen das Schuldgefühl als wesentlichen krankheitsbedingenden Faktor anzuerkennen. Entsprechend weiß die Geschichte durch die Jahrtausende gleichförmig zu berichten, daß die großen Schurken und blutigen Tyrannen von bösen Träumen heimgesucht werden. Volk und Dichter haben dies übrigens stets gewußt. Sie lassen auch den Guten und Frommen »den Schlaf des Gerechten« schlafen, den sie sich traumlos vorstellen. Kein Zweifel, daß, je mehr wir »in Frieden« mit den sozialen Anforderungen der Umwelt und den moralischen in uns selber leben, um so weniger dramatisch dann auch unsere Träume sind, so daß wir traumlos geschlafen zu haben meinen. Den gleichen Tatbestand hat FREUD gemeint, wenn er einmal äußerte, »daß diejenigen Träume ihre Funktion am besten erfüllt haben, von denen man nach dem Erwachen nichts zu sagen weiß«. Letztlich geht es bei solcher Auffassung um die alte Idee von HIPPOKRATES, daß derjenige gesund ist, dessen Träume weitgehend mit der Wirklichkeit zusammenfallen. So kann der Traum indirekt sogar zum *Warner* werden.

Auch die insbesondere von JUNG und MAEDER betonte kompensatorische Funktion des Traumes hat sich uns bestätigt. Wiederum nicht nur in dem primitiven Sinne, daß das, was dem Menschen tagsüber tatsächlich fehlt, ihm nachts im Traum halluzinatorisch als vorhanden vorgezaubert wird (»Scheinfütterung«), sondern in dem tieferen Sinne, daß die von uns im Daseinsmodus des Wachens vernachlässigten Seiten nächtlich im Traum zu neuem Leben erweckt werden. »Die Kompensation ist eine Gegeneinanderhaltung und Vergleichung verschiedener Daten oder Standpunkte, wodurch ein *Ausgleich* oder eine *Berichtigung* entsteht« (JUNG 129 g). Wir könnten alle diese Tatbestände auch, um einen von SCHULTZ-HENCKE betonten Gesichtspunkt zur Funktion des Traumes hier einzuordnen, als Aufhebung der Antinomien im menschlichen Dasein bezeichnen, durch die wir am Leben leiden. Jener Antinomien, die sich daraus ergeben, daß der Mensch zur gleichen Zeit erfüllt ist von einem ihn ständig vorwärtstreibenden Impuls zum Leben und seiner Sehnsucht nach verweilender Ruhe und Frieden, mithin »nach Erlöstheit vom Erlebenmüssen innerer antinomischer

Konflikthaftigkeit« (192, S. 28), die gleichermaßen sein Verhältnis zu sich selbst, zu seinen Mitmenschen und zur »Welt« im transzendentalen Sinne kennzeichne. Diese Auffassung berührt sich mit der von uns entwickelten, daß wir im Traume dem *Zugzwang des Lebens* zu entgehen und unsere verlorene innere Freiheit dadurch wiederzugewinnen suchen, daß wir noch einmal aller unserer im Spiele des Lebens vorhandenen Möglichkeiten innewerden. So gesehen, ist es auch gerechtfertigt, den Traum als *Mahner* und sogar als *Künder* zu bezeichnen.

Auch als Künder des Zukünftigen? Haben wir diese Zeitdimension nicht bisher zu sehr vernachlässigt?

IV. Der Traum und die Dimension des Zukünftigen

Wie steht es mit dem, was ADLER die »vorausdenkende«, SILBERER die »anagogische«, MAEDER die »progressive«, JUNG die »prospektive« Funktion des Traumes genannt hat? Es muß auffallen, daß wir in unseren bisherigen Ausführungen immer in erster Linie die Beziehung des Traumes zur Gegenwart und zur Vergangenheit, kaum aber zur Zukunft behandelt haben, obwohl doch im historischen Eingangskapitel diesen den Alten wesentlichste Aspekt ausdrücklich hervorgehoben wurde. Und obwohl es doch gerade dieser faszinierende Aspekt ist, der dem Traum, unabhängig von der wechselnden Beurteilung durch die zeitgenössische Wissenschaft, beim Volk über die Jahrhunderte hinweg einen magischen Nimbus verliehen hat. Der Inhalt der auch heute noch im Volk verbreiteten »ägyptischen Traumbücher« besteht fast nur aus Hinweisen auf die Zukunft. Traumdeuten rangiert deshalb für die große Masse mit Handlesen und Kartenlegen auf der gleichen Stufe. Wie steht es also mit der zukunftsweisenden, der prospektiven Funktion und mit der prophetischen Fähigkeit des Traumes? Wie sollen wir uns zu den angeblich verbürgten Wahrträumen stellen? Unsere bisherigen Beobachtungen und Überlegungen müßten uns in den Stand setzen, jetzt auch hierüber Verbindliches aussagen zu können – jedenfalls soweit Wissenschaft zuständig ist.

1. Über das Prospektive im Traum

Wir hatten festgestellt, daß es im Traum partiell zu einer Erweiterung unserer inneren Wahrnehmung kommt. Sie erstreckt sich nicht nur auf eine erhöhte Hellfühligkeit gegenüber körperlichen Vorgängen (z. B. Spüren einer bevorstehenden Erkrankung), sondern macht sich auch gegenüber psychischen Inhalten bemerkbar: Unser Gedächtnis holt aus dem Archiv unserer Vergangenheit seit Jahrzehnten »abgelegtes«, längst verloren geglaubtes Material wieder hervor. Beobachtungen, von denen uns gar nicht bewußt geworden war, daß wir sie gemacht hatten, stehen uns überraschenderweise zur Verfügung. Erkenntnisse über uns selbst werden uns zuteil, die unserem Wachbewußtsein normalerweise entzogen sind, usw. Wir hatten ferner gesehen, daß nächtlich im Traum gerade die Wesensseiten von uns, deren Verwirklichung im Tagesleben beeinträchtigt oder völlig unterbunden ist, bevorzugt zu erscheinen pflegen. Fassen wir diese Beobachtungen zusammen, so folgt daraus, daß wir nicht nur im Wachleben Versäumtes gewissermaßen im Traume nachholen, sondern auch, daß uns im Traum unsere bisher nicht realisierten Möglichkeiten als bereits ins Leben umgesetzte Wirklichkeit erscheinen.

Dieser Tatbestand geht aber über die bereits erwähnte rein *kompensatorische* Funktion des Traumes hinaus. Es ist eine Frage der Akzentsetzung, ob ich einen Traum unter dem Gesichtspunkt betrachte, was im Leben des Träumers in Vergangenheit und Gegenwart nicht (oder nicht genügend) verwirklicht wurde *(genetisch-retrospektiver Aspekt)*, oder ob ich den damit zugleich gegebenen Hinweis auf eine prinzipiell vorliegende Möglichkeit, die sich in dieser oder in einer abgewandelten Form vielleicht verwirklichen kann *(final-prospektiver Aspekt)*, herausstelle. So gesehen, versteht sich – um einen Ausspruch von FR. TH. VISCHER zu variieren – das Prospektive im Traum »immer von selbst«, sofern wir uns mit der Bezeichnung »prospektiv« an die frühe, 1920 von JUNG selbst gegebene Definition halten, derzufolge es sich dabei »bloß um eine Vorauskombinierung der Wahrscheinlichkeiten, die gegebenenfalls allerdings mit dem wirklichen Verhalten der Dinge auch zusammentreffen kann, aber nicht notwendigerweise zusammentreffen und in allen Einzelheiten übereinstimmen muß«, handelt (129 e, S. 143). Oder, um eine Auslegung desselben Begriffes von MAEDER anzuführen: »Eine Schau des Kommenden als natürlicher perspektivischer Fortsetzung der aktuellen seelischen Lage (wenn es so weitergeht, kommt es zu dem!)« (150 d, S. 127). Hätten sich JUNG und die ihm nahestehenden Autoren immer streng an diese Definitionen gehalten, so würde es kaum ernsthafte wissenschaftliche Differenzen über die Bedeutung des Prospektiven im Traum geben.

Auch der folgenden Aussage von MAEDER zur prospektiven Tendenz des Traumes können wir ohne weiteres zustimmen: »Viele Träume verhalten sich wie Vorübungen, Vorbereitungen zur späteren Wachtätigkeit; sie suchen und geben Lösungsversuche der bestehenden aktuellen Konflikte« (150 d, S. 142). Wir könnten diese Auffassung sogar von der physiologischen Seite her unterbauen, indem wir darauf hinweisen, daß intensive Denktätigkeit, insbesondere das emotional getönte »anschauliche Denken« (GOETHE) mit allerfeinsten, heute nachweisbaren Innervationsimpulsen verbunden ist. Bleiben diese auch für die gewöhnliche Wahrnehmung unterschwellig, so würden sie (im Falle einer zur Realisierung ausreichenden Verstärkung) genau die Gesamtbewegung auslösen, die dem im gleichen Moment affektiv Gespürten oder anschaulich Gedachten entsprochen hätte. Gelegentlich können wir diese Mikro-Innervationen trotz ihres allerfeinsten Charakters in uns selbst indirekt durch die von ihnen ausgelösten Mikro-Aktionen wahrnehmen. Sie können sogar einmal so deutlich spürbar werden, daß wir umgekehrt »an uns halten müssen«, um den nach Realisierung drängenden Bewegungsansatz abbremsen zu können. So etwa, wenn wir voller Grimm abends im Bett an eine uns am Tage zugefügte Demütigung denken und dabei spüren, wie sich unwillkürlich die Faust zusammenballt (Würge-Impuls) bzw. die Arm- oder Kiefermuskulatur anspannt (Zuschlage- oder Zubeiß-Impuls).

Wenden wir diese Erkenntnisse auf das oft von starken Emotionen begleitete »anschauliche Denken« im Traum an, das die zur vollen Entwicklung der Persönlichkeit notwendigen, bisher vernachlässigten Wesensseiten wachruft, dann können wir sogar von einem bis ins Physiologische hinübergreifenden Versuch des Träumers sprechen, sich übend der ihm offenstehenden Möglichkeiten zu bemächtigen, ein Bewältigungsversuch, der mit den zugehörigen Mikro-Aktionen eine etwaige künftige Verwirklichung modellartig vorwegnimmt.

Die These des Prospektiven ließe sich auch noch folgendermaßen stützen: Wenn wir im Traum in einem Daseinsmodus verweilen, der uns, da die Kategorie der Zeit aufgehoben ist, Gegenwärtiges und Vergangenes undifferenziert in eins verwoben darstellt, so muß dann auch die Dimension des Zukünftigen damit »in eins« zusammenfallen. MITSCHERLICH hat in einem Briefwechsel mit mir darauf hingewiesen, daß sich damit ein neues Verständnis für den Begriff und das Erleben der Willensfreiheit ergeben könnte: Das Bewußtsein meiner inneren Freiheit würde sich dann einstellen, wenn ich unbewußt aus dieser zeitlos-gegenwärtigen Rück- und Vorschau-Möglichkeit das mir Bevorstehende bereits vorher innerlich als mir gemäß angenommen habe.

2. Über die traumschöpferischen Leistungen

Wenn heute vom Prospektiven im Traum gesprochen wird, so wird dabei meist an etwas gedacht, was den engen Rahmen der einst von JUNG selbst gegebenen (oben zitierten) Definition überschreitet. Es ist auch nicht mehr nur die »natürliche perspektivische Fortsetzung der aktuellen seelischen Lage« (MAEDER) gemeint, sondern stillschweigend wird damit schon mehr der Charakter einer übernatürlichen Mitteilung verbunden, es wird als eine Art überpersönlicher innerer Verkündigung im Traum aufgefaßt. Zur Stützung solcher Auffassung wird von jeher besonders gern auf die sogenannten Wahrträume sowie auf gewisse, in der Tat auffällige traumschöpferische Leistungen hingewiesen: In der ganzen Welt berühmt gewordenen Wissenschaftlern sei ihre entscheidende geniale Entdeckung plötzlich in einer Art innerer Erleuchtung im Traum aufgegangen. So wird – um nur einige der bekanntesten Beispiele anzuführen – berichtet, daß dem Mathematiker CARL FRIEDRICH GAUSS seine Induktionsgesetze, dem Chemiker KEKULÉ seine Strukturtheorie und die Idee des Benzolrings, dem Physiker BOHR sein Atommodell und dem Mediziner EHRLICH seine Seitenkettentheorie zuerst im Traum erschienen seien. Wir spüren, daß hier die Tendenz deutlich wird, nach dem Modell »was kein Verstand der Verständigen sieht, das übet in Einfalt ein kindlich Gemüt« das planend forschende Wachdenken selbst bei seinem repräsentativsten Vertreter, dem weltberühmten exakten Wissenschaftler, auf den zweiten Platz zu verweisen gegenüber dem genialen nächtlichen Traumdenken, dem man damit die eigentlich schöpferische Leistung zuerkennt.

Es soll hier nicht angezweifelt werden, daß derartige nächtliche »Erleuchtungen« tatsächlich vorkommen. Mir selbst ist, als ich an meiner Doktorarbeit schrieb, die Lösung eines Problems, um das ich mich 14 Tage lang vergeblich bemüht hatte, nachts im Schlaf als fertiges Resultat eingefallen. Schlaftrunken schrieb ich sie auf, und als ich am anderen Morgen – ich hatte den Vorfall schon wieder vergessen – meine Niederschrift vorfand, erkannte ich zu meiner Überraschung, daß die Lösung einwandfrei war. Dabei konnte ich mich nicht an einen Traum erinnern, der sie mir geschenkt hätte. Sicher ist nur, daß ich mit der fertigen Lösung aus dem Schlafe erwacht war. Aus eigener Erfahrung kenne ich aber auch ein ähnliches Phänomen, das mit Sicherheit nichts mehr mit dem Traum zu tun hat. Ich konnte es auch bei der Niederschrift dieses Buches vielfach beobachten. Ich muß vorausschicken, daß ich tagsüber und ebenso an mehreren Abenden in der Woche beruflich voll in Anspruch genommen bin, so daß mir für die Arbeit am Traumbuch eigentlich nur Nachtstunden und das Wochenende zur Verfügung stehen. Nicht gerade ideale Arbeitsbedingungen in einem subtropischen Klima! Es ist mir nun wiederholt passiert – zumal dann, wenn ich mich nach nächtlicher Schreibarbeit übermüdet sehr spät niedergelegt hatte –, daß mir am anderen Morgen früh beim Erwachen, noch häufiger wenige Minuten später beim Rasieren, plötzlich konstruktive Einfälle zum Buch gekommen sind, die ich mit absoluter Sicherheit bewußt vorher nie gedacht hatte. Sie fallen buchstäblich wie reife Früchte vom Baum, während ich, keineswegs bewußt mit dem Buch beschäftigt, mich rasiere. Beispielsweise eine Idee, die einen bisher bestehenden Widerspruch klärt und forträumt, eine zweckmäßigere Stoffanordnung, eine treffende Kapitelüberschrift, das Fehlen einer Überleitung, wobei mir die Stelle klar vor Augen steht, an der die Einfügung erfolgen muß, usw. Dieses keineswegs vorsätzliche konstruktive Weiterarbeiten, das sich »unterirdisch« in mir abspielt, während ich döse, kann so weit gehen, daß ich z. B. heute morgen beim Rasieren mit einem Male wußte, daß auf der am Abend zuvor handgeschriebenen dritt-

letzten Seite, Zeile 4 von unten in der Mitte, im von mir abgewandelten F. Th. VISCHER-Zitat ein Wort falsch war (statt, wie
ich dort fälschlicherweise geschrieben hatte, »*eigentlich* von
selbst« wollte VISCHER das Moralische sich »*immer* von selbst«
verstehen lassen). Es ist also tatsächlich so, als ob ich meinen am
Vorabend niedergeschriebenen Text nächtlich im Schlaf nochmals durchgesehen und gründlich überdacht hätte und mir dabei
unter anderem auch ein Flüchtigkeitsfehler aufgefallen wäre.
Geträumt zu haben, konnte ich mich nicht erinnern.

Wenn ich meine eigenen Beobachtungen verallgemeinern darf,
würde daraus folgen, daß wir auch bei KEKULÉ, GAUSS, BOHR
u. a. nicht eine besondere traumschöpferische Fähigkeit zur Erklärung des geschilderten Phänomens anzunehmen brauchen,
sondern daß es die Fortsetzung unseres Wachdenkens ist, die uns
auch noch im Schlafzustand an den uns beschäftigenden Dingen
weiterarbeiten läßt. Wobei es die im Zustande des Schlafens bzw.
Dösens sich ergebende neue Perspektive sicherlich ermöglicht,
bestimmte, im vorherigen Zustande konzentrierter Anspannung
nicht (mehr) bewußt wahrgenommene Beobachtungen nachträglich zu registrieren. So wie es wenig wahrscheinlich ist, daß
ein uns entfallener Name wieder auftaucht, wenn wir ihn mit
Gewalt herbeizuzwingen suchen, sondern sich unversehens dann
wieder einzustellen pflegt, wenn wir nicht mehr nach ihm suchen.

Es würde sich somit bei diesen vermeintlich traumschöpferi-
schen Leistungen in Wirklichkeit gar nicht um etwas Traumspe-
zifisches handeln. Bei näherer Nachprüfung stellen wir dann
auch zu unserer Verwunderung fest, daß GAUSS ja gar nicht behauptet hat, sein Induktionsgesetz im Schlaf oder gar im Traum
gefunden zu haben. Seine eigene Aussage lautet vielmehr: »Morgens um 7 Uhr, vor dem Aufstehen« (Tagebucheintragung vom
23. 1. 1835); und ebenso stellen wir überrascht fest, daß auch
KEKULÉ seine Strukturtheorie »in Träumereien versunken« in einem Omnibus fahrend und seinen Benzolring »in Halbschlaf
versunken« entdeckt hat. Wir stutzen und fragen uns, was es
wohl zu bedeuten haben mag, daß das »Gerücht« aufkommen
und sich auch so hartnäckig am Leben erhalten konnte, es habe
sich bei diesen prominenten Wissenschaftlern um echte Traum-
eingebungen gehandelt, wo doch anhand der leicht zugänglichen Quellen eine Prüfung und Richtigstellung so einfach gewe-

sen wäre. Weshalb neigt der Mensch so offensichtlich dazu, übernatürlichen Traumoffenbarungen den Vorzug vor natürlichen Erklärungsmöglichkeiten zu geben? Sollte diese Tendenz auch bei den noch geheimnisvolleren prophetischen Träumen insgeheim im Spiele sein?

3. Prophetische Träume und Wahrträume

Alle bisher zum Thema des Prospektiven im Traum gebrachten Daten haben sich noch als »natürliche perspektivische Fortsetzung der aktuellen seelischen Lage« (150 d, S. 127) verständlich machen lassen. Was schon prophetischen Charakter zu haben schien, erwies sich doch als noch vorausberechenbar, wie ja auch eine 30 oder 50 Jahre zuvor auf Tag, Stunde und Minute genau vorausgesagte Sonnenfinsternis noch kein prophetisch angekündigtes Ereignis ist. Nur für jemanden, der nichts von der Existenz einer Astronomie weiß, bekommt solche Voraussage einen prophetischen Charakter.

Nun soll es jedoch nach Aussage ernst zu nehmender Forscher auch Träume geben, in denen schlechterdings nicht Vorausberechenbares und auch sonstwie nicht Voraussehbares mitgeteilt worden sei, was sich dann nachträglich auch tatsächlich genau in dieser Weise ereignet habe. Selbstverständlich ist allen solchen Behauptungen gegenüber äußerste Zurückhaltung angebracht. Wer Sammlungen derartiger Träume kritisch überprüft, wird meist schon beim ersten Durchsehen neun Zehntel des Materials als untauglich verwerfen. Angebliche Tatsachen sind nicht genügend verbürgt, oder zwischen Voraussage und nachträglicher Bestätigung besteht eine derart vage Übereinstimmung, daß damit nichts bewiesen wird. Und von den restlichen zehn Prozent scheidet bei strengerer Prüfung nochmals mehr als die Hälfte aus. Auch der kleine verbleibende Rest würde weiter zusammenschrumpfen, ginge man jetzt jedem dieser Fälle mit aller kritischen Sorgfalt im einzelnen nach. Aber einige Beobachtungen halten aller Prüfung stand. Sollten die Herausgeber solcher Sammlungen Fälschern und Schwindlern aufgesessen sein? Gewiß wäre das möglich. Aber solche Erklärung befriedigt nicht angesichts der Aussagen von wissenschaftlich ernst zu nehmenden Autoren. Wie lassen sie sich erklären?

Wir könnten folgendermaßen argumentieren: Wenn dem

Traum die Funktion zukommt, die uns vom Tage her noch beschäftigenden Probleme – zum mindesten fiktiv – zu lösen, damit
ihnen der den Schlaf beeinträchtigende quälende Charakter genommen wird, so ergibt sich schon statistisch, daß unter den vom
Traum gewählten Verarbeitungen und Lösungsversuchen ein
bestimmter Prozentsatz eine Entwicklung der Dinge vorwegnimmt, wie sie dann später in der Realität tatsächlich verläuft.
Verglichen mit den Millionen und Abermillionen von Traum-
verarbeitungen und Traumlösungen, die später im Wachleben
keine Bestätigung finden, ist die Zahl der sich so tatsächlich ergebenden Zufallstreffer nicht größer als die Wahrscheinlichkeits-
berechnung erwarten läßt. Das mag zwar statistisch stimmen,
befriedigt hier aber nicht. Denn der Eindruck, es handle sich um
eine echte Traumprophezeiung, hängt nicht von etwas Quantita-
tivem ab, sondern von einer spezifischen Qualität. Nicht ein über
der statistischen Erwartung liegender Prozentsatz irgendwelcher
Übereinstimmungen ist das wirklich Entscheidende, sondern die
Übereinstimmung in einzelnen, an sich sogar meist belanglosen,
dafür aber besonders charakteristischen Details, so daß für das
Erleben des Träumers kein Zweifel an einer spezifischen Zuordnung besteht. Beispielsweise die Übereinstimmung zwischen der
in der Nacht zuvor im Traum gesehenen Flugordnung eines Vo-
gelschwarms in einer ganz bestimmten Figur, die, wie die Träumerin im Traum »wußte«, die Bedeutung hatte, daß ein Kind
stirbt, und einer realen fast gleichen Figur, die am Portal eines
von der Träumerin bisher nicht betretenen Hauses eingemeißelt
war, in dem am folgenden Tage tatsächlich ein Kind starb, zu
dem die Träumerin als Ärztin gerufen wurde. Die einmalige Entsprechung läßt subjektiv keinen Zweifel aufkommen an der
Übereinstimmung zwischen dem ersten Auftreten des Zeichens
im Traum (Vorankündigung: Flugordnung = Tod eines Kindes)
und seinem späteren Wiederauftreten in der Realität (nachträgliche Verwirklichung: Figur am Portal des realen Sterbehauses).
Ein solches Evidenzgefühl liegt übrigens genauso dem *Déjà-
vu-Erlebnis* zugrunde.

Deshalb erscheint mir zum Verständnis des als Wahrtraum
beschriebenen Phänomens ein anderer Tatbestand viel wesentlicher, der – wenigstens soweit mir bekannt – bisher so gut wie gar
nicht in seiner, meiner Meinung nach entscheidenden Bedeutung
erfaßt worden ist. Wir müssen dazu etwas ausholen: Es gehört

zum Wesen des Menschen, daß in ihm eine tiefe Sehnsucht lebt nach kommunikativer Teilhabe an etwas, das mächtiger und vollkommener ist als er selber. Daran teilhabend, fühlt er sich über die eigene allzumenschliche Unzulänglichkeit hinausgehoben und weiß sich geborgen. Auch der Nicht-Religiöse spürt solche Sehnsucht, solche Notwendigkeit in sich. Nun haben wir am Beispiel der *Gerüchtebildung* in den vergangenen Jahren beobachten können, wie stark die Tendenz und wie groß auch die Fähigkeit des Menschen ist, beobachtete oder ihm mitgeteilte Daten im Sinne eigener Hoffnungen, Erwartungen oder sonstiger für ihn wesentlicher innerer Notwendigkeiten zu deuten und weiter auszubauen, und zwar um so mehr, je weniger er sich dessen selber ausdrücklich bewußt ist. Fast jeder, der ein Gerücht weitergab, fügte – im Sinne der Tendenz zur Wuncherfüllung, wie wir sie beim Traum kennengelernt haben – unmerklich in freier Dichtung zu dem ihm übermittelten Stoff ein kleines Stückchen hinzu und änderte Störendes ebenso unmerklich ab, bis schließlich das fertige Gerücht in reiner Form als kollektives Gebilde dastand, das der geheimen Erwartung der Gruppe entsprach, die es weitergab. Gleiches können wir bei der Legendenbildung und beim Heroenkult beobachten. Die Kraft zur Mythen- und Legendenbildung ist somit auch heute noch keineswegs erloschen. So wie jeder von uns seine persönlichen Nöte und Erwartungen in seinem persönlichen Traum verarbeitet, so verarbeiten wir auch unsere uns als Gruppe, Volk, Menschheit gemeinsamen Nöte, Not-wendigkeiten und Erwartungen im »kollektiven Traum« solcher gemeinsamer Schöpfungen, und zwar heute noch ebenso wie vor Jahrtausenden.[1]

Jetzt wird es auch verständlich, wieso das Gerücht aufkommen konnte, daß KEKULÉ, GAUSS u. a. ihre genialen Einsichten nicht bei klarem Tagesbewußtsein, sondern nächtlich im Traum empfangen hätten. Es entsprach einer unserer inneren Not-wendigkeiten: wenn nämlich sogar großen und kritischen Naturwissenschaftlern auf übernatürliche Weise etwas im Traum offenbart wurde, dann dürfen auch wir gewöhnlichen Sterblichen gewiß sein, in unseren Träumen kommunikativ teilzuhaben an jener

[1] Selbst derart technisierten Massenprodukten, wie den Helden, Schurken, Sünderinnen und Heiligen, wie wir sie in bunter Vielzahl in Groschenheften oder Comic strips antreffen, oder den Filmdivas aus Hollywood, ist diese seelische Kollektiv-Funktion nicht abzusprechen.

allwissenden Macht, die dann auch unsere Zukunft kennt. Statt als »Geworfene« fühlen wir uns so als »Geborgene« oder gar als »Erwählte«. Deswegen konnte sich jenes Gerücht auch so hartnäckig halten, obwohl die jedermann zugänglichen historischen Quellen es leicht hätten widerlegen können. Genauso sind aber alle, die mit prophetischen Träumen zu tun haben – angefangen beim Träumer selbst, über den Traumzeugen bis zu demjenigen, der solche Träume weiterberichtet, sammelt und veröffentlicht – ständig der Gefahr ausgesetzt, dem, was sie hörten, bei Empfang und Weitergabe unbewußt durch kleine Retuschen immer mehr eine Tönung zu geben, die die Kollektivsehnsucht des Menschen nach jener inneren Teilhabe am geheimnisvoll Vollkommenen erfüllen würde, eine Teilhabe, für die das Vorkommen von prophetischen Träumen eine sichere Bürgschaft wäre. Würde der Wahrtraum uns doch den Blick für das öffnen, was zu schauen sonst nur der Gottheit vorbehalten ist: das Zukünftige.

Ideale Versuchsbedingungen zur minuziösen Überprüfung des Phänomens der Wahrträume stellt die psychoanalytische Situation dar. Wahrträume während einer Analyse erfolgen unter Bedingungen, die nicht nur ermöglichen, alles Wesentliche sofort festzuhalten, sondern die den Analytiker auch instand setzen, dank seiner Kenntnis der Lebenssituation seines Patienten, in Gegenwart und Vergangenheit solche Träume in Zusammenhängen zu sehen, die dem Träumer selbst vielfach nicht bekannt sind. Wir verdanken u. a. dem Schweizer Analytiker ZULLIGER (210) einige Arbeiten über dieses Thema. Auch ich habe kürzlich einen eindrucksvollen Wahrtraum unter diesen günstigen Bedingungen untersuchen und in Gegenüberstellung zu einem weiteren Wahrtraum publizieren können (133a). Dieser Traum war dadurch charakterisiert, daß zwei markante Voraussagen kombiniert mit einer telepathischen Mitteilung angekündigt wurden, die sich eine Stunde später in meiner Gegenwart bestätigten. Aus Raumgründen ist nicht einmal auszugsweise eine Wiedergabe der Traumanalyse möglich, so daß ich mich hier auf einige meiner allgemeinen Schlußfolgerungen beschränken muß:

»Man könnte sogar behaupten, daß, da ja in jedem Traum ein ›Wissen‹ um dem Wachbewußtsein Entzogenes enthalten ist, in diesem Sinne prinzipiell jeder Traum ein Wahrtraum ist ... Gerade der sensationell-auffällige oder unheimlich-beunruhigende

Charakter solcher Wahrträume hätte aber dazu geführt, die un-
auffällige Allgemeingültigkeit des gleichen Sachverhaltes – ge-
heimes Wissen um bewußt Ungewußtes aufgrund unbemerkter
Wahrnehmungen – bisher bei den meisten, wenn nicht bei allen
Träumen zu übersehen ...

Unsere Untersuchungen über den Wahrtraum liefen also darauf hinaus, daß unter dem Druck der »Wunscherfüllungstendenz« im Traum Verdrängungsschranken vorübergehend aufgehoben werden, wodurch uns ein dem Wachbewußtsein
entzogenes Wissen um unbemerkt Wahrgenommenes und dessen Verarbeitung für kurze Augenblicke zugänglich gemacht
wird, das mit Beendigung des Traumes und erst recht mit dem
Erwachen uns wieder entzogen ist. Immerhin bleiben Niederschläge dieses Wissens in chiffrierter Form im manifesten
Traumtext erhalten und sind damit für den mit der Dechiffrier-
technik vertrauten Analytiker indirekt erschließbar und ihm damit zugänglich. Nicht aber dem Träumer selbst. Er muß vielmehr, zum mindesten zunächst, dieses sein eigenes erweitertes
Wissen im Traum – sofern er es überhaupt der Beachtung wür-
digt – nachher im Wachzustand als fremdartig, absurd, als ihm
nicht zugehörig empfinden. In den seltenen Fällen, in denen die
folgenden beiden Voraussetzungen erfüllt sind, daß nämlich erstens die Traumentstellung nur geringfügig ist, und zweitens das
erweiterte Traumwissen nachträglich in den Tagesereignissen
unmittelbar Gelegenheit zur Bestätigung findet – muß deshalb
der Betreffende aufs höchste überrascht und befremdet sein. Ihm
bleibt nur die Erklärung, daß sein von ihm als ihm nicht zugehörig erlebtes Wissen aus anderen, überpersönlichen oder übernatürlichen Quellen stammt. Also liegt für ihn und ebenso für seine
Umgebung, der er den Vorfall erzählt, ein prophetischer, ein
Wahrtraum vor« (133 e, S. 466).

Wir kommen somit, was die prophetischen oder Wahrträume
anbelangt, wiederum zu einem ähnlichen Schluß wie zuvor, daß
nämlich dasjenige, was den Eindruck des Prophetischen erweckt,
sich in Wirklichkeit als eine erst im Traumbewußtsein vollzogene
Apperzeption von bisher unbemerkt Wahrgenommenem erweist, oder als ein telepathisches Phänomen zu deuten ist. Beides
ist aber wiederum nicht traumspezifisch. Trotzdem muß eingeräumt werden, daß der Traumzustand, wie alle Erfahrung zeigt,
besonders geeignete Bedingungen schafft, um den telepathischen

Rapport zu erleichtern. Sind es doch vor allem die sogenannten prophetischen Träume gewesen, die die Wissenschaft zur Beschäftigung mit der Telepathie und dadurch auch mit den anderen parapsychologischen Phänomenen veranlaßt haben (BENDER). Sind aber im Traum, wie wir hörten, die Kategorien von Raum und Zeit aufgehoben, so wäre es eigentlich nur konsequent, wenn sich in ihm zum telepathischen Phänomen der Mitteilung über 1000 Kilometer hinweg (»Sprung über den Raum«) auch das Phänomen des »Sprungs über die Zeit« hinzugesellen würde in Form von Erinnerungen an längst versunkene Vergangenheit und ebenso von Vorankündigungen von Zukünftigem; wenn also zur Telepathie auch noch die Gabe des »zweiten Gesichts« und der Traumprophetie (in der Sprache der Parapsychologie als »Präkognition« beschrieben) hinzukäme.

Es ist nicht unsere Aufgabe, hier darüber zu urteilen, ob es parapsychologische Phänomene und Wahrträume gibt oder nicht. Die Argumentation jedenfalls, daß es sie deshalb nicht geben könne, weil sie unserem wissenschaftlichen Weltbild widersprächen, ist töricht. Denn nicht die Welt hat sich den von der Wissenschaft aufgestellten Regeln anzupassen, sondern die Wissenschaft den Fakten der Welt. So bilden wir uns auch nicht ein, mit unseren Ausführungen das Vorkommen von prophetischen und Wahrträumen wissenschaftlich »widerlegt« zu haben. Derartiges ist grundsätzlich nicht möglich. Wir haben lediglich auf Tatsachen hinweisen können, die dem, was zum Thema der prophetischen Träume bisher beobachtet und mitgeteilt worden ist, einen anderen Charakter verleihen könnten.

Der Trauminhalt

Hoffentlich hat der Leser, der uns bis hierher bei unseren Versuchen, anhand konkreter Träume aus dem Wirrwarr sich zunächst widersprechender Eindrücke allgemein gültige Folgerungen zu ziehen, gefolgt ist, den Eindruck gewonnen, daß sich das anfangs Auseinanderstrebende zum Schluß doch befriedigend zusammenschloß. Bevor wir uns als Abschluß dieser Schrift mit der Traumdeutung beschäftigen, also mit dem noch offenstehenden Problem, wie wir den Inhalt der Träume erfassen und wissenschaftlich oder zu therapeutischen Zwecken auswerten können, wollen wir in nunmehr systematisch angeordneter Form noch einmal alles das zusammenzutragen suchen, was uns überhaupt als Trauminhalt nächtlich beschäftigen kann.

Geeignete Ordnungskategorien bieten sich uns gewissermaßen von selbst an: Die Beziehung des Traumes zur äußeren und zur inneren Wirklichkeit des Träumers einerseits, und die zur Zeit (Vergangenheit, Gegenwart und Zukunft des Träumers) andererseits. Wir haben jedoch inzwischen schon zu viel über den Traum erfahren, als daß wir erwarten könnten, daß sich nun jeder vorkommende Traum genau an einen bestimmten Platz in solchem raum-zeitlichen Ordnungsschema verweisen ließe. Wir erwarten im Gegenteil, daß sich jeder Traum prinzipiell als mehrdimensional erweist. Damit verliert dieser Versuch einer systematischen Ordnung an Wert. Wenn wir ihn trotzdem unternehmen, so deshalb, weil die bei solcher Einordnung sich ergebenden Gegenüberstellungen erlauben, die verschiedenen stark voneinander abweichenden Auffassungen über das, was der Traum »eigentlich« oder »wirklich« sei, als Teilwahrheiten zu erkennen, das heißt als meist zwar nicht falsch, aber eben doch als zu eng.

I. Traum und äußere Wirklichkeit (Außenwelt)

1. Traum und aktuelle Gegenwart

Gelegentlich versichert uns ein Träumer, daß sein Traum nur die getreue Wiederholung einer realen Szene, meist vom Vortage des Traumes, sei. Wir haben keinen Anlaß, an der Aufrichtigkeit dieser Versicherung zu zweifeln. Aus wissenschaftlichen Gründen erscheint es jedoch angebracht, solche Versicherung zu überprüfen. Denn wenn sie zuträfe, würde unsere theoretische Auffassung vom Traum, einschließlich der in den letzten Kapiteln entwickelten Folgerungen, hinfällig werden.

Obwohl ich mich seit einem Vierteljahrhundert fast täglich mit mindestens einem Traum, meist aber mit drei, fünf, oder auch bis zu zehn Träumen befasse, hat sich mir bis auf den heutigen Tag noch kein einziges Mal diese Aussage bei genauerer Nachprüfung bestätigt. Hierzu ein anschauliches Beispiel:

Der Sektspritzer-Traum: Ein kultivierter, hochbegabter, schon älterer Hochschullehrer berichtet mir einen ausführlichen Traum. Mit Bestimmtheit versichert er, daß der erste Teil des Traumes lediglich, und zwar bis in die letzten Einzelheiten genau, den Besuch eines (vor einigen Tagen von einer erfolgreichen Studienreise zurückgekehrten) jüngeren Kollegen am Abend zuvor, einschließlich des gemeinsamen Abendbrotes und des nachfolgenden wissenschaftlichen Gespräches bei einer Flasche Sekt, wiederhole. Selbst als er auf meine Bitte die Erzählung des sehr langen Traumes zweimal wiederholt, ergibt sich nach seiner erneuten Versicherung auch nicht die geringste Differenz zwischen Trauminhalt und objektiver Realität; eine Übereinstimmung, von der der Träumer zudem behauptet, daß sie für manche seiner Träume typisch sei. Erst etwa zehn Minuten nach der zweiten Wiederholung des Traumberichts fällt ihm ein bisher vergessenes Traumstück wieder ein; daß es nämlich im Traum (im Gegensatz zur Realität) beim Öffnen der Sektflasche Schwierigkeiten gegeben habe, so daß er im Traum, als der Korken dann schließlich doch plötzlich mit Knall nachgab, ein paar Tropfen auf das weiße Tischtuch verschüttet habe. Jetzt erst bemerkt er auch, daß das in Wirklichkeit blaue Tischtuch im Traum weiß war und daß sich die Sektspritzer im Traum auf dem Weiß deutlich als gelblichgrüne Flecken abzeichneten. Nach kurzer Verlegenheit berichtet er, daß er in der Nacht einen Samenerguß gehabt habe, was ihm wegen der Spuren in der Bettwäsche vor seiner Frau peinlich gewesen sei.

Dieses Beispiel zeigt überzeugend, wie trotz angeblich völliger Identität zwischen Trauminhalt und realem Geschehen der Traum dennoch mehr ist als nur eine photographisch getreue Reproduktion des Tageserlebens. Die Tagesereignisse dienen dem Traum (wie die Requisiten beim Theater dem Autor) zur Darstellung seines Stückes. Es kann auf der Bühne mit denselben Biedermeier-Möbeln gestern eine Szene aus einer Zeitsatire, heute aus einem Bürgerlichen Trauerspiel vor hundert Jahren, und morgen aus einer im zeitlosen Reich der Phantasie spielenden Operette dargestellt werden. Auf den verschiedenen Gehalt der Stücke kommt es an und nicht auf die ihrer Darstellung dienenden zufällig gleichen Möbel. Wie sehr dies auch für den Sektspritzer-Traum gilt, können wir erst dann ganz würdigen, wenn ich jetzt noch einige Auskünfte hinzufüge, die ich zum Teil erst Monate später erhielt.

Der Träumer war bis zum 13. Lebensjahr Bettnässer gewesen. Aufgesucht hatte er mich wegen einer Ejaculatio praecox (vorzeitiger Samenerguß beim Geschlechtsverkehr). Die Symptomatik hatte als Ausdruck einer aufkommenden Eheproblematik vor gut zwei Jahren begonnen und schließlich einen solchen Grad erreicht, daß er seit vier Monaten keine Sexualbeziehungen mehr hatte. Die Pollution in der Nacht war – vor dem Sektspritzer-Traum – während eines vorangegangenen (zunächst vergessenen) Traumes erfolgt. In diesem Traum hatte es sich um eine sehr beglückende intime Beziehung mit einer jüngeren Frau gehandelt, die vor fast drei Jahren als Assistentin an sein Institut gekommen war. Er hatte sie schon bald als die begabteste von seinen Schülern erkannt und sie inzwischen so sehr in sein Herz geschlossen, daß er heimlich die schmerzliche Süße einer von vornherein zum Verzicht verurteilten späten Liebe erfuhr, deren Tiefe die junge Kollegin wohl nicht einmal ahnte. Nun droht ihm, sie zu verlieren, da sie wahrscheinlich eben jenen Kollegen heiraten wird, der ihn am Vorabend besucht hatte, und zwar sobald dessen bevorstehende Berufung auf einen ausländischen Lehrstuhl ausgesprochen sein wird.

Wenn wir jetzt noch erfahren, daß seine eigene Ehe – schon lange vor dem Auftauchen jener Assistentin – für ihn immer

schon deshalb enttäuschend war, weil seine Frau niemals Anteil
an seinen geistig-wissenschaftlichen Interessen genommen hatte,
daß ferner die zunächst nicht vorgesehene Flasche Sekt erst auf
die völlig unerwartete Mitteilung des jungen Kollegen von seiner
heimlichen Verlobung mit eben jener Assistentin besorgt worden
war, so können wir nicht mehr zweifeln: Jene späte Liebe des al-
ternden Wissenschaftlers steht hinter seiner die Ehe mehr und
mehr beeinträchtigenden Sexualstörung. Und jetzt verstehen wir
auch seine dringende innere Notwendigkeit, daß sein Traum, der
für einen Sachkundigen auf all diese schmerzlichen Hintergründe
anspielt, für ihn nur eine photographisch getreue Reproduktion
der *äußeren* Vorgänge sein durfte und sonst nichts, und daß alles
darüber Hinausweisende vergessen werden mußte, ebenso wie er
vor der Welt und vor sich selbst die erotische Traumpartner-
schaft in seinem vorausgegangenen Pollutionstraum verheim-
lichte.

Für uns hier ist die zunächst übersehene minimale Abweichung der Wiederholung im Traum (Flecken durch die verschüt-
teten Sekttropfen) von der objektiven Realität aus wissenschaftlichen Gründen wertvoll. Nicht so sehr, weil in der geträumten
(am Vorabend real nicht auftretenden) Schwierigkeit, die Sektflasche zu öffnen, seine innere Schwierigkeit, dem jüngeren
glücklicheren Kollegen wortlos und kampflos die geliebte Ar-
beitskollegin zu überlassen und ihn dazu auch noch zu beglück-
wünschen, zum Ausdruck kommt, sondern mehr, weil selbst
dieser Traum, der doch ein Musterbeispiel einer einfachen Wiedergabe der aktuellen Ereignisse vom Vortage zu sein schien, bei
genauerem Zusehen mindestens ebenso stark in der Vergangenheit wurzelt, wie es gemäß unserer Theorie vom Traum zu erwarten war. Die unerwartete Nachricht vom drohenden Verlust
der heimlich geliebten Frau hat den Träumer so schwer getroffen,
daß dies seine »Blindheit« für den entsprechenden Hinweis im
Traum erklärt. Dieser Schutz hat aber die bereits ausgelöste Ket-
tenreaktion vom Katastrophencharakter eines Gerichtstages
nicht mehr zu verdecken vermocht: Unbewußt muß er den drohenden Verlust als längst verwirkte Strafe für seine innere Untreue erlebt haben, wie sie sich im Pollutionstraum beim (nur geträumten!) Ehebruch verrät (Sekttropfenflecken auf weißem statt
blauem Tischtuch = Pollution in die weißen Bettlaken). Zugleich tauchen dahinter die Schatten der Vergangenheit auf

(Schuld, Scham, Strafe, Liebesverlust): die Sektflecken symbolisieren auch seine heute noch mit starken Schuldgefühlen verbundene Masturbationsphase als Schüler und Student; außerdem aber, und vielleicht noch stärker, seine mit tiefer Beschämung erlebte und die Beziehung zur Mutter schwer beeinträchtigende Bettnässerphase, die von der frühen Kindheit andauerte und erst mit Beginn der Masturbation fast schlagartig aufhörte.

Jetzt verstehen wir erst in vollem Ausmaß seine Notwendigkeit, in seiner Erinnerung an den Traum eben jenes von der Realität abweichende Traumdetail mit den Sektflecken auszusparen: Wie der Hypnotisierte den »weghypnotisierten« Stuhl, so durfte er die Abweichung im Traum nicht wahrnehmen; sein Traum durfte nichts anderes als nur photographische Registrierung realer Außenwelt-Fakten vom Abend zuvor sein. – Wir aber folgern: daß eben deshalb für uns das wirkliche Gewicht des Traumes gerade dort liegt, wo er, wenn auch fast unmerklich, von den *realen* Ereignissen abweicht und damit für den Kundigen auf die *innere* Problematik des Träumers anspielt. Obwohl er scheinbar nur die Ereignisse des Vorabends wiederholt, also aktuelle Gegenwart wiedergibt, könnte er niemals ohne Einbeziehung der (in der minimalen Abweichung sich verratenden) entsprechenden Erlebnisse aus der frühen Kindheit und Jugend des Träumers sowie seiner Situation in den letzten beiden Jahren richtig eingewertet werden. Und ebenso könnte er – wie vorwegnehmend hier schon bemerkt sei – ohne diesen Brückenschlag auch niemals therapeutisch zur Behebung der Schwierigkeiten des Träumers herangezogen und ausgewertet werden.[1]

2. Traum und Vergangenheit

Wir hörten bereits von den erstaunlichen Gedächtnisleistungen, die im Traum oftmals Jahrzehnte zurückliegende und bis dahin nie wieder erinnerte Situationen reproduzieren. Nicht selten zweifelt der Träumer selbst an der Korrektheit seiner Reproduktion, bis sie ihm dann von seinen Eltern oder sonstigen Zeugen bestätigt wird. Hier drängen sich uns zwei Fragen auf. Erstens: Sind solche erstmals im Traum wieder erinnerten Vorfälle oder

---

[1] Um Mißverständnissen vorzubeugen, sei daran erinnert, daß – wie bei früheren Träumen – auch bei diesem Traum die Auswertung bewußt auf den hier im Gesamtzusammenhang interessierenden Gesichtspunkt beschränkt wurde.

Situationen photographisch getreu festgehaltene reale Kindheitsszenen? Oder trügt dieser Schein, und stellen sie in Wirklichkeit das Gegenstück dar zu dem am Sektspritzer-Traum beobachteten Phänomen: Hinter scheinbarer photographischer Treue versteckt sich eine vielleicht minimale, aber entscheidende Abweichung, auf die es auch in jenen Fällen gerade wieder ankäme? Zweitens: Bis in welches Lebensjahr oder welchen Lebensmonat reicht unser Traumgedächtnis zurück? Oder gibt es selbst vorgeburtliche, wenn nicht sogar in unsere vorindividuelle Existenz zurückreichende Erinnerungsspuren, wie manche Autoren behaupten?

Persönliche Vergangenheit. Was die erste Frage betrifft, so spricht alles dafür, daß die für uns selber so unerwartet aus dem Archiv unserer frühesten Kindheit im Traum wieder hervorgeholten Szenen mit ihren oftmals erstaunlich getreu wieder erinnerten kleinsten Einzelheiten mehr sind als nur photographisch korrekte Wiedergaben, wenngleich das niemals exakt zu beweisen sein wird. Wenn uns dieser Nachweis beim Sektspritzer-Traum, obwohl er doch an wenige Stunden zurückliegende Ereignisse anknüpfte, nur mit großen Schwierigkeiten und erst nach zweimaliger Wiederholung des Traumberichts durch den Träumer, einen wissenschaftlich geschulten Forscher, gelang, wie wollen wir diesen Nachweis bei Jahrzehnte zurückliegenden Ereignissen führen? Wichtiger ist, daß solche nach jahre- und jahrzehntelanger Vergessenheit überraschend im Traum wieder auftauchenden Bilder und Szenen stets spezifisch ausgewählt wurden und ihre ganz bestimmte Aufgabe in der aktuellen psychischen Situation des Träumers zu erfüllen haben – gleich, ob es nun fast photographisch getreue Wiedergaben sind oder tendenziös überarbeitete Neuausgaben oder sogar phantastische Neuschöpfungen, die sich geschickt nachträglich mit einigen historischen Federn auszustaffieren wußten.

Opfer-Traum. So tauchte bei einem 45jährigen Reporter (den sein anderthalb Jahre jüngerer Bruder am Vorabend dringend gebeten hatte, ihm aus einer momentanen Geldschwierigkeit herauszuhelfen) nächtlich im Traum ein hallenartiger Raum auf, in dessen Mitte er als 4–5jähriger hockt und in Gegenwart von ihm fremden Personen mit einem merkwürdig geformten Holz auf etwas Weißes einschlägt. Obgleich er den Raum als »wohlvertraut« empfindet, weiß er ihn in seiner Erinnerung nicht unterzubringen. Das einzig Deutliche am Traum ist, daß dieses Holz blau und rot gewesen sei und die Form eines Ornaments gehabt habe (das er auf meine Bitte sofort genau aufzuzeichnen vermag).

Alle Bemühungen um ein Verständnis des Traumes scheitern. Der Reporter hilft unter großen Opfern seinem Bruder aus (wieder einmal!), obwohl er sich und ihm in den letzten Jahren schon mindestens zehnmal geschworen hat, daß er dies nie wieder tun werde; er ist wütend auf sich selbst wegen seiner ewigen Nachgiebigkeit. Zwei Wochen später kommt seine hochbetagte Mutter zu Besuch. Da durch die psychoanalytische Behandlung sein Interesse für seine frühe Kindheit geweckt worden ist, läßt er sich von ihr erzählen und erfährt von seiner Mutter unter anderem folgendes: Er habe auf die Geburt jenes nur anderthalb Jahre jüngeren Bruders mit zum Teil offener Rebellion reagiert. Besonders eifersüchtig war er, wenn der Bruder gestillt wurde. Gebieterisch verlangte er dann jedesmal sein »Fläschchen« (Milch), von dem er sich dann schließlich gar nicht mehr trennen wollte. Selbst als der Bruder schon längst abgestillt war, zog er noch ständig mit seinem Fläschchen umher. Mahnen, Hänseln, Strafen halfen nichts. Als man es ihm heimlich wegnahm, war er gegen den Bruder so unausstehlich, daß man vorzog, es ihm wiederzugeben. Auf Anraten eines Onkels fand man schließlich den folgenden Ausweg: Wenn er freiwillig auf sein Fläschchen verzichte und sich zugleich verpflichte, zum Bruder lieb zu sein, werde er ein noch schöneres Kaninchen bekommen als sein Vetter, den er glühend um sein Kaninchen beneidete. Als er nach heroischem Kampf schließlich zusagte, wurde am nächsten Tage eine feierliche Familienszene veranstaltet: Er wurde in den großen Spielsaal des Hauses geführt. Dort fand er in der Mitte des Raumes in einer Art Krippe ein schneeweißes Kaninchen und daneben, auf einem Brett liegend, sein geliebtes Fläschchen. Als Beweis dafür, daß er von jetzt ab wirklich ein großer und guter Junge geworden sei, sollte er nun sein Fläschchen mit einem Hammer in Gegenwart von Eltern und Verwandten selber zerschlagen. Das habe er dann auch tapfer ausgeführt, und er sei von diesem Tage an zu seinem Bruder auch wirklich immer lieb und nachgiebig gewesen.

Dem Reporter ging bei diesem Bericht sofort der Zusammenhang zwischen dieser Szene und seiner soeben wieder bewiesenen Nachgiebigkeit dem Bruder gegenüber auf. Erst dann fiel ihm plötzlich jener zwei Wochen alte Traum wieder ein, in dem er in der Mitte eines ihm unbekannten, aber »wohlvertrauten«, »hallenartigen Raumes« auf »etwas Weißes einschlägt«. Er kann sich an jenen Spielsaal bewußt nur noch ganz unklar erinnern. Er erzählt seiner Mutter den Traum und holt auch die bei mir angefertigte Zeichnung jenes Ornaments hervor, das er inzwischen noch mit den Farben blau und rot, so wie es ihm im Traum erschienen war, versehen hatte. Worauf die Mutter, ohne auch nur eine Sekunde zu zögern, erklärt, daß dies in Form und Farbe genau das Ornament sei, das als Wandfries in jenem Spielsaal vorhanden war.

Es ist hier nicht der gegebene Platz, um jetzt weiter zu untersuchen, warum der Traum jene dem Träumer völlig entfallene Kindheitsszene zwar in ihren historischen Einzelheiten getreu gebracht, aber deren Elemente andersartig verknüpft hat, weshalb also z. B. das blaurote Ornament des Wandfrieses mit dem Hammer zu einem »merkwürdig geformten Holz«, mit dem er »auf etwas Weißes einschlägt« verdichtet wurde. Wir haben uns hier auf ein Teilproblem zu beschränken, das uns im Augenblick allein zu interessieren hat: Der dringende Hilferuf des Bruders hat spezifisch die kategorial entsprechende verschüttete Kindheitserinnerung von repräsentativer und gewiß auch pathogenetischer Bedeutung wieder wachgerufen (Zerschlagen des Fläschchens). Sie besagt gewissermaßen: Statt auf den Bruder-Rivalen, der mir das bisherige Vorrecht des Einzelkindes – und die Muttermilch und die Mutterliebe dazu! – raubt, einzuschlagen und damit auch den mir noch verbliebenen Rest der Liebe der Mutter zu gefährden, verzichte ich, weil es weniger Konflikt schafft, freiwillig auf das unwiederbringlich verlorene Vorrecht, alles allein zu kriegen, und will nun in Umkehrung der Rollen, ähnlich wie die Mutter, selber geben (zärtlich zu Bruder und Kaninchen sein, pflegen und füttern), dafür aber Liebe und dankbare Anhänglichkeit empfangen. Alles das ist symbolisch in der im Traum wiederholten Kindheitsszene enthalten (wobei ich aus Gründen wissenschaftlicher Korrektheit nochmals daran erinnere, daß diese Ausführungen sich nur mit einem Teilaspekt des Traumes beschäftigen). Die merkwürdige Ersetzung des Hammers durch das blaurote Wandornament und der zu zerstörenden Milchflasche durch »etwas Weißes«, auf das er einschlägt (und das sowohl Milchflasche als auch weißes Kaninchen – Bru-

derersatzfigur bedeuten kann), zeigen dem in Traum-Interpretation Erfahrenen, wie hier die Beseitigungsimpulse gegen den
Bruder sehr wohl heimlich einbezogen blieben. Ebenso sei nicht
verschwiegen, daß die von den Eltern geforderte Verzichtslei-
stung eine problematische Lösung brachte, insofern als der
Träumer infolge der mit seiner unterdrückten Auflehnung zu-
sammenhängenden Schuldgefühle sich bis auf den heutigen Tag
nicht genügend gegen Überforderung durch diesen jüngeren
Bruder-Rivalen zur Wehr zu setzen weiß.

So zeigt auch dieses Beispiel wieder, wie die im Traum wie
fremdartige Sprengstücke hochgeschleuderten Erinnerungs-
bruchteile sich auf hochbedeutsames Material beziehen, das wie
der Grundton zu den am Vortag angeschlagenen Obertönen anklingt und dadurch die Tonika, also die Tonart, der im Träumer
angerührten Erlebnissaiten erkennen läßt. Die Psychoanalyse
glaubte anfangs, daß es sich bei derart mobilisiertem Material aus
der frühen Lebenszeit stets um reale Vorfälle »traumatischer
Art« handle, also um Szenen bzw. um Fetzen von Erlebniszu-
sammenhängen, die die Ursache der heute beim Träumer bestehenden Störungen seien (Lehre vom »psychischen Kindheits-
trauma« als Ursache von Neurose und Psychose). FREUD hat
bekanntlich auch seine psychoanalytische Methode weitgehend
aufgrund der ihm durch die Eigenanalyse seiner Träume möglich
gewordenen Rekonstruktion vergessener Ereignisse und Phasen
seiner frühen Kindheit entwickelt. Überdies hat er an eindrucksvollen Krankengeschichten von Erwachsenen und Jugendlichen
im einzelnen aufzeigen können, wie es ihm gelang, anhand solcher im Traume hochgewirbelter Fragmente bestimmte Szenen
der frühen Kindheit weitgehend historisch getreu wieder nach-
zuzeichnen. Das ist auch heute noch in vielen Analysen möglich,
wenngleich wir inzwischen klarer erkannt haben, daß es im
Traum gar nicht darauf ankommt, ein historisch korrekter Biograph zu sein. Wie ein Dichter sich eines geeigneten geschichtli-
chen Stoffes bemächtigt, um daran seine ihm vorschwebende
dichterische Idee zu gestalten und darzustellen, so bedient sich
auch der Traum des Rohmaterials der historischen objektiven
Realität in erster Linie zur Befriedigung der psychodynamischen
Notwendigkeiten, wie sie aus der aktuellen subjektiven psychischen Realität erwachsen.

Die zweite Frage lautet, wie weit unsere uns im Traum wieder zugänglichen Erinnerungen zurückreichen? Hier klaffen die Meinungen sehr auseinander. Ich selbst habe eine Beobachtung machen können, die durch zeitlich genau auf einen bestimmten Tag festlegbare Einzelheiten (die dem Träumer vor dem Traum unmöglich von dritter Seite mitgeteilt worden sein konnten) nach meinem Urteil keinen Zweifel zuließ, daß im Traum ein Vorfall aus dem achten Lebensmonat (7 Monate und 22 Tage) fragmentarisch erinnert wurde. Da es, wenn auch recht selten, vorkommt, daß jemand unabhängig von einem Traum über Erinnerungsfetzen aus dem Anfang des zweiten, gelegentlich sogar noch vom Ende des ersten Lebensjahres verfügt, erscheint jene Erinnerung im Traum aus dem achten Lebensmonat nicht mehr ganz so befremdlich.

Traum und Vorvergangenheit. Wirklich befremdlich wird es erst, wenn von ernsthaften Traumforschern behauptet wird, daß im Traum Niederschläge des Geburtserlebnisses und sogar der vorgeburtlichen Intrauterinphase wieder auftauchen können. Und es erscheint vollends unglaubwürdig, wenn Forscher die Auffassung vertreten, daß sogar Niederschläge aus der Zeit vor unserer persönlichen Existenz, also aus der Zeit unserer Ahnen, wenn nicht gar aus vormenschlichen Existenzformen gelegentlich in Träumen wiederkehren.

Der bekannte Einwand, mit dem solche Möglichkeiten von vornherein wissenschaftlich abgetan werden, daß nämlich der Entwicklungsgrad der für die Gedächtnisfunktion in Betracht kommenden Gehirnpartien zu jenen frühen Zeiten noch gar keine Merkfähigkeit ermögliche, scheint mir nicht stichhaltig. Wir kennen eine ganze Reihe von Funktionen, die heute an die Großhirnrinde gebunden sind, die aber in onto- und phylogenetisch früheren Entwicklungsstadien – vor der Großhirnrindenentwicklung – auch schon ihre Aufgabe biologisch sinnvoll zu erfüllen vermochten. Eine irgendwie geartete Merkfähigkeit, die sogar auch eine gewisse Reproduktion ermöglichte, müßte nicht unbedingt immer an bestimmte Großhirnrindenpartien gebunden gewesen sein.

Umgekehrt ist natürlich mit solchem Argumentieren gegen die angebliche Unmöglichkeit der Existenz von Erinnerungsspuren aus so weit zurückliegenden Entwicklungsphasen noch nicht bewiesen, daß sie auch tatsächlich vorkommen. Und noch weniger, daß sie in unseren Träumen wieder auftauchen, so sehr gewisse

seltene Träume gelegentlich uns eine solche Interpretation geradezu aufdrängen. So hatte ich eine – leider im Krieg verbrannte
– Sammlung von etwa 20 Träumen zusammengebracht, die,
wenn auch in mehr oder minder verschlüsselter Form, unverkennbar eine Wiederholung des Geburtserlebnisses darstellten.
Gewiß ist in solchen Fällen immer der Einwand möglich, daß –
soweit es sich nicht überhaupt um zufällige Entsprechungen
handelt – der Träumer sein späteres Wissen über die Geburt im
Traum, ohne es zu merken, mit Rückdatierung verarbeitet hat.
Wir kennen ja auch aus der Hypnose die Beobachtung, daß der
Hypnotisierte, wenn man ihn sein Leben rückläufig erleben läßt,
seine frühe Kindheit und – auf hypnotischen Auftrag – auch seine
vorgeburtliche Existenz dramatisierend »erlebt«, wobei er jedoch ganz unverkennbar seine Kenntnis und Erkenntnis aus
späteren Lebensphasen bis in die Gegenwart verwertet.

Es ist nicht überraschend, daß das Vorkommen von Träumen,
in denen sich Niederschläge aus der Zeit vor unserer persönlichen Existenz bewahrt hätten, besonders von JUNG und seiner
Schule behauptet wird. Sie hatte mit der Annahme eines kollektiven Unbewußten, das über unsere individuelle Existenz hinaus-
reiche, bereits die theoretischen Voraussetzungen für eine solche
Auffassung geschaffen. Deshalb sollte es uns zum mindesten
nachdenklich machen, wenn ein so kritisch-nüchterner Forscher
wie FREUD, der bekanntlich JUNGS Konzeption vom Unbewußten abgelehnt hat, abschließend ausführt, daß der Traum »Inhalte
zum Vorschein bringt, die weder aus dem reifen Leben noch aus
der vergessenen Kindheit des Träumers stammen können«. Es sei
»phylogenetisches Material«, das das Kind als »archaische Erbschaft . . . vor jeder eigenen Erfahrung mit sich auf die Welt
bringt« (98 m, S. 89).

Damit drängt sich uns wieder eine frühere, diesmal aber noch
kühner formulierte Frage auf: Wenn es nach Ansicht gewisser
Forscher im Traum möglich sein soll, die Erfahrungsgrenze bis
vor Beginn der persönlichen Existenz nach rückwärts zu verle-
gen, warum sollte es dann nicht auch in der umgekehrten Rich-
tung und vielleicht sogar auch ebenso weit möglich sein? Eine
Frage, die uns später noch ausführlich beschäftigen soll.

II. Traum und »innere« Wirklichkeit (Innenwelt)

Die bisherigen Ausführungen dieses Kapitels sollten laut Über-
schrift den Traum als Verarbeitung unserer *äußeren* Wirklichkeit
(Außenwelt), und zwar in Gegenwart und Vergangenheit, darstellen, denen nunmehr – laut Einteilungsschema – der Traum in
seiner Beziehung zu unserer *inneren* Wirklichkeit (Innenwelt)
gegenüberzustellen wäre. Es dürfte sich jedoch bereits jetzt klar
gezeigt haben, wie unmöglich und auch sachwidrig eine solche
künstliche Trennung ist. Trotzdem möchten wir den einmal begonnenen Weg einer Gegenüberstellung fortsetzen, da er uns,
wie bereits gesagt, willkommene Gelegenheit gibt, die von verschiedenen Traumforschern akzentuierten oder von manchen allein anerkannten Gesichtspunkte als jeweils *einen* von mehreren
der prinzipiell möglichen Aspekte des Traumes aufzuzeigen und
in seiner Beziehung zu den anderen, und damit zum Ganzen des
Traumes zu erfassen. Allerdings können wir uns dabei jetzt auf
eine knappe systematische Gegenüberstellung der uns schon bekannten Fakten beschränken.

1. Traum und innere Abläufe

Nicht selten ist die Widerspiegelung von inneren Vorgängen im
Traum von solch eindringlicher Anschaulichkeit, daß jeder, der
solch einen Traum hört, ihn sofort »versteht«. Ein besonders
aufschlußreiches und unmittelbar zugängliches Beispiel bietet
ein Traum eines Patienten mit depressiv-zwanghafter Struktur,
den er im dritten Monat seiner Behandlung träumte, nachdem er
in der vorhergehenden Sitzung erstmals den Schutz- und Ab-
wehrcharakter seiner Struktur gegen seine eigene, vor sich selbst
verborgene Impulswelt erkannt hatte.

Badewannen-Traum: »Ich sitze in einer Badewanne, die annähernd bis
zum Rande gefüllt ist. Indem ich mich etwas bewege, gerät die Wasser-
oberfläche in Schwingungen, und das Wasser schwappt kräftig über den
Rand. Um dies zu verhindern, mache ich Gegenbewegungen, aber das
Wogen wird nur immer stärker, so daß ich seiner nicht mehr Herr werde.
Dann befinde ich mich wohl nicht mehr in der Badewanne, sondern
treibe auf einer riesigen Meeresoberfläche, dem Spiel der nun haushohen
Wellen hilflos preisgegeben.«

Wer diesen Traum auf sich einwirken läßt, wird spüren, wie er
unter anderem auch die Reaktion des Träumers auf diese für ihn

entscheidende letzte Analysenstunde widerspiegelt. Wie nämlich sein durch meine Deutung in der Abwehr geschwächtes »Ich« trotz aller versuchten »Gegenbewegungen« die immer höher gehenden Wogen seiner »ES«-Strebungen[1] nicht mehr zu bändigen vermag. Wie gewissermaßen das durch die depressive Zwangsstruktur bisher zu einem scheinbar harmlosen Badewannenwasser gebändigte ES in Bewegung geraten ist, und der Träumer sich trotz aller Gegenwehr zuletzt angstvoll auf den Ozean seiner entfesselten Kräfte hinausgetrieben fühlt.

Diesem Traum sei der Traum eines 45jährigen ungewöhnlich erfolgreichen Geschäftsmannes gegenübergestellt. Er war (wie ihm aufgrund des in den letzten paar Stunden durchgearbeiteten Materials aufgegangen war) weitgehend deshalb mit schweren Angstzuständen erkrankt, weil er, seit er vor 15 Jahren aus politischen Gründen seine geliebte akademische Laufbahn in seinem Heimatland hatte aufgeben müssen, in nicht mehr abreißender Arbeiterei nur für die äußeren Notwendigkeiten lebte und darüber einen wesentlichen Anteil seiner Persönlichkeit, das Zarte, Musische, Geistige völlig vernachlässigt hatte. Die nächtliche Traumantwort auf diese Stunden lautete:

Bootskiel-Traum: »Ich gehe am Witwenhügel (Berg am Meer) bei herrlichem Sonnenschein am Meeresufer spazieren. Dann befinde ich mich in einem Boot – vielleicht bin ich auch selber das Boot – und fühle mich still auf dem im Sonnenlicht glitzernden Meer treiben. Tiefer Friede. Urplötzlich, wie von einem Seebeben geweckt, rast die See, der Himmel verdunkelt sich, eine haushohe Welle schleudert mich (mitsamt dem Boot?) in hohem Bogen durch die Luft und wirft mich nach langem Flug hart auf den Strand. Ich spüre, wie ich (bzw. mein Boot) mich noch während des Fluges von unten her (Kiel) der Länge nach in zwei Hälften zu spalten beginne. Gefühl des Grauens, der unheimlichen Unentrinnbarkeit. Gerade weil es so langsam geht. Mit dem Aufschlagen auf den Strand nach beängstigend langem Flug zerfalle ich (mein Boot?) endgültig in zwei Teile. Beide Hälften erweisen sich als fast unbeschädigt, so daß ich sie nach dem ersten Schreck nebeneinanderlege, um sie wieder zusammenzufügen. Das gelingt mir aber nicht. Hat die Verzahnung vorne gefaßt, geht das Ganze, wenn ich nun auch den hinteren Teil zusammenschließen will, vorn auseinander und umgekehrt. Ich bin ganz verzweifelt und wache schweißgebadet auf.«

[1] In Anlehnung an eine einst von GRODDECK eingeführte Bezeichnungen wird seit FREUD in der Psychoanalyse einem die Welt der Triebregungen repräsentierenden Persönlichkeitsanteil, dem (unbewußten) ES, das vorwiegend bewußte ICH gegenübergestellt.

Eine anschaulichere und eindringlichere Darstellung eines Menschen, der wahrnimmt, wie er in seinem Grundgefüge in zwei verschiedene Persönlichkeitsteile auseinanderklafft, könnte auch von einem Dichter nicht erfunden werden. Schizophrenie heißt Wesensspaltung. Bei einem solchem Traum kann man nachfühlen, daß gar nicht einmal so selten der Ausbruch (also nicht der Beginn, sondern das Manifestwerden) einer Neurose oder einer Psychose mit einem Traum anfängt. Nicht, daß der Traum dann die Ursache solcher Erkrankung gewesen wäre. Der Traum spiegelt lediglich die die Tragfähigkeit überschreitende bedrohliche Innensituation wider, die, wie in unserem Traumbeispiel, aufkommt, weil es nicht gelungen ist, ein »unterirdisches Seebeben« psychisch aufzufangen und zu bewältigen.

Wir erwarten an dieser Stelle den berechtigten Einwand, daß wir, wenn wir im Traum eine innere Zustandsschilderung sehen, unsere eigene Aussage vom »Wunscherfüllungscharakter« des Traumes in Frage stellen. Doch ebenso wie wir schon die Möglichkeit ablehnten, daß ein Traum eine wie in einem Dokumentarfilm festgelegte photographisch getreue Kopie der äußeren – gegenwärtigen oder vergangenen – Realität sein könne, sondern stets deren, wenn auch noch so unmerkliche Verarbeitung darstelle, müssen wir auch, was die Wiedergabe von Innenzuständen anbelangt, prinzipiell das gleiche Postulat erheben. Wir werden später noch sehen, daß wir uns in unserer Erwartung auch bei diesen Träumen mit ihren eindrucksvollen Zustandsschilderungen nicht getäuscht haben. Das schließt aber nicht aus, daß solche Zustandsschilderungen weitgehend objektiv zutreffend sind, wie ja auch weite Teile des Sektflecken-Traumes die äußere Realität (Besuch am Vorabend) korrekt wiedergaben. Die Aussage, daß der Traum den Innenzustand schildere, also innere Abläufe widerspiegle, ist somit prinzipiell gerechtfertigt, wenngleich sie auch nur einen Teilaspekt berücksichtigt. Es ist deshalb auch legitim, diesen Sachverhalt – mit der genannten Einschränkung – beim Auswerten eines Traumes zu Aufschlüssen über die Person des Träumers und seine augenblickliche Verfassung heranzuziehen.

2. Traum und Phantasiewelt

Bei Erwähnung der Tagträume haben wir bereits darauf hingewiesen, daß der dem Reich der Träume verwandteste Bereich die
Welt unserer Phantasie sei. Beide setzen sich über die Schranken
der Realität hinweg, indem sie unsere geheimen Hoffnungen und
Befürchtungen als erfüllt darstellen, zum mindesten im Ansatz.
Beide weisen auf die in uns schlummernden Möglichkeiten hin
– im Guten wie im Bösen. Vergleichsweise schalten wir uns jedoch im Schlaf, wenn die Sinneseindrücke abgedämpft sind, noch
weitergehend von der Tagwelt ab. Zudem ist uns im Schlaf – wenigstens normalerweise – die freie Verfügung über die willkürli-
che Motorik entzogen. So kann es der Traum bei diesem Spiel
zwischen Hoffnung und Befürchtung, zwischen Wunsch und
Angst, also zwischen den zu neuen Zielen vorwärts drängenden
Impulsen und der sie bremsenden Abwehr aus ängstlich-behar-
render Sorge, eher als die Phantasie zulassen, daß sich die Triebseite weit üppiger entfaltet. Aber – wie wir schon sahen – doch
auch wiederum nicht unbegrenzt. So ist es auch kein Zufall, daß
das, was im Tagesleben beim planenden Überlegen, anschaulichen Denken, Vor-sich-hin-Dösen, Traumversunken-Sein oder
selbst beim Dahindämmern im Halbschlaf als schöpferische
Phantasie zu produktiven Verwirklichungen auf technischem,
wissenschaftlichem oder künstlerischem Gebiet führen kann,
auch im Traum seine Parallele hat. Wie wir jedoch am Beispiel
von Ehrlich, Kekulé, Bohr und anderen gesehen haben, sind
die im Zustand herabgesetzter Bewußtseinshelligkeit gemachten
großen Entdeckungen nicht traumspezifisch.

Der Traum als individuelle Märchen- und Mythenschöpfung

Es gibt aber auch noch eine besondere schöpferische Gabe, die,
wenn sie auch wiederum nicht traumspezifisch ist, so doch dem
gewöhnlichen Sterblichen nur im Traum zur Verfügung steht,
während sie außerhalb des Traumes ein Vorrecht des Künstlers
bleibt: die Fähigkeit zur individuellen Schöpfung von Gebilden,
die dem zum Verwechseln ähnlich sind, was wir als die Kollek-
tivgebilde der Märchen, Legenden, Sagen und Mythen kennen.
Wir hatten schon beim Kanarienvogel-Traum von einer Art pri-
vater Mythenbildung gesprochen, dabei aber an die hinter diesem

Traum verborgene phantastische Produktion des Träumers in seiner frühen Kindheit gedacht und nicht an seinen heutigen manifesten Traum, der kaum noch etwas von seiner mythosähnlichen Herkunft durchscheinen ließ. Wer jedoch einen Überblick über viele Tausende von Träumen hat, weiß, daß, unabhängig von sozialer Stellung, Bildungsgrad oder persönlicher Problematik des einzelnen Träumers, derartige Stoffe und Themen nicht nur gehäuft auftauchen, sondern auch in einer oftmals erstaunlichen Übereinstimmung der Symbolik dargestellt werden. METTE konnte beispielsweise bei zwei Schriftstellerinnen, die beide in ihren Schriften mehrere Träume aufgezeichnet hatten, ohne voneinander zu wissen, auf die geradezu frappanten Übereinstimmungen zwischen einigen Träumen der beiden Autorinnen aufmerksam machen. Sie lesen sich wie zeitlose Märchen. Meist handelt es sich um Träume, die JUNG als »große« Träume bezeichnen würde, weil sie nämlich in allgemeingültiger und vom einzelnen Träumer weitgehend unabhängiger Form kollektive Menschheitsproblematik darstellen. Wer einmal derartige Träume mit Märchen vergleicht, wird finden, daß dort tatsächlich die gleichen Themen, und meist unter Verwendung der gleichen Symbolik, dargestellt sind. Erstaunlicherweise werden diese Märchenstoffe nicht nur von Personen geträumt, die jene Märchen – etwa als Grimmsche Märchen – schon aus ihrer Kindheit kennen, sondern, wie ich hier im Ausland beobachten konnte, auch von Träumern, bei denen mit Sicherheit solche Kenntnis ausgeschlossen werden kann. Die Übereinstimmung geht sogar noch weiter: Auch in den Mythen und Sagen stoßen wir auf die gleichen Grundthemen wie in den Märchen und im »großen Traum«, und wiederum meist in der gleichen Symbolik dargestellt, so daß JUNG die Mythen geradezu als Kollektivträume der Menschheit bezeichnet hat.

Um welche Themen geht es bei diesen »großen Träumen«? Das Mensch genannte Lebewesen hat schon zu Beginn seines Daseins, vom Moment der Befruchtung im mütterlichen Leibe an bis zu seinem Tode, eine Reihe typischer Lebenssituationen zu durchlaufen, die sich, unabhängig von seinem speziellen höchst persönlichen Schicksal, als lebenswendende Marksteine und Umbruchphasen im Gesamtablauf eines jeden Lebens abheben und infolgedessen auch den ihnen entsprechenden Niederschlag in jedem einzelnen von uns finden. So zum Beispiel die

qualvolle Geburt mit der unmittelbar nachfolgenden, wohl noch
eindrucksvolleren schlagartigen Umstellung vom noch span-
nungslosen Gleichmaß vorgeburtlicher Existenz in der Geborgenheit des Mutterleibes auf den nunmehr spannungsgeladenen
rhythmischen Wechsel von Einatmen und Ausatmen, Hunger
und Sättigung, Wachen und Schlafen, Tag und Nacht. Und ähnlich die anderen typischen Stationen: das Stillen; das Abstillen;
die einen neuen Lebensraum auftuende Kriechphase; die völlig
neue Dimensionen erschließende Fähigkeit zu laufen und zu
sprechen; die Laufphase; die Reinlichkeitserziehung; die Geburt
von Geschwistern; die erste Begegnung mit dem Tod, wenn ein
Nahestehender stirbt; die einer komplizierten Entwicklung un-
terworfene innere Beziehung zur Mutter, zum Vater, usf. Und
ebenso später die großen Marksteine im Leben, wie Pubertät,
Freundschaften, Verlassen des Elternhauses, erstes Liebeserle-
ben, Partnerschaft, eigenes Heim, eigene Kinder, berufliche Erfolge und Nackenschläge, Wechseljahre, Altern. Alle diese Daten
sind mehr als nur äußere Ereignisse. Selbst wenn ihnen, wie beispielsweise der Geburt oder der Pubertät, anatomisch-physiolo-
gische Vorgänge zugrunde liegen, haben sie für unser Erleben ihren Schwerpunkt in ganz anderen Bereichen unserer menschlichen Existenz.

Weil diese für alle Menschen nahezu gleichen Grundsituatio-
nen sich seit Urzeiten in jeder Generation fast unverändert wiederholen, haben sie einen typischen Erlebnischarakter bekommen. Er ist es, der uns die Märchen und Mythen als statuarische
kollektive Verarbeitungen solcher Grunderfahrungen unverändert so anziehend macht und ihnen ihre zeitlose Gültigkeit verleiht, obwohl sie doch »falsch« sind. Jene Grunderfahrungen
sind es auch, die ein jeder von uns, ungeachtet ihrer kollektiven
Gestaltung in Märchen und Mythen, wiederholt und noch einmal in seinen privaten Träumen aufs neue in der für ihn gültigen
Form darzustellen und zu bewältigen versucht. Silberer, Maeder, Rank und andere, vor allem aber Jung haben diesen Aspekt
des Traumes besonders betont. In seiner Konzeption vom bedeutsamen kollektiven Anteil des Unbewußten spielen, wie
schon angedeutet, die von ihm Archetypen genannten Gebilde
die entscheidende Rolle. Das sind zum Beispiel der weise Alte
(Guru), oder die große Mutter (Magna Mater), oder der Schatten,
oder die Anima (das Weibliche im Mann), oder der Animus (das

Männliche in der Frau), also gestaltgewordene Inkarnationen von Wirkkräften, wie sie etwa auch GOETHE meint, wenn er Faust dem »Erdgeist« begegnen oder ihn zu den »Müttern« hinabsteigen läßt. Daß sie uns tatsächlich nicht nur in Träumen, sondern ebenso in Märchen, Sagen und Mythen und in abgewandelter Form auch in den Religionen aller Zeiten und aller Völker begegnen, steht außer Zweifel. Das hat JUNG zu dem Schluß veranlaßt, daß wir Menschen dank eines kollektiven Anteils unseres Unbewußten in einem die Grenzen unserer individuellen Person transzendierenden unmittelbaren Kontakt, ja in einer Art materialer Teilhabe nicht nur untereinander ständen, sondern auch mit überpersönlichen Mächten; und so versteht er auch die »großen« Träume als Auswirkung einer derartigen überpersönlichen Kontaktnahme oder Teilhabe.

Gegenüber solcher Konzeption ist die Frage berechtigt, ob nicht die genannten, uns allen gemeinsamen typischen Marksteine in unserem Lebenslauf sowie »Reminiszenzen unserer stammesgeschichtlichen Vorvergangenheit«, die ja nicht nur somatisch ihren Niederschlag gefunden zu haben brauchen, schon ausreichen, um in uns allen genügend tiefe gleichartige Eindrücke zu hinterlassen, die dann, wenn sie durch geeignete kategorial entsprechende Tagesvorfälle mobilisiert werden, nächtlich im Traum in einer bei allen Menschen weitgehend übereinstimmenden Art wieder auftauchen müssen. Diese Gleichartigkeit der typischen menschlichen Grunderlebnisse würde schon hinreichend erklären, warum Märchen, Mythen und Sagen sich durch die Jahrhunderte hindurch haben erhalten können und geschätzt und gepflegt werden, obwohl sie doch, wie gesagt, objektiv »falsch« sind und sich sogar vielfach als historische Fälschungen erwiesen haben. Dank eines Restes der archaischen »Ursprache«, der auch beim modernen technisierten Menschen erhalten geblieben ist, verstehen wir sie noch unmittelbar. Sie sind uns stets nahe, weil sie davon zeugen, was uns selber im eigenen Leben geschieht, und wenn sie uns ständig erfüllen, so können, ja müssen wir sie auch in unseren Träumen immer aufs neue gestalten.

3. Traum und Reifung

Wir können die Gesamtheit all dieser typischen Marksteine und Durchgangsphasen unserer Lebensgeschichte auch unter dem Begriff der menschlichen Reifung zusammenfassen. Reifung zunächst als äußerlich in Erscheinung tretender Entfaltungsprozeß und Gestaltwandel verstanden, so wie sich auch in einer Reihe aufeinanderfolgender Entwicklungsphasen aus einem Samenkorn schließlich der ausdifferenzierte Baum mit Wurzel, Stamm, Ästen, Zweigen, Blattwerk, Blüten und Früchten entfaltet. Beim Menschen sind mit diesen unaufhörlichen und äußerlich meist eindrucksvollen Veränderungen stets auch nicht weniger eindrucksvolle innere Wandlungen verbunden, die sich in Erlebnisqualitäten äußern, die jeweils für diese Marksteine und Phasen charakteristisch sind. Es gibt aber auch unsere Entwicklung tiefgehend und nachhaltig beeinflußende Erfahrungen, die wir unabhängig von unseren bio-physiologischen Entwicklungsschritten machen. Sie können von überwältigender Wirkung auf unser Leben sein, wie etwa der frühe Tod der Mutter, die Geburt von Geschwistern, der Vertrauensbruch eines Freundes. Sowohl die Pubertät als auch eine Liebeserfahrung kann mit einer tiefgreifenden Wandlung der Persönlichkeit einhergehen.

Darum werden wir auch nicht überrascht sein, wenn wir in Träumen so häufig auf Reifungs- und Wandlungserlebnisse stoßen. Eine Reihe von Symbolen steht zur Verfügung, um sie darzustellen: Stufen, Podeste, die spiralförmig sich verengende Bewegung um eine Mitte, das Neugeborene und anderes. Am markantesten ist jedoch das Schwellensymbol. Überschreitet der Mensch doch tatsächlich mit den neuen Erfahrungen, die beim Eintritt in eine neue Entwicklungsphase zu bewältigen sind, eine für sein ganzes weiteres Leben bedeutsame Schwelle. Die großen Dichter haben immer von dieser symbolischen Bedeutung gewußt. Wobei sie damit gleichermaßen den Übergang von einer biologischen Entwicklungsstufe zur nächsten und die Erfahrung lebensentscheidender Ereignisse und deren erlebnismäßige innere Verarbeitung gekennzeichnet haben. In ihren Werken finden sich vielfach durchsichtigte, sich selbst deutende Reifungsträume. Offenbar hat der Dichter gespürt, daß sie anschaulicher und beredter das Erlebnis und seine Verarbeitung bezeugen und vermitteln, als es eine noch so subtile Beschreibung vermocht hätte. Es sei hier an die wenig bekannte Definition von KANT erinnert, der den Traum als »unwillkürliche Dichtung im gesunden Zustande« bezeichnet hat (130b, § 35, S. 87).

Vollendete Verarbeitungen solcher Reifungserlebnisse sind jedoch wieder die Märchen. Es ist höchst eindrucksvoll, mit welcher Weisheit, Anschaulichkeit und Treffsicherheit, zugleich in schlechthin endgültiger Form sie die verschiedenen allgemeinmenschlichen Entwicklungs- und Durchgangsstufen darzustellen vermögen. Der Leser nehme in einer ruhigen Stunde einmal sein Märchenbuch aus der Kinderzeit zur Hand und lese langsam Satz für Satz – das Gelesene gleichsam in einem Zustand des »Dösens« anschaulich nachträumend – wieder die unsterblichen Märchenträume vom Dornröschen, Schneewittchen, Aschenputtel, Froschkönig, von Hänsel und Gretel, vom Machandelbaum und wie sie sonst alle heißen. Neben RANK, JUNG und seiner Schule verdanken wir B. JOECKEL feinsinnige Arbeiten über das Motiv der Reifung in Sage und Märchen. Leider verbietet es die Raumbeschränkung, hier jetzt einige »Individual-Märchen«, das heißt heutige Reifungsträume von Einzelpersonen zum Vergleich anzuführen, um zu zeigen, wie auch der heutige Mensch unverändert um die gleichen Themen kreist, ob er sie in seinen Träumen nun in die vom Märchen her schon bekannten oder aber in neue technisch-moderne Symbole gekleidet hat (Telefon, Raketenflugzeuge, Radar, Marsmensch usw.).

4. Traum und Angst

Das den individuellen und kollektiven Reifungsträumen zugrunde liegende Thema ist die Scheu vor dem entscheidenden Schritt über die Schwelle, die die bisherige, inzwischen bereits vertraut gewordene Entwicklungsphase von der bevorstehenden neuen und noch unbekannten trennt. Daher auch die Schwellensymbolik im Traum und in der Dichtung. So ist es auch kein Zufall, daß es eine der Zwangsneurose nahestehende Neurosenform gibt, die dadurch gekennzeichnet ist, daß der von ihr ergriffene Mensch unfähig ist, eine Tür- oder Torschwelle zu überschreiten, ohne zuvor komplizierte Zeremoniells erfüllt zu haben. Es ist, als ob er mit solch magischer Beschwörung irgend etwas Verhängnisvolles abwenden oder eine drohende Gefahr bannen müßte. Hindert man ihn an der »Zelebrierung seines Rituals« beim Überschreiten der Schwelle, so antwortet er mit einem regelrechten Angstanfall. Sehen wir einmal zu, ob uns diese auffällige Beobachtung vielleicht zu einem noch besseren Verständnis der bereits besprochenen Angstträume verhelfen kann.

Worum geht es bei den Reifungsträumen? Im Menschen gibt es zeitlebens zwei einander widerstreitende Tendenzen: eine vorwärtsdrängende, erlebenshungrige, auf die Zukunft sich entwerfende, und eine regressive, retardierende, die weltängstlich am gesicherten Vergangenen festhalten möchte. Jeder Schritt vorwärts bedeutet jedoch zugleich ein partielles Aufgeben von Vergangenem; es kann undramatisch erfolgen, kann aber auch in betonter Weise den Charakter eines die-Brücken-hinter-sich-Abbrechens haben oder eines existenzbedrohenden Verlustes oder schweren Schadens, der manchmal geradezu körperlich erlebt wird.

So sind, was wir nun noch nachzutragen haben, die Reifungsträume dadurch gekennzeichnet, daß in ihnen neben dem Glücksgefühl des Neueroberns auch ein ängstliches Besorgtsein um das unwiederbringlich Verlorengehende anklingt oder daß das Glücksgefühl des Neueroberns, Wachsens, Großwerdens gedämpft, wenn nicht sogar übertönt ist von der Angst vor dem bevorstehenden Unbekannten. Die von SCHULTZ-HENCKE in den Vordergrund gestellte, schmerzlich erfahrene Antinomik des menschlichen Lebens klingt hier an. Und so ist es nur folgerichtig, wenn sich bei diesem Autor in seinem stark anthropologisch orientierten Lehrbuch der Traumanalyse das ganze Traumgeschehen zwischen den beiden entgegengesetzten Kräften eines propulsiven Antriebes und einer retardierenden oder sogar regressiven Furcht abspielt. Tatsächlich treffen wir in unseren Träumen auch alle zwischen diesen beiden Polen denkbaren Möglichkeiten an: nahezu reine »Antriebs«-Träume (hemmungslose Wunscherfüllung) und nahezu reine »Furcht«-Träume (Angst und Abwehr). Zwischen beiden alle Mischformen, und zwar sowohl in einer auf einem bestimmten Punkt zwischen beiden Polen festgelegten, gleichsam bereits »eingefrorenen« statischen Form als auch in einem im Verlauf des Traumes noch ständigen Hin- und Herschwanken von einem zum anderen. Dies zeigte bereits das Beispiel der Verarbeitung des Pochens an der Tür im Glocken-Traum. Es kann sich aber auch bei drei oder mehr Träumen in der gleichen Nacht im dialektischen Wechselspiel ihrer Handlung äußern.

5. Traum und innere Befindlichkeit (existentielle Problematik)

Daß der Traum mit seiner partiell erweiterten Wahrnehmung der inneren Abläufe und deren Verarbeitung besonders geeignet ist, die innere Befindlichkeit des Träumers und insbesondere seine existentielle Problematik wiederzugeben, haben wir gleich anfangs beim Glocken-Traum erkannt und auch auf den letzten Seiten immer wieder eindringlich bestätigt gesehen. Ohne jenes in manchen Träumen besonders aufleuchtende »Wissen«, daß unser Traum an das für uns Existentielle rührt (selbst wenn es oft in so merkwürdig-befremdlicher Weise geschieht), ohne dieses: *tua res agitur!* – das geht dich an! – hätte der Traum den Menschen niemals über die Jahrtausende hinweg bis auf den heutigen Tag immer wieder in seinen Bann ziehen können, nachdem er doch schon so oft von den führenden Wissenschaftlern einer bestimmten Epoche endgültig entwertet und abgetan worden zu sein schien.

Seitdem FREUD im Jahre 1900 mit seiner *Traumdeutung* den Traum nach einer solchen Phase eines mehr als hundertjährigen Aschenbrödel-Daseins wieder wissenschaftlich hoffähig gemacht hatte, waren es, auf ihm fußend, vor allem JUNG und dessen frühe Weggefährten, später auch seine Schüler, einschließlich derer, die dann doch wieder ihre eigenen Wege gewählt haben (sowie einige Einzelgänger), die den existentiellen Aspekt des Traumes besonders hervorgehoben haben. Von ihnen allen seien hier, so verschieden ihre Positionen in vieler Hinsicht sonst sein mögen, aus neuerer Zeit nur genannt der v. WEIZSÄCKER nahestehende KÜTEMEYER, der durch HEIDEGGER stark beeinflußte BOSS, der durch seine Daseinsanalyse bekanntgewordene L. BINSWANGER, sowie HEYER, v. GEBSATTEL und FRANKL.

Den Eindruck des: *tua res agitur* bei manchen unserer Träume finden wir in einer unerwarteten Weise auch objektiv bestätigt. FREUD hat bereits in seiner *Traumdeutung* darauf aufmerksam gemacht, daß die im Traum auftretenden Personen, Tiere oder sonstigen Figuren Darstellungen des Träumers selbst bzw. bestimmter Persönlichkeitsanteile von ihm seien. Da er diesen

Fund (wie er dies mehrfach mit seinen wichtigsten Entdeckungen getan hat!) nur quasi in Form beiläufiger Nebensätze mitteilt (98a, S. 414), ist die fundamentale Bedeutung dieser Aussage von seiner eigenen Schule bis heute kaum erfaßt und ausgewertet worden. In geradezu hellsichtiger Erkenntnis hat vor ihm bereits SCHOPENHAUER diesen Tatbestand festgehalten. In seinen *Grundlagen der Moral* schreibt er im Kapitel »Von der Identität zwischen Hassendem und Gehaßtem«: »*Denn so gut wie im Traum in allen uns erscheinenden Personen wir selbst stecken, so gut ist es im Wachen der Fall – wenn es auch nicht so leicht einzusehen*« (188, S. 667). Erinnert sei auch an den bereits zitierten Ausspruch von NIETZSCHE, als er die Flucht des Menschen vor der Verantwortlichkeit für den Traum geißelt: »*Nichts ist mehr euer Eigen als eure Träume! Nichts mehr euer Werk! Stoff, Form, Dauer, Schauspieler, Zuschauer – in diesen Komödien seid ihr alles ihr selber.*« (161, Bd. IV, S. 127).

So gibt es tatsächlich nichts, aber auch gar nichts in meinen Träumen, was nicht zugleich auch ich selbst oder ein Stück von mir selbst wäre. Außenwelt und Innenwelt sind im Traum wieder eins geworden. Ich könnte auch genau so gut sagen: Der Traum geschieht in einem zeiträumlichen Bereich, in dem es noch kein Geschiedensein zwischen Ich und Nicht-Ich gibt: zwischen jenem Ich, das ich erst später mit meinem bewußt erlebenden Ich gleichsetze, und jenem Nicht-Ich, das später für mich selbst unmerklich entweder als »Außenwelt« nach draußen projiziert wird oder aber auch – was meist übersehen wird – als »Es« in den mir verborgenen Tiefen meines eigenen Inneren verschwindet. So bedeutet der Traum eine *Wiederbegegnung* mit den vor uns selbst verborgenen Anteilen und Wesensseiten von uns selber. Sie sind es, die wir bevorzugt in den im Traum auftretenden Figuren personifiziert oder versachlicht dargestellt finden.

Schließt – so müssen wir jetzt hier fragen – diese wichtige Erkenntnis aus, daß dieselbe Figur (dank der erwähnten Tendenz des Traumes zu verdichten) zugleich auch einen bedeutsamen *objektiven* Bezug hat, also beispielsweise auf eine für den Träumer wesentliche reale Bezugsperson oder Begebenheit in Gegenwart oder Vergangenheit (oder in beiden zugleich) anspielt? Oder wäre solch etwaiger realer Objektbezug im Vergleich zu dem persönlichsten inneren Bezug so belanglos, so randständig, so wenig dem Geiste des Traumes entsprechend, daß wir ihn mit

Fug und Recht vernachlässigen dürfen? Wenden wir uns zur Beantwortung dieser Frage wieder an konkrete Träume.

Als klassisches Beispiel dafür, wie ein Traum die aktuelle innere Befindlichkeit des Träumers widerspiegelt, diente uns der Badewannen-Traum. Der Träumer spürt, wie er trotz seiner »Gegenbewegungen« von der Übergewalt der in ihm in Bewegung geratenen Impulswelt aus dem sicher begrenzten Raum der Badewanne auf die gefährliche Unendlichkeit des von hohen Wogen bewegten Ozeans seiner entfesselten Leidenschaften getrieben wird. Wohl kaum ein Leser wird sich beim Lesen dieses Traumes der eindringlichen Anschaulichkeit dieser Schilderung eines Innenzustandes haben entziehen können. Dem Träumer selbst ging es auch nicht anders, als er mir den Traum in der Behandlungsstunde berichtete, und auch noch anschließend beim Sprechen über den Traum war er tief bewegt. Dabei ergaben sich, für ihn und für mich gleichermaßen unerwartet, zwei »reale« objektale Bezüge zum Trauminhalt. Der Träumer lebte aus beruflichen Gründen zur Zeit des Traumes räumlich weit von seiner Familie entfernt. Er hatte es bisher abgelehnt, ähnlich wie seine Kameraden flüchtige Beziehungen zu anderen Frauen aufzunehmen. Am Nachmittag vor dem Traum hatte er bei einer dienstlichen Fahrt auf einem Boot mit einer Sekretärin, einer vitalen, lebensoffenen Person, immerhin sehr mit dem Impuls zu kämpfen gehabt, die von ihr immer wieder deutlich angebotene Chance zu einer intimen Annäherung am Abend doch endlich wahrzunehmen.

Von dieser nachmittägigen Bootsfahrt als gefährlicher Versuchungssituation wäre als *pars pro toto* das Wasser in seinen Traum eingegangen. Warum aber im Traum nun ausgerechnet als Wasser in einer Badewanne? – Auch die Badewanne hat ihre objektive Determinierung: Er erinnert sich auf meine Frage – es ist nämlich der Träumer des bereits angeführten Kanarienvogel-Traumes mit der darin auch verarbeiteten gelben Bluse des Hausmädchens –, als 4–5jähriger von dem Mädchen gebadet worden zu sein. Dabei habe er immer auf ihre Brüste starren müssen. Und als er einmal – zufällig? – mit seinem Kopf an ihre Brust gestoßen sei, habe er erstmalig merkwürdig lustvoll-erregende Empfindungen gespürt, die ihn aber zugleich in große Angst versetzt hätten.

Wir wissen bereits weshalb; der in der Behandlung erst Mo-

nate nach diesem Badewannen-Traum geträumte Kanarienvogel-Traum hat uns nachträglich jene so dramatischen Tage der
Kindheit aufgehellt. Die erregend-beunruhigende Szene in der
Badewanne ereignete sich nämlich in den Tagen der »Aufklärung« durch den älteren Bruder über die unheimliche Rolle der
weiblichen Brüste.

Wir haben mithin die eindrucksvolle Feststellung zu machen,
daß die zum Badewannen-Traum »zufällig« erinnerten beiden
objektalen Bezüge (beunruhigend-erregende Bootsfahrt mit Sekretärin am Vortag – Badewannenszene mit Hausmädchen in der
Kindheit) sich auf Begebenheiten beziehen, die in streng spezifischer Form der im Traum so anschaulich zum Ausdruck kommenden inneren Befindlichkeit entsprechen. Anders formuliert:
Die aktuelle Befindlichkeit des Träumers aufgrund der Versuchungssituation mit der Sekretärin (deren Kleiderausschnitt mit
den deutlich sichtbaren Ansätzen der Brüste ihn schon länger
zunehmend beim Diktieren irritiert hatte) entspricht kategorial
genau seinem Erleben in der Kindheit, als er gebadet wurde und
dem Mädchen (zufällig?) an die Brust stieß. Wir sehen also, daß,
so sehr der Badewannen-Traum Schilderung eines inneren Zustandes ist, mit der Badewannenszene doch zugleich auch die aktuell und historisch jeweils bedeutsamen äußeren Zusammenhänge mit heraufgeholt worden sind. Diese doppelte Bezogenheit gibt dem Traum überhaupt erst die richtige Tiefendimension.

Mit dieser Bemerkung greifen wir schon etwas der anschließend zu besprechenden Traumauswertung, der sogenannten
Traumdeutung, vor. Wenn nämlich diesen Beobachtungen, die
wir am Badewannen-Traum gemacht haben, Allgemeingültigkeit
zukäme, würde sich unabweislich ergeben, daß derjenige, der
sich bei einem solchen Traum mit der Feststellung begnügt, es
handle sich um die Schilderung eines inneren Zustandes, ebenso
zu eng und einseitig urteilt wie jemand, der nur Beziehungen zur
aktuellen Realität sieht, oder der allein nach dem historisch-bio-
graphisch-pathogenetischen Kindheitsbezug fahndet, oder der,
der nach dem Prospektiven sucht und nur den finalen Sinngehalt
im Traum erkennen will. Sie alle sehen nur eine Teilwahrheit, was
sich im Falle einer Behandlung zum Schaden des Patienten auswirken müßte.

Bevor wir so weitgehende Verallgemeinerungen wagen, wollen wir uns unter diesem Gesichtspunkt auch den anderen Traum ansehen, der uns ebenfalls durch seine eindringliche Schilderung des inneren Zustandes so unmittelbar angesprochen hatte. Wir meinen den Bootskiel-Traum mit dem Seebeben und dem am Kiel in zwei Teile auseinanderklaffenden Boot. Kein Märchen und auch kein Dichter vermöchte das erschütternde Erlebnis eines Menschen anschaulicher zu schildern, der sich in sicherer Geborgenheit wähnte (Spaziergang, ruhige See, Sonnenschein), als er sich plötzlich von etwas Übermächtigem ergriffen und, den sicheren Grund verlierend, durcheinandergewirbelt fühlt (Seebeben, Finsternis, durch die Luft geschleudert werden), bis er sich zuletzt, hoffnungslos in zwei Teile aufgespalten, als nicht mehr wieder zusammenfügbares Wrack gestrandet vorfindet, ein Schiffbrüchiger des Lebens. So hatten wir auch die Besprechung dieses Traumes mit der Bemerkung abgeschlossen, daß er eindringlich die die Tragfähigkeit des Träumers überschreitende bedrohliche Innensituation wiedergebe, die hereinbrach, »weil es nicht gelungen ist, ein unterirdisches Seebeben psychisch aufzufangen und zu bewältigen«.

Wir hätten jetzt also zu fragen, was mit dem unterirdischen Seebeben gemeint ist. Die Antwort steht, wenn auch wieder versteckt, gleich im ersten Satz des Traumes: »Ich gehe am Witwenhügel . . .«. Dieser Traum war geträumt, nachdem er tags zuvor die telegraphische Mitteilung erhalten hatte, daß sein Stiefvater in Übersee einen Schlaganfall erlitten habe und in Lebensgefahr sei. Die Auswahl des Witwenhügels unter den vielen hundert hiesigen Hügeln und Bergen erfolgte mithin als Anspielung auf das mögliche Los seiner Mutter. Mit dem Tod des Stiefvaters würde sie wieder frei. So wie sie es damals gewesen war, da er (der seinen Vater schon verloren hatte, bevor er ihn kannte) als ihr einziges Kind die ersten zwölf Jahre seines Lebens noch Tag und Nacht mit ihr teilte, bis dann – für ihn wie ein Blitz aus heiterem Himmel – plötzlich jener vom ersten Tage an gehaßte fremde Mann auftrat, den die Mutter bald heiratete, obendrein noch behauptend, daß sie es in seinem Interesse tue! So stark er sich der Mutter zuvor verbunden gefühlt hatte – diesen »Verrat« hat er ihr nie verziehen. Selbst dann nicht, als die neue Ehe sich schon bald als Katastrophe erwies und er nach heftigen Szenen zwischen den Eltern mehr als einmal plante, gemeinsam mit der Mutter aus dem Haus zu gehen. Immer fiel sie im letzten Moment wieder um. Bis er die Aussichtslosigkeit seiner Erwartung einsehen mußte und verbittert allein fortging.

Leider kann hier nicht, nicht einmal andeutungsweise, nun weiter ausgeführt werden, was an konkreten Daten mitgeteilt werden müßte, um verständlich zu machen, warum in diesem Fall die Möglichkeit des Todes des Stiefvaters im Erleben des Träumers wirklich zu einem gewaltigen, ihn völlig durcheinanderwirbelnden »Seebeben« werden mußte. Es sei lediglich noch erwähnt, daß selbst jenes grauenhafte Traumerlebnis des am Bootskiel langsam der Länge nach Auseinanderbrechens, das so anschaulich seine Persönlichkeitsspaltung ausdrückt, noch einen bedeutungsvollen Objekt-Bezug hatte: Nach seinem schmerzlich gewaltsamen Fortgang von der Mutter lebte er ein verschlossenes Einsiedler-Dasein. Erst eine geschiedene Frau, die ihn in vielem an seine Mutter erinnerte, vermochte ihn langsam ins Leben zurückzuholen. Bis er sich bei der ersten Sexualbeziehung mit ihr eine Gonorrhoe holte, die, da er (und anscheinend auch sie) unerfahren war, nicht frühzeitig genug behandelt wurde. Die Erkrankung griff auf die hinteren Harnröhrenpartien über und machte später für lange Monate qualvolle Bougiebehandlungen (örtliche Dehnungen durch Einführung von biegsamen Sonden zunehmender Stärke in die Harnröhre) erforderlich. Als er davon im Zuge seines Assoziierens zum Traum berichtet, kommt ihm noch nachträglich der Angstschweiß: »Es war grauenhaft! Mir war jedesmal, als ob ich am Kiel auseinandergerissen würde!« Erst dann bemerkt er sein Versprechen und korrigiert sich: »Ich wollte sagen: am Damm . . .«

Diese Andeutungen müssen genügen. Wir sehen unsere am Badewannen-Traum getroffenen Feststellungen am Bootskiel-Traum voll bestätigt. Sie dürften also wohl für alle Träume Gültigkeit haben, mögen diese außerdem auch in noch so eindrucksvoller Weise die innere Befindlichkeit des Träumers wiedergeben. Daß ein Traum inhaltlich gleichzeitig Bezug nimmt auf unsere existentielle Problematik und auf unsere konfliktträchtigen kreatürlichen Bedürfnisse, schließt sich mithin ebensowenig aus wie die gleichzeitige Bezugnahme auf subjektive Gegenwart und objektive Vergangenheit oder auf Kausal-Genetisches und Final-Prospektives. Jedes Paar erweist sich vielmehr in sich als zusammengehörig, und alle Paare zusammen sind derart spezifisch ineinander verwoben, daß sie sich gegenseitig stützen und für unser Verständnis erhellen. Das erklärt auch, warum die verschiedenen Traumforscher je nach Schulzugehörigkeit behaupten konnten, daß sie in den Träumen von Versuchspersonen oder Patienten, sowie auch in den eigenen stets auf die existentielle Problematik oder die Welt der triebhaften Regungen oder die prospektive oder auf sonst eine den betreffenden Forscher besonders interessierende Thematik gestoßen wären. Niemand, der die Mehrdimensionalität des Traumes erfaßt hat, wird dies leugnen. Wir sollten aber heute so weit sein, nicht immer nur einen einzelnen Aspekt zu sehen und uns damit zufriedenzugeben oder, wenn wir ihn bestätigt finden, voreilig zu folgern, daß deswegen ein anderer nicht vorliege oder gar falsch sei. Eine ganz andere Frage ist es, ob ein bestimmter Gesichtspunkt in einer bestimmten Situation im Laufe einer psychotherapeutischen Behandlung bei der Deutung des Traumes mit Vorrang heranzuziehen ist – und wenn ja, welcher –, worauf wir noch einzugehen haben.

Obwohl FREUD bereits erkannt hatte, daß die im Traum auftretenden Personen oder sonstigen Objekte auch Persönlichkeitsanteile des Träumers selbst seien, hat erst JUNG diesen Gesichtspunkt systematisch im Deutungsverfahren berücksichtigt. Er hat die »Subjektstufendeutung« der von FREUD bevorzugten »Objektstufendeutung« gegenübergestellt und ihr bald auch eindeutig den Vorrang gegeben. Die Deutung auf der Subjektstufe hat zweifellos den großen Vorzug, daß sie dem Träumer, dessen innere Befindlichkeit sie greifbar zu machen sucht, meist unmittelbar zugänglich, weil einfühlbar ist. Statt daß der Traum nur im Hinblick darauf ausgewertet wird, auf diese Weise zu den erhellenden Einfällen zu gegenwärtig oder früher im Leben des Träumers wesentlichen Personen oder Situationen vorzustoßen (= Objektstufe), bewirkt Interpretation seines Traumes auf der Subjektstufe, daß sich der Träumer vom Therapeuten unmittelbar in seiner aktuellen inneren Verfassung und Befindlichkeit angesprochen fühlt. Das für den Behandlungserfolg so wichtige emotionale *hic et nunc* (hier und jetzt) ist eingestellt. Wir werden noch sehen, daß andererseits die Gefahr solcher, zumal ausschließlich erfolgenden Subjektstufen-Deutungen in der Versuchung besteht, in der Traumschilderung nur das Spiegelbild des inneren Zustandes zu sehen (also gewissermaßen die authentische Mitteilung: »so ist es«) oder gar den objektivierten Hin-

weis auf den einzuschlagenden Weg (»das mußt Du jetzt tun«).
Mit anderen Worten: zu vergessen, daß der Traum immer mehr
ist als nur Dokumentarfilm des Vergangenen oder nur authentische Schilderung des Gegenwärtigen oder nur Ankündigung
des Zukünftigen.

6. Traum und Transzendentes

Wir haben eben zwei Träume besprochen (Badewannen- und
Bootskiel-Traum), die wir deshalb ausgewählt hatten, weil ihr
eindringlich-anschaulicher Inhalt uns geradezu zwang, in ihnen
sofort Darstellungen der inneren Befindlichkeit des Träumers zu
erkennen. Unerwarteterweise zeigten die Einzelheiten des
Trauminhaltes, die uns diesen Eindruck aufnötigten, zugleich jedoch nicht minder eindrucksvolle Bezüge zu biographischen
Fakten in der Vergangenheit, die sich zudem als streng spezifisch
für die im Traum widergespiegelte augenblickliche innere Verfassung des Träumers erwiesen. So konnten wir an diesen Träumen überzeugend aufzeigen, wie nicht nur Gegenwärtiges und
Vergangenes, Subjektives und Objektives, Inneres und Äußeres
in eins verflochten worden sind, ohne sich gegenseitig zu stören
oder gar auszuschließen, sondern auch, daß umgekehrt diese po-
laren Gegensätzlichkeiten – und ebenso auch noch andere – in
ihrer Gesamtheit dem Traum erst sein spezifisches Kolorit und
die rechte Tiefendimension verleihen, indem sie sich wechselseitig ergänzen und erhellen.

Wenn wir diese Beobachtung sogar bei Träumen machen
konnten, die eine besonders auffällige Bezogenheit zur inneren
Befindlichkeit aufweisen, so ist die Schlußfolgerung naheliegend,
daß es sich um eine grundsätzlich für *alle* Träume gültige Feststellung handelt. In der Tat: Träume sind stets mehrdimensional.
Mehrdimensional nicht, wie es uns anfangs erschien – als wir bei
der Traumarbeit die Verdichtung kennenlernten –, nur als Mehr-
fach-Determiniertheit aus traumökonomischen Gründen verstanden, indem jedes im Traum auftauchende Detail benutzt
wird, um zwei, drei oder noch mehr Dinge zugleich darstellen
zu können. Solche Auffassung ist zwar nicht falsch, wäre aber
doch unvollständig. Bei der Mehrdimensionalität des Traumes
geht es in Wirklichkeit um etwas Umfassenderes. Sie basiert auf
zwei Fundamenten: Erstens auf der *Aufhebung der Kategorie der*

Zeit. So geht es im Traum zwar stets um aktuell Gegenwärtiges, insofern als unser derzeitiger Mangel, das, was uns nottut, deutlich wird. Dies schließt aber zugleich das für die Grundlegung und die Entwicklung des gegenwärtigen Notstandes einstmals wesentliche Vergangene spezifisch ein und ebenso auch den Entwurf auf die mit solchem Hinweis auf Gegenwärtiges und Vergangenes zugleich als Notwendigkeit gegebene Zukunft. Das zweite Fundament ist die *Aufhebung der Kategorie des Raumes.* Unser Ich zeigt sich im Traum noch ungeschieden von einem erst später konstellierten Nicht-Ich, das sich dann noch später in eine Innen- und Außenwelt ausdifferenziert. Im Traum sind wir noch eins mit dem Makrokosmos um uns und dem Mikrokosmos in uns.

Zur Veranschaulichung diene ein Traum, den ein 45jähriger handfest-nüchterner Jurist, der damals von Psychoanalyse noch herzlich wenig wußte und der angab, seit Jahren nicht mehr geträumt zu haben, in der Nacht nach seiner ersten Besprechung mit mir träumte:

Arche-Noah-Traum: Stockfinstere Nacht. Es gießt in Strömen, die reinste Sintflut. Ich allein naßkalt draußen. Vor mir ein uraltes einfaches Holzhaus (vielleicht war es auch ein großbäuchiges Schiff aus Holz). Wie eine Arche Noah. Ich leuchte mit meiner Stab-Taschenlampe durch eine Öffnung der Holzwand (offenes Fenster?) ins Innere, das aus nur einer Kammer besteht, die fast ganz von einem weichen Lager ausgefüllt ist. Aber das kann eigentlich nicht so gewesen sein, denn ich selber lag ja zugleich auch warm zugedeckt auf diesem Lager und war ganz klein und wurde vom Lichtschein getroffen. Oder richtiger: ich fühlte, wie ich von diesem Lager dem Lichtschein (von meiner eigenen Taschenlampe!) im Fenster entgegenwuchs. Das war aber doch wohl erst ganz am Ende des Traumes, als ich wach wurde, weil ich – wahrscheinlich schon die ganze Zeit – vor mich hingeweint habe. Trotzdem beim Erwachen gutes Gefühl.

Ein merkwürdig verworrener, abstruser und doch uns anrührender Traum! Wir müssen aus Raumgründen der lockenden Versuchung widerstehen, diesen Traum jetzt nacheinander im Sinne der verschiedenen Schulen zu interpretieren und diese Ergebnisse dann einmal einander gegenüberzustellen. Fordert doch dieser Traum geradezu zu Deutungen heraus, die je nach Schulzugehörigkeit des Traumdeuters lauten könnten: auf die Mutter gerichtete Inzestphantasien, phallisch-propulsive Tendenzen, Bemächtigungsimpulse, Sehnsucht nach Geborgenheit, Problematik des Ahasver, der Kontaktsuche, »des zu-sich-selbst-Seins« und des »liebend mit-einander-Seins« oder: Rückkehr in den Mutterleib, Todestrieb, das göttliche Kind, Hingabe an den Behandler, positive Übertragung und noch vieles andere mehr.

Das alles einmal einander gegenübergestellt an diesem Traum zu untersuchen, würde denkbar aufschlußreich sein und außerdem noch viele Einzelheiten zu Tage fördern, die uns so entgehen. Statt dessen müssen wir uns hier auf die folgenden Feststellungen beschränken:

In diesem Traum ist erhalten geblieben (was sonst meist im Prozeß der sekundären Traumarbeit verwischt wird), daß der Träumer zugleich »draußen« und »drinnen« ist (Makrokosmos und Ich noch ungeschieden) und ebenso auch aktiv Handelnder und pathisch-mit-sich-geschehen-Lassender in einem (Mikrokosmos und Ich noch ungeschieden; also das noch in sich eint, was L. BINSWANGER trennt, wenn er meint, daß der Mensch im Wachen »Lebensgeschichte macht«, während er im Traum »Lebensfunktion ist« [75b, S. 96]). Es besteht aber nicht nur der Zustand der Aufhebung des Raumes, auch die Zeit ist aufgehoben. Als der heutige einsame Wanderer irrt der Träumer verloren und allein auf der Suche nach Bergung in warmer mütterlicher Behausung durch die Sturmnacht. Er ist aber auch das aus seiner dunklen Geborgenheit vom Lichtschein der Welt draußen aufgeschreckte Kleinkind, das ins Leben treten soll, und – soweit die Symbolik eine solche Interpretation erlaubt und wir »ungeboren« nicht nur biologisch, sondern auch spirituell verstehen – zugleich auch der noch Ungeborene, der aus der blinden Finsternis der Ungeborenheit zum Licht, zum »Geboren«-werden, zur »Erleuchtung« drängt.

Ob es sich nun bei solchem »Wissen« (das wir mit dem letzten Satz unserer Interpretation stillschweigend beim Träumer vorausgesetzt haben) um autochthone vorgeburtliche Erfahrungen aus seinem »kollektiven Unbewußten« handelt oder nur um nachträgliche Rückprojizierungen seines Erwachsenenwissens in graue Vorzeit – in beiden Fällen würde dieser zeitlich am weitesten zurückreichende Bezug des Traumes ausgerechnet seinen zeitlich am meisten vorgreifenden Bezug konstellieren: den zukunftweisenden prospektiven des: Stirb und werde! –

Damit sind wir zum Schluß wieder auf das schon mehrfach berührte Problem gestoßen, das wir auch vorhin noch ohne Antwort lassen mußten, als wir der Frage nachgingen, bis in welche Zeiträume rückwärts, vor allem aber vorwärts der Traum zu dringen vermöge. Selbst wenn es der Wissenschaft durch weitere Verbesserungen der experimentellen Traumforschung oder sonstwie gelingen sollte, das Ausmaß unserer bisherigen Erkenntnisse noch um ein beträchtliches Stück auszudehnen, würde das grundsätzlich doch nichts daran ändern, daß ihr in beiden Richtungen einmal definitive Grenzen gesetzt sind. Wer sie übersteigen will, muß sich nach anderen Möglichkeiten umsehen, Raum und Zeit zu überwinden.

Fassen wir deshalb abschließend noch einmal zusammen, was vom Standpunkt der Wissenschaft zum uralten und ewig neuen Thema Traum und Transzendenz gesagt werden kann: Sollte es, wie die Jung nahestehenden Kreise behaupten, das Prospektive im Traum nicht nur in dem anfangs beschriebenen engeren Sinne geben: – »Schau des Kommenden als natürliche perspektivische Fortsetzung der aktuellen seelischen Lage« (Maeder) –, sondern in jenem sehr viel umfassenderen einer offenbarungsartigen Erschließung des Zukünftigen (so wie es, ebenfalls nach Jung, Träume aus unserem kollektiven Unbewußten gibt, die von unserer vorpersönlichen Existenz Kunde geben) –, dann wären im Traum genau die beiden ehernen Schranken niedergerissen, die dem Menschen seit jeher den unbegrenzten Blick nach vorwärts und nach rückwärts versperrt haben, wenn er das große Geheimnis des Woher? und des Wohin? seiner mit der Geburt beginnenden und mit dem Tode endenden persönlichen Existenz zu ergründen suchte.

Hinter dem Woher? und Wohin? steigt aber unausweichlich sogleich die umfassendere Frage nach dem Wozu? auf, das heißt nach dem Sinn unseres »irdischen« Daseins überhaupt. Eine Frage, auf die die verschiedenen Heilslehren sowie die Weltreligionen stets eine Antwort bereit hatten, zu deren Beantwortung die Wissenschaft aber nur Hilfsdienste leisten kann. Deshalb ist auch die Entscheidung, ob dem Traum wirklich jene ihm seit Jahrtausenden doch immer wieder zugesprochene transzendente Fähigkeit zukomme, etwas, was außerhalb des Zuständigkeitsbereiches wissenschaftlicher Forschung liegt!

Die (sogenannte) Traumdeutung

Der Leser wird enttäuscht werden, wenn er erwartet, gewissermaßen als Prämie für die Ausdauer, mit der er uns auf den oftmals
recht schwierigen Strecken unseres Weges bis hierher gefolgt ist,
jetzt zum Abschluß eine Art Brevier der Traumdeutung zu bekommen, das ihn befähigt, nunmehr seine eigenen Träume und
die Träume seiner Mitmenschen sachgerecht zu deuten, oder die
Traumdeutung sogar berufsmäßig ausüben zu können. Die Zahl
der Unberufenen, die sich, sei es als Gesellschaftsspiel im Kreise
ihrer Bekannten, sei es berufsmäßig, aber ohne sachgerechte
Vorbildung, mit der Deutung von Träumen anderer befaßt, ist
sowieso schon viel zu groß, und es ist nicht Zweck dieser Schrift,
die Zahl dieser Unerwünschten noch zu vermehren. Träume
können, auch wenn man es ihnen zunächst nicht ansieht, eine
Dynamik enthalten und von einer Durchschlagskraft sein, daß es
leichtsinniger Frevel ist, mit ihnen zu spielen, und grobe Verant-
wortungslosigkeit, durch Deutungen beim Träumer etwas in Bewegung zu bringen, das, wenn man es nicht sachgerecht aufzufangen und zu verarbeiten weiß, im günstigsten Fall nur
ungenutzt vertan wird, das sich ebensowohl aber auch gegen den
Träumer richten und ihn ernsthaft in Gefahr bringen kann. Wir
erwähnten bereits, daß gar nicht so selten eine schwere Krankheit
mit einem Traum eingeleitet wird. So beschränken wir uns in den
folgenden Ausführungen bewußt darauf, die *wissenschaftlichen*
Fragestellungen, die sich mit der sogenannten Traumdeutung ergeben, in Kürze aufzuzeigen, sowie auf die vielerlei Arten und
Möglichkeiten, aber auch auf die Grenzen solcher Deutung hinzuweisen.

I. Was heißt beim Traum »Deuten«?

Wir sagten absichtlich »sogenannte« Traumdeutung. Denn es
gibt für das, was nun geschildert werden soll, kaum eine mißver-
ständlichere Bezeichnung als das unglückliche Wort »Traumdeutung«. Das Wort »deuten« hat einen schillernden Sinn. Es

kann sowohl werkgetreue korrekte Interpretation von etwas Gegebenem wie auch subjektives Auslegen bis zum Hineinmystifizieren meinen. Auch der Traumdeutung haftet wie der Schriftdeutung – obwohl es seit KLAGES eine wissenschaftliche Graphologie gibt – immer noch die Tönung von »Deuterei« an, ähnlich wie der Handliniendeutung oder der Sterndeutung. Vielfach wird darunter nicht eine wissenschaftsmethodologisch korrekte Interpretation von Träumen verstanden.

Es mag bedauerlich erscheinen, daß das noch immer so ist. Es wird aber auch immer so bleiben. Denn die breite Masse – und der sogenannte Gebildete, einschließlich des vermeintlich vorurteilsfrei forschenden Wissenschaftlers, glaube ja nicht, daß er ihr in seinem emotionalen Verhalten nicht mehr verhaftet sei! – wendet seit Jahrtausenden ihr Interesse dem Traum nicht deshalb zu, weil sie etwas über Traumarbeit, etwa über Verdichtung, Verschiebung, Darstellung durch das Gegenteil usw. oder über unterschiedliche wissenschaftliche Auffassungen über die Traumfunktion erfahren möchte. Sie erhofft vom Traum Aussagen über die Zukunft und über das, was jetzt zu tun notwendig sei, wenn dies sich auch, wie alles Transzendente, nur in verhüllter Art verkündet. Sie »glaubt« an den Traum, weil für sie heute noch genauso wie vor Jahrtausenden, und im heutigen Berlin oder New York noch genauso wie im heute noch unzugänglichen Zentralbrasilien, der Traum zunächst einmal – im Vergleich gesprochen – Astrologie und nicht Astronomie ist. Das mysteriöse Zwischenreich, dem der Traum angehört, spricht weit mehr das Herz an als das Hirn. Er weckt die ewige Sehnsucht nach dem köstlichen Manna der Metaphysik, aber nicht das Verlangen nach den nüchternen Kalorien der Physik, die der sowieso hungrige Magen sich genauso gut und sicherer auch anderswo holen kann.

Solchem urtümlichen Bedürfnis nach Mysterium – mehr als nach Wissenschaft – kommt der Traum in der Tat in idealer Weise entgegen. Einem stets geheimnisvoll verborgenen Zwischenreich entstammend, bleiben seine Bilder schwankend und sein Inhalt unsicher erinnerbar. Und selbst die klarsten Szenen beginnen sich bei nachträglichem Zugriff durch das Wachbewußtsein wegen ihrer widersprüchlichen Unmöglichkeiten zu verflüchtigen. So scheint die metaphysische Annäherung an den Traum, die in ihm das Mysterium und das Transzendente sucht, vom Traum selbst her geradezu gefordert zu sein. Und es gibt heute noch Wissenschaftler aller Fachgebiete, einschließlich solcher, die sich speziell mit den Äußerungen des menschlichen Seelenlebens befassen, die jede Art von Deutung eines Traumes von vornehrein als unwissenschaftlich ablehnen. Man könne grundsätzlich etwas an sich Sinnloses nicht deuten. Traumdeutung sei ein willkürliches Spiel mit unterschobenen Möglichkeiten, indem jede Deutung nur sekundär wiederherauslese, was der Deuter selber aufgrund seiner theoretischen Voreingenommenheit hinsichtlich Wesen, Funktion und Arbeitsweise des Traumes zuvor in ihn hineinprojiziert habe.

Wer unseren bisherigen Ausführungen gefolgt ist, wird – so hoffen wir wenigstens – trotz aller Schwierigkeiten, Umwege, Zweifel, Unklarheiten und Widersprüche, mit denen wir unablässig zu tun hatten, doch nicht den Eindruck einer theoretischen Voreingenommenheit oder einer Willkür gewonnen haben, wenn er Zeuge war, wie die sich unserer Beobachtung stellenden Einzelheiten des Traumes von uns untersucht und dann ausgewertet wurden. Er mag unser ganzes Unterfangen als gewagt und die Materie als befremdend erlebt haben; er mag auch einzelne unserer Positionen für fragwürdig befunden oder abgelehnt haben. Er wird aber, selbst wenn er sich weitgehend nicht hat überzeugen lassen, insgesamt doch den Eindruck gewonnen haben, daß unsere Schlußfolgerungen, die wir bei unserer aufregenden Entdeckungsreise in unser eigenes Innere aus den beobachteten Tatsachen zogen, und die uns nach und nach zu einer Theorie über den Traum führten, von derselben kritischen Behutsamkeit zeugen, wie sie auch sonst in der Forschung üblich ist, wenn sie sich wissenschaftlichem Neuland zuwendet.

Der gleiche Eindruck besteht hoffentlich auch im Hinblick auf das, was wir bereits an »Deutungen« der von uns mitgeteilten Träume gebracht haben. Dabei sind alle bisherigen Deutungen erzwungenerweise, gewissermaßen wider Willen erfolgt. Denn die Traumbeispiele waren ja bisher nur zur Veranschaulichung des jeweils zur Diskussion stehenden Problems gebracht worden, und nicht, um gedeutet zu werden. Wir haben sogar anfangs alles, was nach Deutung aussehen könnte, geradezu gemieden. Mit zunehmender Vertrautheit mit der Sprache des Traumes war es uns jedoch nicht mehr möglich, den ihnen innewohnenden Be-Deutungs-Gehalt zu übersehen oder zu übergehen, so daß wir bei den letzten Träumen (Badewannen-Traum, Bootskiel-

Traum, Arche-Noah-Traum) partiell schon stillschweigend eine Art indirekter, wenn auch immer noch nicht systematischer Traumdeutung vorgenommen haben. Aber vollzieht derjenige, der von einer geplanten Reise oder einem vorgesehenen Geschäftsabschluß zurücktritt, weil ihn – so glaubt er wenigstens – sein Traum gewarnt hat, nicht auch schon eine Deutung? Selbst dann, wenn die von ihm vorgenommene Auslegung seines Traumes allen Regeln wissenschaftlicher Traumforschung geradezu Hohn spricht?

Wir sehen: Das wirkliche Problem der Traumdeutung besteht nicht darin, daß das Wort Deutung einen so unscharfen, schillernden Sinn hat. Seine Ersetzung durch ein anderes Wort, beispielsweise durch Interpretation, Auslegung, Auswertung, Analyse usw., ginge am Wesentlichen vorbei. Denn auch die neue Bezeichnung würde zwangsläufig vom Stoff her, mit dem sich die nun so bezeichnete Tätigkeit zu befassen hat: den »schillernden« Träumen, das gleiche Schicksal erleiden. Statt dessen müssen wir uns darüber klarwerden, was wir eigentlich unter Deutung (oder einem anderen ähnlichen Wort) verstehen wollen und wie weit oder wie eng wir den Rahmen dieses Begriffes zu fassen haben. Diese Forderung wird nicht aus Freude an spitzfindigen Begriffsklaubereien erhoben, sondern ist – wie wir bald sehen werden – vom Gegenstand her geboten.

»Deuten« eines Traumes meint doch offensichtlich das Erfassen seiner verborgenen Bedeutung. Wäre das Wort »Erfaßbarmachung« des Traumes nicht ein solches Sprachungeheuer, würde es wohl am besten das Gemeinte wiedergeben. Nun können wir grundsätzlich zwei verschiedene Arten der »Erfassung« eines Traumes unterscheiden: eine in vielen Spielarten variierende »naive«, die sogar oft nahezu unbemerkt und nur beiläufig erfolgt, sowie eine wissenschaftlich systematische (der gegenüber die erstgenannte auch als »vorwissenschaftliche« abgegrenzt werden könnte). Genauso wie die Menschen sich, bevor es den Wissenschaftszweig Physik gab, bereits »naiv« mit den später der Physik zugerechneten Naturphänomenen auseinandergesetzt haben, ebenso haben sie es, bevor es eine wissenschaftliche Traumdeutung gab, mit dem »Naturphänomen« des Traumes getan. Aber so wie die Masse der Menschen heute noch trotz einer hochentwickelten Astronomie unverändert nach der Astrologie fragt, und wie trotz aller das Weltbild revolutionierenden

Fortschritte der Physik und Chemie eine größere Faszination von Metaphysik und Alchimie ausgeht, ebenso wird auch die wissenschaftliche Traumdeutung niemals die vorwissenschaftliche verdrängen.

II. Die spontane Erfassung des Traumes

Gegenüber diesen Fakten sehen wir uns vor die folgende Entscheidung gestellt: Entweder wir nehmen den Standpunkt ein, daß jene naive, vorwissenschaftliche Art, an den Traum heranzugehen, nicht die Bezeichnung »Deutung« – und damit auch nicht mehr unser weiteres Interesse hier – verdient, da sie durch die wirkliche Deutung, die auf der modernen wissenschaftlichen Traumforschung basiert, endgültig überholt ist. Dann könnten wir mit noch einigen allgemeinen Ausführungen getrost das Kapitel »Deutung des Traumes« abschließen, da das Thema der Traumdeutung in der psychotherapeutischen Situation unter seinem »behandlungstechnischen« Aspekt aus den angeführten Gründen nicht mehr zu den Aufgaben dieser Schrift gehört.

Wir könnten aber – und zwar gerade als Wissenschaftler – auch umgekehrt fragen: Wie erklärt sich die Hartnäckigkeit, mit der sich solche vorwissenschaftliche Einstellung unbekümmert um alle wissenschaftlichen Fortschritte erhält? Und wenn in uns allen, wie vorhin behauptet wurde, trotz aller wissenschaftlichen Aufgeklärtheit ein Rest dieser »Primitiv-Reaktionen« (um es einmal wissenschaftlich auszudrücken) wirksam bleibt, könnte dann nicht sogar manches Mal bei dem, was wir für das Ergebnis einer wissenschaftlich korrekten Traumdeutung halten, jene andere Art der Erfassung unbemerkt mit beteiligt gewesen sein – vielleicht sogar entscheidend?

In der Berechtigung eines solchen Zweifels werden wir durch folgende Beobachtung bestärkt. Wir sind in der psychotherapeutischen Behandlung gewohnt, unter anderem aus Art und Stärke der Resonanz des Träumers zu schließen, ob unsere Deutung zutrifft und im gegebenen Augenblick richtig ist. Dann kommen wir aber beim Träumer des Arche-Noah-Traumes (ein Traum, der spontan als Antwort auf die Erstbesprechung mit mir am Vortage geträumt war) nicht um eine wichtige Schlußfolgerung herum: Angesichts der Tatsache, daß er mit erlösendem

Weinen aus seinem Traum erwachte – also bereits vor einer bewußten und ausdrücklichen Deutung seines Traumes durch andere oder durch ihn selbst! –, bleibt uns nur die Erklärung, daß
etwas in ihm selbst etwas anderes in ihm selbst noch vor dem vollen Erwachen erfaßt – »gedeutet« hat. So befremdlich solche Erklärung auch zuerst wirkt, würde sie doch gut in Einklang stehen
mit dem, was wir schon mehrfach über die Erweiterung der Innenwahrnehmung im Traum infolge Schwindens der Tren-
nungsschranken zwischen den einzelnen Persönlichkeitsanteilen
ausgeführt haben. Mithin würde es auch eine Art von Deutung
geben, die von einem Verstehen im Sinne reflektierter Bewußtmachung unabhängig wäre. Sie könnte unmerklich ständig im
Spiele sein, und sie scheint an Wirksamkeit in nichts der Deutung
nachzustehen, um die wir uns systematisch bemühen. Vielleicht
käme es auf sie sogar entscheidend bei der zu therapeutischen
Zwecken erfolgenden Deutung eines Traumes an, indem die bewußt vorgenommene Deutungsarbeit nur den Zugang zu jener
anderen Art des Erfassens erschließt?

Solches Selbsterfassen des Traumes vor und jenseits aller bewußten Wach-Reflexion kann bereits so früh erfolgen, daß es
zum Schluß noch in den Traum selber eingeht. Dieser Sachverhalt wird sehr schön veranschaulicht durch den nachstehenden,
einer jungen unverheirateten Frau zugeschriebenen Traum (der,
wenn auch nicht im ganzen erfunden, so doch zum mindesten
ausgezeichnet ausgeschmückt worden zu sein scheint):

Faun-Traum: Ich mache einen Spaziergang durch eine herrliche Wald-
landschaft. Der Wald wird immer dichter. Plötzlich sehe ich mich einem
Faun gegenüber. Ich versuche seine Gegenwart einfach zu negieren, indem ich unverändert langsam weitergehe. Der Faun folgt mir in gleichem
Abstand. Ich gehe schneller. Der Faun folgt ebenfalls schneller, immer
den gleichen Abstand wahrend. Es wird mir doch langsam unheimlich.
Ich renne. Er auch – in gleichem Abstand. Glücklicherweise sehe ich jetzt
ein altes, verfallenes Haus vor mir. Ich renne darauf zu und werfe die
Haustür hinter mir fest ins Schloß. Als ich eben befreit aufatmen will,
muß ich zu meinem Entsetzen feststellen, daß der Faun trotz verschlossener Tür wieder im gleichen Abstand wie zuvor vor mir steht. Ich versuche mich in ein Zimmer zu retten, dessen Tür ich abschließe. Es hilft
nichts: wieder steht der Faun stumm im gleichen Abstand neben mir. Ich
fliehe aus dem Zimmer, renne einen schier endlosen Korridor entlang,
der Faun in gleichem Tempo hinter mir her. Als ich, am Ende angelangt,
keinen Ausweg mehr sehe, drehe ich mich entschlossen um, gewillt, mich
mit dem Rücken zur Wand gekehrt, gegen die Zudringlichkeit des Ver-

folgers bis zum letzten zur Wehr zu setzen. Als er sich stumm vor mich hinstellt, brülle ich ihn an: »Warum läßt du mich nicht in Frieden? Was willst du von mir?« Worauf der Faun mich groß ansieht und halb überrascht, halb nachsichtig zurückfragt: »Ja, woher soll ich das wissen? Es ist doch dein Traum!«

Wir können uns eben nicht selber entfliehen! Auch nicht unseren treibhaften Bedürfnissen, selbst wenn wir sie infolge ihrer Verdrängung nicht mehr bewußt wahrnehmen. Mag es uns auch noch im Getriebe des Tages weitgehend gelingen, der Traum hält uns hinterher den Spiegel vor. Das hatte SCHOPENHAUER klar erkannt, wenn er, wie bereits zitiert, feststellt, daß »im Traum in allen uns erscheinenden Personen wir selbst stecken«, oder wie wir es ausgedrückt haben, daß es »tatsächlich nichts, aber auch gar nichts im Traum gibt, was nicht zugleich auch ich selbst oder ein Stück von mir selbst wäre.« Im jetzigen Zusammenhang interessiert uns der Faun-Traum deshalb, weil er ein Musterbeispiel jener sich selbst deutenden Träume ist, ohne daß solche Erfassung (»Deutung«) über den Weg reflektierter Bewußtmachung erfolgt wäre (womit wir diese Art von Träumen bzw. die Tatsache, daß sie unreflektiert erfaßt werden, nicht etwa als Bezeugung ihrer übernatürlichen Eingebung gewertet wissen möchten!).

Wir spüren: hier sind wir auf etwas gestoßen, das es doch weiter zu verfolgen lohnt. Zunächst einmal ergab sich aus unseren (dem Faun-Traum vorangehenden) Ausführungen, daß wir bei der Traumdeutung zu unterscheiden hätten zwischen einer Fremddeutung (durch einen anderen) und einer *Selbst*deutung. Wichtiger als dieser mehr formale Unterschied ist jedoch die Unterscheidung zwischen einer vorsätzlich und *aktiv* bewußten Deutungsarbeit (gleich, ob es sich um Träume anderer oder um eigene handelt) und einem unbemerkt *pathisch* geschehenden, unreflektierten Erfassen der eigenen Träume. Dies ist es, was wir als Deutungsvariante noch genauer erforschen müßten. Fragen wir uns deshalb, in welchen Eigenschaften oder Merkmalen sich der in diesem Gegensatzpaar (»vorsätzlich, aktiv bewußt vollzogen« – »unbemerkt pathisch geschehend«) eingefangene Aspekt verschiedener Möglichkeiten der Traumdeutung sonst noch äußern könnte.

Wir hatten (schematisiert) bereits auf der einen Seite von »naiv«, »vorwissenschaftlich«, »unbemerkt pathisch gesche-

hend« gesprochen und könnten diese Kennzeichnung vom Deskriptiven her noch ergänzen durch Eigenschaften wie: beiläufig,
unsystematisch, nicht-rational; vom Erleben des »Deutenden«
her gesehen, könnten wir auch von kontemplativer Versenkung
oder von Hingabe an die Anschaulichkeit der Traumbilder sprechen. Demgegenüber ergäben sich auf der anderen Seite, wieder
vom Deskriptiven her gekennzeichnet, die schon genannten
Merkmale, wie »wissenschaftlich«, »systematisch«, »reflektiert«,
»vorsätzlich aktiv vollzogen«; wir könnten sie noch ergänzen
durch exakt, rational sowie – wiederum auf den »Deutenden«
bezogen – geistige Distanz zum Forschungsgegenstand wahrend
und, nicht minder wichtig, auch zu sich selbst als forschend Hin-
gegebenem – Gewiß, das ist ein etwas gewaltsam aufgestelltes
Schema. Aber es klärt trotzdem insofern, als sich immer deutlicher die beiden Pole herausschälen: Hier Kultus – dort Wissenschaft, oder, wenn sich die Begriffe auch nicht genau damit dek-
ken: hier Heilung – dort Forschung. »Heilung« im doppelten
Sinne seiner Wortwurzel verstanden: »heil«, aber auch »Heil«,
die das Wortspiel Seelen-Heilkunde und Seelenheil-Kunde ver-
deutlicht.

Mit dieser Gegenüberstellung beginnt sich aber der eben her-
ausgestellte Gegensatz auch schon in unerwarteter Weise aufzu-
lösen. Wir hatten uns vorhin schon gefragt, worum es eigentlich
bei der Traumdeutung gehe. Wir hatten von einer »Erfaßbarmachung« der dem Träumer bis dahin verborgen gebliebenen Bedeutung seines eigenen Traumes gesprochen. Wie geschieht das?
Dadurch, daß dem Träumer der Zugang eröffnet wird zu etwas,
dem er, obwohl es sein eigenes Werk ist, wie ein Fremder ver-
ständnislos gegenübersteht. Die Deutung soll ihm etwas ihm
Gehöriges, aber Unzugängliches (wieder) zugänglich machen.
Das bedeutet, sie soll dem Träumer zur Reintegrierung eines eigenen Persönlichkeitsanteils verhelfen, der von ihm selbst, als zu
fremdartig empfunden, nicht angenommen wurde und nur in das
»Draußen« seines Traumes projiziert zur Kenntnis genommen
werden kann. Mithin liegt ein ähnlicher Sachverhalt vor, wie ihn
die moderne psycho-somatische Medizin aufzeigen konnte: Um
zu vermeiden, seine psychische Problematik zur Kenntnis nehmen zu müssen, weicht ein Mensch in das (vom Psychischen her
gesehen) »Draußen« seines Körpers, in eine sich »verkörpernde«
Erkrankung aus. Es gilt also, die im Träumer aufgerichtete und

ihn am Verständnis seiner selbst hindernde Trennwand zwischen
Wach-Ich und Traum-Ich so durchlässig zu machen, daß er sich
wieder selber versteht, weil er sich selber wieder ungeteilt als eine
Einheit angenommen hat, mithin wieder »heil« ist.

Wie tausendfache Erfahrung zeigt, kann eine Deutung aber
auch, obwohl sie wissenschaftlich korrekt, also »richtig« ist,
doch wirkungslos bleiben oder sogar die Trennwand eher noch
verstärken oder sonstiges Unheil (!) anrichten, wenn sie in ungeeigneter Form oder an ungeeigneter Stelle oder zur ungeeigneten
Zeit erfolgt. Obwohl wissenschaftlich richtig, war sie, von ihrer
heilenden Funktion her gesehen, falsch. Ebenso könnte man –
überspitzt – auch umgekehrt sagen: Eine Deutung kann wissenschaftlich – und zwar inhaltlich und sachlich zugleich – »falsch«
sein, kann aber trotzdem in einer Art oder zu einer Zeit oder an
einer Stelle gegeben worden sein, daß die bisher das Selbstver-
ständnis hindernde Wand vorübergehend so durchlässig wurde,
daß der Träumer sich in seinem Traum erfaßt. So kann sogar eine
wissenschaftlich falsche Deutung trotzdem einmal »richtig«
sein.

Wir wählten absichtlich die extremen Grenzfälle. Denn sie
zeigen, daß es bei einer Deutung nicht allein auf die objektive
wissenschaftliche Richtigkeit, sondern auch noch auf etwas ganz
anderes ankommt, damit sie auch »richtig sitzt«, d. h., dynamisch wirksam werden kann. Nennen wir es: ihre »dynamische
Richtigkeit«. Eine Deutung ohne solchen Wirkungserfolg hat
günstigstenfalls noch den Wert einer Aufklärung, ist aber per
Definition schon keine Deutung mehr, selbst wenn sie inhaltlich
objektiv richtig war. Wenn aber jenes »andere« als unerläßliches
Etwas mit zum Gesamt eines wirksamen Deutungsvorganges gehört, verdient es auch unser volles wissenschaftliches Interesse.

Hinzu kommt noch folgendes: Ein lateinisches Sprichwort
besagt: »Die Natur heilt, der Arzt hilft nur«. In heutiger Sprache
würden wir diesen Gedanken etwa so ausdrücken: Die Aufgabe
des Arztes beschränkt sich darauf, die lahmliegende oder fehlge-
leitete Selbstheilungstendenz des Organismus zu fördern bzw.
richtig einzubeziehen. Die wissenschaftliche Medizin des Arztes
und ebenso die vorwissenschaftliche Heilbehandlung, wie sie
vom Gesundbeter, Kurpfuscher oder vom »primitiven« Medizinmann mit seinen Zaubermitteln ausgeübt wird, bedürfen zu
ihrem Gelingen der Übereinstimmung mit dieser biologischen

Selbstheilungstendenz. Das gilt nicht nur für körperliche Krankheiten, sondern ebenso für seelische Störungen. So ist grundsätzlich die Möglichkeit nicht von der Hand zu weisen, daß – wenn Traumdeutungen während einer Behandlung zum heilenden Rüstzeug des Psychotherapeuten gehören – Träume auch einmal, ohne daß sie von einem anderen erst gedeutet werden müßten, vom Träumer selbst bereits in einer Art unterschwellig verlaufendem inneren Erkennen erfaßt werden. Dies um so mehr, als wir ja schon hörten, daß am Anfang und an den Wendepunkten seelischer, aber auch körperlicher Erkrankung nicht selten ein Traum gestanden hat.

Wir versuchten aufzuzeigen, daß während einer psychotherapeutischen Behandlung selbst die exakte, wissenschaftlich wohlfundierte Deutung, um heilende Wirksamkeit zu erlangen, auf einen irrationalen Faktor, nämlich die spontane Selbstheilungstendenz, angewiesen ist, die weder vom Arzt noch vom Patienten direkt gesteuert werden kann. Das müßte dann aber für den Traum schlechthin gelten, also auch für Träume, die außerhalb dieser speziellen Situation geträumt wurden, gleich ob von Kranken oder Gesunden. (Wie Boss neuerdings wieder gezeigt hat, können die Träume von Kranken und Gesunden einzeln auch vom Fachmann nicht voneinander unterschieden werden. Haben die Konflikte beim Gesunden auch nicht zu Störungen geführt, die entweder seelisch oder körperlich offenbar werden, so werden sie doch, genau wie beim Erkrankten, unablässig in seinen Träumen verarbeitet.)

Damit würden wir aber stillschweigend die weitere Möglichkeit einräumen, daß dem Vorgang des Träumens als solchem schon eine ausgleichende und damit heilende Wirkung zukommen könnte, wie von manchen Traumforschern behauptet wird. Am eindeutigsten hat BJERRE mit seinem Buch *Träumen als Heilungsweg der Seele* diese Auffassung vertreten. Wenn wir auch viele Positionen in seiner Schrift dem Künstler BJERRE glauben zuschreiben zu sollen, so können auch wir eine solche Möglichkeit nicht einfach ablehnen. Sie würde auch mit unseren Ausführungen zur Funktion des Traumes nicht in Widerspruch stehen. Wir könnten dabei wieder auf die bereits mitgeteilten Beobachtungen verweisen, daß unser anschauliches und erst recht unser emotional getöntes Denken im Wachen wie im Schlafen (Träumen) stets von Mikro-Innervationen mit entsprechenden

Mikro-Aktionen begleitet ist,[1] eine Beobachtung, die möglicherweise vom Physiologischen her eine heilsame Wirkung des Träumens als solches erklärte, also auch ohne eine erst über das Bewußtsein erfolgende Deutung. Denn die intensive Hingegebenheit eines Menschen im Traum an die im Tagesgetriebe vernachlässigte, ungelebte Seite seines Wesens, könnte dank dieser sie begleitenden Bewegungsimpulse ungeachtet ihres Mikro-Charakters eine »bahnende« Wirkung haben und dadurch zur Reintegration jener Wesensseiten mit beitragen.

Unabhängig davon, ob diese physiologische These zutreffend ist oder nicht, sollten wir die Möglichkeit einer unbemerkten spontanen Erfassung des eigenen Traumes niemals außer acht lassen und sie deshalb auch während einer psychotherapeutischen Behandlung in Rechnung stellen, um uns nicht über Wert und Wirkung der vorsätzlichen und bewußt vollzogenen Deutungsarbeit frommen Selbsttäuschungen hinzugeben.

III. Die vorsätzliche Deutung
(Traumauslegung)

Erst nachdem auf diese mit dem problematischen Begriff Traumdeutung aufgeworfenen Fragen und meist übersehenen Möglichkeiten nachdrücklich hingewiesen wurde, können wir nun das besprechen, was gewöhnlich allein unter Traumdeutung verstanden wird, nämlich die systematische Bemühung um das *bewußte* Verständnis des Traumes, und zwar gleich, ob es um Selbstdeutung oder Fremddeutung geht, ob bloße Neugier, wissenschaftliche Interessen oder therapeutische Zielsetzungen dahinterstehen. Da auch in beiden Fällen die Mittel, mit denen das erstrebte Ziel verfolgt wird, zum großen Teil identisch sind, scheint es am zweckmäßigsten, daß wir diese Mittel schon jetzt bei der Besprechung der Selbstdeutung darstellen, um dann später bei der Fremddeutung vor allem auf das für die therapeutische Situation Spezifische einzugehen.

---

[1] Anm. 1971: Wie erst nach Niederschrift dieser Zeilen in unerwartetem Ausmaß durch experimentelle Traumforschung bewiesen wurde.

1. Die vorsätzliche Selbstdeutung

Das geschichtlich berühmteste Beispiel einer sich über Jahre hinziehenden Bemühung um die Selbstdeutung seiner Träume hat FREUD gegeben. Seine die moderne Traumforschung einleitende *Traumdeutung* ist zum großen Teil Niederschlag dieser Eigenerfahrung. Sie hatte aber noch viel weitergehende Folgen. Sie gab den Anstoß zu einer Behandlungsmethode, die ohne geschichtliches Vorbild war und uns heute als Psychoanalyse geläufig ist.

Welches sind die Mittel, deren sich solche durch Selbstanalyse gewonnene Traumdeutung bedient? Lassen wir jetzt die vorhin besprochene Möglichkeit eines sich spontan unterschwellig vollziehenden Erfassens des Traumes als nicht hierhergehörig beiseite, so vollzieht sich doch auch bei vorsätzlich bewußt vollzogener Selbstdeutung ein wesentlicher Teil in »naiver«, also vorwissenschaftlicher Form. Wir erwähnten bereits als Beispiel, daß jemand den ganzen Vormittag bedrückt umherläuft, ohne eigentlich recht zu wissen warum, bis ihm dann plötzlich einfällt, daß er einen »bösen« oder »schweren« Traum gehabt hat, wie es in der alten Volksweise heißt:

> »Ich hab' die Nacht geträumet
> wohl einen schweren Traum.«

Oder wie bei MÖRIKE das von seinem Liebsten verlassene Mädchen klagt:

> ». . .
> ich schaue so drein
> in Leid versunken.
> Plötzlich, da kommt es mir,
> treuloser Knabe,
> daß ich die Nacht von dir
> geträumet habe.
> Träne auf Träne dann
> stürzet hernieder . . .«

a) Die Traumstimmung

Das, was den Träumer packt und zur Erfassung seines Traumes zu befähigen scheint, ist offensichtlich die Traumstimmung, also die emotionale Getöntheit des Traumes. Sind aber die Traumbil-

der in der Lage, jene Dynamik der Traumstimmung wieder heraufzubeschwören, so ist es auch nicht mehr so abwegig, dem
nachträglichen kontemplativen Wieder-Versenken in den eigenen Traum eine Wirksamkeit, und zwar meist im emotional lö-
senden, heilsamen Sinne zuzusprechen. Wieder ist es kaum möglich, eine solche Auffassung objektiv zu beweisen. Andererseits
ist jedoch auch keine Wissenschaft in der Lage, eine solche Möglichkeit zu widerlegen, mag sie auch von der Traumdeutung im
Sinne einer Bewußtmachung der Traumaussage weit entfernt
sein. Es wird ja auch keine Wissenschaft bestreiten wollen, daß
schon oft in historisch entscheidungsschweren Stunden für den
Krieger der bloße Anblick der Fahne, oder für den Christen der
Anblick des Kreuzes eine »erhebende« Wirkung mit nachfolgenden, manchmal recht handgreiflichen praktischen Auswirkungen
gehabt hat. Und es gibt Traumbilder von einer Erhabenheit und
Traumstimmungen von einer ergreifenden Macht, die den genannten beiden Symbolen an Eindringlichkeit in nichts nachste-
hen.

Aber wir beziehen uns bei diesen Ausführungen gar nicht einmal nur auf solche »positiven« Erlebnisqualitäten, sondern meinen das Emotionale oder Affektive im Traum schlechthin. Wir
möchten sogar ausdrücklich die Angstträume und insbesondere
die Alpträume nicht ausgeschlossen wissen, die uns so lebendig
noch ins Wachbewußtsein hinein verfolgen können, daß wir
Mühe haben, uns zu vergewissern, daß wir der Traumwirklichkeit entronnen sind. Merkwürdigerweise kennen wir auch
Träume, deren Inhalt objektiv grausig ist, die den Träumer somit
sehr quälen müßten, die ihn aber völlig unberührt lassen, wie
beispielsweise den Traum von dem in Scheiben geschnittenen eigenen Kind. Solche Träume waren der Grund dafür, daß die moderne Traumforschung dem Affekt im Traum ihre besondere
Aufmerksamkeit zuwandte. Sie brachten FREUD zu der für die
»naive« Traumdeutung befremdlichen Erkenntnis, daß die im
Traum auftretenden Affekte, wie Trauer, Freude, Haß, Liebe,
Schmerz usw., keineswegs den Personen oder Objekten zugehö-
ren müssen, an die sie im Traume gebunden sind, sondern daß
die im Traum bestehende Zuordnung vielfach das Ergebnis der
Traumarbeit (im Sinne einer Verschiebung oder sekundären Bearbeitung) ist. Der »naiven« Traumdeutung als vorwissenschaftlicher Methode liegt eine solche Möglichkeit, die die Gewißheit

und Verläßlichkeit unserer subjektiven Erlebensweise in Frage
stellt, völlig fern, und es ist gewiß kein Zufall, daß FREUDS aus
vieltausendfachen Einzelbeobachtungen gewonnene Erkenntnis
auch von der wissenschaftlichen Kritik mit größter Zurückhaltung aufgenommen wurde und sich zum Teil auch heute noch
nicht durchgesetzt hat. Widerspricht sie doch in grober Weise
dem mit voller Eindringlichkeit im Traum Erlebten.

Um so mehr muß es deshalb auffallen, daß es in der im Volke
laienhaft ausgeübten Traumdeutung vielfach Auslegungen in
dem Sinne gibt, daß beispielsweise ein geträumtes Leichenbe-
gängnis eine Geburt, ein langes Leben oder ein sonstiges glück-
haftes Ereignis bedeute, daß sich also im Traum ein Affekt auf
ein Ereignis beziehen kann, dem eigentlich der entgegengesetzte
Affekt zukommen müßte. Auch die im Volke weitverbreiteten
sogenannten ägyptischen Traumbücher enthalten solche affekt-
paradoxe Auslegungen. Wir können somit zu unserer Überraschung befriedigt feststellen, daß das befremdliche Traummittel
der »Darstellung durch das Gegenteil«, das uns anfangs so viel
Kopfschmerzen bereitete, sich dann aber als vielleicht wichtig-
ster Zugang zum Verständnis des Traumes erwies, auch der naiven Laien-Beobachtung und der vorwissenschaftlichen Traumdeutung nicht entgangen ist und selbst in den ägyptischen
Traumbüchern seinen Niederschlag in Auslegungen mit Affekt-
umkehr gefunden hat.

Ist das alles aber wirklich so überraschend und paradox, wie
es uns bisher erscheinen will? Erinnern wir uns daran, was wir
am Ende des Abschnittes »Darstellung durch das Gegenteil«
ausgeführt haben, als wir das zunächst gewählte Gleichnis vom
Menschen als eines Kreises mit seinem Mittelpunkt durch das
treffendere von einer Ellipse mit ihren beiden (Erlebnis-) Brennpunkten ersetzten, die, wir wir es formulierten, »trotz ihres Getrennt-seins doch eine ausgewogene Einheit darstellen«. Antworten beide Zentren auf ein bestimmtes Erlebnis einigermaßen
übereinstimmend, also syn-ton, gibt es keine Spannung, mithin
auch keinen Anlaß für eine Konfliktverarbeitung im Traum. Je
widersprüchlicher, je stärker dyston, je antinomischer jedoch
beide re-agieren, um so unvermeidlicher und tiefergreifend der
Konflikt; um so dringlicher aber auch die Notwendigkeit, ihn im
Traume zu verarbeiten, um zu einer einigenden Lösung zu gelangen. Und zwar – wie wir nun schon wissen – unter kompensa-

torischer Akzentuierung des im Tageserleben zu kurz Gekommenen. Je stärker also die Vernachlässigung oder Verleugnung
am Tage, um so massiver und notwendiger eine ausgleichende
Betonung im Traum, wobei die Kategorie des Erlebens unverändert die gleiche bliebe.

Rein deskriptiv hätten wir damit aber genau das getroffen, was
von uns bisher schon mehrfach als »Darstellung durch das Gegenteil« (FREUD) beschrieben wurde. Die Art dieser Darstellung
würde nämlich, nunmehr dynamisch gesehen, nur den dem
Menschen eigenen Modus möglicher Ambivalenz gegenüber ein
und demselben Objekt oder einer und derselben Erlebniskategorie widerspiegeln. Und so ist es auch nur natürlich, wenn dieses
anthropologische Faktum sowohl in der wissenschaftlichen Literatur über den Traum (FREUD) als auch in den vorwissenschaftlichen Traumbüchern beobachtet und in der ihnen jeweils
gemäßen Ausdrucksweise dargestellt wird.

b) Allegorie und Metapher

Bei der vorsätzlichen Selbstdeutung des Traumes (und erst recht
bei der »naiven«) spielt neben der Auswertung der Traumstimmung das unmittelbare Erfassen des Symbols, der Allegorie und
der Metapher eine wichtige Rolle. Die im Einführungskapitel
dieses Buches zitierten, von JOSEPH gedeuteten Träume bieten
klassische Beispiele für eine *allegorische* Interpretation. Die Anschaulichkeit des Bildes von den sieben mageren Kühen, die die
zuvor aus dem fruchtbaren Nilwasser herausgestiegenen sieben
fetten Kühe fressen, ohne daß sie dadurch dicker würden, macht
uns allen die allegorische Interpretation von sieben Hungerjah-
ren, die den Wohlstand der vorausgegangenen sieben fetten Jahre
wieder restlos aufzehren, einleuchtend. Auch die nach Art der
Bilderrätsel erfolgende Darstellung gewissermaßen beim Wort
genommener unzähliger Bezeichnungen und Redensarten, die
im Traum bevorzugt angewandt wird (»Brett vorm Kopf«),
würde hierher gehören. Erinnert sei an die erwähnte Zeichnung,
auf der nicht weniger als zehn Sprichwörter in dieser Art wortge-
treu dargestellt waren, indem beispielsweise jemand wirklich den
Teufel an die Wand malt, jemand wirklich aus den Wolken fällt,
usw. In diesem Zusammenhang kommen wir auch noch einmal
auf PIETER BRUEGELS Sprichworteiland zurück, in dem sogar

hundert Sprichwörter und Redensarten vom Maler in einem einzigen Gemälde vereinigt wurden.

Entsprechend finden wir im Traum das »Zuhochhinauswollen« dargestellt durch jemanden, der unter Lebensgefahr an einem steilen Bergabhang oder an einem Wolkenkratzer an der Außenwand in den Steinfugen mühsam emporklettert, bis er sich schließlich »verstiegen« hat. Und die naive Traumdeutung braucht bloß derart anschauliche Bilder ins Sprachlich-Redensartliche umzusetzen, um einen Sinngehalt zu erfassen. Wenn überhaupt, erfolgt solche Sinnerfassung meist spontan und unreflektiert, oft aber auch erst nach bewußtem Bemühen; so wie uns auf BRUEGELS Gemälde ein Teil der darin enthaltenen Sprichwörter und Redensarten sofort aufgeht, ein anderer Teil sich uns erst nach längerer forschender Bemühung oder auch liebevoller Versenkung erschließt, ein Rest jedoch auch dann noch unverstanden bleibt.

c) Das Symbol

Ähnliches gilt vom Erfassen des Symbols. Die wenigen echten Symbole sprechen uns kraft ihrer aus der *coincidentia oppositorum* (Zusammentreffen der Gegensätze) stammenden Dynamik unmittelbar und in allen Schichten unserer Person zugleich an. Daher ihre einmalige Bedeutung.

Was man jedoch heute alles unter der Bezeichnung Traumsymbol zusammenfaßt, verdient, wie bereits gesagt, nur zum kleinen Teil bzw. nur bedingt diese Kennzeichnung. So sind viele dieser sogenannten Symbole aus der das echte Symbol charakterisierenden dynamischen Vieldeutigkeit (im guten Wortsinne) längst herausgetreten und zum Teil schon so eindeutig geworden, daß sie, wie die Vokabeln in einem fremdsprachlichen Lexikon, zu einer festgelegten, banalen Übersetzungsbedeutung erstarrt sind. So ist auch die große Gefahr aller schulmäßig fixierten Traumsymbolik, daß ihre ursprünglich mehrdimensionale Fülle zur flächenhaften oder gar linearen Enge immer mehr zusammenschrumpft.

Andererseits ist der gelegentlich vorgebrachte Einwand töricht, daß das Vorkommen von Symbolik in Träumen heutzutage nichts mehr beweise, da es FREUD, JUNG und anderen inzwischen gelungen sei, mit ihren angeblichen Symbolbedeutungen das Be-

wußtsein der Menschen derart zu infiltrieren, daß sie nur wiederträumten, was sie vorher gelernt hätten. Das Werk von ARTE-
MIDOROS zeigt, daß die Menschen vor zwei Jahrtausenden
nahezu die gleichen Traumsymbole kannten, und Entsprechendes bestätigen uns die Ethnologen von heutigen sogenannten
Primitiven, die bisher ohne Kontakt mit unserer Zivilisation waren.

Wie wir wissen, kann uns der Symbolgehalt der Märchen, Mythen und Sagen unmittelbar und ohne jedes Reflektieren zugänglich sein. Auch wenn sie nicht über den Weg bewußter geistiger
Aneignung verläuft, verrät diese Art der Sinnerfassung doch ihre
Wirksamkeit dadurch, daß sie unsere Gestimmtheit nachhaltig
beeinflussen kann. Das gleiche gilt für das Erfassen der Symbole
im Traum.

Alle Figuren und Geschehnisse, die als Traumsymbole geeignet sind, können jedoch auch in ihrer konkreten Bedeutung gemeint sein (meist beides zugleich), was nur aus dem Gesamtzusammenhang des Traumes hervorgeht. Deshalb sind auch alle
ägyptischen, arabischen oder sonstigen Traumbücher, die in der
Regel nur eine Zusammenstellung von starr festgelegten Symboldeutungen enthalten, sinnlos (»im Traum ein Messer sehen =
eine Einladung erhalten«; »großes Messer = Warnung« etc.). Sie
haben eigentlich nur den Wert einer Kuriositäten- oder Monstrositäten-Sammlung; zumal ein guter Teil der angeführten angeblich authentischen Symbolinterpretationen nachweislich auf
Fehlübersetzungen aus dem Arabischen oder Lateinischen zurückgeht. – Selbstverständlich schließen diese Einschränkungen
und Einwände nicht aus, daß ich mich an einer unklar bleibenden
Stelle bewußt auch der mir theoretisch bekannten symbolischen
Bedeutung der im Traum auftretenden Figuren oder Gegenstände erinnere und dieses Wissen auch planmäßig zur weiteren
Erschließung des bisher dunkel Gebliebenen einsetze.

d) Der Einfall

Die Auswertung des Stimmungsgehaltes des Traumes, des Sinngehaltes der darin enthaltenen Metaphorik und seiner Allegorien
sowie die Erfassung seiner Symbole erlaubten uns schon ein gewisses, gelegentlich recht weitgehendes Verständnis, mithin eine

»Deutung«, die aber, wie uns klar ist, wenn wir uns unserer Ausführungen über die Affektverschiebung erinnern, der Willkür Tür und Tor offenläßt. Alle diese verschiedenen Arten, einen Traum zu erfassen, ihn zu deuten, unterscheiden sich grundsätzlich von der nun zu besprechenden Deutung anhand der Einfälle des Träumers, obwohl es auch dabei eine Form gibt, die wir noch zu den »naiven« rechnen können. Wir sprachen bereits beim Kanarienvogel-Traum davon, daß wir morgens beim Erwachen jenen Zwischenzustand von Nicht-mehr-schlafen, aber auch noch nicht Hell-erwacht-sein noch Zugang zu Hintergründen des Traumes haben (den *»latenten Traumgedanken«* nach FREUD), der im Moment des Hellwachseins wieder verschüttet ist. So wie jener Träumer im Augenblick des Erwachens mit absoluter Sicherheit wußte, daß die Kanarienvögel seines Traumes etwas mit den Brüsten seines früheren Kindermädchens zu tun hatten oder ihre Brüste selber bedeuteten, so weiß ich in diesem Moment zum Beispiel auch, daß die soeben in meinem Traum aufgetauchte schwarze Schale etwas mit dem Bullauge einer Schiffskabine zu tun hat, die ich gestern in einem Reiseprospekt sah, oder daß das Rot eines Bucheinbandes im Traum das Rot einer Tischdecke aus dem Zimmer meiner Großeltern ist, die ich sah, als vor dreißig Jahren meine Tante im Nebenzimmer starb, oder daß die hüpfende Fortbewegung eines merkwürdigen Käfers im Traum, der eine Kreuzung zwischen Heuschrecke und Eidechse darstellt, zusammenhängt mit dem glucksenden Lachen der Schwester eines Jugendfreundes von mir. Ich kann selbst nicht angeben, woher ich jedesmal diesen Zusammenhang weiß; aber ich weiß ihn mit einer jeden Zweifel ausschließenden Gewißheit. Wenn ich solche Zusammenhänge sofort beim Erwachen schriftlich fixiere und das Geschriebene dann etwa eine Stunde später wieder lese, sind mir die im Moment des Erwachens so absolut sicher gewußten Zusammenhänge selber inzwischen in der Regel unverständlich geworden und nicht mehr einfühlbar. Ich erinnere zwar noch, die Zusammenhänge verständlich gefunden zu haben, aber das Wissen um die Hintergründe, die unmittelbar zuvor noch vorhandene Gewißheit eines solchen so einleuchtenden Zusammenhanges ist endgültig verlorengegangen.

Auf dieser Beobachtung fußend, hat FREUD seiner (später Psychoanalyse genannten) Behandlungsmethode das Prinzip der sogenannten *freien Assoziation* zugrunde gelegt und hat diese auch bei der Deutung von Träumen verwandt. Da sie bei der Traumdeutung durch einen anderen (Fremddeutung) eine größere Rolle zu spielen pflegt als bei der Selbstdeutung, wollen wir an dieser Stelle – etwas willkürlich – einen Trennungsstrich ziehen und die weiteren Ausführungen über diese Methode dem folgenden Abschnitt vorbehalten.

Wir hätten jetzt hier nur noch kurz einige Mittel der Selbstdeutung des Traumes anzuführen, die vor allem von JUNG und seiner Schule eingeführt worden sind mit der Absicht, indirekt zu einer tieferen Erfassung des Traumes zu gelangen. An erster Stelle wäre die zeichnerische Auswertung zu nennen (als die dem doch vorwiegend optischen Traum entsprechende Methode). Sei es, daß der Träumer das im Traum Erlebte nachträglich als (möglichst farbiges) Bild nachgestaltet, sei es, daß er, angeregt durch seinen Traum, frei zeichnet, malt oder plastisch formt – also, statt gedanklich, gewissermaßen optisch »frei assoziiert«. Kein Zweifel, daß solche Hingabe an das bildhafte Gestalten klärend (diagnostisch) und heilend (therapeutisch) wirksam sein kann, selbst dann, wenn diese Darstellungen nie von einem anderen gesehen und gedeutet werden, und auch ganz unabhängig von ihrem künstlerischen Wert. Aus solchen Erwägungen rät JUNG zur Lektüre von Märchen und Mythen zur »Amplifikation« der eigenen Träume sowie zur Anfertigung eines Kontextes zu dem schriftlich fixierten Traumtext, in dem alles, was zur »Umwelt« des betreffenden Traumes oder einzelner Traumstücke gehört, fixiert wird, damit dem Traum oder Traumstück der richtige momentane Stellenwert im Leben des Träumers zugewiesen werden kann. So kann beispielsweise ein bestimmtes Traumdetail im Zusammenhang mit dem vorausgegangenen und dem nachfolgenden Traum einen anderen Bedeutungsgehalt, zum mindesten aber anderen Akzent bekommen, als es ihn außerhalb dieses Zusammenhanges hätte, worauf schon STEKEL hingewiesen hat (195 e).

Abschließend hätten wir in diesem der Selbstdeutung gewidmeten Abschnitt nur nochmals festzustellen, daß alle die hier angeführten Möglichkeiten, den Traum zu erfassen, grundsätzlich auch in der Fremddeutung ihren Platz haben können. Stehen sie doch etwa in der Mitte zwischen der im vorigen Abschnitt besprochenen spontanen Erfassung des Traumes durch den Träu-

mer selbst und der nun folgenden vorsätzlich-bewußten Fremddeutung, der eigentlichen Traumdeutung.

2. Die Deutung durch den anderen (Fremddeutung)

a) Die nicht therapeutisch orientierte Deutung

Schon das Altertum kannte den Traumdeuter am Hofe des Fürsten, dem es oblag, aufgrund der Träume seines Herrn Entscheidungen in persönlichen, politischen oder militärischen Fragen zu
treffen. Wir erinnern an den durch ARISTANDROS gedeuteten Sa-
tyr-Traum von ALEXANDER DEM GROSSEN, dessen Deutung Anlaß zur Eroberung von Tyros wurde. Auch heute noch dürfte die
Mehrzahl der Menschen, die ihre Träume einem anderen unter-
breiten, dies tun, um die Zukunft zu erforschen, und zwar in der
stillen Erwartung, daß ihnen ihre geheimen Wunschregungen
bestätigt werden. Wie überhaupt Ruf und Ruhm mancher
Traumdeuter im Altertum (und gewiß auch heute noch) sich darauf gründet, daß sie die geheimen Erwartungen ihres Auftragge-
bers aus seinen Träumen herauszulesen wissen, sie ihm dann aber
in geschickter und doch letztlich für sie persönlich nicht ver-
pflichtender Form als im Traume geoffenbarten Willen der
Gottheit oder des Schicksals anbieten.

Demgegenüber fällt die Zahl derer, die sich aus rein wissenschaftlichen Motiven dem Studium der Träume zuwenden,
überhaupt nicht ins Gewicht. Wenn wir öfter den Impuls ver-
spüren, einem uns Nahestehenden unseren Traum mitzuteilen,
geschieht dies unter der stillschweigenden Voraussetzung, daß
der andere zur besseren Erhellung, also zur Deutung, beitrage,
wenn wir nicht unbewußt von dieser Deutung sogar die Klärung
einer Schwierigkeit erhoffen. Das gilt auch dann, wenn wir bewußt glauben, dem anderen unseren Traum aus einem ganz anderen Grunde unterbreitet zu haben. Und es sollte uns nachdenklich stimmen, daß wir im allgemeinen unsere Träume nur
einem Menschen »preisgeben«, der uns wirklich vertraut ist, dem
wir uns also getrost ausliefern dürfen, ohne Gefahr zu laufen, daß
unser Vertrauen mißbraucht werden könnte.

Die Mittel, deren sich die nicht-therapeutisch-orientierte
Fremdinterpretation des Traumes bedient, sind im wesentlichen
die gleichen, die wir schon bei der Selbstdeutung kennengelernt
haben. Hinzu kommt in der wissenschaftlichen Traumforschung

das Experiment in seinen mannigfachsten Anwendungen. Auch bei der Deutung der Träume anderer zu therapeutischen Zwecken werden alle diese Mittel benutzt – allerdings unter Ausschaltung des Experimentes. Darüber hinaus gibt es weitere Möglichkeiten, die jedoch spezifisch an die analytische Situation zwischen Analytiker und Analysand (Helfer und Hilfesuchendem) gebunden sind.

b) Die Traumdeutung innerhalb der psychotherapeutischen Situation

Wer im ersten Jahrzehnt dieses Jahrhunderts der damaligen Ärzteschaft vorausgesagt hätte, daß bis zur Mitte des Jahrhunderts in allen Kulturländern der Welt mehrere tausend Ärzte tagtäglich im Rahmen ihrer normalen ärztlichen Berufstätigkeit damit beschäftigt sein würden, die Träume ihrer Patienten zu deuten, der würde damals von eben dieser Ärzteschaft schallend ausgelacht, wenn nicht gar für geisteskrank erklärt worden sein. Man sollte öfter auf diese Tatsache hinweisen, weil die jüngeren unter uns sonst nicht mehr erfassen, welche geradezu revolutionäre Wende sich innerhalb einer Generation seit den Anfängen der Psychoanalyse vollzogen hat. Sie ist übrigens längst noch nicht abgeschlossen, wie die Ausweitung der Psychoanalyse auf das Gebiet der Geisteskrankheiten und der sogenannten organischen Krankheiten beweist. Dabei gibt es auch für die therapeutische Traumanalyse schon im Altertum eine Entsprechung: beim heiligen Tempelschlaf stellte die durch den Priester erfolgende Traumdeutung einen wichtigen Teil des Läuterungs- und Heilungsvorganges dar.

Der Traum ist ein normales Phänomen. Der Gesunde träumt ebenso wie der körperlich oder seelisch Kranke. Wenn der Traum, wie wir sahen, sich beim Gesunden bevorzugt mit dem befaßt, was dem Träumer angesichts seiner spezifischen Mängel, Schwierigkeiten und Probleme not tut, so folgt daraus, daß der Traum beim psychisch Kranken ebenso, oder eigentlich erst recht diese Aufschlüsse geben muß. Wenn nun der häufigste Repräsentant einer psychischen Erkrankung, der sogenannte Neurotiker, dadurch gekennzeichnet ist, daß die wahren Ursachen seiner Erkrankung seinem Bewußtsein deshalb verborgen bleiben, weil er das Problem, das seine Störungen bewirkt und weiter aufrechterhält, aus seinem inneren Wahrnehmungsfeld herausfallen läßt, so muß sein Traum geradezu zu einem spezifischen Hinweis auf die ihm selbst und auch dem Außenstehenden verborgenen Hintergründe seiner Neurose werden. Daß sich hier nicht nur diagnostische Hinweise, sondern auch konkrete therapeutische Folgerungen ergeben, sei hier nur angedeutet. Diese Überlegungen machen es dann verständlich, daß, so sehr die verschiedenen psychotherapeutischen Richtungen auch in vielen Punkten voneinander abweichen mögen, sie doch alle darin übereinstimmen, daß sie dem Traum im Rahmen einer Psychotherapie höchste Bedeutung zumessen.

Die Mittel der therapeutisch orientierten Traumdeutung

Wie gesagt, wird auch in der therapeutischen Traumdeutung ausgiebig Gebrauch von den vier vorhin im Abschnitt »Selbstdeutung« besprochenen Mitteln gemacht: dem Auswerten der Traumstimmung, dem Verstehen der Allegorien, dem Erfassen der Symbole und nicht zuletzt dem Wiederheraufholen des zum einzelnen Traumdetail spezifisch Zugehörigen durch Einfälle, die mittels »freier Assoziation« gewonnen werden.

Die *frei assoziierten* Einfälle. Dabei handelt es sich bei derart gewonnenen Einfällen, genau besehen, um alles andere als um eine »freie« Assoziation. Da sie den zu einem bestimmten Tatbestand spezifisch zugehörigen Einfall wieder heraufholen soll, stellt sie vielmehr in ihrer spezifischen Ausrichtung das Maximum einer gebundenen Assoziation dar! Trotzdem ist die Bezeichnung »freie« Assoziation insofern zutreffend, als wir dann, wenn wir beispielsweise über ein bestimmtes Thema einen Vortrag halten oder eine wissenschaftliche Arbeit schreiben wollen, »gebunden« assoziieren. Denn wir weisen dann von den Millionen Einfällen, die auftauchen könnten, alle zurück, die nicht zum Thema, dem wir uns allein widmen wollen, gehören. Wir »konzentrieren« uns also bewußt auf die spezifisch themenzugehörigen Einfälle und Ideen unter Ausschaltung von allem anderen Material.

Anders beim »freien Einfall«. Wir konzentrieren uns auf gar nichts, sondern lassen in uns in einer Art Dösen (scheinbar) »willkürlich« auftauchen, was von all den Millionen Einfallsmöglichkeiten überhaupt (scheinbar) »zufällig« aufsteigen »will«. Also statt verengender Konvergenz (= wissenschaftliche

Arbeit) erweiternde Divergenz (= Traumeinfälle). Und die Erfahrung zeigt, daß gerade dann, wenn *keine* Konzentration erfolgt, das spezifisch Zugehörige am sichersten sich selber einstellt. Gleich am Anfang beim Glocken-Traum haben wir
eindrucksvoll gesehen, wie fruchtbar sich diese Methode erwies
(Schuhform der Glockenklöppel u. a.). Auf genau diese Art ist
FREUD mit seinen eigenen Träumen umgegangen, als er begann,
sich wissenschaftlich mit dem Traum zu beschäftigen. So gelang
es ihm zu seiner großen Überraschung, weitgehend verschüttete
Teile aus seiner Kindheit aufgrund solcher Einfälle zu seinen
Träumen wieder hervorzuholen und dadurch zu rekonstruieren.

Im Gegensatz zu dem Bemühen um Sinndeutung von Allegorien oder um »Übersetzung« von Symbolen überläßt man sich
der freien Assoziation nicht mit der Absicht, nunmehr bewußt
für den Traum oder für ein Traumdetail eine *sinngebende* Deutung zu suchen, sondern läßt dösend Einfälle in sich aufsteigen,
ohne selber vorher zu wissen, wohin man bei diesem Spiel getrieben wird. Der Leser wird schon gemerkt haben, daß wir mit dieser sogenannten freien Assoziation eine Situation wiederherzu-
stellen versuchen, die uns zu einer Fähigkeit verhelfen soll, die
wir morgens im Moment des Erwachens besitzen; dann nämlich,
wenn wir »wissen«, ohne unser »Wissen« begründen zu können,
so wie der erwähnte Träumer »wußte«, daß die beiden Kanarienvögel im Traum die Brüste seines früheren Kindermädchens waren. Bis ihm dann später die reale Kinderszene wieder in voller
Deutlichkeit erstand, bedurfte es in »freier Assoziation« zu seinem Traum erst der Zwischenglieder über das Gelb des von der
Katze aufgeschleckten Eigelbs und der gelben Bluse des Mädchens. SCHULTZ-HENCKE hat diese Art Einfälle »Real-Einfälle«
genannt (192, S. 125), weil sie das einst real mit der im Traum
auftauchenden Einzelheit Verknüpfte und zu seinem Verständnis Bedeutsame wieder heraufholen.

Auch in einer prospektiv orientierten Psychotherapie behält
der Real-Einfall dank seiner historisch-biographisch relevanten
Auskunft seine Bedeutung. Ist es doch nicht das biographische
Faktum als solches, auf das es uns ankommt, sondern der erlebnis-
kategoriale Zusammenhang zwischen einem Traumdetail der
heutigen Nacht und dem auftauchenden Geschehen, auf das uns
der Real-Einfall hinweist. Veranschaulichen wir uns dies noch
einmal am Kanarienvogel-Traum. Realer Tagesvorfall: Beob-

achtung einer gierig ein Eigelb aufschleckenden Katze; dadurch ausgelöstes Traumdetail: Gefahr, bei der Fütterung der unersättlichen gelben Kanarienvögel geschnappt zu werden; dazu assoziierter Real-Einfall: die gefährlichen Brüste des Kindermädchens unter der gelben Bluse; allem gemeinsame Erlebniskategorie: das lockend anziehende, aber gefährlich verschlingende Weibliche.

Real-Einfälle beziehen sich keineswegs nur auf historische Fakten der objektiven Realität. Es kann sich dabei auch um eine Erzählung, oder ein Bild, oder eine Bemerkung, oder eine bloße Phantasie handeln. Auch das zeigte uns bereits der Kanarienvogel-Traum, den wir als Traumverarbeitung eines bedrohlichen privaten Matriarchats-Mythos erkannten, wie ihn sich der Träumer höchst subjektiv in der Drang- und Notzeit seiner Kindheit selbst gebildet hatte.

Es geht also letztlich auch beim Real-Einfall gar nicht so sehr um reale historische Daten, so wie sie die Geschichtsbücher auf den letzten Seiten in Tabellenform zu enthalten pflegen, sondern um die Gleichartigkeit der emotionalen Getöntheit, die dem Traumdetail und dem ihm zugehörigen durch »freien« Einfall (wieder) aufgetauchten realen Bezug gleichermaßen innewohnt, etwa um das Erleben einer Rivalität, um eine Enttäuschungserwartung usw. Stellt, wie wir zu Anfang sahen, der Traum die Antwort auf das emotionale Erleben einer aktuellen Versuchungs- oder Versagungssituation vom Vortage dar, so holt der zugehörige Real-Einfall das bereits vorliegende kategorial entsprechende historische Erlebnismaterial hervor. Er weist somit nicht nur auf pathogenetische Zusammenhänge hin, sondern hat auch die Funktion eines Verstärkers, der dank der Zeitlosigkeit des Traumes auch das bereits Eingefrorene oder Versteinerte wieder aufleben läßt, es dem Träumer im *hic et nunc* der analytischen Situation für Augenblicke wieder lebendig zur Verfügung stellt und damit auch die Möglichkeit für eine künftig bessere Lösung potentiell in sich schließt.

Die *Übertragungsdeutungen.* Jede starke innere Bewegtheit, gleich wie sie emotional getönt sein mag, läßt uns innewerden, daß wir Menschen Gemeinschaftswesen sind. Wir brauchen den Mitmenschen, daß er teilhabe, oder auch nur, um unseren Affekt aufzufangen. Das gilt selbst dann, wenn wir uns zunächst vor dem anderen verstecken möchten. Im *hic et nunc* der analytischen Situation ist aber für den Hilfesuchenden der einzige gegenwärtige Mitmensch der Analytiker. So wird ihm, ob er mag oder nicht, eine einmalige Möglichkeit zugespielt, wie sie sich niemals außerhalb dieser Situation ergeben hätte. Der Patient weist bei der Suche nach emotionalem Kontakt seinem im Augenblick solchen Erlebens einzig erreichbaren Partner, dem Analytiker, ohne es selber auch nur zu merken, eine Rolle zu, die, Gegenwart und Vergangenheit in eins verschmelzend, den Analytiker mit allen im Guten wie im Bösen bedeutsamen Figuren im Leben des Patienten zusammenfallen lassen kann. Wobei es allein darauf ankommt, wie diese Figuren vom Träumer *subjektiv* erlebt worden sind (und infolgedessen auch aktuell am Analytiker weitgehend wiedererlebt werden), also allein auf die subjektive, oftmals recht phantastische *psychische Realität* des Patienten und nicht auf die reale objektive. Damit wird zwangsläufig auch das einst pathogen Bedeutsame heraufgeholt, etwa reale Erfahrungen in der Kindheit, aber auch »nur« phantasierte Befürchtungen und Erwartungen in der Beziehung zur Mutter oder zum älteren Bruder und anderen. All dies wird nun in Form von Neuverarbeitungen in der Beziehung zum Analytiker in lebendiger Aktualisierung erlebt und ausgetragen.

Dieses – vom Außenstehenden her gesehen – merkwürdige Verhalten des Patienten wird in der psychoanalytischen Fachsprache *»Übertragung«* genannt, da der Patient ja, ohne es zu beabsichtigen oder zu bemerken, auf seinen Analytiker weitgehend Empfindungsqualitäten »überträgt«, die ursprünglich gar nicht so sehr dem Analytiker als vielmehr anderen Personen bzw. Figuren und Gestalten seiner Vergangenheit oder Gegenwart (und vielleicht auch Zukunft?) zukommen. FREUD hat schon bald erkannt, daß diese die objektive Wirklichkeit verfälschende Projektion des Patienten für die Diagnostik, mehr noch für die Therapie eine einmalige Möglichkeit darstellt. Kann sich der Patient so doch mit etwas lebendig als gegenwärtig Erlebtem erneut auseinandersetzen, statt es bloß mit den Schatten der Vergangenheit zu tun.

Aufgrund unserer Kenntnisse vom Traum müssen wir erwarten, daß die einmalige Bedeutung, wie sie solcher emotionalen Beziehung des Patienten zum Analytiker während einer Behandlung zukommt, sich auch in den Träumen des Patienten widerspiegelt. Tatsächlich ist es nicht übertrieben zu sagen, daß es während einer laufenden Behandlung kaum einen Traum gibt, in dem nicht auch ein Hinweis auf die Übertragungsbeziehung zum Analytiker enthalten wäre. Deutungen, die diesen Traumaspekt berücksichtigen, verdienen demnach die Bezeichnung *Übertragungsdeutungen.*

Damit haben wir einen neuen Aspekt für die Traumdeutung kennengelernt, der uns bisher weder bei der Besprechung der Selbstdeutung noch der Fremddeutung zu nicht-therapeutischen Zwecken begegnete – auch nicht begegnen konnte, da er an die analytische Situation gebunden ist. So müssen wir jetzt nachträglich klarstellen, daß die hohe Einwertung des Traumes innerhalb einer psychotherapeutischen, insbesondere der analytischen Behandlung nur zum Teil auf den zuvor genannten Möglichkeiten beruht. Mindestens so wichtig ist die Tatsache, daß der Traum zur Erhellung der jeweiligen Übertragungsbeziehung beiträgt, indem er in untrüglicher Weise anzeigt, wie ein Patient die Behandlung erlebt und darauf reagiert. Diese dem Patienten meist nicht erkennbare Registrierung seiner jeweiligen inneren Einstellung zu seinem Psychotherapeuten erfolgt mit der Präzision eines Seismographen, der auch dann Erschütterungen registriert, wenn unsere Sinnesorgane überhaupt kein Beben wahrzunehmen vermocht haben. Konkret gesprochen heißt das: Wenn der Patient selbst bewußt noch gar nicht gemerkt hat, daß er sich der Behandlung oder seinem Therapeuten stärker zuwendet, oder sich innerlich zurückzieht oder gar abwendet, oder seine Einstellung zur Analyse oder seinem Analytiker sonst verändert hat, pflegt sein Traum das bereits in indirekter, für den Fachmann jedoch unmißverständlicher Art zu registrieren. NIETZSCHE, der den von FREUD mühsam wissenschaftlich erschlossenen Vorgang der Verdrängung schon längst genial vorweggenommen hatte mit seiner Formulierung: »Das habe ich getan, sagt mein Gedächtnis, das kann ich nicht getan haben, sagt mein Stolz und bleibt unerbittlich. Schließlich gibt das Gedächtnis nach«, hat auch diese Fähigkeit des Traumes hellsichtig erfaßt, wenn er schreibt: »Was man mitunter im Wachen nicht genau weiß und fühlt – ob man gegen eine Person ein gutes oder ein schlechtes Gewissen hat –, darüber belehrt völlig unzweideutig der Traum« (Menschliches, Allzumenschliches, II).

Um nicht allzu theoretisch zu bleiben, wollen wir abschließend als anschauliches Beispiel den Traum eines 56jährigen unverheirateten begabten brasilianischen Architekten anführen, in dessen Ahnenreihe sich spanisches, aber auch afrikanisches Blut findet. Seine bewußte Einstellung zu mir ist wegen der sehr schnellen Besserung eines quälenden Symptomes durch große Dankbarkeit gekennzeichnet, die jedoch manchmal etwas übertrieben wirkt.

Besuchs-Traum: Ich will mich nach einem schweren Arbeitstag aus meinen Büroräumen in mein privates Wohnzimmer zurückziehen. Dort sitzt Dr. Kemper an meinem Platz, bequem in meinem Sessel, so als ob es sein Zimmer wäre. Ich bin verwundert, finde es dann aber eigentlich doch sehr nett von ihm, daß er mich privat besucht.

Sofort fiel ihm zu diesem Traum ein, daß er dieses Zimmer als den einzigen ihm verbliebenen Ort, wohin er sich noch vor der Welt zurückziehen könne, besonders liebe. Er fügt dann hinzu, daß er sich tatsächlich über einen privaten Besuch von mir freuen würde. Das klang zwar ehrlich, aber seine Freundlichkeit mir gegenüber hatte, wie gesagt, einen etwas zu betonten, fast devoten Charakter bekommen. Dazu paßte dieser Traum recht gut: eine etwas forciert freudige Zustimmung zu meinem doch offensichtlich unerwarteten Besuch – um nicht zu sagen: zu meinem unerwünschten Eindringen und mich-breit-Machen in seinem einzigen ungestörten Zufluchtsort, wie die Behandlung ja tatsächlich ein Eindringen in seine privateste Sphäre bedeutet.

In der Hoffnung, vielleicht noch eindeutigeres Material zu bekommen, bat ich den Patienten (ohne etwas von meinem Eindruck zu äußern), sich den Traumverlauf noch einmal genau vorzustellen. Beim Wiederholen des Traumes fällt ihm noch ein, daß vor meinem (seinem!) Sitzplatz auf dem Tisch ein kleines Pappschildchen mit dem Namen BAUDOUIN gestanden habe (so wie auf internationalen Konferenzen der Platz der Vertreter jeder einzelnen Nation durch ein derartiges Schild mit dem Namen ihres Landes für jedermann sichtbar gekennzeichnet ist.) Zu dem Schild im Traum und insbesondere zu dem Namen BAUDOUIN will ihm aber gar nichts einfallen. Da BAUDOUIN in Brasilien ein ganz ungewöhnlicher Name ist, ich aber vor einigen Tagen eine Zeitungsnotiz über eine Reise des belgischen Königs gleichen Namens nach Belgisch-Kongo gelesen habe, frage ich den Patienten, ob er wisse, wie der belgische König heiße. Der Patient überlegt einen Moment, lächelt dann flüchtig, stutzt und sagt mit etwas brüsker Stimme: »Ja, der heißt ja auch so. Aber an den habe ich bisher bestimmt nicht gedacht.« Ich mache ihn auf seine mimische Reaktion (Lächeln, Stutzen) aufmerksam, worauf er ein erneut aufkommendes Lächeln zu unterdrücken sucht, dann aber losplatzt: Er hätte gestern im Kino Aufnahmen vom Aufenthalt des belgischen Königs in Afrika gesehen. (Pause, wieder Lächeln). Hauptsächlich über den Empfang der eingeborenen Fürsten durch den König. Die Fürsten, meist würdige ältere Männer, hätten dabei, obwohl doch sie die rechtmäßigen Herren des Landes wären, vor dem ausländischen Besucher, der obendrein noch ein ganz junger Bengel sei, in einer so lächerlichen Weise einen halb zeremoniellen, halb unterwürfigen Tanz aufgeführt, daß er ärgerlich zu seiner Begleiterin gesagt habe: »Wie lange machen diese blöden Kerle bloß noch so ein unwürdiges Affentheater mit?! Machen sich vor solchem Burschen lächerlich und lassen sich obendrein noch ausplündern, statt ihn in hohem Bogen rauszuschmeißen! Ist doch eine Schande so was!«

Die Parallele zu mir, der (zwar nicht als politisch, aber) als wissenschaftlich akkreditierter Ausländer von Europa nach Brasilien gekommen ist, und von dem der Träumer in seinem eigenen Land sich ähnlich abhängig fühlt, wie es die afrikanischen Stammesfürsten politisch von König Baudouin sind, ist unverkennbar. Um so mehr, als Brasilien ein Land ist, das vor noch nicht allzu langer Zeit tatsächlich eine europäische Kolonie war, in dem ferner das afrikanische Blut eine große Rolle spielt und das auch heute noch von manchem Nordamerikaner und Europäer unter der Kolonialperspektive gesehen wird, obwohl es längst Großmacht geworden ist. Zur Abrundung des Bildes brauche ich jetzt bloß noch daran zu erinnern, daß auch der Patient afrikanische Aszendenz aufweist (was von Jugend an und immer noch eine harte Probe für sein Selbstwertgefühl bedeutet, auch vor mir, seinem Analytiker), und schließlich nur noch hinzuzufügen, daß dieser Traum in der Nacht vor dem Monatsletzten geträumt wurde, dem Termin, an dem der Patient verabredungsgemäß das Honorar für den vergangenen Monat an mich zu entrichten hatte, eine Summe, die für ihn tatsächlich ein erhebliches Opfer bedeutet (»Machen sich vor ihm lächerlich und lassen sich obendrein noch ausplündern, statt den Burschen in hohem Bogen rauszuschmeißen!«).

Wir sehen: Zunächst ein scheinbar harmlos freundlicher Begrüßungstraum, zu dem sogar – subjektiv ehrlich – der entsprechende Einfall gebracht wird (wie er sich freuen würde, wenn ich ihn wirklich privat besuchte). Und hinter diesem freundlichen Vordergrund verborgen (auch für ihn selbst!) die ganze Rebellion gegen den fremdländischen Eindringling, der als Analytiker tief in seine private Sphäre eingebrochen ist, der ihn – wenn es auch, wie er genau weiß, aus therapeutischen Notwendigkeiten geschieht – in einer von ihm als beschämend erlebten Weise nicht mehr zur Ruhe kommen läßt, dem er obendrein noch dankbar sein muß und wofür er dazu noch zu bezahlen hat.

Merkwürdigerweise schließt eine solche versteckte Revolte gegen den Eindringling und Ausbeuter aus Europa keineswegs echte Dankbarkeit für das bisher schon Erreichte aus, und ebensowenig den ehrlichen Wunsch, die Behandlung bei mir fortzusetzen. Dieses Paradoxon, in unserer Fachsprache Ambivalenz genannt (BLEULER), das das Verständnis des Seelenlebens des Neurotikers zunächst so erschwert hatte, läßt sich jedoch grundsätzlich genauso auch beim sogenannten Normalen feststellen. Für unsere Leser hat es auch nicht mehr einen so befremdlichen Charakter, weil wir es schon bei unseren Untersuchungen von Träumen Gesunder und Kranker als Regel angetroffen und in seiner inneren Notwendigkeit verstehen gelernt haben. Wir brauchen uns bloß daran zu erinnern, was wir über die beiden getrennten und doch eine ausgewogene Einheit bildenden Brennpunkte unseres Erlebens, die uns den Vergleich mit einer Ellipse nahelegten, schon ausgeführt haben.

Welche Folgerungen ergeben sich aber aus solchem Paradoxon für die therapeutische Situation?

Prinzipien der therapeutischen Traumdeutung

Der letzte Traum hat uns gezeigt, wie wichtig es ist, jeden Traum während einer Behandlung auch in bezug auf seinen Übertragungsgehalt auszuwerten. Damit hat er zugleich aber die Frage aufgeworfen, ob die Aufgabe des Therapeuten darin bestehe, eine von ihm erkannte Übertragungsbedeutung dem Patienten jedesmal auch gleich mitzuteilen. Das erinnert uns daran, daß wir damit eigentlich nur eine Frage variieren, die sich uns bereits bei der Besprechung der Traumdeutung auf der Subjektstufe gestellt hatte. In Wirklichkeit geht es um dahinterstehende umfassendere andere Fragen: Besteht das Wesen der therapeutischen Traumdeutung darin, einfach das, was dem Analytiker jeweils über den Bedeutungsgehalt eines Traumes aufgeht, sogleich und genauso dem Patienten bekanntzugeben? Oder gibt es hier bestimmte Regeln über Zeitpunkt, Art und Dosierung der Deutung? Ferner: Gibt es während einer solchen Behandlung auch Regeln für den Analytiker, die ihn darüber unterrichten, ob er von den verschiedenen ihm grundsätzlich zur Verfügung stehenden Mitteln der Traumdeutung jeweils ein bestimmtes zu bevorzugen oder zurückzustellen hat? Also, ob er etwa eine Übertragungsdeutung gegenüber einer Objektstufendeutung (oder umgekehrt) bevorzugen oder eine Symboldeutung gegenüber einer Subjektstufendeutung (oder umgekehrt) zurückstellen sollte? Wenn wir auch dieses Kapitel mit der Erklärung einleiteten, daß wir mit dieser Schrift keine unerwünschten neuen Traumdeuter heranziehen wollen, so können wir doch diese wissenschaftlich legitimen Fragen hier nicht einfach übergehen.

Trotz in mancher Hinsicht tiefgreifender Unterschiede, die die verschiedenen psychotherapeutischen Schulen trennen, dürfte die Antwort auf die erste Frage einheitlich ein klares Nein sein. Die Deutung der Träume während einer psychotherapeutischen Kur ist Teil der gesamten Behandlung, hat sich also ihr einzuordnen. In einer solchen Behandlung ist die Mitteilung an den Patienten über das, was dem Analytiker bereits an ihm bzw. an dem von ihm gebrachten »Material« aufgegangen ist, von der ersten Stunde an in allem ganz bestimmten Regeln unterworfen, was Art, Zeitpunkt und Dosierung anbelangt (Regeln, die erst in mehrjähriger Fachausbildung unter sachkundiger Führung erlernt werden können!). Natürlich muß dies dann ebenso für die deutende Mitteilung dessen gelten, was alles der Patient seinem Analytiker, ohne es zu wissen, bereits in seinen Träumen enthüllt hat. Wenn ein Chirurg sich von der Notwendigkeit überzeugt hat, daß ein chirurgischer Eingriff bei einem Patienten unbedingt durchzuführen ist, so schneidet er ja auch nicht gleich an Ort und Stelle und in derselben Minute drauflos. Er wird den Patienten in eine Klinik einweisen, ihn dort für die Operation fachgerecht vorbereiten lassen, dann den Eingriff bei örtlicher oder allgemeiner Betäubung unter aseptischen Bedingungen vornehmen, wobei er, sorgsam präparierend vorgehend, sich schichtweise an den eigentlichen Krankheitsherd heranarbeiten wird.

Die Durchführung einer Analyse einschließlich der dabei vorgenommenen Traumdeutungen erfordert eine ebenso behutsame präparative »Operationstechnik«. Dies zeigt wohl am deutlichsten der sogenannte *Initialtraum* (der – in der Regel besonders aufschlußreich-bedeutsame – erste Traum zu Beginn einer psychotherapeutischen Behandlung). Er enthält meist, wie ein kunstvolles Miniaturmodell, in gedrängtester Form alles Wesentliche über die Struktur des Patienten, die Entstehungsgeschichte seines Leidens und die Ansatzmöglichkeiten für eine Therapie. Der Arche-Noah-Traum, von dem wir nur einen Teilaspekt berücksichtigen konnten, war zum Beispiel ein solcher Initialtraum. Würde ich den für mich als Analytiker bereits verständlichen Anteil von all dem, was der Träumer mir darin über sich mitteilte (wovon ich vorhin stichwortartig eine Auswahl zusammenstellte), an ihn weitergegeben haben, so hätte ihn dies wohl mit Recht zum Abbruch der eben begonnenen Behandlung veranlaßt. Kunstgerechte Traumdeutung im Rahmen einer Behandlung verhält sich zur wissenschaftlichen Traumanalyse zu Forschungszwecken etwa wie ein Gedicht zur Grammatik.

Die verschiedenen Akzentuierungsmöglichkeiten der therapeutischen Traumdeutung

Schwieriger ist es schon, eine eindeutige Antwort auf die andere Frage nach der Bevorzugung oder Zurückstellung einer bestimmten Deutung, wenn verschiedene gleichzeitig möglich sind, zu geben. Stellen wir, um die aufgeworfene Frage besser klären zu können, noch einmal diese Möglichkeiten kurz zusammen. Wir hatten den Traum zunächst einmal als Widerspiegelung, Niederschlag oder Verarbeitung realer äußerer Begebenheiten aus Gegenwart und Vergangenheit verstanden und die Deutung, die diesen Aspekt berücksichtigt, entsprechend der Terminologie von JUNG als Deutung auf der *Objektstufe* charakterisiert. Wir hatten dann den Traum auch als eine Widerspiegelung bzw. Darstellung innerer Abläufe, Zustände und Befindlichkeiten verstanden und hatten die Traumdeutung, die diesen Aspekt akzentuiert, entsprechend Deutung auf der *Subjektstufe* genannt. Als Sonderform solcher Subjektstufendeutung könnte man die *existentielle* Deutung abgrenzen, obwohl es in jedem Traum letztlich um Existentielles geht, wie vertiefte Einsicht in einen zunächst »banal« erscheinenden Traum zeigt. Außerdem haben wir noch eine weitere und offensichtlich recht bedeutsame Interpretationsmöglichkeit des Traumes kennengelernt: die Deutung auf der *Übertragungs*ebene.

Sind damit alle prinzipiell gegebenen Möglichkeiten der Interpretation erschöpft? Als weiteres Mittel zur Erfassung eines Traumes erwähnten wir noch die Auswertung der *Traumstimmung*, das Verstehen der *Allegorien* und das Erfassen der *Symbole*. Was die Symbole betrifft, so hatten wir vorher gehört, daß es typische männliche und weibliche Sexualsymbole gibt, die sich überall in gleicher Form vorfinden, die mithin unabhängig vom Zeitalter, vom Kulturkreis und von der Zivilisationsstufe sind. Nur die Protesthaltung einer sich in ihrer »Moral« getroffen fühlenden Gesellschaft um die Jahrhundertwende erklärt, warum diese von der Psychoanalyse (wieder) entdeckten Sexualsymbole die Aufmerksamkeit damals derart in Anspruch genommen haben, daß darüber leider die für die Durchführung einer therapeutischen Analyse praktisch viel wichtigeren anderen symbolischen Hinweise, nämlich die, die sich auf die drei anthropologischen Grundkategorien beziehen, von denen bereits ausführlich die Rede war, so lange übersehen werden konnten. Sie umfassen alles, was – schlagwortartig zusammengefaßt – die Erlebniskategorien des Kriegens und Behaltens, des Geltens und Leistens sowie des Sexuellen in all ihren mannigfachen Tönungen anbelangt. Der Mensch erlebt als Säugling zunächst alles das in akzentuierter Form, was mit der Kategorie des Kriegens und Behaltens zusammenhängt, und hat, selbst als Gesunder, im späteren Leben die Tendenz, Versagungen und Enttäuschungen in der Art jener frühesten Erlebniskategorie zu verarbeiten. Entsprechendes gilt grundsätzlich auch für die anderen beiden genannten Kategorien, was hier aber nicht ausgeführt werden kann (vgl. 192, S. 10f). Jedenfalls können, wie uns die Psychoanalyse gelehrt hat, die verschiedenartigen neurotischen Erkrankungsformen geradezu als ein partielles Hängen-gebliebensein in einer, oder wieder Zurück-geglitten-sein auf eine dieser verschiedenen früheren Entwicklungsphasen mit ihren spezifischen Kategorien des Erlebens aufgefaßt werden.

Auch während einer jeden psychoanalytischen Behandlung erfolgt teilweise und vorübergehend ein solches »Rückgleiten«. Und wiederum ist es der Traum, der dies in seiner Sprache dem Therapeuten ankündigt, und zwar meist lange bevor der Patient

selbst dessen gewahr wird. So gesehen, stellt die Deutung von
Symbolen und insbesondere von Sexualsymbolen im Traum nur
die Sonderform einer generelleren Deutungsart dar, für die ich,
mich auf die eben angeführten anthropologischen Antriebskate-
gorien beziehend, die Bezeichnung *kategoriale* Deutung vorge-
schlagen habe (133 c). Leider erlaubt es die Raumbeschränkung
nicht, hierzu jetzt die notwendigen anschaulichen Traumbeispiele zu bringen. So müssen wir auf den schon mehrfach zitierten Kanarienvogel-Traum verweisen, der beispielsweise die Welt
des oralen[1] Kriegens (oder Gekriegt-werdens) als Erlebniskategorie anklingen läßt, oder auf den Faun-Traum, der dies mit einer
Seite der Kategorie des Sexuellen tut.

Wenn wir uns jetzt weiter daran erinnern, daß jeder Traum
stets auch noch einen Hinweis auf die latenten Möglichkeiten des
Träumers einschließt, daß er also – wenn schon beim Gesunden,
so erst recht beim psychisch Kranken! – *»prospektiv«* auf das potentiell Verwirklichbare, aber bisher nicht Verwirklichte hinweist, so hätten wir noch eine weitere Möglichkeit aufgezeigt, einen Traum während einer Behandlung zu deuten. Dabei haben
wir uns bei der Zusammenstellung der Möglichkeiten bisher nur
auf die prinzipiell wesentlichsten beschränkt, haben beispielsweise die Auslegung des Traumes als Ausdruck einer vorindivi-
duellen Existenzweise, oder als einer Begegnung mit kosmischen
Mächten (BJERRE), oder als prospektiv im Sinne konkreter Verkündigung des Zukünftigen beiseite gelassen.

Schon die eben gegebene (unvollständige!) Zusammenstellung
der grundsätzlich möglichen verschiedenen Weisen, einen
Traum zu deuten, vermittelt eine Vorstellung von der schwierigen und verantwortungsvollen Aufgabe des Analytikers in der
analytischen Situation angesichts eines jeden ihm vom Patienten
mitgeteilten Traumes. Der Leser wird die vorhin aufgeworfene
Frage nach einer Wertordnung der verschiedenen Möglichkeiten, ein und denselben Traum zu interpretieren, inzwischen
schon selber in dem Sinne beantwortet haben, daß es hier keine
starre Regel gibt, sondern daß nur die Gesamtsituation über das
jeweils richtige Vorgehen entscheiden kann. Das darf nicht in
dem Sinne mißverstanden werden, als gäbe es überhaupt keine
Regeln als Richtschnur, ob in einem gegebenen Augenblick eine

---

[1] Von lateinisch: *os, oris* = der Mund.

bestimmte Deutungsart geboten oder unangebracht ist, und als käme es in der Psychotherapie und bei der Traumdeutung überhaupt nur auf den »gesunden Menschenverstand« oder auch gerade nur auf die »künstlerische Intuition« oder auf das »psychologische Fingerspitzengefühl« an. Alle drei sind notwendig und sind allein doch bei weitem nicht genug. Sie entbinden den Arzt niemals von der Verpflichtung, sich auch alles »behandlungstechnische Rüstzeug« und alle inzwischen erarbeiteten »Regeln« einer hochentwickelten Deutungskunst über die jeweils gebotene bestmögliche Anwendung dieser verschiedenen Deutungsarten in einer mehrjährigen systematischen Fachausbildung anzueignen.

Die vorstehend gegebene Zusammenstellung soll uns aber auch noch einmal vor Augen führen, daß trotz vermeintlich unüberbrückbarer Abgründe, die nach Ansicht mancher ihrer Anhänger die verschiedenen psychotherapeutischen Schulen heute endgültig trennen sollen, der Brückenschlag zu wechselseitiger Verständigung gar nicht mehr so schwierig wäre, wenn jede Schule oder Gruppe ihre eigene Art der Einwertung des von ihr Beobachteten sowie ihre eigene Art, ihre Erkenntnisse konkret in der analytischen Situation zu verarbeiten, ebenso verhältnismäßig zur Gesamtheit der Möglichkeiten sähe, wie sie leider meist nur bei den anderen erstaunlich scharfsichtig die Relativität ihrer Positionen feststellt. So wäre das Beispiel der Traumdeutung besonders geeignet, um daran zu zeigen, wie durchaus diskutierbare Unterschiede in der Auffassung sich erst künstlich zu angeblich unüberbrückbaren Abgründen erweitern, wenn immer nur eine einzige der vielen möglichen Interpretationsarten gesehen und deshalb auch einseitig angewandt wird.

So könnte man sich geradezu einmal den Scherz erlauben, jede der repräsentativen Richtungen auf eine der eben genannten Möglichkeiten der Traumdeutung festzunageln, zum Beispiel Stekel auf die Symboldeutung, Freud auf die Deutung auf der Objektstufe, Jung auf die Subjektstufendeutung, die englische Schule auf Übertragungsdeutungen, Silberer auf anagogische, Maeder auf prospektive, Klages auf phänomenologische, Schultz-Hencke auf kategoriale, von Weizsäcker auf subjektale, Frankl auf transzendente, L. Binswanger auf existentiale, Boss auf daseinsanalytische Deutung usw. Das ist in solcher Simplifizierung natürlich ungerecht und auch objektiv falsch.

Aber es klärt, so wie die Karikatur eines Menschen auch in gewissem Sinne wahrer, weil aufschlußreicher ist, als eine bloß objektgetreue, aber nichtssagende Photographie. Selbstverständlich ist es das gute Recht eines jeden einzelnen und auch einer jeden Schule – ist außerdem im Interesse wissenschaftlichen Fortschrittes sogar erwünscht –, daß ein jeder den ihm besonders wesentlich erscheinenden oder ihm strukturmäßig am besten liegenden Aspekt akzentuiert bei dem gemeinsamen Bemühen um die bestmögliche Erfassung des Traumes. Darüber sollte aber niemand die Gesamtsicht verlieren, wie das leider heute noch oft der Fall ist.

Rückblick

Anfangs hatten wir geplant, in diesem Schlußkapitel die Entwicklung der Traumforschung im letzten halben Jahrhundert, also seit dem Erscheinen von FREUDS *Traumdeutung*, zusammenhängend darzustellen. Bei der Arbeit an diesem Buch hat es sich dann aber als zweckmäßiger erwiesen, das, was ursprünglich für dieses Kapitel (Rückblick) als einheitliche Gesamtdarstellung vorgesehen war, aufzuteilen, und doch vorher schon einzelne Teilaspekte der Entwicklung sinnvoll in den jeweiligen Zusammenhang einzufügen. Soll diese Schrift doch den Leser lebendig in die mit dem Traum gegebenen Probleme einführen und nicht die Auffassungen der einzelnen heutigen analytischen Richtungen oder Schulen über Traum und Traumdeutung als bereits abgeschlossene Gebilde systematisch darstellen. Der ernsthaft Interessierte sei auf die Originalarbeiten der hauptsächlichsten Vertreter verwiesen (FREUD, RANK, STEKEL, ADLER, JUNG, SILBERER, MAEDER, BJERRE, L. BINSWANGER, BOSS, SCHULTZ-HENCKE, FRENCH, FEDERN u. a.). Ferner auf einige zum Teil recht anschauliche Darstellungen der Grundauffassungen der einzelnen Schulen über das Wesen des Traumes sowie über die Art des Vorgehens bei der Traumdeutung in der psychotherapeutischen Situation (AEPPLI, HOCHHEIMER, JACOBI, SPEER, WINKLER u. a.). Der Leser versäume aber nicht, dann auch Arbeiten aus dem Kreise der Psychiater zum Vergleich heranzuziehen (z. B. LEONHARD, HOCHE).

Es ist nicht Aufgabe dieser Schrift, vollständig zu sein. Die heutige Traumliteratur dürfte allein in Deutschland einige tausend Arbeiten umfassen. Die des Auslandes möglicherweise noch mehr. So mußte zwangsläufig vieles unberücksichtigt bleiben, was selbst in einer so gedrängten Zusammenstellung aufgenommen zu werden verdient hätte. So beispielsweise aus der amerikanischen Literatur die Arbeiten von P. FEDERN über das Traum-Ich; von TH. FRENCH über die problemlösende Funktion des Traumes infolge der »Hoffnung« des Träumers; der konstruktive Ansatz von E. H. ERIKSON über die Traumkonfigurationen, der auch dem manifesten Traum wieder mehr Beachtung

schenkt; E. Fromms gesellschaftskritischer Beitrag zum Traumproblem; der Beitrag von B. D. Lewin über den *Dream Screen*,
und andere; aus der lateinamerikanischen Literatur sei das Buch
von A. Garma hervorgehoben, in dem er unter anderem der
Verarbeitung der traumatischen Situationen durch den Traum
besondere Bedeutung beimißt.

Sicherlich ist mir hier in meiner relativen Isolierung in Brasilien auch noch manches andere unbekannt geblieben oder sonstwie nicht zugänglich.[1] Wichtiger als Vollständigkeit war mir,
eine Art der Darstellung zu wählen, die, ohne die realen Schwierigkeiten zu vereinfachen, auch dem nicht fachlich vorgebildeten
Leser eine ständige lebendige Anteilnahme und ein Mitgehen ermöglichen sollte.

So können wir uns nun abschließend auf zwei Feststellungen
beschränken.

1. Der entscheidende Anstoß, mit dem Freud im Jahre 1900 die
damals stagnierende Traumforschung wieder in Fluß hatte bringen können, beruhte darauf, daß er als erster beim Phänomen des
Träumens scharf zwischen dem manifesten Traum und den latenten Traumgedanken unterschied. Die von ihm konsequent
durchgeführte Konzeption einer gewissermaßen sichtbaren
»Traumfassade« und eines in der bisherigen Forschung vernachlässigten unsichtbaren Traumhintergrundes, auf den es aber zum
Verständnis des Vordergrundes entscheidend ankomme, hat
sich, wie wir heute feststellen müssen, heuristisch als ungeheuer
fruchtbar erwiesen. Die allermeisten der seitdem in diesem halben Jahrhundert erschienenen Arbeiten über den Traum werten
diese Idee im Hinblick auf Teilprobleme der Traumtheorie oder
der Traumdeutung aus. Dessen ungeachtet macht sich jedoch seit
Jahren mehr und mehr eine (scheinbar) rückläufige Bewegung
bemerkbar. Man wehrt sich dagegen, im manifesten Traum eigentlich nur Fassade zu sehen, und will ihm seine Eigenbedeu-
tung zurückgeben. In diesem Zusammenhang seien statt vieler

---

[1] Insbesondere gilt dies für die bei der Niederschrift dieser Arbeit noch nicht bekannten erregenden Befunde der experimentellen Traumpsychologie (z. B. Augenbewegungen während des Träumens), die nach anfänglich kritikloser Über-
wertung jetzt in ihrer wahren Bedeutung erkannt werden.

In einem besonderen dieser Arbeit angefügten Kapitel werden die neueren Ergebnisse der experimentellen Traumforschung von H. Bach kritisch gewürdigt
werden.

Autoren JASPERS und die Schule von JUNG genannt. Schärfster
Rufer im Streit ist der von L. BINSWANGER und neuerdings stark
von HEIDEGGER beeinflußte FREUD-Schüler M. BOSS. Er lehnt
überhaupt jede Auffassung, die den Traum in seiner Bezogenheit
auf etwas anderes wertet, bereits als Verkennung seiner Autono-
mie und damit seiner Eigengesetzlichkeit ab, und will der sich im
manifesten Traum äußernden Wirklichkeit vorbehaltlos wieder
»die Würde einer eigenen Weise des menschlichen Daseins zusprechen« (77, S. 232). BOSS selbst verstößt aber in der praktischen Traumdeutung dann doch mehrfach gegen sein eigenes
theoretisches Postulat – wie dies übrigens gelegentlich auch
FREUD widerfahren ist –, was hier aber nicht im einzelnen ausgeführt werden soll und kann.

Wichtiger ist es, darauf hinzuweisen, daß – allgemein gesprochen – die vermeintliche Notwendigkeit des Kampfes gegen
FREUDS Konzeption zum großen Teil darauf beruht, daß sie
mißverstanden wird. FREUD hat nie behauptet, der manifeste
Traum sei nur Fassade und die hinter dieser Fassade stehenden
latenten Traumgedanken seien das Eigentliche. Er hat sich sogar
ausdrücklich gegen dieses von einigen seiner Schüler aufge-
brachte und dann hartnäckig festgehaltene Mißverständnis ge-
wehrt, indem er die Betreffenden anklagt, daß sie sich der »Ver-
wechslung schuldig« machen, irrigerweise »das Wesen des
Traumes in diesem latenten Inhalt« zu suchen (98 a, S. 510).

Die von FREUD vorgenommene Unterscheidung sollte lediglich darauf hinweisen, daß alle Bemühungen um ein Verständnis
des manifesten Traumtextes solange unfruchtbar bleiben müssen, als dieser nicht in seiner funktionalen Beziehung zu seinem
unsichtbar bleibenden Hintergrund, den von FREUD (leider!) so
bezeichneten »latenten Traumgedanken« gesehen und verstanden wird; also als deren *Verarbeitung* in Form des Traumes. Daher prägte er den Ausdruck Traum*arbeit*, von der er ausdrücklich
feststellt: ». . . sie allein ist das Wesentliche am Traum, die Erklärung seiner Besonderheit« (98 a, S. 510f). FREUD wollte mithin
lediglich die Aufmerksamkeit, die damals nur auf den manifesten
Trauminhalt, also das bereits sichtbar Ausgeformte, gerichtet
war (was sich aber für die Forschung und Deutung als weitgehend unergiebig erwiesen hatte), durch seine Konzeption stärker
auf den sich in der Traumarbeit manifestierenden Vorgang des
Träumens lenken. Mit anderen Worten: *Für* FREUD *hatte der*

Traum nicht den statischen Aspekt eines fertigen Gebildes, son-
dern er sah darin vielmehr eine dynamische Funktion. Um diese
würdigen zu können, mußte man hinter dem vordergründigen,
gestalt-gewordenen Traum auch dessen meist so ganz andersartigen Hintergrund, gewissermaßen seinen Mutterboden, kennen
und ihn bei der Einwertung des ihm entstammenden Gewächses,
des Traumes, stets mit berücksichtigen. Daher akzentuiert
FREUD die »latenten Traumgedanken« und nicht, weil er in ihnen
»das Eigentliche« am Traum gesehen hätte. Alle andersartigen
Behauptungen sind Folgen eines Mißverständnisses. Somit bleibt
die von FREUD vorgenommene grundsätzliche Unterscheidung
als fruchtbarer und sogar notwendiger Ansatz für jede wissenschaftliche Traumforschung und für jede praktische Traumdeutung auch weiterhin berechtigt. Behalten wir in der Biologie und
Anthropologie doch in Forschung und Praxis auch eine Unterscheidung zwischen Leib und Seele bei, obwohl wir genau wissen, daß das Lebendige sich »zwischen« diesen beiden (erst durch
uns künstlich getrennten!) »Seiten« einer in Wirklichkeit orga-
nismischen Einheit abspielt.

2. Die zweite Feststellung ergibt sich, wenn wir nicht nur auf das
letzte halbe Jahrhundert zurückblicken, sondern auf Jahrtausende. Es zeigt sich dann, daß wir uns heute noch beim Traum
um die gleichen Probleme bemühen wie seit je, und auch unsere
Antworten scheinen, bei Lichte gesehen, nicht so sehr viel anders
und gescheiter. Gewiß wirkt vieles auf uns heute zunächst befremdlich, oft geradezu unverständlich. Aber schälen wir aus
diesen alten Schriften über den Traum einmal den Gehalt aus der
zeitgemäßen Einkleidung und dem zeitgebundenen Weltbild
heraus, so müssen wir feststellen, daß wir kaum eine moderne
Auffassung über den Traum finden, die nicht in früherer Zeit
schon ihren Vertreter (zum mindesten Vorläufer) gehabt hätte;
daß aber umgekehrt manche Arbeit, die am Erscheinungstag im
letzten halben Jahrhundert höchst modern gewirkt haben mag,
eigentlich enger und rückständiger ist als manche Schriften der
sogenannten Alten.

Eine jede Generation sieht sich vor die Aufgabe gestellt, die an
sich zeitlosen Menschheitsprobleme immer aufs neue in einer ihrer Epoche entsprechenden kultischen, künstlerischen oder wissenschaftlichen Form zu verarbeiten, zu gestalten und darzustel-

len. Es gibt weniges, was dazu so geeignet wäre wie der Traum. Seine Herkunft aus einem geheimnisvollen Zwischenreich, seine unergründliche Sphinxgestalt, seine vielartigen und ständig wechselnden Facetten, nicht zuletzt aber die Tatsache, daß er eines der ganz wenigen Phänomene ist, das jedermann vertraut und zugänglich ist, und durch das wir alle, gleich ob reich oder arm, alt oder jung, gebildet oder primitiv, immer wieder unmerklich auf das unsichtbar Hintergründige unserer meist nur vordergründig erlebten und gelebten Existenz hingewiesen werden – all dieses und noch viel Merkwürdiges mehr fasziniert die Menschheit heute noch genauso wie vor Jahrtausenden. Ja, es läßt den Traum auch heute noch – trotz aller unserer vermeintlichen Aufgeklärtheit – wegen dieser Eigenschaften unverändert geradezu dazu prädestiniert erscheinen, immer wieder des Menschen Sehnsucht wachzurufen, nicht mehr an die Grenzen gebunden zu sein, die ihm durch seine Existenz als raum-zeitlich festgelegtes Einzelwesen gesetzt sind. Läßt doch das Erlebnis des Träumens den Menschen an einer Welt teilhaben, in der zeitliche und räumliche Schranken überwunden erscheinen. *Zeitlich:* über die frühe Kindheit zurück bis zur vorpersönlichen Existenz unserer Ahnen und stammesgeschichtlichen Vorfahren; und vorwärts bis in unsere persönliche und eine überpersönliche Zukunft. *Räumlich,* indem wir uns mit dem Mikrokosmos in uns und dem Makrokosmos um uns wieder eins fühlen können.

Der Wissenschaftler wird »die Richtigkeit« einer derart umfassenden Konzeption des Traumes niemals beweisen – allerdings auch niemals widerlegen können. Die Gewißheit des Gläubigen bedarf sowieso nicht einer Bestätigung durch die Wissenschaft.

Über den Verfasser

An einem Sonntagmorgen im letzten Jahre des vergangenen Jahrhunderts wurde ich als zweites von sieben Kindern eines aus Westfalen stammenden Dorfpfarrers im Bergischen Land nahe Solingen geboren. Meine Mutter kam aus einer alteingesessenen rheinischen Gutsbesitzerfamilie. Diese sachlichen Daten besagen, daß ich anfangs gerade noch in der selbstauferlegten Beschränkung einer festgefügten und für alle Ewigkeit gesichert erscheinenden bürgerlichen Ordnung aufwuchs, wie sie den Jahrzehnten vor dem Ersten Weltkrieg ihr Gepräge gab, daß sich aber schon bald alles gründlich ändern sollte. Als ein Kind noch kam ich an die Front und nahm 1917 und 1918 an den letzten großen Schlachten in Frankreich teil. Nach Kriegsende Studentenjahre mit Hungern und Frieren in überfüllten Hörsälen und unter der ständigen Drohung, das Studium wegen politischer Unruhen oder fehlender Mittel (Inflation) abbrechen zu müssen. Während der folgenden mehrjährigen Ausbildung in innerer Medizin, Chirurgie und Frauenheilkunde lernte ich als Privatassistent eines weltbekannten Internisten an einer medizinischen Universitätsklinik die ganze Hilflosigkeit der damaligen Medizin gegenüber den meisten »psychisch bedingten« Krankheitsbildern kennen. Eigene Versuche mit Suggestions- und Hypnosebehandlung führten zu verblüffenden, meiner Umgebung und anfangs auch mir selbst mächtig imponierenden Erfolgen. Leider waren sie meist nicht von Dauer. Deshalb verzichtete ich auf die mir angebotene Universitätslaufbahn und absolvierte statt dessen eine systematische mehrjährige Fachausbildung am Berliner Psychoanalytischen Institut. Ich hatte das große Glück, dort als meine Lehrer noch eine wissenschaftliche Elite anzutreffen, die später zerschlagen und in alle Winde zerstreut wurde. (ALEXANDER, BERNFELD, BENEDIK, BOEHM, EITINGON, FENICHEL, HORNEY, MÜLLER-BRAUNSCHWEIG, RADO, REICH, REIK, SACHS, SIMMEL und andere). Fünf der markantesten der wenigen modernen Traumbuch-Autoren: BOSS, FLIESS, FROMM, GARMA und SCHULTZ-HENCKE waren damals meine Kollegen am *Berliner Psychoanalytischen Institut*. Endlich hatte ich gefunden, was ich während meiner Lehrjahre als junger Arzt überall vergeblich gesucht hatte.

Dann kam 1933, danach 1939 und schließlich 1945; das heißt erst »Gleichschaltung«, der auch die Psychoanalyse weitgehend zum Opfer fiel, und dann Krieg. Es erfolgte ein Zwangszusammenschluß mit den Vertretern der »feindlichen« Individualanalyse von ADLER und der analytischen Psychologie von JUNG sowie mit einigen nicht schulmäßig gebundenen Kollegen (VON GEBSATTEL, VON HATTINGBERG, HEYER, F. KÜNKEL, I. H. SCHULTZ und anderen). Der sich damit ergebende jahrelange engste Arbeitskontakt mit den Vertretern anderer Richtungen ließ mich aufgrund von unzähligen bis ins einzelne gehenden Fallbesprechungen sowie in endlosen Diskussionen mit ihren verschiedenen abweichenden Auffassungen praktisch und auch theoretisch gründlich vertraut werden, was ich noch heute als einen ausgesprochenen Gewinn betrachte.

Mein besonderes Anliegen war es in diesen Jahren, die Poliklinik des einstigen Psychoanalytischen Instituts, die auch Unbemittelten eine psychotherapeutische Behandlung ermöglichte, durch alle Wirrnisse und Gefährdungen der Zeit hindurch am Leben zu erhalten. Und ich rechne es mir als Verdienst an, daß ich diese mir ans Herz gewachsene Klinik nach allen durch »Gleichschaltung«, Kriegsgefahren und Nachkriegsnöte erzwungenen Metamorphosen zu guter Letzt doch gemeinsam mit meinem 1953 verstorbenen Kollegen SCHULTZ-HENCKE als erste soziale Klinik dieser Art bei der Versicherungsanstalt Berlin als »Zentralinstitut für psychogene Erkrankungen« endgültig verankern konnte, dazu noch in einem ihrer sozialen Bedeutung entsprechenden großzügigen Rahmen. Aus meinem jetzigen zeitlichen und räumlichen Abstand heraus möchte ich bei dieser Gelegenheit einmal aussprechen, daß nur wenige im Land – und erst recht im Ausland – wissen, was damals insbesondere in den letzten Kriegsjahren mit ihren furchtbaren inneren Belastungen und den tagtäglichen und nachtnächtlichen Bombenangriffen sowie in der in mancher Hinsicht nicht weniger grauenhaften ersten Nachkriegszeit von einer Handvoll unserer Arbeit Verschworener geleistet, gewagt und gelitten worden ist. Wobei nicht die äußeren Gefahren und Entbehrungen das wirklich Furchtbare in jener Zeit waren ...

1948 habe ich mich nach zwei Weltkriegen und drei Revolutionen schweren Herzens entschlossen, fast 50jährig zum dritten Mal wieder ganz von vorn anzufangen, und bin mit meiner Familie nach Südamerika gegangen, wo ich seither brasilianische Kollegen zu Psychoanalytikern ausbilde.

Von jeher haben mich alle Fragen, die das Arzt-Patienten-Verhältnis betreffen, angezogen und damit hat alles, was Theorie, Mittel und »Technik« der Psychoanalyse und jeglicher Behandlungsweise überhaupt angeht, mein besonderes Interesse gefunden. Hier dürfte der Pfarrerssohn, wenn auch im weltlichen Gewande, mit am Werk sein – mit allen Vor- und Nachteilen solcher unbewußten Determinierungen –, wie es ja auch kein Zufall sein kann, daß unter den Pionieren der modernen Psychotherapie in Europa der Prozentsatz der Pfarrerskinder ganz auffallend hoch ist.

Persönlich bedrückt mich, daß die nicht abreißende Aufeinanderfolge dramatischer Ereignisse und umwälzender Entwicklungen mir meinen seit langen Jahren gehegten Wunsch, mich endlich mehr meinen schriftstellerischen Neigungen widmen zu können, bisher immer wieder zerschlagen hat. So konnte dieses Traumbuch auch nur in gestohlenen Stunden, meist nachts und immer nur stückweise (und zwar in allerkleinsten Fraktionen!) geschrieben werden. Dazu noch unter klimatisch ungünstigen Bedingungen und ohne den wissenschaftlichen und technischen »Apparat«, wie er sonst dem Autor bei solchem Unterfangen selbstverständlich zur Verfügung steht. Dadurch hat die ganze Darstellung zwangsläufig eine recht persönliche Tönung bekommen, was sich hoffentlich nicht nur als ein weiterer Mangel erweist.

Rio de Janeiro, im Juli 1955

Nachtrag

Das Traumbuch, das die persönlichste von allen seinen Schriften geworden ist, hat WERNER KEMPER in einem fremden Land, in dem seine Sprache nicht gesprochen wurde, in einer Zeit geschrieben, als er in völliger Einsamkeit gegen zermürbende Widerstände ankämpfend, mühselige Aufbauarbeit leistete und sich in der Gefahr fühlte, in Vordergründigem zerrieben zu werden und die sichernde Verbindung zu seinem Hintergrund zu verlieren. Er hat an sich selber erfahren, daß der inneren Zuwendung zur Welt der Träume heilende Kraft innewohnt.

Nach einem bewegten Leben mit viel Arbeit, mit Kampf, Erfolg und Enttäuschung ist WERNER KEMPER 1967 zurückgekehrt nach Berlin in sein von ihm erbautes Haus, wo er seiner anfälligen Gesundheit wegen in stiller Zurückgezogenheit und doch an der Vielfalt der Erscheinungen und neuen Entwicklungen ideenreich Anteil nehmend gelebt und gearbeitet hat. Zu seiner auch im Alter so dicht gewobenen Welt gehörten die ihm am Herzen liegende therapeutische Arbeit mit seinen Patienten, in die er sich selber mit einbezog, und die ihm viel bedeutende literarische Arbeit am Schreibtisch, aber auch die Vögel und Blumen im Garten, der Gang auf den schönen stillen Waldfriedhof hinter seinem Haus, der nächtliche Blick zu den Sternen und seine eigenen Träume, für deren Wunder und Schönheiten ihm der Sinn offenstand und deren Aufgaben und »Anrufen« er sich bis zu seinem letzten Lebenstag gestellt hat. Im September 1975 ist WERNER KEMPER 76jährig in Berlin gestorben.

Gisela Krichhauff

TEIL II

Helmut Bach

Zur experimentellen Traumforschung
Neuere Befunde zur Physiologie und Psychologie von Traum und Schlaf[1]

In seinem bekannten Traumbuch hat W. W. KEMPER den Leser anhand von instruktiven Träumen aus seiner Fachpraxis Zug um Zug die Schritte nachvollziehen lassen, die zu den wichtigsten Positionen der psychoanalytischen Traumlehre geführt haben. H. BACH wird diesen Ausführungen nun in einem erstmals hinzugefügten Schlußkapitel die neueren Ergebnisse der experimentellen Traum- und Schlafforschung gegenüberstellen.

I. Einführung

In der folgenden Übersicht soll die in sich weitgehend abgeschlossene und gesicherte psychoanalytische Traumlehre mit den Befunden und Hypothesen der nicht therapeutisch orientierten Forschungen über das Traum- und Schlafverhalten in Beziehung gesetzt werden. Ziel ist dabei, einerseits herauszufinden, ob wichtige Widersprüche zwischen den Auffassungen der sich dem Gegenstand der Untersuchung auf verschiedenen Wegen nähernden Wissenschaftszweige bestehen, die nicht nur durch die unterschiedliche Ausgangsmotivation begründet sind, und andererseits zu klären, welche psychoanalytischen Theorien bestätigt oder bewiesen werden konnten. Weiterhin soll untersucht werden, welche Anregungen sich die tiefenpsychologische Traumforschung und die experimentelle Traum- und Schlafforschung wechselseitig zu geben vermögen.

Die psychoanalytischen Aussagen über den Traum und seine Beziehung zum Wacherleben sind ausnahmslos gemacht worden, als das Rüstzeug moderner experimenteller Forschung noch nicht zur Verfügung stand. Auch die psychoanalytischen Auffassungen über die Einbettung der Traumvorgänge in physiologische Prozesse wurden vor der experimentellen Ära entwickelt.

[1] Die in Klammern stehenden Nummern beziehen sich auf das Literaturverzeichnis.

Das gilt für FREUDS Entdeckungen um die Jahrhundertwende genauso wie auch noch für die Traumtheorien von JUNG, FROMM, SCHULTZ-HENCKE und auch noch für KEMPER, der 1955 die erste Auflage dieses Traumbuches veröffentlichte. Erst in dem kurzen Zeitraum von 24 Jahren, also seit 1953 wurden in rascher Folge Methoden entwickelt, die eine Vielzahl von Vorgängen beim Schlafen und Träumen exakt erfassen konnten. Aus der Fülle der Verfahren und Versuchsergebnisse sollen hier nun besonders diejenigen dargestellt werden, die für die psychoanalytische Traumlehre bedeutungsvoll sind. Erörtert werden sollen jedoch auch diejenigen Befunde, die den frühen Hypothesen von FREUD und späteren psychoanalytischen Forschern zu widersprechen scheinen.

1. Über die »Objektivität« von Traumtexten

Kein vernünftiger Mensch wird bezweifeln, daß ein am Morgen erinnerter Traum irgendwann während des Schlafes stattgefunden hat. Aus reinem Erkenntnisinteresse ist jedoch die Gegenthese aufgestellt worden: Es könnte sein, daß die Gewißheit des Träumers auf Täuschung beruht, und daß Träume im Erwachen erfunden werden. Wissenschaftlich war es folgerichtig, daß man sich in dieser Frage Beweise verschaffen wollte. Die frühe Psychoanalyse war an einem solchen Beweis deswegen zunächst nicht sonderlich interessiert, weil sie ja eine Methode entwickelt hatte, die genauer als alle anderen die Glaubwürdigkeit der Aussagen und die Widerstände der Analysanden einer steten und umfassenden kommunikativen Prüfung unterzog und dabei die überragende Bedeutung der psychischen Realität gegenüber der »äußeren« Realität erkannt hatte. Wenn man z. B. den von KEMPER erörterten »Sektspritzer-Traum« (vgl. S. 147 ff.) unter diesem Gesichtspunkt betrachtet, dann gewinnt man den sicheren Eindruck, daß die vom Träumer zuletzt ergänzte Fassung dem tatsächlichen nächtlichen Sinneseindruck mindestens sehr viel mehr entspricht als die erste Schilderung. Unversehens stößt man hier auf die weiterführende Fragestellung: Was wurde denn nun wirklich geträumt? Die exakte Erfassung des Traumtextes ist schwieriger, als man zunächst glaubt. Schon FREUD hatte u. a. aus Gründen der wissenschaftlichen Genauigkeit empfohlen, zwischen dem ursprünglichen Traumtext und dem sekundär bearbeiteten Text zu unterscheiden. So waren für FREUD – wie auch z. B. für KEMPER beim Sektspritzer-Traum – gerade die unbemerkten Verfälschungen des Textes ungemein wichtig; entstammten doch auch sie dem Erleben des Träumers und stellten, weil für seine Konfliktsituation aufschlußreich, im analytischen Prozeß eine wichtige dynamische Aussage dar. Für die Analyse war es somit sogar äußerst bedeutungsvoll, daß der Träumer seinen Traumtext entstellen »mußte«.

Aber selbst wenn es gelänge, ursprünglichen Traumtext und sekundäre Entstellung wirklich vollständig gegeneinander abzugrenzen, bliebe ein weiteres Anliegen einer exakten phänomenologischen Forschung offen. Das Einfangen eines Traumes in Worte bedeutet nämlich schon eine Denaturierung seines besonderen Wesens. Die Mitteilung von Träumen stellt eine Übersetzung von Sinneseindrücken – beim Erwachsenen meist optischer Art – in sprachliche Form dar, und sowohl die Erfassung der Traumbilder als auch die Übertragung in begriffliche Sprache ist abhängig von der Introspektion des Träumers und Berichterstatters. Der mitgeteilte Traumtext wird, wie es das erwähnte Beispiel (*Sektspritzer-Traum*) zeigt, auch noch zusätzlich verändert und dadurch noch mehr entstellt.

Der Zuhörer, z. B. der Analytiker, nimmt nun auch seinerseits diesen Text »subjektiv« auf, d. h., auch er muß ihn introspektiv mit seiner eigenen Welterfahrung in Verbindung bringen; er muß ihn auf sein eigenes Erleben übertragen, um ihn verstehen zu können. An diesem Beispiel möge der Leser erkennen, daß es einen wichtigen Unterschied gibt zwischen subjektivem Gewißheitsgefühl von etwas und dessen objektiver Beweisbarkeit. So ist der Wunsch begreiflich, den Unsicherheitsfaktor »Subjektivität« durch statistische Objektivierung und, sofern möglich, durch physikalische Messung unter Kontrolle zu bringen, um wissenschaftliche Aussagen mit der für sie unerläßlichen Exaktheit machen zu können.

2. Methodologischer Exkurs zum Wissenschaftsbegriff

Es war die große Hoffnung bei Beginn der experimentellen Traumforschung, die Unsicherheit intersubjektiver Kommunikation, wie sie der Traumlehre von FREUD noch anzuhaften schien, auszuschalten, also im Gegensatz zu der mehr subjektiv und intersubjektiv arbeitenden Psychoanalyse »objektivere« Befunde und Beweise zu liefern, die auch außerhalb subjektiver Beurteilung nachprüfbar wären.

Im allgemeinen gelten für eine wissenschaftliche Beweisführung Grundsätze, die kürzlich von einem Traumforscher (3, S. 102) folgendermaßen formuliert wurden: »Es ist eine Bedingung für jedes naturwissenschaftliche Experiment, daß der zu messende Vorgang durch das Maß-System oder durch die Messung nicht beeinflußt wird.« Dies würde bedeuten, daß der Träumer nicht recht kompetent ist, eine Aussage über seinen Traum zu machen, denn bereits das Erfassen des Geträumten – das ja introspektiv erfolgt – ist durch das Maß-System, nämlich den Träumer selbst, beeinflußt. Das urteilende Subjekt und das beurteilte Objekt (die Traumerinnerung) sind hier, wie Baust weiter sagen würde, weder trennbar, noch wechselseitig unbeeinflußbar. Das gleiche würde noch mehr für die Traum-Deutung bzw. die Interaktion über den Traumtext zwischen Traumberichter und Traumauswerter (Analytiker) im analytischen Prozeß gelten.

Aber betrachten wir einmal den hier zugrunde liegenden Naturwissenschaftsbegriff, der vom Maß-System und vom Objekt wie von zwei wechselseitig unabhängigen und unbeeinflußbaren Größen handelt. Zum Beispiel im Bereich der theoretischen Physik und im Bereich der Psychoanalyse ist dieser Grundsatz nicht mehr uneingeschränkt gültig. Heisenberg hat in seiner Theorie von der Unschärferelation den zwingenden Schluß gezogen, daß in bestimmten Bereichen der Mikrophysik der Beobachter und das Maß-System in Wechselbeziehung zum Objekt stehen. Genauso stehen in der psychoanalytischen Traumlehre der Beobachter, d. h. sowohl der Träumer, der sein »Objekt«, den Traum, erinnert, als auch der Analytiker, der den Traum verstehen will, in einer Wechselbeziehung. Die »Subjektivität«, also die Beteiligung des Betrachters am Prozeß des Betrachtens, ist selber mehr und mehr Gegenstand der wissenschaftlichen Prüfung geworden. Es ist zu bedenken, daß ja auch die Subjektivität naturwissenschaftlich-kausal eingeordnet werden könnte und ebenso auch die Intersubjektivität, d. h. der Austausch von Mitteilungen zwischen zwei Subjekten, wenngleich er experimentell extrem schwer faßbar wäre. Darüber hinaus muß festgestellt werden, daß ja der Wissenschaftsbegriff selbst, der der zitierten Definition von BAUST zugrunde liegt, auch Ausdruck der vielseitig beeinflußbaren Erfahrungswelt des Menschen in der Natur ist und daher letztlich ebenfalls den verschiedenartigsten Normen, u. a. gesellschaftlichen Normen, unterworfen ist. Es bleibt also zu fragen, ob es nicht auch eine – unvergleichlich schwierigere – aber dennoch obligate Aufgabe einer wirklich vollständigen Naturwissenschaft ist, die Definition der Beziehung zwischen Subjekt und Objekt nicht nur als Voraussetzung, sondern auch als Gegenstand wissenschaftlicher Forschung aufzufassen. Neben der modernen Physik und auch der neueren Psychologie ist die Psychoanalyse jedenfalls dazu übergegangen, die experimentelle Situation, den Betrachter und dessen Struktur in den Beobachtungsvorgang miteinzubeziehen.

Der experimentellen Traumforschung liegt teils der überlieferte »klassische« Naturwissenschaftsbegriff, teils der hier diskutierte erweiterte zugrunde. In beiden Fällen konnte eine Anzahl beweiskräftiger Aussagen im Zusammenhang mit den hier zu erörternden Fragen gemacht werden.

3. Fragestellungen aus der Sicht der psychoanalytischen Traumtheorie

Konkret lauten die Fragen, die sich hier stellen, etwa folgendermaßen: Ist es richtig und zu beweisen, daß wir wirklich des Nachts träumen, und gilt dies für alle Menschen? Ist es richtig und zu beweisen, daß der Schläfer dank einer hochdifferenzierten Gehirnaktivität weit in seine Vergangenheit zurückkehren kann und daß er in der Traumphantasie Möglichkeiten zu handeln erlebt, die in seiner realen Aktualität brachliegen? Ist es richtig, daß Erregung durch unbewußte Triebregungen, wenn ihre Abfuhr in Handlung unterbunden ist, im Traumvorgang gebunden wird? All diese Aussagen über den Traum hat FREUD jedenfalls bereits um die Jahrhundertwende gemacht.[1] Und ist es richtig, daß der Traum auf solche Weise das Fortdauern des lebensnotwendigen Schlafes hütet? Eine weitere Frage wäre: Kann die neuere Forschung die erregende Aussage von FREUD bestätigen, daß das Studium der Traumtätigkeit Aufschlüsse über die Anfänge unserer intellektuellen Entwicklung gibt?[2] FREUD hatte

[1]. FREUD, S.: G. W. II/III S. 584.
[2] FREUD, S.: G. W. XI S. 203.

erklärt und nachgewiesen, daß der Traum auf die Bildersprache und die Symbolbeziehung zurückgreift und »vielleicht auf Verhältnisse, die vor der Entwicklung unserer Denksprache bestanden haben«.

Ist es richtig und zu beweisen, daß wir, wie KEMPER (S. 112) es ausdrückt, »allnächtlich im Traum in das verlorene Reich unserer einstigen unbegrenzten potentiellen Fülle« zurückkehren, um den quälenden Einengungen, dem »Zugzwang« des Wacherlebens, zu entgehen?

Und weiter: Hat der Traum nur diese Funktion? Benötigt der Mensch die Weite der inneren Wahrnehmung und der hervorragend gesteigerten Erinnerungsfähigkeit im Traum? Und zwar auch dann, wenn die Mehrzahl der Träume nie zum Bewußtsein kommt? Ist der Traum womöglich lebensnotwendig? Besteht bezüglich seiner Inhalte Kontinuität zum Wacherleben oder Komplementarität? Und ist es schließlich richtig und zu beweisen, daß die Träume, wie überhaupt alle psychischen Manifestationen, parallel mit physiologischen Vorgängen ablaufen und in Wechselwirkung mit ihnen stehen? Für FREUD, wie auch für die spätere Forschung, ist selbstverständliche Voraussetzung, »daß es ohne physische Vorgänge keine psychischen gibt, daß also die Psyche nicht unabhängig von einem Gehirn existieren könne« (24. Bd. I, S. 425) und »daß psychischen Vorgängen physische vorangehen müssen; jede Information, welche die Psyche – entweder von der Außenwelt durch die Sinnesorgane, oder vom Körper durch die chemischen Reize, die sie auslöst – erreicht, muß als physische Erregung beginnen«. So jedenfalls gibt der Biograph Ernest JONES korrekt eine der wichtigen Grundlagen von FREUDS Auffassungen wieder, die wir später in der Neurosentheorie von Harald SCHULTZ-HENCKE als Lehre von der »Gleichzeitigkeitskorrelation« von psychischen und physischen Prozessen wiederfinden (36 b). In diesem Sinne ist der Traum für FREUD ein Aspekt eines komplexen Vorganges, ein Signal, das faßbar wird, weil der Organismus im Schlaf von den (psychophysischen) Umweltreizen weitgehend abgeschirmt und in seiner motorischen Aktivität weitgehend »gelähmt« ist. Als einzige Funktion des Traumes hatte FREUD noch bis zuletzt die intrapsychische Kräftebindung anerkennen wollen. Er nahm an, daß durch Tagesereignisse mobilisierte, unbewußt bleibende Erregungsquanten mit Hilfe der im Traum angebotenen »Lösungen«

wieder unter die Herrschaft des Vorbewußten gebracht werden, so daß der Träumer beruhigt weiterschlafen kann.[1]

Bei den letzten Fragestellungen bleibt freilich zunächst offen, ob die Traumvorgänge nur eine bloße Begleiterscheinung physiologischer Vorgänge sind. Von neuro-physiologischer Seite werden manche Befunde in diesem Sinne gedeutet. Es muß jedoch bedacht werden, daß eine »dualistische« Betrachtung der Traumphänomene – oder eigentlich: des träumenden Menschen – bei wissenschaftlichen Untersuchungen zwar zwangsläufig notwendig ist, letztlich aber nur eine »monistische« Gesamtschau legitim sein kann.

Eine weitere Frage an die experimentelle Traumforschung könnte lauten: Ist die bereits 1954, also zu einer Zeit, als man in Europa noch nichts von experimenteller Traumforschung wußte, von KEMPER vertretene These richtig und zu beweisen, daß auch das Traumerleben ebenso wie das Denken, zumal das emotional getönte »anschauliche Denken«, von Mikro-Innervationen (»Aktionsströmen«) begleitet ist, die genau den beim Denken oder Träumen intendierten Bewegungen entsprechen. Auch wenn solche Bewegungsimpulse in der Regel unter der Schwelle der Wahrnehmbarkeit bleiben und nicht realisiert werden, so dürfte ihnen doch eine übende Wirkung zukommen, was gerade für solche Regungen, die einem Menschen tagsüber aufgrund von Verdrängung oder einer sonstigen Form psychischer Abwehr nicht mehr zugänglich sind, von entscheidender Bedeutung wäre. Auch in therapeutischer Hinsicht könnten derartige nicht wahrgenommene, aber dennoch wirksame Regungen im Hinblick auf künftige Entwicklungsmöglichkeiten von Bedeutung sein. Entsprechend wird neuerdings angenommen, daß die ersten, noch primitiven Aktionen des Neugeborenen, wie z. B. Atmen, Saugen, Schlucken, von intrauterinen Übungsvollzügen abhängen.[2] Im Rahmen unserer Erwägungen schließt sich vom psycho-physischen Ansatz her hier die Frage an: Gibt es

---

[1] Vgl. FREUDS Auseinandersetzung mit SILBERER über die von S. angenommene »anagogische Funktion« des Traumes.

[2] Vgl. DÖRING, G. K.: »Physiologie der Fortpflanzung« in: LANDOIS-ROSEMANN, H. U. (Hrsg), *Lehrb. d. Physiologie des Menschen*, Bd. I, München-Berlin 1960, S. 463, sowie: KRAATZ, H. (Hrsg.), STOECKELS *Lehrb. d. Geburtshilfe*, Teil I, Jena 1966, S. 214: »Jeder Muskel des Kindes, der extrauterin sofort funktionieren soll, muß intrauterin allmählich eingeübt werden.«

Übungsvorgänge, die eine Auswirkung haben, obwohl sie die Schwelle der Wahrnehmung bzw. des Bewußtseins nicht überschreiten? Und vermag uns die experimentelle Traumforschung in diesem Zusammenhang aufschlußreiche Hinweise zu geben?

II. Experimentelle Traum- und Schlafforschung[1]

1. Die Entdeckung von Traumphasen im Schlaf

Die »exakte«, d. h. die experimentelle Traumforschung begann 1953, als ASERINSKY und KLEITMAN an der Universität Chicago eine erste Studie veröffentlichten. KLEITMAN, seit Jahrzehnten mit Schlafforschung beschäftigt, beabsichtigte, zusammen mit seinem Doktoranden ASERINSKY,[1] ältere Angaben eines Augenarztes über langsame asymmetrische Augenbewegungen während des Schlafes nachzuprüfen, und entdeckte bei dieser Gelegenheit, daß regelmäßig hinter den geschlossenen Lidern des Schlafenden schnelle, ruckartige und gleichgerichtete Augenbewegungen zu beobachten waren, die den Fixierbewegungen im Wachzustand zu gleichen schienen. Diese Augenbewegungen setzten etwa 90 Minuten nach dem Einschlafen ein und kehrten periodisch während des weiteren Schlafes wieder. ASERINSKY und KLEITMAN entwickelten die Hypothese, daß es sich hier um einen Begleitvorgang des Träumens handeln könnte, die sie auf folgende Weise nachzuprüfen suchten: Zehn Versuchspersonen (Vpn) wurden 27mal zu einem Zeitpunkt geweckt, als ruckartige Augenbewegungen zu beobachten waren, und, zur Kontrolle, 23mal in Schlafphasen, in denen Augenbewegungen nicht auftraten. Im ersten Fall wurden 20mal Mitteilungen über einen lebendigen bildhaften Traum gemacht, während bei den Kontrollweckungen nur viermal ein Traumerlebnis angegeben wurde. Dieses

[1] Bei der folgenden Darstellung der Methoden und Befunde habe ich mich auf die am Schluß angegebene Literatur gestützt, vorwiegend auf BAUST, DEMENT, FOULKES, FISHER, JOVANOVIC und STRAUCH. WERNER KEMPER bin ich für zahlreiche anregende Überlegungen sehr dankbar. Herrn Prof. DEMENT danke ich für die Übersendung einer Anzahl von neueren tierexperimentellen Studien, Herrn Priv.-Doz. Dr. JOVANOVIC für die Überlassung seiner neuesten Untersuchungsergebnisse, sowie Frau Dipl.-Psych. SCHNITGER für die freundliche Hilfe bei der Durchsicht und Übersetzung der angelsächsischen Arbeiten.

Ergebnis des ersten richtungsweisenden und bahnbrechenden Traumschlafexperimentes war signifikant, d. h., es war kein Zufallsbefund, und es bestätigte sich bei späteren Untersuchungen in vollem Umfang.

Die Augenbewegungen wurden gefilmt und gleichzeitig durch kleine Elektroden, die die Spannungspotentiale zwischen Retina und Hornhaut bei Augenbewegungen aufnahmen, kontrolliert. Neben der graphischen Aufzeichnung der Augenbewegungen wurden Atemfrequenz, Körperbewegungen und eine Ableitung von Hirnströmen registriert. Es fanden sich eindeutige Veränderungen bei sämtlichen geprüften Werten fast durchweg in Übereinstimmung mit der Phase der schnellen Augenbewegungen, so daß man im ersten Ansatz bereits aus den Messwerten ablesen konnte, ob jemand träumt. Es eröffnete sich nunmehr die Möglichkeit, nicht allein Anzahl und Dauer solcher Phasen zu untersuchen, sondern die neuerlich beobachteten schnellen Augenbewegungen, die fortan REM (*rapid eye movement*) genannt wurden, mit dem Inhalt der Träume in Verbindung zu bringen. Es war nun sogar möglich, vertikale und horizontale REM voneinander zu unterscheiden und mit Trauminhalten zu korrelieren. Vor allem konnte man nun Träume unmittelbar während ihres Ablaufs durch Aufwecken des Träumers erfassen.

Zunächst beweisen diese Beobachtungen und Befunde, daß im Schlaf, den wir zur körperlichen und geistigen Erholung benötigen, nicht Ruhe und völlige Passivität herrschen.

Es stellt sich nun die Frage: Was läßt sich über die unterscheidenden und spezifischen Merkmale von Wachen, Schlafen und Träumen und über die Beziehungen zwischen dem Erleben im Wachzustande und den Vorgängen oder auch dem »Erleben« oder »Erträumen« des Nachts auf Grund der experimentellen Untersuchungen aussagen? Um diese Frage beantworten zu können, benötigen wir zunächst einige Mitteilungen über die Natur des Wachzustandes und des Schlafzustandes.

2. Der Schlaf-Wach-Zyklus

Der Schlafende ist – das sagten wir bereits – nicht passiv. Er ist auch, was man schon lange weiß, nicht gänzlich ohne Verbindung zur Außenwelt. Er reagiert durchaus auf Umweltreize, und zwar sogar in sehr spezifischer Weise. Mütter erwachen z. B. bei relativ schwachen, von ihrem Kind ausgesandten Reizen, während stärkere Geräusche ohne individuelle Bedeutung unter Umständen überschlafen werden (Ammenschlaf). Eine Differenzierung von akustischen oder sonstigen Reizen, die eine Gefahr signalisieren, ist ebenfalls im Schlafzustand möglich.

Es fragt sich nun, was hat es mit dem Schlaf-Phänomen, das ja alle belebte Materie, Tiere und sogar Pflanzen, kennzeichnet, überhaupt und ganz besonders beim *Homo sapiens* auf sich?

Neugeborene zeigen zunächst einen polyphasischen Wechsel von Schlafen und Wachen bzw. von Ruhe und körperlicher Aktivität in Zyklen von 50 bis 60 Minuten, eigenartigerweise anfänglich in einem 25-Stunden-Rhythmus (3). Zuerst schlafen Neugeborene insgesamt etwa 18 bis 20 Stunden am Tag; zwischen der 18. und 21. Lebenswoche erreichen sie den 24-Stunden-Rhythmus mit etwa 10 Schlafstunden während der Nacht bei allmählich verkürztem Tagesschlaf (29a, S. 114; 3, S. 111). Nach und nach entwickelt sich die für das Erwachsenenalter typische monophasische Schlaf-Wach-Periodik. Sie wird von der Tag-Nacht-Periodik bestimmt, letztlich also von der Erdumdrehung. Schaltet man diese Zeitgeberwirkung experimentell aus, dann entwickelt sich eine 25- bis 28-Stunden-Periodik (25b, S. 2), jedoch ist der monophasische Schlaf-Wach-Rhythmus des erwachsenen Menschen weitgehend endogen festgelegt. Zwischen dem 13. und 23. Lebensjahr erreicht der heranwachsende Mensch das für den Erwachsenen typische Schlafquantum mit durchschnittlich sieben bis acht Stunden, im allgemeinen monophasisch. Erst im Greisenalter ändert sich dieses Schlaf-Wach-Verhalten und nähert sich wiederum der anfänglichen polyphasischen Schlaftypik.

Schlafentzugsexperimente am Ende des 19. Jahrhunderts (29a, S. 215) haben die Notwendigkeit des Schlafes bewiesen. Mit der Entdeckung von Steuerungszentren im Gehirn für verschiedenartige biologische Funktionen[1] vermutete man zunächst die Existenz von getrennten Schlaf- und Wachzentren, bis neuere Untersuchungen dazu führten, ein einheitliches Schlaf-Wachsystem anzunehmen, das in der *Medulla oblongata*, dem *Rhombencephalon*, dem *Mesencephalon* und benachbarten Strukturen des *Thalamus* lokalisiert wird. Diese tiefliegende Hirnregion, die

---

[1] Besonders W. R. HESS.

man zusammen mit der Medulla (dem verlängerten Rücken-
mark) der einfachen Verständigung halber kurz als die zentrale
Althirnpartie bezeichnen kann, ist die älteste Region des Gehirns, die stammesgeschichtlich bereits vor Ausbildung der
Großhirnrinde vorhanden war (25a).[1] Zahlreiche Hinweise und
experimentelle Befunde haben zu der heute gültigen Auffassung
geführt, daß einzelne Teilbereiche dieser primitiven Althirnre-
gion, je nach ihrer neuralen Funktion, Schlafen oder Wachen bewirken. Damit mußten ältere Vorstellungen, wonach nächtlich
Gehirnruhe herrscht, aufgegeben werden. Die Mehrzahl der
Hirnregionen befindet sich in Tätigkeit, wenn auch andersartig
als am Tage (5, S. 22).

Normalerweise verbringt der erwachsene Mensch ein Drittel
der 24-Stunden-Periodik im Schlaf. Dabei verändert sich die
Hirnaktivität in wesentlicher Art, was mit Hilfe der 1924 von
Hans Berger in Jena entwickelten Hirnstrommeßtechnik experimentell nachgewiesen werden kann. Umfangreiche Untersuchungen mit dieser Methode[2] haben ermöglicht, verschiedene
Schlafstadien, schließlich sogar verschiedene Grade des Wach-
seins und verschiedene Etappen des Einschlafens voneinander zu
unterscheiden und experimentell zu definieren (25a).

3. Experimentelle Befunde zur Neurophysiologie des Wachver-
haltens

Die erwähnte, von Berger entwickelte Apparatur, der Elektro-
encephalograph (EEG), zeichnet die im Gehirn auftretenden
elektrischen Potentialschwankungen an verschiedenen Punkten der Kopfhaut mit Hilfe von Verstärkersystemen auf. Im
Wachzustand zeigt das Hirnstrombild einen unregelmäßigen,
desynchronisierten Alphawellenrhythmus von hoher Frequenz,
das heißt, 8 bis 13 Schwingungen pro Sekunde. Bei bewußter
Entspannung, z. B. im Wachzustand bei geschlossenen Augen,
hat das EEG eine größere Amplitude und regelmäßige Alpha-
schwingungen 10/sec. Aufschlußreich für das Verständnis der
REM während des Träumens ist der Befund, daß analoge Inner-
vationen der Augenmuskulatur bei geschlossenen Augen auch im
Wachzustand einsetzen, sobald die Vpn bildhafte Vorstellungen

---

[1] Darin die Übersicht über die Forschungsergebnisse bis zu diesem Zeitpunkt.
[2] Durch Loomis, Harvey und Hobart 1935–1938.

hat. Die Augenmuskeln verhalten sich so, als würden die vorgestellten Gegenstände fixiert (23b, zit. nach 15, S. 19). Bereits in den dreißiger Jahren hatte JACOBSON nachgewiesen, daß die bloße Vorstellung einer Körperbewegung eindeutig von einer gesteigerten bioelektrischen Aktivität in den entsprechenden Muskeln begleitet ist. Das gleiche gilt auch für optische Vorstellungen, d. h., die elektrische Aktivität der Augenmuskeln korreliert mit den imaginierten Blickrichtungen, entspricht also beispielsweise vertikalen Augenbewegungen bei der Vorstellung eines Turmes. Aus diesen und anderen Befunden geht somit hervor, daß Vorstellungen von Mikro-Innervationen der ihnen entsprechenden Muskulatur begleitet sind.

Was für bildhafte und motorische Vorstellungsinhalte gilt, scheint auch für Denkvorgänge zu gelten, die mit Wortvorstellungen verbunden sind und zu entsprechenden Mikro-Innervationen der Sprechmuskulatur führen. So war es z. B. möglich, die akustischen Halluzinationen einzelner Schizophrener mit Hilfe eines empfindlichen Mikrophons aufzuzeichnen und somit als Gedanken der Kranken im beweisenden Experiment hörbar zu machen. GOULD (20) hat in seinen Untersuchungen über das »subvokale Sprechen« über eine 46jährige paranoid erkrankte Patientin berichtet, die sich von Russen bespitzelt wähnte. Sie fühlte sich von einem unsichtbaren Strahl vernichtet und halluzinierte Stimmen, die durch elektrischen Strom zu ihr sprächen. Diese Patientin gab die folgende akustische Halluzination an, die aufgezeichnet werden konnte:[1] »*Ich finde nicht, daß das fair ist.* Steht sie nicht *auf gleicher Stufe* mit Dir oder *etwas anderem?*«, wobei die im Text hervorgehobenen Worte vom Aufnahmeapparat aufgezeichnet wurden. Entsprechend war bei der Untersuchung während des Halluzinierens ein deutlicher Anstieg der neuromuskulären Aktivität der Sprechmuskulatur im Elektromyogramm (EMG) nachzuweisen.

Für die Tiefenpsychologie am interessantesten ist zweifellos der Befund der älteren neurophysiologischen Forschungen über das Wachverhalten, daß bildhafte Vorstellungen, imaginierte Handlungsvollzüge, aber auch verbale Denkprozesse und akustische Halluzinationen von meßbaren Funktionsveränderungen

---

[1] Im Original: »*I don't think this is fair. Isn't she on the level with you or something else?*«

an den Erfolgsorganen begleitet sind. Weiterhin ist wichtig, daß
es bei Verringerung der Aktivität im Wachzustand, z. B. bei geschlossenen Augen oder bei Schläfrigkeit, zu meßbaren Veränderungen kommt. Bei Schläfrigkeit hören die Augenbewegungen
hinter den geschlossenen Lidern auf, die im Wachzustand als Begleitvorgang von Vorstellungen vorkommen; statt dessen treten
langsame Augenbewegungen (SEM –slow eye movements) auf,
d. h. langsame, rollende und asymmetrische Augenbewegungen,
und zwar selbst dann, wenn man im Zustand der Schläfrigkeit die
Augen künstlich offenhält.

4. Das Schlafverhalten

Die Schlafstadien

Schon aus älteren Untersuchungen ging hervor, daß der nächtliche Schlaf kein einheitliches Gebilde darstellt, sondern daß während der Nacht zu verschiedenen Zeiten unterschiedlich tief geschlafen wird. Erst die Hirnstrommessung erlaubte eine
eindeutige Abgrenzung verschiedenartiger Schlafzustände, die
sich, u. a. durch Korrelation von Weckreizen mit dem EEG,
nach ihrer Tiefe unterscheiden ließen, wenn während der ganzen
Nacht EEG-Aufzeichnungen gemacht wurden.[1]

Schlafstadium I: Dieses Stadium, das Einschlafstadium, wird
auch Eintauchstadium I genannt. Es zeigt folgende Merkmale:
Das typische desynchronisierte flache Wellenmuster des Wachzustandes mit den schon erwähnten hochfrequenten Alpha-
schwingungen (und einem Betarhythmus mit etwa acht Schwingungen pro Sek.) tritt langsam zurück; es dominiert eine
Mischung von langsamen und schnellen Frequenzen mit geringer
Amplitude. Gleichzeitig fehlen in dieser Phase bereits die fixie-
renden bzw. vorstellungsbezogenen Augenbewegungen des
Wachzustandes gänzlich. Es kommen die schon erwähnten langsamen asymmetrischen Augenbewegungen (SEM) vor, oder es
herrscht Augenruhe.

---

[1] Die differenzierteste Aufzeichnung über verschiedenartige Untergruppen findet
sich bei JOVANOVIC (25a). Für den vorliegenden Zweck genügt die geläufige Ein-
teilung des Nachtschlafes in fünf unterscheidbare Phasen. In unserer Übersicht
wird der in der angelsächsischen Literatur üblichen Gliederung der Vorzug gegeben (Schlafstadium I–IV = B–E).

Schlafstadium II: Leichter Schlaf. Im EEG treten auf dem Hintergrund eines flachen EEG-Musters Schlafspindeln[1] auf (12 bis 14 Schwingungen pro Sek.) und einzelne sogenannte K-Komplexe (LOOMIS), d. h. große langsame Potentialschwankungen, die sich deutlich von dem flachen Grundmuster abheben. Nach JOVANOVIC werden diese beiden Erscheinungen als elektroencephalographisches Schlafkorrelat angesehen. Es scheint, daß die K-Komplexe die Verbindung mit der Außenwelt anzeigen, und zwar insofern, als sie eine elektroencephalographische Reaktion auf Außenreize darstellen, so »als sei es ihre Aufgabe, den Schläfer nur dann zu ›wecken‹, wenn der Reiz für ihn eine lebensnotwendige Bedeutung hat. Ist dies nicht der Fall, so schläft der Mensch weiter, auch wenn der Reiz stärker ist als die für ihn wichtigen Geräusche« (25b, S. 7). Weckt man einen Schläfer nach einem akustischen Reiz, der einen K-Komplex verursacht hatte, so erinnert er sich unter Umständen nicht an den Reiz (im Gegensatz zum Stadium I). Hier ist das Bewußtsein offenbar nicht mehr in der Lage, die Wahrnehmung als solche zu erfassen.

Schlafstadien III und IV: Nach etwa 30 Minuten Schlaf, die von den Stadien I und II ausgefüllt werden, tritt der tiefere und der Tiefschlaf ein. Die Frequenz der Hirnstromkurve verlangsamt sich. Das flache Grundmuster wird mehr und mehr von Hirnwellen abgelöst, die nur ein bis zwei Schwingungen pro Sekunde zeigen und eine große Amplitude haben. Schlafspindeln und K-Komplexe kommen in Stadium III nur vereinzelt, in Stadium IV gar nicht mehr vor. Das Stadium IV entspricht der eigentlichen Tiefschlafphase. Der Schläfer ist schwerer weckbar als in den vorangehenden Phasen. Im Stadium IV herrscht wie in den vorangehenden Stadien III und auch II Augenruhe. Vorherrschendes Merkmal dieser Phase ist eine maximale Verlangsamung der Ausschläge der Hirnstromkurve. – Wenn man sie in der Tiefschlafphase weckt, sind die Vpn nach dem Aufwachen etwas verwirrt, behaupten aber, leicht geschlafen zu haben (15, S. 22).

Phasenumkehr: Nach dem bisher dargestellten Ablauf sorgt nun das Schlaf-Wach-Steuerungssystem im zentralen Althirnbereich für eine rückläufige Abwicklung der Schlafphasen, d. h., auf das Stadium IV folgt das Stadium III, dann II und schließlich nach

---

[1] Diese EEG-Formationen werden auch Beta-Spindeln genannt.

etwa 90 Minuten abermals das Stadium I, nunmehr allerdings mit
anderen Qualitäten als beim Einschlafen, als »Auftauchstadium I« oder die eigentliche Traumphase, über die in einem ge-
sonderten Kapitel berichtet werden soll. Beim gesunden Menschen mittleren Alters tritt in einer typischen Schlafnacht die
aufgeführte Phasenfolge mehrmals (drei- bis sechsmal) in ähnlicher Weise auf. Allerdings wird das Stadium IV im EEG im
späteren Verlauf der Nacht nicht mehr erreicht, während das
später zu erörternde Auftauchstadium I, auch REMP (REM-
Phase) genannt, sich im Laufe der Nacht verlängert.

Bevor wir uns dieser Traumschlafphase zuwenden, ist noch zu
erwähnen, daß einige Minuten vor ihrem Beginn, das heißt also
beim Auftauchen aus dem Stadium II am Übergang zum Auftauchstadium I, bei männlichen Schläfern eine Erektion einsetzt,
die dann während der REMP fortdauert (14, 25b), desgleichen
bei Frauen eine Steigerung der Klitoristemperatur und, nicht
ganz regelhaft, eine Abfolge von Kontraktionen der Scheiden-
muskulatur (25b). Ebenfalls tritt kurz vor der REMP eine Steigerung der Herzfrequenz auf (3 S. 122). Weiter ist wichtig, daß der
ersten Traumschlafphase regelhaft einige oder einzelne K-Komplexe und sogenannte Sägezahnwellen (7c, 7d) unmittelbar vorangehen. Diese Wellen sind noch nicht ausführlich erforscht, sie
sind jedoch, abgesehen davon, daß sie kurz vor der REMP erscheinen, charakteristisch für das EEG der Traumschlafphase
selbst und entsprechen bestimmten Hirnstrombefunden bei der
Katze, den sogenannten PGO-spikes,[1] die beim Tier in ähnli-
chem Zusammenhang auftreten, und zwar unmittelbar vor einer
abgrenzbaren Schlafphase, die weitgehend Übereinstimmungen
mit der menschlichen Traumschlafphase oder REMP zeigt.

5. Die Traumschlafphase
(Auftauchstadium I – REMP – paradoxer Schlaf)

Etwa 90 Minuten nach dem Einschlafen tritt beim gesunden
Menschen mittleren Alters regelhaft die sogenannte Traumschlafphase ein. Das EEG entspricht in dieser Phase zwar weitgehend dem EEG im Schlafstadium I (Eintauchstadium), d. h.,
es zeigt wiederum ein desynchronisiertes irreguläres hochfre-

---

[1] *Pons-Geniculatum-Oculomotoriuskern*-Aktivitäten (7d). Es handelt sich hier um
Hirnregionen, die u. a. die Zentrale für die Augenbewegungen darstellen.

quentes Hirnstrombild mit Alpha- und Beta-Wellen. Im Gegensatz zu allen übrigen Schlafphasen sind jetzt jedoch regelhaft die von Aserinsky und Kleitman entdeckten schnellen Augenbewegungen (REM) anzutreffen. Es wurde bereits erwähnt, daß Aserinsky und Kleitman 1953 einen eindeutigen Zusammenhang zwischen den REMP und dem Vorkommen von Träumen festgestellt hatten. In der Folgezeit wurden Methoden für eine vielfältige, sogenannte polygraphische Prüfung weiterer Funktionen entwickelt, die für die Untersuchung der Traumtätigkeit des Menschen nun der Forschung zur Verfügung standen. Man korrelierte mit der Prüfung der REM (mit Hilfe der mikro-elektrischen Methode des Elektro-Oculogramms [EOG]) und dem EEG auch die Herzstromkurve (EKG), sowie Messungen von Pulsschlag, Blutdruck, Atemfrequenz, Schweißsekretion (gemessen am elektrischen Hautwiderstand), Pupillenweite und Muskeltonus (gemessen am Elektromyogramm – EMG). Alle diese Prüfungen zeigen veränderte Werte, weitgehend synchron mit der REMP. Man fand, synchron mit der REMP, Peniserektionen (13; 14) bzw. Steigerungen der Klitoristemperatur und vaginale Kontraktionen (25b), Steigerungen der Herzfrequenz, der Atmung, Steigerung der biologischen Aktivität der Muskeln (untersucht an Fingern und Extremitäten) zusammen mit einer totalen Erschlaffung der Gesichts- und Nackenmuskulatur. – Weitere Differenzierung von Merkmalen innerhalb der REMP in sogenannte tonische und phasische Erscheinungen übergehen wir hier, weil sie noch nicht eindeutig zu sein scheinen (Moruzzi u. Dement) (9, zit. nach 15).

Da die REMP auch bei vielen Tieren vorkommen, vor allem bei sämtlichen Säugetieren, waren weitere Funktionen prüfbar, die beim Menschen nicht untersucht werden können, wie z. B. die Hirntemperatur und die Aktionsströme der Mittelohrmuskeln sowie die hirnelektrische Aktivität der Sehrinde.

Berücksichtigt man die Ergebnisse aller dieser polygraphischen Befunde, dann kann man, etwas vereinfacht, sagen: In der REMP, in der beim Menschen der Traum stattfindet, ist zugleich das primitivere, ältere Stamm- oder Althirn in einer lebhaften Aktivität; das Althirn, von dem Mac Lean (zit. nach 10, S. 95) sagt, es sei »ungebildet«, das heißt, es funktioniere noch nicht verbal, sei aber wohl schon fähig, Symbole zu erfassen, z. B. Helligkeit und Dunkelheit, oder z. B. die Farbe rot. – Zugleich

mit diesen primitiven Althirnpartien sind jedoch auch andere
Abschnitte des Nervensystems, wie das autonome Nervensy-
stem, die Sinneszentren und auch jüngere Hirnpartien, wie die
Großhirnrinde beim Menschen, in Tätigkeit; beim Tier ließen
sich Aktivitäten an den Zentren für Sinnesorgane und auch am
Hörmechanismus nachweisen.

Für die psychoanalytische Traumforschung ist an diesen Befunden die Erschlaffung der Gesichts- und Nackenmuskulatur
besonders interessant. Es handelt sich hier um das Nachlassen
von Muskelaktivitäten, die sicher als Repräsentanz der Aufmerksamkeit nach außen, gegenüber der »feindlichen« bzw. potentiell bedrohlichen Außenwelt aufgefaßt werden können.
Auch die Aktivitäten von Herz, Atmung, Finger- und Extre-
mitätenmuskulatur sowie in der Genitalregion, die, wie erwähnt,
beim Übergang von Phase II zu Phase I auftreten, lassen daran
denken, daß es sich bei der REMP um ein Eintauchen in lustvolle
Wunschwelt im Sinne der psychoanalytischen Traumtheorie
handeln könne, um eine andere, weniger gefährliche Wirklichkeit »voll Lust und Wonne« im Vergleich zur Wachexistenz, die
durch Sorge, Pflicht, Mühe etc. gekennzeichnet ist.

Die Paradoxie besteht nun darin, daß die während der REMP
regelmäßig nachweisbaren Träume und das EEG für intensive
Hirntätigkeit sprechen, gleichzeitig jedoch die Weckschwelle
stark erhöht ist. In diesem Stadium sind Schläfer »im allgemeinen
unbeweglich, relativ unempfindlich gegen äußere Reize und gelegentlich sehr schwer aufzuwecken« (15, S. 23 u. 25). Dement-
sprechend erklären Schläfer, die man aus paradoxem Schlaf auf-
weckt, in der Regel, sie hätten sehr tief geschlafen. Diese
Aussagen stehen im Gegensatz zu den Angaben von Schläfern,
die aus dem Eintauchstadium I und aus den übrigen Schlafphasen
(mit Ausnahme von Phase IV) geweckt werden.

Bei allen Beobachtungen wurden bisher bei jedem Schläfer
Traumschlafphasen (REMP) festgestellt, deren Dauer individuell
geringfügig variiert. Nach den vorliegenden Untersuchungser-
gebnissen wird im Ablauf der Nacht von der ersten bis zur letzten Traumphase ziemlich konstant ein Durchschnittswert von
9 Minuten, 20 Minuten, 26 Minuten und 40 Minuten angegeben.
Die Dauer der letzten morgendlichen REMP kann zwischen 8
und gelegentlich 60 und mehr Minuten schwanken; in Einzelfäl-
len sind für die letzte REMP 83 Minuten angegeben worden (43).

Diese für die Traumforschung ungemein interessante Phase hebt sich deutlich vom synchronisierten, traumlosen leichten oder tiefen Schlaf der übrigen Phasen ab. Es wird später noch davon die Rede sein, daß traumähnliche Erlebnisse auch aus anderen Phasen berichtet werden, jedoch treten bildhafte Träume von so großer halluzinatorischer Leuchtkraft, wie sie den typischen REM-Schlaf kennzeichnen, sonst nicht auf.

Die rhythmische Aufeinanderfolge von Traumschlafphasen war bisher – ebenso wie der dargestellte, in typischem Phasenwechsel ablaufende Schlafzyklus – bei allen untersuchten Schläfern nachzuweisen. Auch fand sich niemand, der nicht wenigstens in einer oder in zwei der REMP, wenn nicht in jeder, einen Traum angibt, wenn man ihn während oder kurz nach der REMP weckt. Zunächst schien es daher so, als wären REMP und Träumen identisch, und als könnte man aus den Ergebnissen der experimentellen Untersuchungen der REMP Aussagen über die Funktion dieser Phase und die Funktion des Träumens ableiten.

Mit zunehmender Verfeinerung der Untersuchungen wurden jedoch auch Befunde erhoben, die in das sich immer mehr abrundende Konzept nur schwer einzuordnen waren. So etwa die Tatsache, daß zahlreiche Tiere, u. a. auch recht primitive Arten, eindeutig abhebbare Schlafphasen nach dem Muster der REMP beim Menschen aufweisen. So zeigen sich REMP beispielsweise bei verschiedenen Vögeln, beim Opossum, bei Ratten, Katzen, Hunden, Schafen, Ziegen und Affen (25a, S. 10ff.). Davon, daß bestimmte Haustiere, z. B. Hunde, träumen, ist der Mensch seit eh und je überzeugt. Entsprechend ergab sich bei experimentellen Untersuchungen von DEMENT in Stanford an der amerikanischen Universität Chicago denn auch aus dem unterschiedlichen Verhalten von Katzen und anderen Versuchstieren beim Aufwecken aus REMP im Vergleich zu Untersuchungen, bei denen die Tiere außerhalb der REMP (in der Non-REM-Phase = NREMP) aufgeweckt wurden, daß höchstwahrscheinlich in der REMP »geträumt« wird. Die Katzen (7e, S. 351) verhielten sich eindeutig unterschiedlich, je nachdem, wann man sie weckte. Das Aufwecken aus NREMP ergab unauffälliges Verhalten in deutlichem Gegensatz zum Aufwecken aus REMP, wobei die Tiere offensichtlich Gegenstände zu fixieren schienen und sich verhielten, als ob sie ein unmittelbar dingliches Erlebnis hätten. Man zog daraus den Schluß, daß auch Tiere träumen, und zwar in ei-

ner den menschlichen REMP analogen Rhythmik. Zumindest
für einige Tiere ist dieser Nachweis geführt worden.

Es erhebt sich nun die Frage, ob diese bei Tieren anzunehmenden Traumereignisse bloßes Beiwerk einer biologischen Rhythmik sind, oder ob ihnen (entsprechend den Auffassungen der
Psychoanalyse über die Funktion des Träumens beim Menschen)
mehr Bedeutung zuerkannt werden muß. Selbstverständlich ist
bei solchen Schlußfolgerungen Vorsicht geboten und stets daran
zu denken, daß wir ja keine Auskünfte über den Inhalt von Tier-
träumen mit Hilfe von sprachlicher Verständigung erhalten können. Dennoch scheint es nach einer Studie von VAUGHAN (3,
S. 138) berechtigt, Befunde tierexperimenteller Untersuchungen
in Analogie zu den Befunden beim menschlichen REM-Schlaf zu
setzen. Es wurden Rhesus-Affen trainiert, »einen Knopf zu
drücken, sobald ihnen ein Diapositiv gezeigt wurde. Drückten
sie den Knopf nicht, so erhielten sie einen elektrischen Schlag am
Bein. Sobald die Tiere gelernt hatten, beim Auftauchen eines Bildes sofort den Knopf zu drücken, ließ man sie in einem völlig
isolierten Raum schlafen. Während der REMP begannen sie dabei plötzlich heftig und mit großer Frequenz den an der Hand
befestigten Knopf zu drücken. Offenbar ›sahen‹ sie im Traum irgendwelche Dinge und drückten daraufhin sofort den Knopf, um
den erwarteten elektrischen Schlag zu vermeiden.«

An dieser Stelle wird der Leser sich vielleicht fragen, ob wir
uns nicht jetzt doch allzuweit von psychoanalytischen Aussagen
über das menschliche Seelenleben entfernt haben. Die Befunde
von VAUGHAN und andere tierexperimentelle Untersuchungen
sind jedoch aus folgendem Grund von Bedeutung: Wenn man gelten lassen kann, daß mindestens manche Tiere träumen, dann kann
man – angesichts der sonstigen Übereinstimmung der REMP-
Befunde – auch die Befunde von extremen, beim Menschen nicht
durchführbaren Versuchen, wie langanhaltenden, gelegentlich
tödlichen Entzug von REMP, auf den Menschen anwenden und
Rückschlüsse auf die Funktion und die psychophysische Bedeutung der REMP bzw. des Träumens ziehen. Bevor wir uns diesen
weiterführenden Experimenten mit Traumschlafentzug zuwenden, müssen wir noch näher auf einen schon kurz erwähnten
weiteren Begleitumstand der Traumschlafphase eingehen.

6. Sexualität in der Traumschlafphase?

Es war ein weiterer traumphysiologischer Befund, der das Inein-
andergreifen von Biologie und Psychologie beim Träumen auf
eine eindrucksvolle Weise unterstrichen hat. FISHER, GROSS und
ZUCH (14) haben zuerst 1965 die bereits 1947 beobachteten
Erektionen des Penis im Schlaf (durchschnittlich alle 84,5 Minuten für die Dauer von etwa 25 Minuten) auf die Traumschlafphase bezogen. Bei einer Untersuchung von jüngeren erwachsenen Männern stellten sie fest, daß REMP in einem hohen
Prozentsatz von Erektionen begleitet und daher wohl mit Träumen verbunden sind. In NREMP treten Erektionen niemals auf,
außer in den wenigen Minuten vor Einsetzen von REMP, was
bereits im Zusammenhang mit den Hirnstrombefunden erwähnt
wurde. Mehr als 90 % der REMP sind mit Erektionen verbunden, und zwar auch bei der ersten REMP, in der Träume nicht
immer nachweisbar sind. Durch Geschlechtsverkehr innerhalb
der letzten fünf Stunden vor dem Experiment werden solche
Erektionen nicht verhindert. Sie treten übrigens auch am Tage
während des REM-Schlafes auf. Nach Untersuchungen von
JOVANOVIC (25b) sind zwar gewisse individuelle Schwankungen
zu beobachten (vermutlich bedingt durch Persönlichkeitstypus,
Lebensalter, Krankheitsbild oder Symptomatik), doch ist durchgängig eine Korrelierung mit der paradoxen Schlafphase festzustellen (3; 13; 14; 15). Übrigens hat JOVANOVIC als erster diese
Untersuchungen auch auf Frauen ausgedehnt. Es fanden sich hier
eindeutig REM-synchrone Temperatursteigerungen der Klitoris
und bei Messungen von Veränderungen des Vaginalvolumens
ebenfalls REM-synchrone Aktivitäten, so daß man die Befunde
von FISHER u. a. und die nachfolgenden Überlegungen gleichermaßen für Männer und Frauen gelten lassen kann.

Es schien nach den ersten Mitteilungen von FISHER u. a. zunächst naheliegend, in diesen Befunden eine Bestätigung der von
FREUD beschriebenen fundamentalen Bedeutung der Sexualität
für die menschliche Entwicklung zu sehen. In der Tat ließ sich
ein enger Zusammenhang zwischen Trauminhalt und Stärke der
REMP-Erektion nachweisen. Erektionen während der REMP
können durch schnelle Erschlaffung unterbrochen sein, wenn
Träume Kastrationsangst oder sonstige von Angst besetzte, z. B.
inzestuöse Inhalte erkennen lassen. Vielfältige Inhaltsanalysen

weisen auf einen derartigen Zusammenhang zwischen sexuellen Impulsen und Traum- bzw. REMP-Aktivitäten hin. Diese Befunde sind jedoch nicht zu verallgemeinern, da REMP-Erektionen auch beim Neugeborenen und sogar bei Frühgeburten, denen man Sexualität[1] keineswegs zusprechen kann, auftreten. FISHER u. a. haben zwar eine Koppelung zwischen Sexualimpuls/Triebleben, Trauminhalten und REMP-Erektionen behauptet, jedoch im Hinblick auf die Erektionen bei Neugeborenen Einschränkungen gemacht. Ihre Hypothese lautete, daß bei Neugeborenen vor Konstituierung der psychischen Struktur, d. h. möglicherweise unabhängig vom Traum, physiologische Entladungsmuster vorhanden sind, die vermutlich einer primitiven auto-erotischen Organisation genitaler Sensationen entsprechen. Bezüglich der Erektionen beim Erwachsenen haben FISHER u. a. angenommen, daß eine Regression auf diesen frühen, gewissermaßen prägenitalen Zustand stattfindet. Daneben könnten die REMP-Erektionen ein Aspekt der allgemeinen physiologischen Aktivität sein, die mit dem Träumen verbunden ist, aber nicht notwendigerweise vom Trauminhalt stimuliert wird. »Da die Erektionen ein bis zwei Minuten vor Beginn von REM anfangen, muß man vermuten, daß irgendein Mechanismus Erektionen früher als die halluzinatorische Traumtätigkeit einsetzen läßt. Es ist von Interesse, daß dieselben ... Mittelhirnzentren, die den REM-Schlaf regeln, in Beziehung zu oralem, sexuellem und aggressivem Verhalten stehen« (15, S. 38 ff.).

Es könnte jedoch auch sein, daß kategorial entsprechende prägenitale Erregungen unterschwellig andrängen, bevor die halluzinierende Psyche ein Traumbild im Sinne der Wunscherfüllungstheorie von FREUD herstellen kann. Auf diese Überlegungen werden wir noch zurückkommen, wenn wir die Auffassungen über die Funktion des Träumens und des Traumschlafes behandeln.

7. REM und optische Trauminhalte

Die bisher dargestellten Befunde haben eine Reihe von Annahmen über Träume bestätigt, zum Teil bewiesen. Besondere Aufmerksamkeit erweckten von Anfang an die gerichteten REM.

---

[1] Es sei denn, man versteht unter Sexualität auch prägenitale Strebungen im Sinne FREUDS.

Wenn Träume von lebhaften Augenbewegungen begleitet sind, dann vermutete man in dieser Tatsache eine Widerspiegelung der optischen Halluzinationen der nächtlichen Traumwelt. Zahlreiche Befunde bestätigten sogar, daß die Ausrichtung der Augenbewegungen den Trauminhalten entspricht. Hierfür geben FOULKES (15, S. 44–46) und FISHER (13, S. 214–218) eindrucksvolle Beispiele. Eine Vpn berichtete, daß sie im Traum 5 oder 6 Stufen gegangen sei und dabei jedesmal auf die Treppe gesehen habe. Im Elektro-Oculogramm fanden sich tatsächlich eindeutig Vertikalbewegungen der Augen aufgezeichnet. Weiterhin haben mehrere Untersuchungen ergeben, daß lebenslang Blinde während ihrer Traumperioden kaum REM aufweisen, so die Untersuchungen von OFFENKRANTZ und WOLPERT (zit. nach FISHER: 13, S. 223), woraus ebenfalls eine enge Koppelung von REM und visuellen Sinneseindrücken hervorzugehen scheint, wie auch aus der Beobachtung, daß bei Blinden anstelle von visuellen mehr taktile und akustische Trauminhalte vorkommen (29b).

Einschränkend hat man sich klarzumachen, daß nur beim Erwachsenen, und auch hier noch nicht einmal durchgängig, eine Zuordnung von optischen Trauminhalten und Augenbewegungen bewiesen worden ist. REM kommen jedoch auch beim Neugeborenen, sogar beim Frühgeborenen vor und sind hier gewiß noch nicht Zeichen von optischen Fixierbewegungen.

8. REM beim Neugeborenen

Während der gesunde Erwachsene 20 % des Nachtschlafes in REMP verbringt, zeigen Neugeborene 50 % und Frühgeborene sogar 70 bis 90 % REMP. Auch beim 30 Wochen alten Frühgeborenen sind REMP nachgewiesen worden (43, S. 350; 15, S. 229 ff.).

Dieser Befund verbietet es, einen einfachen Zusammenhang zwischen Augenbewegungen und visuellen Trauminhalten anzunehmen. Denn ganz sicher können wir dem Neugeborenen und schon gar dem Frühgeborenen weder eine Gedächtnisfunktion im Sinne cortikaler Erinnerungsfähigkeit noch eine optische Wahrnehmungsfunktion zusprechen. Denn sonst müßte man auch im Laufe des Entwicklungsprozesses mit zunehmender optischer Aktivität eher eine Steigerung als eine Abnahme der Häufigkeit und zeitlichen Ausdehnung von REMP erwarten. In der

traumexperimentellen und traumphysiologischen Literatur wird
der Schlaf des Neugeborenen allgemein als traumlos bezeichnet.
Man stützt sich dabei auf neurophysiologische Erkenntnisse,
unter anderem auf die Tatsache, daß die SCHWANNsche Scheide
noch fehlt, ein Argument, das KEMPER allerdings bereits früher
für nicht stichhaltig erklärte (vgl. S. 155 ff.).

FREUD hatte die sicher berechtigte These vom Reiz-Schutz des
Neugeborenen in seine Entwicklungslehre eingebaut. Bei der uns
jetzt beschäftigenden Prüfung der Frage, ob REMP und Träumen identische Erscheinungen sind, bzw. bei dem Bemühen, zu
Aussagen über eine mögliche Funktion der Traumschlaf-Phasen
zu gelangen, müssen wir nach einer Erklärung der ausgedehnte-
ren REMP beim Neugeborenen und aller übrigen bereits genannten Phänomene suchen.[1] Handelt es sich hier, der geläufigen
Vorstellung entsprechend, in der menschlichen Ontogenese von
der Zeugung an um eine Wiederholung der Phylogenese mit einem Sprung zum »höheren Lebewesen« mit Großhirnfunktio-
nen erst diesseits der Geburt? KEMPER hat bereits 1955 die Auffassung vertreten, Traumerinnerungen reichten bis in die
allerfrühesten Lebensabschnitte zurück. Beweisend erschien ihm
der Traum eines Patienten, der sich auf einen Vorfall in dessen
achtem Lebensmonat bezieht. KEMPER betont zwar die Seltenheit wirklich beweiskräftiger Befunde, schließt aber nicht aus,
daß sich im Traum auch Niederschläge vorgeburtlicher Erfahrungen finden können, wobei er auf unsere stammesgeschichtli-
che Entwicklung verweist und die Tatsache, daß es auch eine
nicht an die Großhirnrinde gebundene Merkfähigkeit geben
muß, die sogar eine gewisse Reproduzierung ermöglicht. Wir
sagten ja bereits, daß nach neueren Forschungsergebnissen gewisse Übungsvorgänge primitiver Funktionen schon in vorgeburtlicher Zeit stattfinden. REM sind selbstverständlich auch
Übungsvorgänge für das Muskel- und Nervensystem des Neugeborenen. Weiterhin wäre zu prüfen, ob bzw. wieweit auch REMP-
Träume in die »primitive Frühzeit der menschlichen Entwicklung
oder Reifung[1] zurückreichen. Der paradoxe Schlaf reicht jeden-

---

[1] In den letzten Jahren wird immer häufiger von Träumen berichtet, deren Inhalt
in der Tat einen Bezug auf die Zeit der intrauterinen Existenz nahelegt (GRABER,
KRUSE, GARMA und RASKOWSKY) (21), insbesondere aus dem Kreise der internationalen Studiengemeinschaft für pränatale Psychologie.

falls bis in das vorgeburtliche menschliche Dasein zurück, wie aus
den EOG-Befunden bei Frühgeborenen ersichtlich ist. Da wir
den paradoxen Schlaf überdies zu einer Reihe ziemlich primitiver
Vorahnen im Tierreich zurückverfolgen können, und der paradoxe Schlaf weiterhin bei fast allen Säugetieren, und zwar auch
im ausgereiften »Erwachsenenalter« ausgedehnter als beim erwachsenen Menschen vorkommt (25a, S. 10), und sogar bei den
phylogenetisch älteren Säugetieren noch ausgedehnter, zog man
den Schluß, der paradoxe Schlaf müsse *primär* bestanden haben,
also die ältere Schlafart sein. Auf den Menschen bezogen hieße
das: Je jünger der Säugling, um so ähnlicher ist sein Schlaf in dieser Hinsicht dem der Säugetiere. Allerdings läßt sich nach Jovanovic eine phylogenetische Erklärung des paradoxen Schlafes
deswegen nicht uneingeschränkt erbringen, weil außerhalb der
Säugetierreihe die Dinge wieder anders liegen (25a, S. 11). Jouvet hat z. B. nachgewiesen, daß Vögel nur 0,3 bis 3 % paradoxen
Schlaf haben (zit. nach 25a, S. 11). Bei Schildkröten fand man sogar nur »orthodoxen« und keinen paradoxen Schlaf.

Aber stellen wir die Beantwortung der Frage nach dem phylogenetischen und ontogenetischen Beginn der Traumtätigkeit
vorerst noch zurück, weil wir aus weiteren wichtigen traumpsychologischen Experimenten bei Mensch und Tier auf weitere
klärende Hinweise hoffen können.

III. Experimente zur Traumpsychologie

1. Die Traumerinnerung

Sehen wir uns nach experimentellen Bestätigungen für die psychoanalytische These von der Verankerung der Träume des Erwachsenen in der Kindheit um. Wir erinnern uns zunächst, daß
der periodische paradoxe Schlaf bei allen gesunden Menschen
etwa in der gleichen Weise in den Ablauf der verschiedenen
Schlafstadien eingebettet ist. Allerdings fand sich bei vielfacher
Nachprüfung der Befunde von Aserinsky und Kleitman, daß
Anzahl und Häufigkeit der Angaben über Träume in der REMP
doch etwas variieren. Goodenough und Mitarbeiter haben

---

[1] Unter Reifung versteht man hier biologisch vorgegebene und körperliche Prozesse.

»gute Träumer« und »Nichtträumer«, d. h. Menschen, die angaben, niemals oder seltener als einmal im Monat zu träumen, vergleichend untersucht (19). Bei 60 männlichen Studenten erwies sich, daß es unter ihnen überhaupt keine Nichtträumer gab. Die »Träumer« gaben bei 49 Aufweckungen während der REMP 44mal einen Traum an; bei 42 Weckungen der vermeintlichen »Nichtträumer« in dieser Phase wurde 19mal ein Traum angegeben. Überdies fand sich bei diesen Untersuchungen, daß auch beim Aufwecken in Phasen der Augenruhe immerhin bei den »Träumern« in 57 % und bei den »Nichtträumern« in 17 % der Weckungen Träume berichtet wurden. Auf diese Tatsache werden wir später noch eingehen. Diese und andere Untersuchungen bestätigten die Behauptung der Psychoanalyse, daß alle Menschen träumen. Weiterhin scheint gesichert zu sein, daß nächtliche Traumphantasien, genauso wie alles psychische Erleben im Wachzustand, vergessen oder verdrängt werden können; denn auch alle »Nichtträumer« träumen, d. h., man müßte sie korrekt als »Nichterinnerer« bezeichnen. Zusätzliche Untersuchungen haben ergeben, daß die Laborsituation Einfluß auf die Traumtätigkeit und die Traumerinnerung hat.

Wenn sich auch bei den Traum- und Schlafexperimenten in der Laborsituation ein »objektiver« Beweis für die Identität von geträumtem Bild und mitgeteiltem Traumtext verständlicherweise nicht erbringen läßt, so konnte doch bewiesen werden, daß die Träume tatsächlich während der paradoxen Schlafphase stattfinden.

Gewöhnlich verfährt man in der Laborsituation so, daß während oder sogleich bei Beendigung der REMP geweckt wird, und die Vpn ihren Traum unmittelbar und ohne sich bewegen zu müssen in ein bereitstehendes Mikrophon sprechen. Verschiedentlich trat hierbei ein sogenannter »*first-night-Effekt*« auf: In der ersten Labornacht wurde in der Regel weniger geträumt, als es dem sonstigen Traumschlaftypus der Vpn entsprach (13, S. 258). Auch quantitativ verringert sich der paradoxe Schlaf etwas in der ersten Labornacht. Weiterhin hat sich gezeigt, daß Träume im Labor, im Gegensatz zu Träumen in der gewohnten Schlafsituation, in der Regel seltener erotisch-sexuelle Inhalte aufweisen, dafür um so häufiger die Laborsituation zum Inhalt haben (zit. nach 13, S. 257ff.). Aufschlußreich ist, daß Menschen mit homosexueller Problematik im Labor unverhüllt ihre sexuelle Thematik zu träumen scheinen, wenn Experimentator und Vpn gleichen Geschlechtes sind. (13).

Bei der Suche nach einer Erklärung für die insgesamt doch etwas unterschiedliche Häufigkeit von Traumberichten stieß man in einer Untersuchung (39) auf eine interessante Fehlerquelle. Es erwies sich nämlich, daß abruptes Wecken durch eine laute Glocke oder einen anderen lauten Ton häufiger zu Traumberichten führte als ein stufenweises allmähliches Wecken. Außerdem zeigte sich, daß auf graduelles Aufwecken eher gedankenähnliche Traumberichte als unmittelbare Schilderungen von bildhaften Träumen mit bizarren Elementen und halluzinatorischer Leuchtkraft folgen. Bedenkt man, daß die Weckschwelle im paradoxen Schlaf wesentlich höher liegt, und besonders hoch in den ersten beiden Traumphasen (15, S. 22), dann gewinnt diese Feststellung noch weiter an Bedeutung. Sie spricht nämlich für die Vermutung, daß bei durchgängig optimaler Wecktechnik mehr Träume gewonnen werden könnten, als aus den bisher vorliegenden traumpsychologischen Experimenten hervorgeht.

Wir wissen alle aus persönlicher Erfahrung, daß auch normalerweise die Art der Weckreize sowie auch der Aufwachmodus beim spontanen Erwachen für unsere Fähigkeit, unsere Träume erinnern zu können, bedeutsam ist. Untersuchungen über den Aufwachmodus bei bestimmten Neurosenstrukturen liegen noch nicht vor. Ein interessanter Vorschlag zur Verbesserung der Erinnerung an den Traum wurde 1942 von RORSCHACH gemacht: Der Schläfer möge morgens bei Erwachen ohne jegliche Bewegung liegenbleiben und auch Gedanken an irgendwelche Bewegungen oder Vollzüge vermeiden (zit. nach 10, S. 87).[1] Eine experimentelle Prüfung dieses Vorschlages steht noch aus. – Besonders häufig wird nach KLEITMAN von Träumen berichtet, wenn man Vpn bei einzelnen gröberen Körperbewegungen während der REMP, die vermutlich eine Traumzäsur markieren, weckt.

Weitere Laborexperimente führten zu der These, daß Träume um so besser erhalten bleiben, je rascher man sie nach Beendigung der REMP abfragt bzw. im Wachzustand erinnern läßt. Es

---

[1] W. KEMPER berichtet, den gleichen Rat bereits 1931 von O. FENICHEL gelegentlich einer Fallkontrolle erhalten zu haben (mündl. Mitteilung), und glaubt, ihn aufgrund vielfacher Eigen- und Fremderfahrungen nur bestätigen zu können.

ergab sich, daß Träume bereits vier Minuten nach dem Ende der REMP nicht mehr erinnert werden.[1] So nahm man an, daß der Traum relativ kurze Zeit nach dem Erwachen »zerbröckelt«.[2] KLEITMAN weckte Schläfer 10 Minuten nach Beendigung der REMP, d. h. nach Rückkehr in das Schlafstadium II, und berichtet, daß 25 von 26 Vpn ihre Träume vollständig vergessen hatten (29b).

Diese Befunde legen den Schluß nahe, daß außerhalb der Laborsituation wohl nur Stücke des Traumes der letzten REMP erinnert werden, es sei denn, ein Träumer ist während der Nacht wach geworden und hat den Traum aus einer früheren Phase memoriert und ist erst dann wieder eingeschlafen. Systematische Untersuchungen der Frage, wieviele Träume aus früheren REMP auf solche Weise in der Erinnerung bewahrt werden können, existieren meines Wissens nicht.

KEMPER[3] erinnert in diesem Zusammenhang jedoch an die wohl jedermann aus eigener Erfahrung bekannte Tatsache, daß uns im Laufe des Tages ein völlig vergessener Traum oder ein Teilstück daraus plötzlich mehr oder minder klar aus der Vergessenheit auftaucht, offenbar heraufgeholt durch irgendeine assoziative Verknüpfung zwischen einer scheinbar belanglosen Tagessituation und einem Element des Traumes. Nicht selten läßt sich anhand derart wiederauftauchender Traumfetzen bei entsprechender innerer Zuwendung der gesamte Traum wieder heraufholen.

Dieses Wissen hat auch in Gedichten und Volksliedern seinen Niederschlag gefunden, wie die von KEMPER (s. S. 189) angeführten Beispiele belegen. Handelt es sich bei solchem unvermuteten Wiederauftauchen eines vergessenen Traumes auch in der Regel um einen Traum aus der vorausgegangenen Nacht, so kann es doch auch vorkommen, daß zwischen der Traumnacht und dem Wiederauftauchen des Traumes mehrere Tage liegen. Auffälligerweise scheint es nicht einmal unerläßliche Voraussetzung für solche Erinnerung mit »Spätzündung« zu sein, daß der Traum beim Erwachen bereits einmal »bewußt« gewesen ist. In diesem Zusammenhang ist auch an die Befunde der neueren Ge-

---

[1] Laborexperimente von DEMENT und KLEITMAN (zit. nach 15, S. 51).
[2] WOLPERT und TROSMAN, zit. nach DIAMOND (10, S. 87).
[3] Mündl. Mitteilung 1975.

dächtnisforschung auf dem Gebiet der Lang- und Kurzzeitspeicherung zu denken.

Besonders häufig kommt es vor, daß sich im Rahmen einer psychoanalytischen Behandlung, z. B. bei der Durcharbeitung einer bestimmten triebdynamischen Situation, »plötzlich« die Erinnerung an einen versunkenen Traum wieder einstellt. Unabhängig von KEMPER hat der Verfasser seit einigen Jahren nachgeprüft, ob derartige plötzlich auftauchende Träume morgens oder während der Nacht schon einmal erinnert worden sind. In zahlreichen Fällen war das Ergebnis negativ. Man darf annehmen, daß im analytischen Prozeß Traumteile aus stunden- oder auch tagelang zurückliegenden REMP erinnerbar werden.

In diesem Sinne sprechen nun auch Laborbefunde von DOMHOFF (11, S. 210), die weitere Zweifel an der These vom »Zerbröckeln« des Traumes begründen. Wie festgestellt wurde, können Träume nicht nur sofort nach dem Erwachen erinnert werden, sondern minimale Anlässe äußerer oder innerer Art können sie auch später noch zurückholen. So wird berichtet, daß bei mehreren Fällen tagsüber in entspanntem Zustand oder in einer tagtraumähnlichen Situation Träume wieder auftauchten, zuweilen mitten am Tag, also 6 bis 8 Stunden nach dem Erwachen aus dem Nachtschlaf. DOMHOFF erwähnt z. B. in diesem Zusammenhang eine Vpn, die entspannt zu Hause saß und sich eine Zigarette anzündete. Der Kontext lautet: »Ich war entspannt – ich glaube zum ersten Mal heute.« Dabei fiel ihr ein Traum aus der letzten Nacht ein, in dem sie sich mit einer Zigarette den Finger verbrannt hatte.

Bedingung für das Erinnern ist hier das Zusammentreffen mit dem Traumgegenstand in der Realität und die entspannte Verfassung, also scheinbar ein Zufall. Wichtig sind uns derartige Beispiele jedoch deswegen, weil sie belegen, daß entgegen der These vom »Zerbröckeln« der Träume das Vergessen keineswegs definitiv ist.

2. Methodische Probleme der Laborforschung

An dieser Stelle sind einige prinzipielle Überlegungen über die experimentelle Traum-Laborforschung angebracht. Einige amerikanische Analytiker haben 1969 traumexperimentelle Laboruntersuchungen nachvollzogen und kritisch durchdacht

(11). Eine der Untersuchungen veränderte die Laborsituation insofern, als die Studenten, die sich freiwillig zur Verfügung gestellt hatten, zu Hause schliefen und ihre Träume in der gewohnten Umgebung über einen an die Telefonleitung angeschlossenen Kassettenrecorder aufzeichneten. Die Ergebnisse dieser Untersuchung scheinen den Titel des kritischen Berichtes *Homedreams are better* zu bestätigen. In der gewohnten Umgebung wird besser erinnert und auch inhaltlich etwas anderes geträumt. – Halten wir zunächst fest: die Laborsituation ist unbeqeum, subjektiv beängstigend und fällt aus dem normalen Lebenszusammenhang heraus.

Will man die psychoanalytische Traumforschung und die Experimentalbefunde miteinander in Beziehung setzen, so sind jedoch zunächst noch weitere methodische Schwierigkeiten zu berücksichtigen, die eine Verallgemeinerung der Ergebnisse der traumpsychologischen Laborexperimente zumindest einschränken. Die meisten Untersuchungen verdanken wir amerikanischen Forschungslabors. Angaben über Trauminhalte und traumpsychologische Befunde sind hier überwiegend an Jugendlichen und jüngeren Erwachsenen erhoben worden. Berücksichtigen wir, daß diese Vpn – weitgehend Studenten und Assistenten – während des Studiums und der Assistentenzeit für die Untersuchungen zur Verfügung standen, so erhebt sich in Anbetracht der für sie ganz andersartigen Motivation auf Seiten der Psychoanalyse die Frage, ob solche experimentell gewonnenen Ergebnisse mit den von KEMPER im Hauptteil dieses Buches ausführlich dargestellten Befunden der psychoanalytischen Traumforschung vergleichbar sind. Den gleichen Zweifel begründet die Tatsache, daß Untersuchungen über den Inhalt der Träume in der experimentellen traumpsychologischen Forschung sich fast stets auf den manifesten Trauminhalt beschränken. In der Sicht der Psychoanalyse stellt der manifeste Trauminhalt aber lediglich den Rohbau, wenn nicht weitgehend sogar nur eine Art Fassade dar, hinter der sich das eigentliche Gebäude verbirgt, das erst durch die Assoziationen des Träumers erkennbar wird, die einen Bezug zu seinem Wacherleben und seinen Trieb- und Abwehrprozessen herstellen. Gewiß sind die Aussagen experimenteller Untersuchungen im Labor über den manifesten Trauminhalt interessant genug, denn auch die Erforschung der Fassade erlaubt Rückschlüsse. Man muß sich jedoch bei den folgenden Mitteilungen über die sogenannte Contentanalyse darüber klar sein, daß es sich stets um Angaben über den erinnerten manifesten Traum handelt.

Prüft man die manifesten Trauminhalte in den aufeinanderfolgenden REMP während einer Nacht, so erfährt man (bei OFFENKRANTZ in KRAMER: 30), daß in der ersten REMP nach dem Einschlafen gewöhnlich sehr aktualitätsnah geträumt wird. Im weiteren Verlauf der Nacht tauchen regelmäßig mehr genetische frühkindliche Inhalte auf, und gegen Morgen wendet sich der manifeste Trauminhalt erneut der Aktualität zu. Die eigentliche und wesentliche Aussage der Psychoanalyse über die Beziehung zwischen Traum und Persönlichkeit des Träumers erschließt sich allerdings aus der »Latenz«, wie KEMPER im Hauptteil dieser Arbeit ausführlich belegt. In der traumexperimentellen Forschung werden die Prozesse der »Traumarbeit« (FREUD) und der durch die Traumzensur verdeckten tieferen Aussage allenfalls von den Autoren durch nur einseitige Interpretation erschlossen, aber nicht wie bei der analytischen Traumforschung im produktiven Wechselprozeß des gemeinsamen Umgangs mit den Einfällen und Widerständen des Träumers und in der Übertragung. Auf diese Weise muß bei der experimentellen Traumforschung zwangsläufig die Aussage über die Beziehung zwischen Traum- und Wacherleben der Versuchsperson oberflächlich bleiben. Nur wenige Untersuchungen sind mit einer gleichzeitig durchgeführten analytischen Behandlung korreliert worden (OFFENKRANTZ in KRAMER: 30). Dabei ließen manche der Feststellungen über den manifesten Trauminhalt und seine Beziehung zur Laborsituation eine unbewußte Reaktion der Vpn auf die Experimentalsituation und den Untersucher erkennen, wie z. B. die schon oben erwähnten Befunde von manifest sexuellen Träumen von Homosexuellen bei männlichem Laborleiter. OFFENKRANTZ fand eine Verleugnung von bestimmten Träumen gegenüber dem Analytiker und von bestimmten anderen Träumen gegenüber dem Laborleiter.

Der Aufwand der Laborforschung – für Tonbandprotokolle und oft auch polygraphische Erhebungen – ist ungeheuer. Die Ergebnisse stützen sich daher – so genau sie auch im einzelnen sind – oft nur auf wenige Fälle oder Beobachtungen.

3. Die Dauer der Träume

Weitere Experimente haben die subjektiv erlebte zeitliche Ausdehnung und die wahrscheinlich objektive Dauer der Träume geprüft. Man hat Schläfer bestimmten Reizen während der REMP ausgesetzt und sie in einem definierten zeitlichen Abstand von der Einwirkung des Reizes aufgeweckt (11, S. 210). Man fand den Reiz (nicht regelmäßig) im Trauminhalt verarbeitet und ließ nun den Träumer die Zeitdauer zwischen Reiz und Aufwecken schätzen. Dabei erwies sich, daß die Abläufe des Trauminhaltes und die Schätzungen der Zeitspanne seit dem gesetzten Reiz einander ziemlich genau entsprachen. Auch KLEITMAN (zit. nach 15, S. 44) und DEMENT (zit. nach 43, S. 344) versuchten, eine Aussage über die tatsächliche Dauer von Traumabläufen zu machen. Vpn wurden entweder 5 oder 15 Minuten nach Beginn einer REMP aufgeweckt und sollten nun die Zeitdauer ihres Traumes schätzen. Es ergaben sich signifikante Übereinstimmungen zwischen geschätzter und objektiv gemessener Zeitdauer. Das subjektive Zeiterleben und die tatsächliche Traumdauer scheinen – in diesem Experiment – zu korrespondieren. Auch die Anzahl der Worte, mit denen im Labor die Trauminhalte wiedergegeben werden, entspricht der Dauer der REMP bis zum Aufwecken.

Gegen die Aussagekraft dieser Experimente zur Untersuchung der Dauer von Träumen argumentierte jedoch INGE STRAUCH (43, S. 344), wie folgt: »So einleuchtend diese Ergebnisse auch sein mögen, so sehr stellt sich doch die Frage, ob das wahrscheinlich sehr komplexe Zeiterleben im Traum durch die bisherigen Versuchsanordnungen erfaßt werden konnte.«

Man könnte versucht sein, an dieser Stelle die EINSTEIN'sche Relativitätstheorie zu bemühen, die ja Inkonstanz der Zeit und des Raumes gegenüber der wahren, »objektiven« Konstanz der Lichtgeschwindigkeit bewiesen hat. Sehr viel näherliegend erscheint es jedoch, an die extrem unterschiedliche subjektive Wahrnehmung objektiver Zeitquanten zu denken. Wenn uns im Wachzustand eine Minute zur Ewigkeit werden kann, warum sollte das nicht auch im Traum so sein? In diesem Sinne hatte sich KEMPER (vgl. S. 43) mit dem berühmten Traum von MAURY und den überzeugenden Ausführungen von FREUD zu den damit aufgeworfenen Fragen beschäftigt.

Immerhin scheint die Mehrzahl der »normalen« Träume nach

einigen experimentellen Befunden im Labor doch eine ausge-
dehntere Zeit zu beanspruchen, die im allgemeinen der Dauer der
REMP entspricht.

4. Entzugsexperimente

Noch immer wissen wir nicht, warum wir träumen. Die bisher
berichteten traumexperimentellen Studien haben nur ergeben,
daß die REMP des Erwachsenen die eigentliche Traumphase ist,
und daß die in dieser Phase erfolgenden psycho-physiologischen
Abläufe für den Organismus und auch für die Psyche notwendig
zu sein scheinen. DEMENT (7a) hat 1960 einer Gruppe von 8 Vpn
in drei aufeinanderfolgenden Nächten den größten Teil ihrer
Träume durch konsequentes Aufwecken bei Beginn der REMP
entzogen. Er machte dabei die fundamentale Entdeckung, daß
die Vpn in den »Entzugsnächten« zunehmend versuchten, das
Träumen doch noch durchzusetzen: die sonst streng regelmäßig
über die Nacht verteilten REMP traten immer häufiger auf. Weiterhin fand sich, daß nach solchen Traumentzugsversuchen in
den anschließenden »Erholungsnächten« eindeutig länger und
häufiger geträumt wird, als es dem normalen Traum- und Schlaf-
typus der Vpn entspricht. Im Kontrollversuch weckte DEMENT
andere Vpn zu beliebigen Zeiten außerhalb der REMP, und zwar
genau so häufig. Bei diesen Vpn traten weder eine Steigerung der
Häufigkeit noch der Dauer der REMP auf. Der Effekt des
Traumschlaf-Entzuges wurde REM-*rebound* genannt (etwa
REM-Rückstoßeffekt). Es schien so, daß das experimentell entzogene Träumen in der Regel nachgeholt werden mußte. Diese
Beobachtung wurde nachgeprüft und bestätigt. Es ergab sich,
daß man einzelne Vpn schließlich 20 bis 30mal in der Nacht wek-
ken mußte, um sie am Träumen zu hindern. Bei einem über
14 Tage ausgedehnten Entzug mußte die Vpn schließlich bis zu
19mal in der Stunde geweckt werden, so daß nichts anderes übrig
blieb, als zu versuchen, den Bedarf an paradoxem Schlaf durch
aufputschende Mittel herabzusetzen (7a; 7c).[1]

Hier scheint sich die Möglichkeit einer Aussage über die
Funktion der Träume bzw. der Traumschlafphasen zu ergeben.
Machen wir zunächst jedoch noch einen Umweg. Entzieht man
einer Vpn experimentell den gesamten Schlaf, was PATRICK und

[1] Dabei REM-*rebound* gegenüber dem Ausgangswert 160 %.

GILBERT 1896 erstmals getan haben, dann kommt es zu optischen Halluzinationen, so als ob sogar im Wachzustand »geträumt« werden müßte (7e). In einer Einzelbeobachtung über einen sehr langen, über 201 Stunden ausgedehnten Schlafentzug wird von WEST (zit. nach DIAMOND 10, S. 114) berichtet, daß nach dem dritten Tag im Wachzustand Halluzinationen in zyklischen Episoden mit einem Abstand von ungefähr 90 Minuten auftraten (neben anderen Entzugserscheinungen, die z. B. von KALES [27] bestätigt wurden).

Aus diesen Befunden ergeben sich zwar eindrucksvolle Hinweise, aber keine sicheren Beweise dafür, daß es gerade die Verhinderung des Träumens ist, die den intensiven *rebound* nach Traumschlaf-Entzug verursacht, zumal in neueren Untersuchungen zwar der Traumschlaf-*rebound* voll bestätigt wurde, jedoch in der ersten Nacht nach längerem Traumentzug zunächst ein intensiver *rebound* der Tiefschlaf-Phase stattfindet, dem in der zweiten Erholungsnacht ein intensiver *rebound* der Traumschlaf-Phase folgt (27, S. 193; 14, S. 234). Es zeigt sich also, daß nicht nur die Traumschlaf-Phase, sondern auch der vorwiegend traumlose Tiefschlaf (Phase IV) notwendig ist.

Durch die Entzugsexperimente wurde deutlich, daß länger dauernder Verlust der REMP und der ihnen zugehörigen Träume zu bestimmten nervösen Erscheinungen führte, unter anderem zu gesteigerter Erregbarkeit, Reizbarkeit, vermehrtem Appetit usw., während das Befinden der Vpn bei den Kontrollversuchen bei einer gleichen Anzahl von Aufweckungen in der NREMP unverändert blieb. Zunächst glaubte man, mit diesem Befund eine einfache und direkte Bestätigung für FREUDS Auffassungen über den psychodynamischen Nutzen und damit die Funktion des Traumes gefunden zu haben. Spätere Untersuchungen haben jedoch die psychonervösen Auswirkungen des Traumschlaf-Entzuges nicht in vollem Umfange bestätigen können. Immerhin werden Traumentzugsexperimente von den Vpn öfter abgebrochen als Experimente mit bloßem Schlafentzug in den Kontrollgruppen. Es ist noch nicht eindeutig geklärt, ob der *rebound* in erster Linie auf die vorausgehende Verhinderung des Träumens zurückgeht oder auf die Unterdrückung der gleichzeitig ablaufenden physiologischen Prozesse, die allerdings ihrerseits – wie ausgeführt – eng mit psychologischen Vorgängen gekoppelt sind.

Nur aufgrund von Tierexperimenten kann man heute abschätzen, welche Folgen ein dauernder REMP-Entzug haben könnte. Bei Katzen führt ein extremer Entzug sogar zum Tode (Jouvet u. a., zit. nach 43). Bei weniger radikalem Entzug zeigt sich der Nachholbedarf am *rebound* (7e, 8, 9). Es tritt ein pathologisch verändertes Triebverhalten auf; die Tiere werden aggressiv und verhalten sich sexuell abartig. Sie verlieren die soziale Kontrolle. So führen Kater Koitusaktionen z. B. auch bei narkotisierten Sexualobjekten aus, was sie normalerweise niemals tun würden. Analog zu den Befunden beim Menschen tritt auch bei Katzen ein *rebound* auf, der sich allerdings nach einer bestimmten Dauer des Entzuges nicht mehr weiter steigert. Beschränkt man sich nicht auf den Entzug der REMP, sondern unterdrückt zusätzlich auch noch die erwähnten, nur bei der Katze beobachteten Hirnstrom-*spikes* (PGO-*spikes*) schon im Ansatz systematisch, so steigert sich der *rebound* wiederum deutlich. Wichtig ist nun an dieser vorerst noch nicht gesicherten Beobachtung, daß diese besonderen *spikes* bei der Katze nicht nur während der REMP, sondern auch schon einige Sekunden vorher auftreten. Wenn man den paradoxen REMP-Schlaf mit dem Träumen gleichsetzt, muß man annehmen, daß dem Traumschlaf bei Mensch und Tier bestimmte physiologische elektro-biologische Vorgänge vorangehen, von denen bereits die Rede war. Eine analoge Beobachtung wurde auch schon bezüglich der Genitalerregung bei Männern und Frauen diskutiert. Körperliche Veränderungen gingen auch hier der paradoxen Schlafphase um einige Minuten voraus. Ein extremer *rebound* und extreme Entzugsfolgen im Triebverhalten treten bei der Katze dann auf, wenn es gelingt, sämtliche PGO-*spikes* zu verhindern. Jouvet (zit. nach 7e) hat das versucht. Die Entzugserscheinungen waren noch heftiger als bei bloßem REMP-Entzug und desgleichen war der *rebound* stärker. Dies ist für die Diskussion der analogen bio-elektrischen Vorgänge beim Menschen wichtig. Allerdings besteht keine Identität zwischen den PGO-*spikes* bei der Katze und den erwähnten Sägezahnwellen beim Menschen; gemeinsam ist beiden, daß sie REMP vorangehen; und da der Entzug *dieser* Entladungen beim Tier besonders folgenschwer ist, darf Analoges beim Menschen vermutet werden.

Von neurophysiologischer Seite ist aus diesen Befunden der Schluß gezogen worden, daß die vegetativen und bio-elektrischen Vorgänge im Traumschlaf nicht durch den Traum veranlaßt werden, sondern daß der Traum eine Art Begleiterscheinung der körperlichen Vorgänge sei. Diese Auffassung wird scheinbar durch den Befund gestützt, daß bei Katzen, denen man die Großhirnrinde entfernt hat, der paradoxe Schlaf mit der Mehrzahl seiner Begleiterscheinungen, unter anderem auch mit den REM, unverändert stattfindet, so daß bildhafte Vorstellungen keineswegs als einziger Grund für die Fixierbewegungen der Augen in Betracht kommen. Psychologisch ist es denkbar, daß Triebkonflikte vom Tag beim Menschen (und vielleicht sogar bei manchen Tieren) mit einem unterschwelligen Andrängen von im Wachzustand tabuierten Triebregungen nächtlich im Schlaf zunächst einmal noch ohne cortikale Reaktion, d. h. ohne bildhaft halluzinatorische Auseinandersetzung mit dem Konflikt, beginnen. Vorübergehend kann der Konflikt auch durch Erwachen gelöst werden. Anderenfalls würde nach mehreren Anstößen dieser Art die bisherige Tabu-Schranke so weit durchbrochen, daß es zur Bildung von nächtlichen Phantasien kommt, die beim Menschen dann eine Verarbeitung des nun manifest werdenden Konfliktes im Traum ermöglichen. Allerdings wäre dies nur in den festliegenden, biologisch bestimmten Phasen möglich.

An dieser Stelle sei daran erinnert, daß das Psychophysische in der psychoanalytischen Theorie bei FREUD ein Bedingungsgefüge ist, und daß SCHULTZ-HENCKE von einer Gleichzeitigkeitskorrelation psychischer und physischer Vorgänge spricht.

Mit diesen Überlegungen sind wir unvermutet auf ein wichtiges Problem gestoßen, nämlich die Frage, ob »Psychisches« (also das, was wir den psychischen Abläufen zuzurechnen gewohnt sind) das Vorhandensein eines ausgereiften Hirnrindengraus zwingend erfordert (wie stillschweigend vorausgesetzt wird), oder ob es nicht auch beim heutigen Menschen als Niederschlag unserer phylogenetischen Vergangenheit noch ein an andere Regionen gebundenes Substrat für »Psychisches« gibt, wobei dieses somatische Korrelat cerebral (z. B. in den Synapsen des Stammhirns), aber auch extra-cerebral (in den Synapsen der Peripherie) lokalisiert anzunehmen wäre.

5. Primitive Frühformen der Wahrnehmung und des Traumes?

Symmetrische schnelle Augenbewegungen bei der decortisierten Katze und entsprechende symmetrische schnelle Augenbewe-

gungen beim Neu- und Frühgeborenen, sowie Zeichen genitaler
Erregung beim Neugeborenen scheinen zunächst eher eine physiologische Bedeutung zu haben. Mit der Ausreifung der Sinnes-
funktionen, insbesondere der optischen Wahrnehmungsfunktion und der Gedächtnisfunktion könnte man einen Funktions-
wandel annehmen, mit dem dann erst die Voraussetzungen für
die psychoanalytische Traumtheorie gegeben sein würden,[1] falls
man nicht von vornherein ein psycho-physisches Bedingungsgefüge annehmen will. Eine kognitive Wahrnehmungsfunktion
können wir dem Neugeborenen noch nicht zusprechen und
folglich auch keinen Traum im geläufigen Sinne, zumal auch der
Alpha-Rhythmus im EEG erst im Alter von drei Monaten entwickelt ist. Gerade an dieser Stelle könnte jedoch die Synopsis
der analytischen Traumforschung, der traumpsychologischen
und der traumphysiologischen Forschung weiterführen. Bedenken wir, daß wir als stillschweigende Voraussetzung aller bisherigen Angaben über Träume annehmen, der Traum sei im wesentlichen ein visuelles Phänomen. Tatsächlich sind akustische
oder haptische Erlebnisse im Traum, besonders im paradoxen
Schlaf, vergleichsweise selten. (Später wird die Ausnahme von
dieser Regel, nämlich eine bestimmte Qualität von Träumen in
der NREMP, noch zu erörtern sein.)

Es erscheint nun denkbar, daß in der allerfrühesten Phase des
Lebens eher haptisch-taktil erlebt wird.[2] Wir wissen aus Direkt-
beobachtungen und Rückschlüssen von Spitz, daß das Neuge-
borene zunächst einmal auf Reize im Sinne der angeborenen
Auslösemechanismen reagiert, jedoch bereits von seinen ersten
Lebenstagen an durch psychische Umwelteinflüsse Schädigun-
gen erleiden kann (42b, d). So kann, wie Spitz an eindrucksvollen
Beispielen zeigt, eine Trinkschwäche des Neugeborenen z. B.
durch mütterliches Fehlverhalten verursacht sein, d. h. auf irgendeine Weise muß sich mütterliches Fehlverhalten (42b,
S. 88 ff.,[3] auf den Reizapparat des Neugeborenen auswirken. Per
Definition kann man hier noch nicht von Wahrnehmung spre-
chen. Spitz beispielsweise ist (42d) »nicht geneigt, bei Säuglingen

---

[1] Der Gedanke des Funktionswandels wurde als eine erste Hypothese bei der Diskussion dieses Beitrages von Kemper geäußert.
[2] Vgl. z. B. die kürzlich erschienene Arbeit des Verhaltensforschers Desmond
Morris *Die Liebe geht durch die Haut*.
[3] Z. B. »Passive primäre unverhüllte Ablehnung«.

von Wahrnehmung zu sprechen, solange die Reize, die das Sensorium treffen und die zentral verarbeitet werden, durch das Erleben des Säuglings noch nicht mit Bedeutung erfüllt worden sind«. Es muß aber Vorläufer von Denkprozessen geben, die man gewöhnlich als Wahrnehmung bezeichnet. Von der Geburt an besteht zwischen Mutter und Kind eine kommunikative Sensibilität, die von SPITZ koenästhetisch genannt wird. Diese für das menschliche Gedeihen wichtige Kommunikation beruht auf Empfindungen, die nach SPITZ in erster Linie visceral und in der Funktion des autonomen Nervensystems begründet sind, und für die sich in der analytischen Literatur inzwischen der Begriff »dyadische« Kommunikation eingebürgert hat. In diesem Sinne hatte SPITZ (41a, S. 645) darauf hingewiesen, daß von Geburt an vorwiegend im Mund und in der Gleichgewichtsempfindung eine Bereitschaft zur Reaktion auf Reize vorhanden ist. Wenn aber in dieser frühen Phase wirksame Einflüsse auf das Befinden des Neugeborenen möglich sind, dann muß es auch Lernspuren oder zumindest etwas geben, das der späteren Erinnerungsfunktion analog arbeitet. Wenn es dies aber gibt, dann erscheint es immerhin nicht gänzlich ausgeschlossen, daß sich Derartiges auch in traumartigen Erlebnissen von mehr visceral-haptischem Charakter ausdrückt. Befunde, die eine Reaktion, vor allem die Unlustreaktion des Neugeborenen auf Veränderungen seiner Körperlage als einen frühen »Lerneffekt« erkennen lassen, sind bekannt.

Aber auch der Erwachsene kennt Wirkungen eines nichtcorticalen Gedächtnisses, das nach neueren Befunden von DELGADO eher auf eine primitive gedächtnisartige Funktion der Stammhirnregion hinweist. So erwähnte KEMPER bei der Vorbereitung dieses Kapitels z. B. die Beziehung zwischen Körperlage und »Erinnerung«: Will man etwa als Autofahrer das Einschalten des Rückwärtsganges erläutern, so gelingt dies in der Regel nur, wenn man sich in die Position des Fahrers hineindenkt oder hineinbegibt.[1] Oder man wird sich erinnern, wie schwierig es ist, eine Routinehandlung, wie das Binden einer Krawatte, bei einer vis-à-vis vor einem stehenden Person auszuführen. Hier spielen sicherlich subcorticale, cerebellare und auch periphere, d. h. spinale Übungs- bzw. »Gedächtnis«-Prozesse eine Rolle. Auch

[1] Mündl. Mitteilung.

Lernprozesse im Bereich der Tiefensensibilität sind wahrscheinlich. Die früheste Entwicklung ist nicht denkbar ohne die Annahme, daß das Neugeborene derartige Prozesse auf eine primitive, aber wirksame Weise erinnern kann, zumindest als »Anmutungserlebnisse«, die unter Umständen sehr fest haften. Nach der Auffassung von LERSCH bleiben frühe Anmutungserlebnisse länger haften als spätere, über Vorstellungen in Gang gesetzte Lernvorgänge, die sich nach der Ausreifung der Großhirnrinde entwickeln.

KEMPER hat bereits früher eine Vorform von Gedächtnis oder ein »Ur-Gedächtnis« angenommen, das wahrscheinlich im Stammhirn anzunehmen sei, möglicherweise aber auch (bzw. zugleich) in der Peripherie lokalisiert sein könne. Er spricht von einer Art Merkfähigkeit, bei der es »kaum um etwas geht, das an die höheren Sinne (Gesicht, Gehör) gebunden wäre, sondern um vage Bekanntheitsgefühle, die eher dem Wahrnehmungsbereich der sogenannten »niederen« Sinne (Geruch, Geschmack usw.), einschließlich der Tiefensensibilität, zuzuordnen wären. Bekanntheitsgefühle, die sich auf dumpf als vertraut erlebte, mehr allgemeine Körperempfindungen oder mehr im Leibesinnern oder Körperaußen lokalisierte Bewegungsabläufe beziehen, beide mehr oder minder deutlich verbunden mit noch nicht ausdifferenzierten emotionalen Tönungen, die zwischen den Polen Lust-Unlust einzureihen wären«.[1]

In diesem Sinne wird heute das Verhalten von Neugeborenen mit Recht auf die mehr oder weniger intensiven »primitiven« Lernprozesse in den Monaten vor der Geburt zurückgeführt. Eine primitive Gedächtnisfunktion erwähnt z. B. S. SCHINDLER (in: 21) im Zusammenhang mit den Experimenten von SIMON: Eine Tonbandwiedergabe des mütterlichen Herzschlages übt eine eindeutig beruhigende Wirkung auf das Neugeborene aus, und zwar nur des Herzschlages der eigenen Mutter, was einen spezifischen vorgeburtlichen Lernprozeß belegt. Es könnten, so schließt sich der Gedankengang, durch an sich unspezifische, aber assoziativ verknüpfbare Reize, z. B. bestimmte Bewegungen, derartige »Erinnerungs«-Spuren wieder geweckt werden. KEMPER überlegte in diesem Zusammenhang, ob das sogenannte Instinktverhalten bei noch nahezu hirnlosen niederen Lebewe-

---

[1] Persönl. Mitteilung.

sen nicht auf solchen Speicherungsmöglichkeiten, die nicht an die Hirnrinde gebunden sind, beruht, mithin auf einem »visceralen Urgedächtnis«.

Wendet man diesen hypothetischen, jedoch durch einige Befunde gestützten Ansatz zum Verständnis der Zusammenhänge auf den paradoxen Schlaf des Neugeborenen und seine REMP an, dann könnte man annehmen, es handelte sich um Ausgleichsregulationen gegenüber Erfahrungen, die im Reaktionsapparat des Neugeborenen als Unlusterlebnisse oder andere primitive Anmutungen aus dem Wachzustand festgehalten sind.[1] Beweisende Experimente in dieser Hinsicht stehen bisher aus. Auch FISHER hat das methodische Problem der REM des Neugeborenen sehr ernst genommen und die Befunde von PARMELEE (zit. nach 13) angeführt, die darauf hinweisen, daß Frühgeborene noch mehr REM haben als Neugeborene. FISHER nimmt an, daß erst vom dritten Lebensmonat an physiologische Prozesse mit visuellen Träumen verbunden sind, schließt jedoch nicht aus, daß Träumen in nicht-visuellen Modalitäten schon früher vorkommen kann. In diesem Sinne könnte man hypothetisch den paradoxen Schlaf und die REM der decortisierten Katze, d. h. bei dem Versuchstier, dem man operativ die Großhirnrinde entfernt hat, als Phänomene eines peripheren oder visceralen oder eines Althirn-Gedächtnisses auffassen. Denn es ist nicht sicher bewiesen, daß REMP bei der decortisierten Katze nichts mit den bei der Katze anzunehmenden Träumen zu tun haben.

Die hier ausgeführte Hypothese steht nicht im Widerspruch zu den bisherigen neurophysiologischen Befunden und besagt: Wenn wir beim Tier und beim Neugeborenen eine primitive Urform von Gedächtnisfunktion annehmen und ferner gelten lassen, daß eine Art von primitivem Traumvorgang ohne visuelle Eindrücke vorkommt, dann »träumen« vielleicht auch Neugeborene. Hier haben wir uns nun von experimentellen Beweisen sehr weit entfernt, müssen uns aber darüber klar sein, daß auch von Seiten der »Biologisten« Deutungen benutzt werden. Halten wir zunächst fest: Die vielfältigen körperlichen Erscheinungen während der REMP, also im paradoxen Schlaf, beim Säugling und beim Tier, auch bei primitiven Tieren, und die Beobachtun-

---

[1] Allerdings dürfte man hierbei die REM noch nicht als Korrelate optischer Traumeindrücke auffassen, sondern eher als Training des Sehapparates – vor Ausreifung seiner spezifischen Funktion.

gen, die beim extremen REMP-Entzug gemacht wurden, sind durch die Ergebnisse der experimentellen Traumforschung nicht als »primär körperlich« bewiesen worden, sondern lassen psychophysische Erklärungen zu.

6. Andere Traumtypen

a) Einschlafträume (hypnagoge Träume)

ISAKOWER (22) hat 1936 ein später nach ihm benanntes Phänomen beschrieben, das überwiegend beim Einschlafen, aber auch als Symptom bei verschiedenen psychischen und bei fieberhaften Erkrankungen, sowie auch bei Gesunden, charakteristischerweise im Liegen, auftritt. Der Zustand wird öfter als »nicht angenehm und nicht unangenehm« beschrieben und ist gekennzeichnet durch undeutliche haptische Sensationen von etwas Sandigem, Trockenem, Zerknittertem oder auch von körperwarmer Flüssigkeit in der Mundhöhle, optisch durch etwas schattenhaft Unbestimmtes, meist als rund Empfundenes, das sich bei Annäherung vergrößert, dann wieder verkleinert und verschwindet, sowie schließlich akustisch durch Summen, Sausen, Rieseln, Murmeln oder unverständliches monotones Sprechen. Gleichzeitig können undeutliche haptische Sensationen in den Händen auftreten. Der Zustand wurde als Verarbeitung des allmählichen teilweisen Verschwindens der Welt während des Einschlafens und des Auseinanderfallens der Ich-Funktionen des Wachzustandes mit Regression auf entsprechende frühe Stadien der Ich-Bildung aufgefaßt und liegt, soweit man das ohne Hirnstromkontrolle sagen kann, vermutlich in der Zeit unmittelbar vor dem Einschlafen. ISAKOWER verwendet den Begriff Halbschlaf und hebt die beschriebenen Zustände von den hypnagogen oder Einschlaf-Träumen ab.

Berichte über Einschlafträume wurden mit dem Einsetzen der traumphysiologischen Forschung zunächst in Zweifel gezogen. Schien es doch so, daß der eigentliche Traum grundsätzlich an die REMP gekoppelt wäre, welche, wie bereits ausführlich dargestellt, an das Auftauchstadium I gebunden sind und erst nach anderthalb Stunden Schlaf auftreten. Nach neueren Untersuchungen, unter anderem angeregt durch Gedanken von FOULKES, kann jedoch als gesichert gelten, daß – abgesehen vom eigentlichen Traum – eine Reihe von Sinneseindrücken auch in anderen Schlafphasen auftritt. Es ist angegeben worden, daß zahlreiche Menschen im Einschlafen traumähnliche Erfahrungen haben, und zwar während der SEM, also im Eintauchstadium I (15, S. 170ff.). Die Berichte nach dem Wecken aus dieser Einschlaf-Phase unterscheiden sich eindeutig vom typischen REMP-Traum (15, S. 119). Diese Einschlafträume besitzen in sich Kontinuität, sind aber nicht durchgängig von visuellen Eindrücken geprägt. Bei einer größeren Anzahl von Vpn[1] wurde herausgefunden, daß solche Einschlafträume inhaltlich nicht in die weiter zurückliegende Vergangenheit eindringen. Bei keiner der Vpn lagen die den (manifesten) Traum bedingenden Ereignisse länger als sechs Wochen zurück. Testpsychologische Untersuchungen haben ergeben, daß »Individuen mit intakterer Persönlichkeit eher ein lebendiges Träumen zum Schlafbeginn erleben« (15, S. 170), »wohingegen . . . Individuen mit Zeichen emotioneller Störungen ihre lebhaften Träume vorwiegend im REMP-Schlaf haben«. Weiterhin wird über den Einschlaftraum gesagt, daß er kurz und emotionell neutral ist. Nach übereinstimmender Auffassung verschiedener Untersucher wird der Einschlaftraum heute als Ausdruck dafür aufgefaßt, daß die teilweise Desintegration psychischer Funktionen reflektiert wird, die sich als Folge sensorischer Entbehrungen beim Einschlafen ergibt, und zugleich als Versuch, die höchst unvollständigen und unfertigen Sinnesdaten, die während dieser Periode vorhanden sind, so gut wie möglich zusammenzufügen (15, S. 172). So interpretieren auch Kuhlo und Lehmann die in ihrer Untersuchung relativ häufigen Einschlafträume, die mit EEG korreliert wurden.[2]

Eigenartigerweise ist ein anderes häufiges Einschlafphänomen, nämlich das plötzliche Hochschrecken aus dem Einschlafzustand nach einem Gefühl von Fallen ins Bodenlose oder Fliegen, von der traumpsychologischen Forschung kaum behandelt worden, möglicherweise, weil die nach tiefenpsychologischer Auffassung damit verbundenen Hingabegefühle im Laboratorium vergleichsweise selten auftreten.

Der Einschlaftraum scheint ein Zwischenstadium zwischen

---

[1] Unveröffentl. Beobachtungen von G. Vogel (zit. nach 15, S.121).
[2] *Arch. f. Psychiatrie* 205, 687 (1964).

den logischen Vollzügen im Wachzustand und den mehr symbolischen während des paradoxen Schlafes darzustellen.

b) Traum und Sprechen im Schlaf

RECHTSCHAFFEN und Mitarbeiter haben in einer umfangreichen Untersuchung die Frage geprüft, wann im Schlaf gesprochen wird und welche inhaltliche Beziehung zwischen den gesprochenen Worten und dem Traum besteht. Sie fanden heraus, daß Sprechen im Schlaf überwiegend während der NREMP, jedoch durchaus auch während der REMP vorkommt. Das Sprechen im Schlaf ist generell von Körpermotilität begleitet; nur wenn es im REMP-Schlaf auftritt, kann es ohne begleitende Bewegungen ablaufen, ist aber ausdrucksvoller.[1] Die Inhalte sind nicht auf die experimentelle Situation bezogen. Während der NREMP ist das Sprechen im Schlaf von allgemeiner, zum Teil starker muskulärer Aktivität begleitet, z. B. von Arm-, Bein- und Rumpfbewegungen. Es tritt in einem physiologischen Zustand auf, in dem der Schlaf vorübergehend unterbrochen ist, ohne daß es sich jedoch um einen Zustand gewöhnlichen Wachseins handelt. In der Häufigkeit verteilt sich das Sprechen im Schlaf zu etwa 8 bis 14 % auf REMP, 43 bis 63 % auf NREMP Stadium II und schließlich 29 bis 43 % auf die Schlafstadien III und IV (Tiefschlaf).

Inhaltlich sind die berichteten Traumerlebnisse, die das Sprechen im Schlaf in NREMP begleiten, unbestimmter und stärker gedanklich geprägt im Vergleich zu den eigentlichen typischen REMP-Träumen. Es wird etwa gesagt (34, S. 423):[2] »Ich hab' gerade irgendwelche Sachen zusammengetan – ich nehme an, etwas Halbpoetisches oder Musikalisches – einige Gedanken dachte ich noch.« Das Sprechen im Schlaf scheint über die ganze Nacht verteilt zu sein, zeitlich scheinbar zufällig (15, S. 35/36), nicht jedoch hinsichtlich des EEG-Befundes. FOULKES vermutet, daß die relative Seltenheit offener Rede im REMP auch von der Muskelhemmung herrührt. Es war ja früher erwähnt worden, daß beim Beginn des REMP-Schlafes ein plötzlicher Abfall des Tonus der Nackenmuskulatur eintritt. – Beiläufig sei noch erwähnt, daß Schlafwandeln nur im Beginn des Schlafes vorkommt und mit REMP unvereinbar zu sein scheint.

---

[1] Siehe: RECHTSCHAFFEN u. a. (35, S. 426): »*More affect in the voice*«.
[2] Übersetzung vom Verf.

Bei dieser Gelegenheit sei kurz eingeschaltet, was die laborex-perimentellen Untersuchungen über die Motilität des Körpers während des Nachtschlafes ergeben. Bewegungen während des Schlafens kommen häufig vor und sind nach Ausmaß und Stärke den einzelnen Schlaf-Phasen ziemlich genau zuzuordnen. Am seltensten treten sie im Tiefschlaf-Stadium II und IV auf, im Leichtschlaf-Stadium II nehmen sie zu, und besonders markant sind grobe Körperbewegungen zu Beginn und am Ende von REMP. Während der REMP treten anstelle der groben Körper-bewegungen häufig feine Muskelzuckungen der kleinen Muskel-gruppen der Finger, der Zehen und des Gesichts auf.

Mit den zuletzt erwähnten Beobachtungen schwindet somit die Berechtigung der landläufigen Vorstellung, motorische Ruhe sei ein wesentliches Merkmal der psychophysischen Erholung während des Schlafes. Aber auch in den »ruhigeren« REMP, in denen wenig Körperbewegungen vorkommen, ist der Schläfer bzw. der Träumer trotz hoher Weckschwelle nicht gänzlich ohne Verbindung zur Außenwelt. So hatte KEMPER bereits 1955 in dem Kapitel über Wach- und Traumwirklichkeit (vgl. S. 101) darauf hingewiesen, daß der Seinsmodus des Schlafens in Ver-bindung mit dem Seinsmodus des Wachzustandes bleiben kann. Diese – unter anderem auf der Beobachtung des vorsätzlichen termingerechten Erwachens beruhende – Annahme ist inzwi-schen durch experimentelle Untersuchungen bestätigt worden. Dem Schläfer verbleibt eine so weitreichende Kontrolle, daß er z. B. während des Schlafes durch Knopfdruck signalisieren kann, wenn er träumt. (14, S. 122)[1] (Es handelt sich hier um seltene Einzelbeispiele.)

c) Traumerlebnisse während der übrigen NREMP

Die ursprüngliche Aussage, daß es sich bei der REMP um die Phase des Traumschlafes und bei der NREMP um die Phase des traumlosen Erholungsschlafes handelt, ist im Prinzip richtig ge-wesen und gilt auch weiterhin. Genauere Prüfungen insbeson-dere in den letzten Jahren haben jedoch ergeben, daß neben dem »klassischen« REMP-Traum auch andere Traumerlebnisse be-richtet werden, und zwar geschieht das um so häufiger, je mehr

---

[1] Vgl. die Befunde im Tierexperiment S. 243.

man, statt nach Träumen zu fragen, sich bei der Vpn beim Aufwecken erkundigt, ob sie während des Schlafes etwas erlebt habe. Weckt man während der NREMP, dann gibt ein beachtlicher Teil der Vpn (die Angaben in der Literatur schwanken zwischen 28 und 46 %) (43, S. 352) bei solcher Fragestellung traumartige Erlebnisse an, die allerdings inhaltlich so wesentlich anders sind als REMP-Träume, daß man sie im Blindversuch unterscheiden konnte (MONROE zit. nach 38, S. 23). In der Diktion entsprechen sie dem Trauminhalt, der während des Sprechens im Schlaf registriert wurde. Nach FOULKES (15, S. 95 ff.), der sich mit diesen Traumerlebnissen besonders gründlich beschäftigt hat, sind Traumberichte aus der NREMP weniger ausführlich. Die Erzählungen enthalten kaum verschiedene Szenen oder Teile und sind nicht dramatisch im Gegensatz zu den Berichten aus den REMP. Ein Beispiel mag diese Unterscheidung verdeutlichen (15, S. 95). Es wird über einen Finanzbeamten berichtet, der in der NREMP träumt: »Er dachte über einen Punkt in seinen Steuerbestimmungen nach, wonach man zur Unterstützung einer Person mehr als die Hälfte beitragen muß, um sie als abhängig geltend machen zu können.« Es scheint zwar auch etwas bildhaftere und weniger abstrakte NREMP-Träume zu geben, insgesamt stehen sie aber auf alle Fälle den alltäglichen Denkprozessen wesentlich näher als die REMP-Träume und scheinen demjenigen psychischen Zustand zu entsprechen, den FREUD als »Sekundärprozeß« beschrieben hat. Wegen der Tagesnähe der NREMP-Traumberichte wurde lange Zeit der Verdacht gehegt, daß es sich um Konfabulationen im Aufwachen oder im Wachzustand handle. Das ist inzwischen jedoch widerlegt worden, so daß man sagen kann, auch in der NREMP wird geträumt. Bei einzelnen Träumern scheint es einen inhaltlichen Zusammenhang zwischen NREMP-Träumen und REMP-Träumen derselben Nacht zu geben, so daß aufgrund einer umfangreichen Untersuchung über die geistige Aktivität während des Schlafes RECHTSCHAFFEN u. a. (zit. nach 15, S. 104) die REMP-Träume »nicht als psychologisch isolierte geistige Produkte, sondern als den lebhaftesten und erinnernswertesten Teil eines größeren Gewebes verschlungener psychischer Tätigkeit im Schlaf« ansehen.

Bei dieser Gelegenheit wird dem aufmerksamen Leser klar, wie anfechtbar es ist, den NREMP-Schlaf als Tiefschlaf zu bezeichnen. Wenn angenommen wird, daß der EEG-Befund für eine Ruhesituation der Hirnfunktionen spricht, dann steht hierzu im Widerspruch, daß die traumähnlichen Erlebnisse während dieser Phase relativ bewußtseinsnah zu sein scheinen. FOULKES (15, S. 174ff.) vergleicht die NREMP-Träume bzw. manche dieser Träume mit den »Hintergrund«-Gedanken des Wachlebens, »jenen Erlebnisfragmenten, die an den Grenzen des Bewußtseins vorüberziehen, während man sich auf etwas anderes konzentriert«. Er spricht den NREMP-Träumen eine gewisse Schlafhüterfunktion zu und meint, sie unterstützten »die Überführung relativ intakter, synthetischer psychischer Prozesse vom Wachen in den Schlaf« und schützten dadurch den Organismus vor allen unerfreulichen Folgen, die ein Versagen seiner Bemühungen, einen ordnenden Einfluß auf seine psychischen Erlebnisse auszuüben, nach sich ziehen könne.

7. Die Funktion der Träume

Die psychologische Funktion des Träumens ist in der psychoanalytischen Traumforschung gesichert und in KEMPERS Darlegungen ausführlich behandelt worden. Die hier dargestellten experimentellen Befunde haben zahlreiche frühe Hypothesen der Psychoanalytiker bestätigen können. Insgesamt sehen wir keinen fundamentalen Widerspruch zwischen den psychoanalytischen Auffassungen und den Ergebnissen experimenteller Untersuchungen.

Bei FREUD und in der psychoanalytischen Traumforschung wird dem Traum im wesentlichen eine Schlafhüterfunktion und eine psycho-ökonomische Funktion im Sinne halluzinatorischer Wunscherfüllung zugesprochen. KEMPER hatte 1955 und 1956 (vgl. S. 136) hinzugefügt, daß in Verbindung mit neurophysiologischen Befunden die allnächtlichen Mikro-Innervationen im Traum die Aufgabe haben könnten, »das in uns real Unentwickelte ständig wachzuhalten und doch noch zu weiterer Entwicklung anzureizen«. In diesem Sinne sprach KEMPER dem Traum eine Übungsfunktion zu. Diese zunächst unbewiesenen Schlüsse sind inzwischen durch weitere Forschungsergebnisse teilweise gestützt worden.

An dieser Stelle ist es erforderlich, auch die Ergebnisse der Forschung über die Funktion und die Ursachen des Schlafens einzubeziehen. In mikro-physiologischen Arbeiten ist von

EVARTS nachgewiesen worden, daß im Schlaf »keine globale Herabsetzung der Aktivität der Gehirnzellen« stattfindet (zit. nach 31, S. 47). Vielmehr sind lediglich die Tätigkeitsmuster einzelner untersuchter Gehirnzellen im Schlaf anders als im Wachen. Diese nächtliche besondere Gehirntätigkeit scheint etwas mit der Speicherung und Bearbeitung der Gedächtnisspuren zu tun zu haben. So konnte von EMPSON und CLARKE (zit. nach 31, S. 50) nachgewiesen werden, daß »Personen, die während der Nacht einer selektiven Deprivation des paradoxen Schlafes unterworfen wurden, sich morgens viel weniger daran erinnerten, was sie am Vorabend gelernt hatten, als eine Kontrollgruppe. Die Unterschiede waren statistisch signifikant.« – Gestützt auf diese und andere Befunde, kamen LEONHARD und ROTH (31) zu der Auffassung, daß im Traum die unendlich vielfältigen Tageseindrücke bewahrt und assoziativ integriert werden. Dadurch erhalte der paradoxe Schlaf eine wichtige Aufgabe, nämlich die Erhaltung des Gedächtnisses. Die Autoren sagen: »Auch die Versuche mit einem selektiven Entzug der paradoxen Schlafphase, nach denen der Organismus dafür sorgt, daß der entgangene paradoxe Schlaf wieder nachgeholt wird, zeigen die biologische Bedeutung und die Wichtigkeit dieser Schlafform für den Organismus. Daraus geht hervor, daß die Aktivierung verschieden alter im Gehirngedächtnis gespeicherter Engramme während der Traumphase des Schlafens unbedingt notwendig ist und eine wichtige biologische Funktion erfüllt.« Der im Säuglingsalter noch stärker bzw. besonders stark ausgeprägte paradoxe Schlaf wird von JOUVET im gleichen Sinne darauf bezogen, daß in der plastischen Frühphase besonders viele Übungsvorgänge stattfinden.

Was von LEONHARD und ROTH über die Traumschlafphase insgesamt gesagt wird, gilt selbstverständlich besonders hervorgehoben für die erfahrbaren Trauminhalte; auch sie dürften dank ständiger Verknüpfung der Gegenwart mit Vergangenheit und sogar ältester Vergangenheit übenden Charakter haben. Faßt man diese Übungsvorgänge, die sich der Gedächtnisleistungen und vielleicht auch der Leistungen eines primitiven Urgedächtnisses bedienen, als etwas Psychisches auf, so ist immer daran zu denken, daß alle diese Prozesse eingebettet sind in physiologische Erscheinungen bzw. untrennbar gekoppelt mit neuralen und vegetativen Vorgängen. Methodisch sollte hier keine Trennung zwischen dem Psychischen und dem Somatischen vorgenommen werden. Dennoch ist neben einer solchen monistischen Sicht der Zusammenhänge auch eine »dualistische« Betrachtungsweise statthaft, wenn die Frage nach dem Primat entweder von Sinneseindrücken, also Erleben im Sinne von »primär psychogenen Prozessen«, oder von »primär organischen Prozessen« gestellt wird, sofern man nur genügend vorsichtig bei den Schlußfolgerungen ist. Beispielsweise wurde bei der Untersuchung des Chemismus der REMP-Funktionen im Traument-zugsexperiment Rückenmarkflüssigkeit bei Katzen entnommen und auf andere Tiere übertragen, bei denen sich die gleichen Entzugserscheinungen zeigten (7d, S. 246; 7e, S. 345). Unstatthaft wäre es, hier auf eine primär chemische, also organische Ursache zu schließen. Aus psychoanalytischer Sicht sagt das Versuchsergebnis nichts anderes, als daß eine Seite eines möglichen Gleichzeitigkeitskorrelates erfaßt worden ist.

Wiederum stellt sich mit dem letzterwähnten Beispiel das Problem der Vergleichbarkeit der Verhältnisse beim Menschen mit Befunden bei Tieren, besonders wenn von Psyche die Rede ist. Mancher Leser wird sich schon früher gefragt haben, warum man denn nicht dem paradoxen Schlaf bei Mensch und Tier unterschiedliche Funktionen zusprechen solle. Auf alle Fälle dürfen wir annehmen, daß die hochdifferenzierte geistige Tätigkeit des Menschen im paradoxen Schlaf ein besonderes, typisch menschliches Verhalten in Abhebung vom Tierreich darstellt. Dennoch sollte der Versuch unternommen werden, die Befunde zu integrieren, und zwar schon deswegen, weil die neurobiologische Traumschlafforschung die rhythmische Phasenfolge der Schlafstadien als eine biologisch verankerte Reaktion des Organismus des Menschen auf die bio-klimatische Situation auf der Erde auffaßt und im paradoxen Schlaf lediglich eine »biologische Uhr« sieht. Demgegenüber hat eine Reihe von Befunden gezeigt, daß diese biologische Uhr verändernd beeinflußt werden kann. Man erinnere sich nur an die »*first-night-Effekte*« oder an Angst- und Aufwachträume (s. S. 119), die die biologische Rhythmik unterbrechen. Hierfür spricht auch der – vorerst noch vereinzelte – Befund, daß die REMP bei Neurotikern ausgedehnter sind als bei gesunden Menschen (37). Allerdings ist der Schluß, das hänge mit einem größeren Bedarf an halluzinatorischer nächtlicher Wunscherfüllung zusammen, so lange nicht berechtigt, als andere Untersuchungen diese Befunde nicht bestätigt haben. Weitere Untersuchungen, besonders bei Schizophrenen, führen zu ähnlichen Feststellungen. Ein gesteigerter REM-*rebound* wurde bei Psychotikern dann gefunden, wenn der REMP-Schlaf in einem Remissionsstadium entzogen wurde. Im Gegensatz dazu war kein *rebound* festzustellen, wenn der Entzug während einer akuten psychotischen Episode erfolgte. Die Annahme, daß in diesen Fällen das Nachholen des entzogenen Träumens nicht im *rebound*, sondern in den Halluzinationen im Wachzustand stattfindet, erscheint einleuchtend, ist aber bisher nur auf einige wenige Beobachtungen gestützt (7e).

IV. Rückblick

In den nunmehr 24 Jahren experimenteller traumpsychologischer und traumbiologischer Forschung hat sich insgesamt kein Befund ergeben, der in ernsthaftem Widerspruch zu den Aussagen im Hauptteil dieses Buches steht. Es hat sich vielmehr eine große Anzahl von Bestätigungen für die teilweise noch spekulativen Annahmen von FREUD erbringen lassen und ebenso für zahlreiche spätere Hypothesen, die sich aus der therapeutischen Bearbeitung von Träumen und der psychoanalytischen Forschung ergeben hatten. Mit Sicherheit ist der Traum als ein Faktum, d. h. als ein tatsächlich im Schlaf vorkommendes halluzinatorisches Ereignis anzusehen. Keinesfalls ist der Traum, wie vor FREUD zuweilen gemeint wurde, eine sinnlose Reaktion auf verschiedenartige physiologische Leibreize analog der sinnlosen Tonfolge, die eine auf den Tasten des Klaviers entlanglaufende Katze hervorruft. Alle Befunde weisen vielmehr darauf hin, daß im Sinne der Annahme von FREUD während der Nacht ein hochdifferenziertes Geschehen im psycho-physischen Apparat abläuft, das in engem Zusammenhang mit dem aktuellen Erleben des Träumers steht und zugleich auf kategorial entsprechendes Erleben in seiner Vergangenheit Bezug nimmt. Die Psyche bedient sich des physischen Apparates bzw. ist eins mit ihm. Beim träumenden Erwachsenen sind eindrucksvolle physiologische Merkmale nachgewiesen worden, jedoch hat die experimentelle traumphysiologische Forschung die psychoanalytische Traumtheorie nicht widerlegt. Vielmehr ist festgestellt worden, daß alle

Menschen träumen und daß der Mensch tatsächlich in der Nacht wie wohl auch am Tage »untergründig« kontinuierlich mit bestimmten triebdynamisch zu formulierenden Themen »beschäftigt« ist. Es ist auch erwiesen, daß das Träumen für den Menschen eine Notwendigkeit ist. Dies geht besonders hervor aus vergleichenden Experimenten mit Traumentzug und Kontrollen mit bloßem Schlafentzug außerhalb der Traumphasen.

FREUD hatte sein Interesse zunächst nur einer bestimmten Art von Träumen zugewandt, die der späteren Forschung als typische REMP-Träume erscheinen. Er nahm an, der Mensch regrediere im Traum grundsätzlich in eine Phase, die dem Primärprozeß der frühesten Kindheitsentwicklung entspräche. Daneben hatte FREUD allerdings andere Modalitäten des nächtlichen Erlebens gelten lassen. Heute wissen wir genauer, daß es eine Anzahl von traumartigen Erlebnissen im Schlafzustand gibt, die zum Teil den Denkvorgängen des sogenannten Sekundärprozesses sehr nahestehen.

Bestimmte experimentelle Befunde sind heute noch nicht eindeutig zu verstehen. Es handelt sich hier um den paradoxen Schlaf und die REMP der Neugeborenen sowie um die REM-synchronen Erektionen bei Neugeborenen (und sogar bei Frühgeborenen) und analoge Phänomene bei Tieren, außerdem um die Befunde bei der decortisierten Katze, und schließlich um Hirnstrom*spikes* beim Tier und Sägezahnwellen beim Menschen, die sich kurz vor der Traumschlafphase einstellen. Diese Befunde dürfen nicht vorschnell für eine rein biologisch bestimmte Erklärung des paradoxen Schlafes angeführt, sondern müssen unseres Erachtens psychophysisch verstanden werden, und zwar entweder als eine noch biologische Vorform oder bereits als Ausdruck von »frühen« primitiven Erlebnisprozessen. Immerhin muß aber zugestanden werden, daß der menschliche Traum zu einem erheblichen Teil im Rahmen des evolutionären Prozesses in der zentralnervösen Substanz verankert und nicht nur eine Reaktionsweise gegenüber postnatalen Lernprozessen, und somit den gesellschaftlichen Umständen ist.

Abschließend wollen wir uns noch einmal der Traumerinnerung zuwenden. Entgegen einigen Befunden und Schlußfolgerungen der traumexperimentellen Forschung ist von psychoanalytischer Seite die Auffassung vertreten worden, daß Trauminhalte nicht relativ rasch nach dem Erwachen »zerbröckeln«, sondern vielmehr über längere Zeit erinnerbar bleiben. Man muß aber doch gelten lassen, daß die umfangreiche Traumtätigkeit nur im Labor einigermaßen vollständig erfaßbar wird. Selbst unter optimalen Umständen und bei größter experimenteller Bemühung gelingt dies nie vollständig, und auch in analytischen Behandlungen, wo exzessiv ausgedehnte Traumberichte zuweilen als Widerstandsphänomen zu beobachten sind, bekommen wir nur einen Teil, gewöhnlich nur einen Bruchteil, der tatsächlichen Traumfülle zu hören; die meisten Träume treten nie ins Bewußtsein.

Man darf immer noch annehmen, daß die ausgedehnte, nur teilweise bewußtseinsfähige Traumtätigkeit des erwachsenen Menschen eine Schlafhüterfunktion erfüllt, und zwar sowohl gegenüber störenden Außenweltreizen als auch gegenüber den weiterwirkenden beunruhigenden Trieb/Triebabwehrkonflikten vom Tage. Die dargelegten Forschungsergebnisse haben diese Annahme nicht widerlegt. Als weitere Funktion des Traumschlafes ist die Förderung von Gedächtnisleistungen und von Lernprozessen inzwischen bewiesen worden. Die Annahme nächtlicher Übungsvorgänge im Muskel- und Sinnesapparat hat an Wahrscheinlichkeit gewonnen. Im Hinblick auf die anfangs formulierten Fragen sei auch noch festgestellt, daß die experimentelle Traumforschung innerhalb von 24 Jahren eine Quantifizierung der Traumphänomene und eine Überprüfung der psychoanalytischen Angaben über die Trauminhalte, also eine gewisse »Objektivierung« mindestens der manifesten Trauminhalte, erlaubt hat.

Einige Indizienbeweise ermöglichten, Aussagen über die Anfänge der intellektuellen Entwicklung und die Verhältnisse vor Entwicklung der Denksprache zu machen. Solche Hypothesen gehen von primitiven Wahrnehmungsprozessen und frühen Erlebnisweisen sowie frühen, noch nicht an die Hirnrindenpartien gebundenen Gedächtnisleistungen aus. Die Argumente entstammen einer synoptischen Betrachtung von Befunden beim Neugeborenen im Vergleich zu Befunden beim Frühgeborenen und bei Tieren. Wenn man sich entschließt, kognitives und »primitiveres« Lernen zu unterscheiden, dann kommt man zu dem durch mancherlei Befunde der Traumschlaf-Forschung gestützten Schluß, daß der Mensch viel früher zu »lernen« beginnt, als bisher angenommen wurde. Anhand der Befunde der Einschlaf-

Forschung ergibt sich auch, daß frühe und primitive Formen des Wahrnehmens und Lernens noch beim erwachsenen Menschen fortbestehen können.

Darüber hinaus zeigen die dargestellten Ergebnisse der traumphysiologischen Forschung, daß weitere Aufschlüsse über die Verknüpfung leiblicher und seelischer Erscheinungen zu erwarten sind. Die Traumforschung kann ein Zugangsweg zu einem wesentlich vertieften Verständnis des menschlichen Verhaltens und Erlebens werden.

In den beiden Teilen dieses Buches wurde der Leser mit zwei sehr unterschiedlichen Möglichkeiten, sich um das Verständnis des Traumes und des Träumens zu bemühen, bekanntgemacht. Angesichts unserer psychophysischen Einheit müssen beide Wege notwendigerweise letztlich beim gleichen »Gegenstand«, nämlich beim träumenden Menschen, zusammentreffen. Über ihn wissen wir auch heute wenig genug, jedoch immerhin mehr als je zuvor. Berichte der experimentellen Forschung befriedigen gewiß unser heutiges, als besonders »wissenschaftlich« eingeschätztes Bedürfnis nach exakten Meßwerten. Wir sollten uns jedoch von Georges POLITZER, einem französischen Psychologen, belehren lassen, »daß der allgemeine Charakter der Exaktheit in etwas anderem besteht als im Gebrauch des mathematischen oder gar experimentellen Apparats«. Es kommt darauf an, daß Genauigkeit und Art der Messung der Eigenart des Gegenstandes angemessen sind.[1] In diesem Sinne ist für die Klärung mancher Traumphänomene zweifellos das Laborverfahren angezeigt; bei der Beantwortung sehr vieler anderer Fragen wird jedoch die psychoanalytische Interaktion im Traumverständnis sehr viel weiterführen.

[1] POLITZER, G.: *Psychologie mythologique et psychologie scientifique,* 1929; dt.: »Kritik der klassischen Psychologie«, Köln 1974.

Literaturverzeichnis zu Teil I (Kemper)

Vorbemerkung: Die nachfolgende Zusammenstellung soll nicht so sehr dem Quellennachweis dienen, als vielmehr zu weiterem Studium anregen, insbesondere über all das, was im Laufe unserer Schrift nur berührt wurde, aber nicht ausgeführt werden konnte. Deshalb wurde das Schrifttum nach Sprachgruppen aufgeteilt. Zuerst wurden die alten Autoren des griechisch-römischen Kulturkreises angeführt, sowie das ihrem Studium gewidmete Schrifttum genannt. Es folgen die französischen, dann die spanisch-portugiesisch-italienischen, und danach die anglo-amerikanischen Publikationen. Erst dann schließt sich das deutsche Schrifttum an.

Bei diesem Literaturhinweis war der Verfasser durch seine besonderen Arbeitsbedingungen auf die drei folgenden, bereits vorliegenden Zusammenstellungen angewiesen. Die wichtigsten Arbeiten bis 1900 finden sich in FREUDS *Traumdeutung* [98 a] zitiert. GARMA [28] hat dann die seit 1900 in der ganzen Welt erschienenen wissenschaftlichen Publikationen über den Traum bis 1947 derart zusammengestellt, daß er sie nach Erscheinungsjahren geordnet hat. WINKLER [207 b] hat kürzlich in seinem Übersichtsreferat auch weitgehend das Schrifttum der letzten Jahre berücksichtigt (bis 1953).

Eine unerwartete Hilfe brachte dann nachträglich das umfassende Werk von v. SIEBENTHAL [174] mit seinen insgesamt über 1300 Literaturnachweisen, das dem Verfasser leider erst nach Abschluß dieser Arbeit zugänglich wurde, das aber bei den Schrifttumsangaben noch berücksichtigt werden konnte.

I. *Griechisch-lateinische Autoren*

1. ARISTOTELES:
   a) Über Träume und Traumdeutungen. Übers. v. H. Bender, Stuttgart 1855–1885.
   b) Über Schlafen und Wachen. Phil. Bibl. Meiner, Leipzig 1924.
2. ARTEMIDORUS: Die Symbolik der Träume. Übers. v. Fr. S. Krauss, Wien 1881.
3. CICERO, M. T.:
   a) De divinatione.
   b) Zwei Bücher von der Weissagung und vom Schicksal. Übers. v. R. Kühner, Stuttgart-Berlin 1868.
4. GALEN: De dignotione ex somniis, Prooem., VI; siehe auch 100.
5. HIPPOKRATES: Über die Träume. Übers. v. R. Fuchs, I. München 1900.

6. HOMER: Odyssee, Ilias, Übers. v. Voss.
7. PLATON:
   a) Timaios.
   b) Der Staat.
8. SOKRATES: in Platons Phaidon.
   Über die alten griechisch-lateinischen Auffassungen zum Traume, siehe ferner 28, 32, 43, 64, 75 a, 78, 100, 108, 115, 121 a, 122, 142, 149, 165, 166, 170 und 173 a.

II. *Französisches Schrifttum*

9. ALLENDY, R.: Les rêves et leur interprétation psychoanalytique. Paris 1930.
10. BAUDOUIN, CH.: Introduction à l'analyse des rêves. Genève 1945.
11. BEGUIN, A.:
    a) L'âme romantique et le rêve. Marseille 1937.
    b) Le rêve chez les romantiques allemands et dans la poésie française moderne. Noger-le-Rontron 1951.
12. COMBES, M.: Le rêve et la personnalité. Paris 1932.
13. DELACROIX, H.: Le temps et les souvenirs. Le rêve et la rêverie. Paris 1936.
14. DESOILLE, R.: Le rêve éveillé en psychothérapie etc. Presses Univ. de France. Paris 1945.
15. DUGAS, L.: De la méthode à suivre dans l'étude de rêve. *J. de Psychol.* 3° (1933).
16. FOUCAULT, M.: Le rêve, études et observations. Paris 1906.
17. JANET, P.: Les névroses. Paris 1909.
18. LAIGNEL-LAVATINE: Valeur sémiologique des rêves. *J. méd. Franç.* 15, Nr. 11 (1926).
19. LEMAITRE: Le symbolisme dans les rêves d'adolescentes. Paris 1920.
20. LIÉBAULT, A.: Le sommeil provoqué et les états analogues. Paris 1889.
21. LURIA, SAL.: Studien zur Geschichte der antiken Traumdeutung. Bull. de l'Académie des sciences de l'union de républ. soviét. social. 1927.
22a. MAURY, A.: Le sommeil et les rêves. Paris 1878.
22b. NACHT, S.: La pensée magique dans le rêve. *Rev. Franç. Psa.* 7 (1934).
22c. DE SAUSSURE, R.: L'aphasie onirique. *Rev. méd. Suisse romande* 43, 10 (1923).

III. *Spanisch-portugiesisch-italienisches Schrifttum*

23. BENINI, V.: Nel mondo dei sogni. Il pensiere nuovo. April 1898.
24. BIANCHINI, M. L.: Ulteriori contributi al problema dei sogni. *Riv. Psicopat. neuropsichiatr.* 19/1951.
25. CRIARA, M.: Il sogno come elemente diagnostico del tipo caratterologico. *Arch. gen. di Neur.* 19 (1938).
26. FAJARDO, S.: Republica literaria. Edic. Madr. 1922.
27. FERRARI, G. C.: Un sogno profetico avverato. *Riv. di Psicol.* 18 (1922).
28. GARMA, A.: Psicoanálisis de los sueños. Verl. El Ateneo, Buenos Aires 1948.
29. JUNG, C. G.: A natureza dos sonhos. Actos Ciba, Rio de Janeiro.
30. LEVI-BIANCHINI, M.: La meccanica del sogno e l'ambivalenza del psichismo neurotico. *Arch. gen. di Neurol.* 6, Nr. 3/4 (1921).
31. MARRO, G.: Nuovo contributo alla patologia del sogno. *Arch. di Antrop. crimin.* 42, 3/4 (1922).
32. PATRONI, G.: La teoria del sogno in Omero e in Virgilio. Con appendice ›Gli insonnia di Didone‹. Milano 1920.
33. DE SANCTIS, S.: Nuovi contributi alla psicofisiologia del sogno. *Riv. psicol.* 29 (1933); vgl. auch 172a und b.
33a. SERVADIO, E.: Il sogno. Aldo Garzanti, Milano 1955.

IV. *Anglo-amerikanisches Schrifttum*[1]

34. BAYLEY, H.: The lost language of symbolism. 2 Bde. London 1919.
35. BERGSON, H.: Dreams. New York 1914.
36a. BRILL, A.: Fairy tales as a determinant of dreams and neurotic symptoms. *New York Med.* J. March 1914.
36b. CUTTING, M. S.: What dreaming means to you. New York 1927.
37. DESPERT, L. J.: Dreams in children of the pre-school age. The psychoanalytic study of the child. New York 1949.
38. DEVEREUX, G.: Reality and dream. New York 1951.

---

[1] WOODS Buch [65] ist eine Materialzusammenstellung der historischen, philosophischen, experimentellen, parapsychologischen (etc.) Aspekte der neueren Traumliteratur. Das Buch von FLIESS [42] gibt einen mit Textproben belegten Überblick über etwa 50 moderne Arbeiten über den Traum, mit denen F. sich dann kritisch auseinandersetzt (hauptsächl. psychoanalytische Beiträge).
Außer der hier angeführten anglo-amerikanischen Literatur über den Traum finden sich noch zusammenhängende Darstellungen zu diesem Thema als Unterkapitel in anderen Werken, so z. B. in den Darstellungen von E. JONES und von A. BRILL über Psychoanalyse, ferner in I. H. MASSERMANN: Principles of dynamic psychiatry; in D. RAPAPORT: Organization and pathology of thought; in R. W. WHITE: The abnormal personality, u. a.

39. DRUMMOND, J.: Inheritance of dreams. London 1945.
40. ELLIS, H.: The synthesis of dreams. *Psychoanal. Rev.* 12, H. 3/4 (1925).
40a. FARBER and FISHER: Experimental approach to dream psychology through the use of hypnosis. *Psychoanal. Quarterly* XII (1943).
41. FLIESS, R.: The revival of interest in the dream. A critical study of post-Freudian psychoanalytic contributions. Int. Univ. Press, Inc. New York 1953.
42. FODOR, N.: New approaches to dream interpretation. New York 1951.
43. FROMM, E.: The forgotten language. An introduction to the understanding of dreams, fairy-tales and myths. New York 1951.
44. GRAVES, R. R.: The meaning of dreams. London 1924.
45. GROTJAHN, M.: Dream observations in a two-year-four-month-old baby. *Psychoanal. Quart.* 7 (1938).
46. GUTHEIL, E.:
    a) The language of the dream. New York 1939.
    b) The handbook of dreamanalysis. New York 1951.
47. HOLZER, P. E.: Dream phenomena. Minneapolis 1951.
48. HUSBAND, R. W.: Sex differences in dream contents. *J. Abnorm. a. Soc. Psychol.* 30 (1936).
49. JONES, E.:
    a) On the nightmare. Amer. J. Insanity 66 (1910).
    b) Persons in dreams disguised as themselves. *Int. J. of Psa.* 2, (1921).
    c) *Sigmund Freud, Life and Work*, Bd. I, London 1953 (dt.: Das Leben und Werk von Sigmund Freud, Bern/Stuttgart 1960–1962).
50. LANE, E. E.: The realibility of personality ratings based on dream series. Cleveland Ohio 1951.
51. LINCOLN, J. S.: The dream in primitive cultures. London 1935.
52. LOEWY, S.: Psychological and biological foundation of dreaminterpretation. London 1942.
53. MARCINOWSKI, J.: Dreams, superstition and neuroses. *Psyche* 2 (1921).
54. MÉGROZ, P. L.: The dream world. London 1939.
55. PUTNAM, J. J.: Dream interpretation and the theory of psychoanalysis. *J. Abnorm. a. Soc. Psychol.* 9 (1914).
56. RIVERS, W.:
    a) Methods of dream analysis. *Brit. J. Med. Psychol.* 2 (1922).
    b) Conflict and dream. London 1923.
57. ROGERS, L. W.: Dreams and premonitions. Chicago 1923.
58. ROHEIM, G.: The eternal Ones of the dream. New York 1945.
59. SACHS, H.: The creative unconscious. Cambridge 1942; vgl. auch 171.

60. SHARPE, E. F.:
    a) Interpretation of dreams. 2 Bde., 1943.
    b) Dream analysis. London 1950.
61. STRAGNELL, G.: The dream in Russian literature. *Psychoanal. Rev.* 8, 3 (1921).
62. WEISS, F. A.: Constructive forces in dream. *Am. J. Psychoanal.* 9 (1949).
63. WEISS, H. B.: Oneirocritica Americana. New York 1944.
64. WOLFF, W.: The dream: Mirror of the conscience. A history of dream interpretation from 2000 b. C. and a new theory of dream-synthesis. New York 1952.
65. WOODS, R. L.: The world of dreams. An anthology. New York 1947.

V. *Deutschsprachiges Schrifttum*

66. ABRAHAM, K.:
    a) Traum und Mythus. Wien/Leipzig 1909.
    b) Die Spinne als Traumsymbol. *Zbl. Psa.* 8 (1922).
67. ADLER, A.:
    a) Traum und Traumdeutung. *Zbl. Psa.* 3 (1913).
    b) Weiteres zur individualpsychologischen Traumtheorie. *Z. Ind. Psychol.* 5 (1927).
    c) Neurosenwandel und Training im Traum. *Z. Ind. Psych.* 2, (1923).
68 AEPPLI, E.: Der Traum und seine Deutung. Rentsch Zürich 1950.
69. ALEXANDER, F.: Über Traumpaare und Traumreihen. *Z. Psa.* II (1925).
70. BACHOFEN, J. J.: Versuch über die Gräbersymbolik der Alten. Basel 1859.
71. BAEGE, M. H.: Naturgeschichte des Traumes. Leipzig 1928.
72. BAUMANN, M.: Der Traum im Werk von Jeremias Gotthelf. Bern 1945.
73. BEHN, S.: Psychologische Methoden der Traumforschung. *Handbuch der biologischen Arbeitsmethoden* Abt. VI, T. 3, H. 1, 1921.
74. BENDER, H.: Das Problem des Wahrträumens. *Neue Wissenschaft.* V/2/3 (1955).
75. BINSWANGER, L.:
    a) Wandlungen in der Auffassung und Deutung des Traumes von den Griechen bis zur Gegenwart. Berlin 1928.
    b) Traum und Existenz. *Neue schweiz. Rdsch.* 23, H. 9 (1930).
    c) Daseinsanalyse und Psychotherapie. *Zschr. f. Psth.* IV/5 (1954).
76. BJERRE, P.: Das Träumen als Heilungsweg der Seele. Rascher-Verlag Zürich/Leipzig 1936.

77. Boss, M.: Der Traum und seine Auslegung, Huber, Bern/Stuttgart 1953.
78. Büchsenschütz, B.: Traum und Traumdeutung im Altertum. Berlin 1868.
79. Busemann, A.: Über das Traumleben des Schulkindes. *Z. paedag. Psychol.* 10 (1909).
80. Busse, H.: Astrologie, Schlaf und Träume, 1936.
81. Carus, C. G.: Psyche. Hrsg. v. R. Marx, Leipzig 1931.
82. Christoffel, H.: Zur Psychosomatik des menschlichen Schlafes. *Monatsschr. Psychiatr.* (Schweiz) 125, 329 (1953).
83. Cohen, G.: Das Wesen der Träume. Dresden 1925.
84. Dessoir, M.: Das Ich, der Traum, der Tod. Stuttgart 1947.
85. Diepgen, P.: Traum und Traumdeutung als medizinisch-wissenschaftl. Problem im Mittelalter. Berlin 1912.
86. Eisler, J.: Beiträge zur Traumdeutung. *Z. Psa.* 5 (1919).
87. Erdmann, J. E.: Das Träumen. Berlin 1861.
88. Erikson, E.: Das Traummuster der Psychoanalyse. *Psyche* VIII/10 (1955).
89. Ettig, F.: Wahrträume, Wesen und Probleme. 1933.
90. Federn, P.: Das Erwachen des Ichs im Traume. *Z. Psa.* 20 (1934).
91. Federn-Meng: Das psychoanalytische Volksbuch. Huber, Bern 1939.
92. Feldmann, S.: Traum und Krankheit. Ber. üb. d. 6. allg. ärztl. Kongr. f. Psychotherapie 1931.
93. Ferenczi, S.:
    a) Die psychologische Analyse der Träume. *Psychiatr.-neur. Wschr.* 11–13 (1910).
    b) Affektvertauschung im Traume. *Z. Psa.* 4 (1916/17).
94. Fischer, E.: Kinderträume. Stuttgart 1928.
95. Fischer-Defoy: Schlafen und Träumen. Stuttgart 1918.
96. Förster, M.: Über Traumbücher. *Arch. neuere Sprachen* 125 u. 127 (1910/11).
97. Frank, I.: Die Weisen des Gegebenseins im Traum. *Psych. Forsch.* 16 (1932).
98. Freud, S.:
    a) Die Traumdeutung, Ges. Werke, Imago Publishing London Bd. II/III.
    b) Über den Traum, ebd. Bd. II/III.
    c) Die Handhabung der Traumdeutung in der Psychoanalyse, ebd. Bd. VIII.
    d) Märchenstoffe in Träumen, ebd. Bd. X.
    e) Ein Traum als Beweismittel, ebd. Bd. X.
    f) Der Traum. In: Vorlesungen zur Einführung in die Psychoanalyse, ebd. Bd. XI.

g) Traum und Telepathie, ebd. Bd. XIII.

h) Bemerkungen zur Theorie und Praxis der Traumdeutung, ebd. Bd. XIII.

i) Einige Nachträge zum Ganzen der Traumdeutung, ebd. Bd. XIII.

k) Meine Berührung mit Popper-Lynkeus, ebd. Bd. XVI.

l) Eine erfüllte Traumahnung, ebd. Bd. XVII.

m) Erläuterungen an der Traumdeutung, in: *Abriß der Psychoanalyse*, ebd. Bd. XVII.

99. FROSCH, J. S.: Experimentelle Erzeugung von Träumen in der Hypnose. *Nervenarzt* 9 (1936).

100. GALEN: Von der Weissagung im Traume. In: Werke. Übers. v. E. Beintker u. W. Kahlenberg, Stuttgart 1939ff.

101. GEHLEN, A.: Der Mensch, seine Natur und seine Stellung in der Welt. 4. A. Berlin 1950.

102. GIESSLER, C. M.: Beiträge zur Phänomenologie des Traumlebens. Halle 1888.

103. GOTTHARDT, O.: Die Traumbücher des Mittelalters. Eisleben 1912.

104. GOTTHELF: siehe 72.

105. GRABER, G. H.:
a) Beitrag zu einer metapsychologischen Betrachtung des Traumes. *Schweiz. Z. Psychol.* 7 (1948).

b) Das Traumleben des Kindes. In: *Seelenspiegel des Kindes*. Artemis Verlag, Zürich 1948.

106. GRODDECK, G.: Traumarbeit und Arbeit des organischen Symptoms. *Z. Psa.* 12 (1926).

107. GRUENEWALD, E.: Traum und Verantwortung. *Wiener Zschr. prakt. Psychol.* 2 (1950).

108. GRUHLE, H. W.: Die Traumdeutung in der Antike. *Arch. f. Psychiatr.* 86 (1929).

109. HAISCH, E.: Der Schlaf als Trieb. *Zschr. f. Psth.* V/1 (1955).

110. HAPPICH, C.: Das Bildbewußtsein als Ansatzstelle psychischer Behandlung. *Zbl. Psthr.* 5 (1932).

111. HARNIK, J.: Vom Widerstand gegen die Traumdeutung in der Analyse. *Z. Psa.* 2 (1911/12).

112. HEDIGER, H.: Vom Traum der Tiere. *Ciba-Z.* 9 (1945).

113. HELLPACH, W.: Traumdeutung oder Traumforschung. Ärztl. Forsch. 2, 3/4 (1948).

114. HESS, W. R.: Das Zwischenhirn. Basel 1949.

115. HEY, F. O.: Der Traumglaube der Antike. München 1908.

116a. HEYER, G. R.: Traum und Traumdeutung. *Med. Welt* 1934, Nr. 25/27.

116b. HILDEBRANDT, F. W.: Der Traum und seine Verwertung fürs Leben. Leipzig 1875.

117. HINRICHSEN, O.: Zum Problem: Traum als Arbeit. *Psychiatr.-neur. Wschr.* 1937, 299–300.
118. HITSCHMANN, E.:
    a) Wandlungen der Traumsymbolik beim Fortschritt der Behandlung. *Z. Psa.* 17 (1931).
    b) Beiträge zu einer Psychopathologie des Traumes. *Z. Psa.* 20 (1934); 21 (1935).
119. HOCHE, A.:
    a) Der Traum. Ullstein, Berlin 1924.
    b) Das Träumende Ich. Jena 1927.
    c) Schlaf und Traum. Berlin 1928.
120. HOCHHEIMER,W.: Analyse des therapeutischen Feldes. *Psyche* VII H. 11 (1954).
121a HOPFNER, TH.: Das Sexualleben der Griechen und Römer von den Anfängen bis in das 6. Jahrhundert nach Christus. Bd. I, Prag 1938.
121b v. HUG-HELLMUTH, H.: Kinderträume. *Z. Psa.* I (1913).
122. HUNDT, J.: Der Traumglaube bei Homer. Greifswald 1935.
123. IDELER: Über die Entstehung des Wahnsinns aus den Träumen. *Charité-Ann.* 3 (1862).
124. JACOBI, J.:
    a) Die Psychologie von C. G. Jung. 2. A. Zürich 1945.
    b) Traumbücher, *Ciba-Z.* 5, H. 55 (1952).
125. JASPERS, K.: Allgemeine Psychopathologie. 5. A. 1948.
126. JEKELS, L., u. BERGLER, E.: Triebdualismus im Traum. *Imago* 20 (1934).
127. JEZOWER, I.: Das Buch der Träume. Rowohlt, Berlin 1928.
128. JOECKEL, B.:
    a) Der Weg zum Märchen. Dion Verlag, Berlin 1939.
    b) Über Reifungsträume. Unveröffentl. Vortrag Berlin 1948.
129. JUNG, C. G.:
    a) Traum und hysterisches Symptom. In: *Diagnostische Assoziationsstudien* II, 8 (1910).
    b) Traumsymbole des Individuationsprozesses. *Eranos-Jahrbuch* 1935. Rhein Verlag, Zürich.
    c) Psychologie und Alchimie. Zürich 1943.
    d) Wirklichkeit der Seele. Zürich 1947.
    e) Allgemeine Gesichtspunkte zur Psychologie des Traumes. *Psychol. Abh.* 2, 1948, Zürich (1. Aufl. 1928, Rascher, Zürich).
    f) Symbole der Wandlung. Zürich 1951.
    g) Wesen und Formgesetze der Träume. *Universitas* VII (1952).
    h) Vom Wesen der Träume. *Ciba-Zeitschr.* 55 (1952).
130. KANT, I.:
    a) Träume eines Geistersehers. *G. W.* II. 1766.
    b) Anthropologie. Heinemann Verlag, Berlin 1869.

131. KEHRER, F.: Wach- und Wahrträume bei Gesunden und Kranken. Leipzig 1935.

132. KELLER, G.: Das Tagebuch und das Traumbuch. Basel 1942.

133. KEMPER, W.:
   a) Analyse zweier eindrucksvoller Wahrträume. *Psyche* VIII, H.7.
   b) Das Prospektive im Traum. *Psyche* IX, H. 10.
   c) Subjektstufen- und kategoriale Interpretation des Traumes. *Psyche* XI, H. 1.
   d) Zur Praxis der therapeutischen Traumdeutung. *Ztsch. f. Psther. u. med. Psychol.* VI, H.6. 1956.

134. KLAGES, L.: Über das Traumbewußtsein. *Z. f. Psychopathol.* III.

135. KLEINSORGE, H.: Der Traum als diagnostisches Hilfsmittel in der inneren Medizin. *Hippokrates* 21, 17 (1950).

136. KÖHLER, P.: Unser Denken im Wachen und Träumen. *Psychiatr.-neur. Wschr.* 46 (1914).

137. v. KÖNIG-FACHSENFELD, O.: Wandlungen des Traumproblems von der Romantik bis zur Gegenwart. Stuttgart 1935.

138. KRÄPELIN, E.: Über Sprachstörungen im Traum. *Psychol. Arbeiten* 5 (1910) Leipzig.

139. KRETSCHMER, E.: Das Ressentiment im Traum. *Z. Neur.* 136 (1931).

140. KÜTEMEYER, W.: Körpergeschehen und Psychose. Enke Stuttgart 1953.

141. KUNZ, H.: Die anthropologische Bedeutung der Phantasie. *Jb. d. schweiz. philos. Ges.* Suppl. 3. u. 4. Basel 1946.

142. KURTH, W.: Das Traumbuch des Artemidorus im Lichte der Freudschen Traumlehre. *Psyche* IV., H. 10 (1951).

143. LANDAUER, K.: Freuds Lehre vom Traum. *Psychiatr. Bladen* 41 (1937).

144. LAZARSFELD, R.: Zur individualpsychologischen Traumlehre. *Z. Ind. Psychol.* 8 (1930).

145. LEMKE, H.: Schlaf und Traum. 1926.

146. LEONHARD, K.:
   a) Die Gesetze des normalen Träumens. Stuttgart 1939.
   b) Gesetze und Sinn des Träumens. Stuttgart 1951.

147. LERSCH, PH.: Der Traum in der deutschen Romantik. München 1923.

148. LOMER, G.: Die Welt der Wahrträume. Leipzig 1919.

149. LURIA, Sal.: Studien zur Geschichte der antiken Traumdeutung. *Bull. de l'Académie des sciences de l'union de répubi. soviét. social.* (1927).

150. MAEDER, A.:
   a) Die Symbolik in den Legenden, Märchen, Gebräuchen und Träumen. *Psychiatr.-neur. Wschr.* 10, H.3 u. 4.

b) Über die Funktion des Träumens. *Jb. psa. Fsch.* 4 (1912).

c) Über das Traumproblem. *Jb. psa. Fschg.* 5 (1913).

d) Selbsterhaltung und Selbstheilung. Zürich 1949.

151. MAYER, A.: Bemerkungen über die Bedeutung des Traumes in der Gynäkologie. *Münch. med. Wschr.* 79, H.29 (1932).

152. MEINERTZ, J.: Über kausale und physiognomische Betrachtung der Symbolisierung in Neurose und Traum. *Ber. üb. d. 6. allg. ärzt. Kongr. f. Psther.* (1931).

153. METTE, A.: Der Weg zum Traum. Dion Verlag, Berlin 1939.

154. MISSRIEGLER, A.: Der Traum als Barometer der analytischen Situation. *Psa. Prax.* I (1931).

155. MÖRING, E.: Theophanien und Träume in der biblischen Literatur. Göttingen 1914.

156. MOHR, FR.: Die direkte Verständigung mit dem Unbewußten durch Träume und andere Symbole. *Ber. üb. d. 6. allg. ärztl. Kongr. f. Psther.* (1931).

157. MOUFANG, W., STEVENS, W. O.: Das Mysterium der Träume. List Verlag München. 1953.

158. MÜLLER, L. R.: Zur Physiologie und Pathologie der Träume. *Ärztl. Forschg.* 2, 3/4 (1948).

159. NACHMANSOHN, M.:
  a) Über experimentell erzeugte Träume. *Z. Neur.* 98, 3/4 (1925).
  b) Zur Biologie des Traumes. Allg. *Ztschr. Psychiat.* 95 (1931).

160. NEUER, A.: Das Training im Traum. *Z. Ind. Psychol.* 6 (1928).

161. NIETZSCHE, FR.: Werke. 12 Bde. Naumann, Leipzig 1895.

162. NORMAN, R.: Die Symbolik des Traumes. Heidelberg 1923.

163. OCKEL, G.: Die Traumdeutung in der modernen Seelenkunde und Psychotherapie. Berlin 1949.

164. OTTO, R.: Das Heilige, München 1947.

165. PAULY/WISSOWA: Realencyclopädie des klassischen Altertums. Stichwort ›Traumdeutung‹. Stuttgart 1896–1943.

166. PFAFF, E. R.: Das Traumleben und seine Deutung nach den Prinzipien der Araber, Perser, Griechen, Indier und Ägypter. Leipzig 1868.

167. PITSCH, F. W.: Psychose, Traum und Krankheitsverlauf. *Zbl. Psthr.* 10 (1938).

168. PÖTZL, O.: Experimentell erregte Traumbilder in ihren Beziehungen zum indirekten Sehen. *Z. Neur.* 37, 3/4 (1917).

169. RANK, O.:
  a) Aktuelle Sexualregungen als Traumanlässe. *Zbl. Psa.* 2 (1911).
  b) Die Symbolschichtung im Wecktraum und ihre Wiederkehr im mythischen Denken. *Jb. psa. Fsch.* 4 (1912).
  c) Eine Neurosenanalyse in Träumen. *Neue Arbeit z. ärzt. Psa.* 3 (1924).

170. ROSCHER, W.: Ephialtes; eine pathologisch-mythologische Abhandlung über die Alpträume und Alpdämonen im klassischen Altertum. Leipzig 1900.

171. SACHS, H.: Traumdeutung und Menschenkenntnis. *Jb. psa. Fschg.* 3 (1912); vgl. auch 59.

172. DE SANCTIS, S.:
    a) Die Träume. Halle 1901.
    b) Psychologie des Traumes. Kafkas Handbuch der vergleichenden Psychologie 3, (1922). Vgl. auch 33.

173a. SAPPHO: Die Traumdeutung nach den Überlieferungen antiker Völker, bes. der Ägypter und Chaldäer, Leipzig 1912.

173b. v. SCARPATETTI, W.: Alarmierende Traumsymbolik bei Depressiven. *Psa. Prax.* 3 (1935).

174. SIEBENTHAL, W.: Die Wissenschaft vom Traum. Ergebnisse und Probleme. Springer Verlag 1953.

175. SIEGMUND, G.: Der Traum. *Philos. Jb.* 58 (1948).

176. SILBERER, H.:
    a) Symbolik des Erwachens und Schwellensymbolik überhaupt. *Jb. psa. Fschg.* 3 (1911).
    b) Der Traum. Enke, Stuttgart 1919.

177. SIMONSON, E.: Über das Verhältnis von Raum und Zeit zur Traumarbeit. *Imago* 14 (1928).

178. SPEER, E.: Der Arzt der Persönlichkeit. Stuttgart 1949.

179. SPERBER, A.: Über Träume und Phantasien von Schwerkranken und Sterbenden. *Nederl. Tijdschr. Psychol.* 2 (1934).

180. SPERBER, M.: Zur Technik der Traumdeutung. *Z. Ind. Psychol.* 6 (1928).

181. SUTERMEISTER, H.: Zum heutigen Stand der Traumforschung. *Grenzgeb. d. Mediz.* 2 (1949).

182. SYDOW, E. W.: Träume und Visionen in der Religion der Indianer Nordamerikas. *Imago* 21. (1935).

183. SCHILDER, P. u. HERSCHMANN: Träume der Melancholiker. *Z. Neur.* 53, 3/4 (1920).

184. SCHINDLER, W.: Die Traumdeutung im Lichte der verschiedenen tiefenpsychologischen Schulen u. ihre klin. Bedeutung. *Allg. ärztl. Z. Psychother.* 2 (1929).

185. SCHJELDERUP-EBBE, T.: Beiträge zur Analyse der Träume. *Z. Psychol.* 93, 3/6 (1923).

186. SCHMID, G.: Die seelische Innenwelt im Spiegel des Traumlebens. Leipzig 1937.

187. SCHNEERSOHN, E.: Traum und Spiel. *Schweiz. Z. Neur.* 37 (1936).

188. SCHOPENHAUER, A.: Sämtl. Werke. Cotta, Stuttgart/Berlin.

189. SCHRÖTTER, K.: Experimentelle Träume. *Zbl. Psa.* 2 (1911/1912).

190. v. SCHUBERT, G. H.: Die Symbolik des Traumes. Leipzig 1840.

191. SCHULTZ, J. H.: Zur Traumkasuistik. *Zbl. Psthr.* 8 (1935).
192. SCHULTZ-HENCKE, H.: Lehrbuch der Traumanalyse. Thieme, Stuttgart 1949.
193. STÄRKE, A.: Ein Traum, der das Gegenteil einer Wunscherfüllung zu verwirklichen schien. *Zbl. Psa.* I (1913).
194. STEINER, M.: Die Traumsymbolik der analytischen Situation. Z. *Psa.* 21 (1935).
195. STEKEL, W.:
    a) Die Sprache des Traumes. Wiesbaden 1911.
    b) Individuelle Traumsymbole. *Zbl. Psa.* 4 (1914).
    c) Der telepathische Traum. Berlin 1920.
    d) Fortschritte der Traumdeutung. *F. Sex. Psa.* 3 (1928).
    e) Fortschritte in der Technik der Traumdeutung. Verl. f. Mediz. Weidmann 1935.
196. STERN, E.: Zur Psychologie und Psychopathologie der Träumereien. *Schweiz. Z. Psychol.* 6 (1947).
197. TEILLARD, A.: Traumsymbolik. 2. A. Zürich 1944.
198. VARENDONCK, J.: Über das vorbewußte, phantasierende Denken. *Int. psychoanal. Bibliothek*, Bd. 12 (1922), Wien.
199. VETTER, A.: Phantasie und Traum. In: *Die Erlebnisbedeutung der Phantasie.* Klett, Stuttgart 1950.
200. VISCHER, F. TH.: Der Traum. Ausgew. Werke 8, Leipzig 1920.
201. VOLD, M.: Über den Traum. Übers. v. O. Klemm. 2 Bde. Leipzig 1910/1912.
202. WEISS, H.: Deutsche Sprachspielereien. Oldenbourg Verlag, München 1942.
203. v. WEIZSÄCKER, V.: Über Träume bei sogenannter endogener Magersucht. *Dtsch. med. Wschr.* 1937, H. 7/8.
204. WELLS, H. G.: Der Traum. Berlin 1927.
205. WEXBERG, E.: Zur Verwendung der Traumdeutung in der Psychotherapie. *Z. Ind. Psychol.* I (1914).
206. WILKENHAUSER, A.: Die Traumgesichte des Neuen Testamentes in religionsgeschichtl. Sicht. *Pisculi*, hersg. v. KLAUSER u. RUECKER. 1939.
207. WINKLER:
    a) Traumanalysen, *Nervenarzt* 20 (1949).
    b) Der Traum (Sammelreferat) in: *Fschg. Neurol. Psychiat.* XXII/6.
208. WINTHUIS, J.: Mythos und Kult der Steinzeit. 1935.
209. ZENKER, G.: Traumdeutung und Traumforschung. Leipzig 1928.
210. ZULLIGER, H.:
    a) Prophetische Träume. *Z. Psa.* 18 (1932).
    b) Ein prophetischer Traum. *Psyche* V., H. 3 (1951).

Vom Autor getroffene Auswahl aus seinen Veröffentlichungen

I. Bücher, Monographien sowie Beiträge zu Handbüchern und Sammelbänden

Die Indikation zur Psychotherapie. In: *Psychotherapie in der Praxis, ein Gesamtüberblick.* Knorsch Düsseldorf, 9–26, 1938. 2. Aufl. 1940.

Die Störungen der Liebesfähigkeit beim Weibe. Zur Klinik, Biologie und Psychologie der Geschlechtsfunktion und des Orgasmus. Thieme Leipzig, 191 S., 1942; 2. Aufl. 1943. – Reprografischer Nachdruck: Wissenschaftl. Buchges. Darmstadt, 1967, 1972.

Die Seelenheilkunde in unserer Zeit. Klett Stuttgart, 96 S., 1946; 2. Aufl. 1948.

Enuresis (Bettnässerleiden). Schneider (Klett) Heidelberg, 78 S., 1949. Wird 1978 im Ernst Reinhardt Verlag München neu erscheinen.

Die funktionellen Sexualstörungen. Thieme Stuttgart, 102 S., 1950. Als Taschenbuch in: *Geist und Psyche,* Kindler-Verlag, 1972.

Der Traum und seine Be-Deutung. Rowohlts dtsch. Enzyklopädie Hamburg, Bd. 4, 220 S., 1955; 6. Aufl. 1964. – Holländ. Ausg.: Elsevier Pockets, Amsterdam-Brüssel, 1960. – Portugies. Ausg.: Livros do Brasil, Lisboa, 1962. – Spanische Ausg.: Alianza Editorial SA, Madrid, 1969.

Psychoanalyse. Gegenwärtiger Stand und Entwicklungstendenzen in Südamerika. In V. E. FRANKL, V. VON GEBSATTEL, I. H. SCHULTZ (Hg.): *Handb. Neurosenlehre u. Psychoth.* Urban & Schwarzenberg, München–Berlin, Bd. I, 573–84, 1957–1959.

Grundregeln für die psychotherapeutische Praxis. Ebenda Bd. I, 691–750, 1957–1959.

Herausgabe und Einführung zu L. GRINBERG, M. LANGER, E. RODRIGUÉ: *Psychoanalytische Gruppentherapie* in Theorie und Praxis. (Editorial Paidos, Buenos Aires, 247. S., 1957). – Klett Stuttgart, 182 S., 1960. – Als Taschenbuch in: *Geist und Psyche,* Kindler-Verlag, 1972.

Primeiras experiencias didácticas con un grupo de candidatos psicoanalíticos. In L. GRINBERG, M. LANGER, E. RODRIGUÉ (Hg.): *El Grupo psicológico en la Terapéutica, Enseñanza y Investigación.* Editore Nova, Buenos Aires, 200–17, 1959.

Übertragung und Gegenübertragung als funktionale Einheit. In G. SCHEUNERT (Hg.): *Jahrb. Psychoanal. Bd. VI, Probl. d. psychoanal. Technik.* H. Huber Bern, 35–68, 1969. – Spanische Kurzfassung (Kongreßvortrag Buenos Aires) in *Psicoanálisis en las Americas:* El Proceso analítico; Transferencia y Contratransferencia. Edit. Paidós, Buenos Aires, 149–173; 1968.

Eigentümlichkeiten der frühkindlichen Erlebniswelt und deren Auswirkungen. In G. BIERMANN; *Hdb. Kd. Psychother.*, E. Reinhardt, München-Basel, Bd. 1, 19–39, 1969.

II. Beiträge zu Fachzeitschriften

Zur Genese der genitalen Erogeneität und des Orgasmus. *Int. Ztsch. f. Psychoanalyse, 20,* 287–312, 1934.

Zum Frigiditätsproblem. *Geburtsh. Frauenheilkunde., 2,* H.4, 180–206, 1940.

Verdrängte Vitalität. Zur Symptomatik des Priapismus. *Psyche, 1,* H.3, 411–35, 1948.

Der Patient schweigt. *Psyche, 1,* H.4, 503–22, 1948.

Beginn einer Analyse. Geschildert anhand der Darstellung eines Falles. In: *Psychoanalyse* (de Gruyter, Berlin), *1,* H.1, 7–15, 1949.

Die Übertragung. Ihre diagnostischen und therapeutischen Möglichkeiten. In: *Psychoanalyse* (de Gruyter, Berlin), *1,* H.2, 99–121, 1949/50.

A psicanálise como fator cultural. *Cultura,* public. de Minist. de Educado, *2,* H.4, 23–37, 1951.

Die Gegenübertragung. *Psyche, 7,* H.10, 593–626, 1953/54.

Analyse zweier eindrucksvoller Wahrträume. *Psyche, 8,* H.7, 450–67, 1954/55.

Die »Abstinenzregel« in der Psychoanalyse. *Psyche, 8,* H.10, 636–40, 1954/55. – Als Kongreßvortrag in Kurzform: Os erros de interpretaçao do postulado de abstinéncia na Psicanálise. In: *Anais do I. Congr. Latino-Americano de Saúde Mental,* São Paulo, Brasil, 213, 1954.

»Organwahl« und psychosomatische Medizin. *Ztsch. Psycho-*

ther. med. Psycholog. 4, H. 3, 101–13, 1954. In Portugiesisch: Escolha do Orgão e Medicina Psicosomática. In: *Journal Brasil. de Psiquiatr.* (Rio de Janeiro), *3*, 175–96, 1957.

Über das Prospektive im Traum. – *Psyche, 9,* H. 10, 561–83, 1956.

The manifold possibilities of therapeutic evaluation of dreams. *Intern. J. Psychoanal.* (London), *39*, II–IV, 125–28, 1958.

Persönlichkeitsstruktur, Konfliktart, Organwahl und psychosomatische Medizin. *Ztsch. Psychosom. Mediz., 4,* H. 3, 186–92, 1958.

Psychoanalyse und Gruppenpsychotherapie. *Ztsch. Psychother. u. med. Psycholog., 9,* H. 4, 125–33, 1959.

Analyse des heutigen psychoanalytischen Ausbildungsganges. *Psyche, 12,* H. 2, 122–49, 1959.

Neue Beiträge aus der Phylogenese zur Biopsychologie der Frau. *Ztsch. psychosom. Med., 11,* H. 2, 1965.

Archaische Kräfte im Schmelztigel Brasilien. – Sonderheft in der Schriftenreihe *Geistige Begegnungen in der Böttcherstraße.* Angelsachsen-Verlag Bremen., 28 S., 1965.

Werner W. Kemper (Biographie)

(Aus: *Psychotherapie in Selbstdarstellungen,* hrsg. v. Ludwig J. Pongratz, erschienen im Hans Huber Verlag, Bern/Stuttgart/Wien, 1973.)

Literaturverzeichnis zu Teil II (Bach)

1. ADAMS, A. E.: Informationstheorie und Psychopathologie des Gedächtnisses. Springer, Berlin/Heidelberg/New York 1971.
2. ASERINSKY, E., KLEITMAN, N.: Regulary occurring periods of eye motility, and concomitant phenomena during sleep. *Science* 118, 237–274 (1953).
3. BAUST, W.: Die Phänomenologie des Schlafes. In: BAUST, W., (Hrsg.): *Ermüdung, Schlaf und Traum.* Wiss. Verlagsges., Stuttgart 1970.
4. BERGER, R.: Zit. nach Ref. In: *Med. Tribune* 45a, 9. 11. 71, S. 27.
5. BERLUCCHI, G.: Mechanismen von Schlafen und Wachen. In: BAUST (3), 145–205 (1970).
6. BREGER, L.: Function of Dreams. *Journ. of Abnormal Psychology* Bd. 72, 5, 1–28 (1967).
7. DEMENT, W.:
   a) The Effect of Dream Deprivation. *Science 131,* 3415, 1705–1707 (1960).
   b) Perception During Sleep, In: *Psychopathology of Perception,* Grune & Stratton, Inc., 1965.
   c) An Essay on Dreams, Relation of Dreams to Mental Illness. In: NEWCOMB, T. (Hrsg.), *New Directions in Psychology* II. Holt, Rinehart & Winston, Inc., New York 1965, 135–257.
   d) The Biological Role of REM Sleep (1968). In: KALES, A. (Hrsg.), *Sleep: Physiology and Pathology.* J. P. Lippincott Co., Philadelphia 1969, 245–265.
   e) u. a.: Hallucinations and Dreaming. In: HAMBURG, D. (Hrsg.): *Perception and its Discorders,* Williams & Wilkins, Baltimore 1920, 335–359.
8. DEMENT, W., COHEN, H., FERGUSON, J., ZAROONE, V.: A Sleep Researcher's Odyssey: The Function and Clinical Significance of REM Sleep. In: MANDELL, A., MANDELL, M. (Hrsg.): *Methods and Theory in Psychochemical Research in Man,* Academic Press, New York 1969.
9. DEMENT, W., FERGUSON, J., COHEN, H., BARCHAS, J.: Nonchemical Methods and Date Using a Biochemical Model: The REM Quanta. In: *Psychochemical Research in Man,* Academic Press, New York 1969, 275–324.
10. DIAMOND, E.: Schlafen wissenschaftlich – Wie und warum wir träumen. (rororo) Rowohlt, Hamburg 1967(64).

11. DOMHOFF, B.: Home dreams versus laboratory dreams (Home dreams are better). In: *Dream Psychology and the New Biology of Dreaming* von MILTON KRAMER (Hrsg.), Ch. Thomas, Publ. Springfield/Ill. 1969.

12. DOMHOFF, B., KAMIYA, J.: Problems in Dream Content Study With Objective Indicators (Comparison of Home and Laboratory Dream Reports). *Arch. of general psychiatry, 11,* 519–524, (1964).

13. FISHER, C.: Psychoanalytic Implications of Recent Research on Sleep and Dreaming. *J. of Amer. Psychoanal. Ass. 13,* 197–303 (1965).

14. FISHER, C., GROSS, J., ZUCH, J.: Cycle of Penile Erection Synchronous With Dreaming (REM) Sleep. *Arch. Gen. Psychiat. 12,* 29, (1965 b).

15. FOULKES, D.: Die Psychologie des Schlafs. *Conditio humana,* Fischer, Frankfurt/M., 1969.

15. FRENCH, TH., WHITMAN, R. M.: A Focal Conflictview in Dream Psychology and The New Biology. Ch. Thomas, Publ. Springfield/Ill., 1969.

17. FREUD, S.:
   a) Die Traumdeutung, G. W., II/III (1900), Imago publishing Co. Ltd.
   b) Vorlesungen zur Einführung in die Psychoanalyse. G. W. XI, 1917.

18. GOODENOUGH, D., LEWIS, H., SHAPIRO, A., SLESER, I.: Some Correlates of Dream Reporting Following Laboratory Awakenings, *The Journal of Nervous and Mental Disease, Bd. 140,* 5, 365–373 (1965).

19. GOODENOUGH, D., SHAPIRO, A., HOLDEN, M., STEINSCHRIBER, L.: A Comparison of »Dreamers« and »Nondreamers«: Eye Movements, Electroencephalograms and The Recall of Dreams, *Journal of Abnormal and Social Psychology, 59,* 1959, 295–302.

20. GOULD, L.: Auditory Hallucinations and Subvocal Speech, Objective Study in a Case of Schizophrenia, *Journal of Nervous and Mental Disease,* 1949, 418–427.

21. GRABER, C. H., KRUSE, F.: Vorgeburtliches Seelenleben. Goldmann, München 1973.

22. ISAKOWER, O.: Beitrag zur Pathophysiologie der Einschlafphänomene, *Internat. J. Psa.* XXII, 1936.

23. JACOBSON, E.:
   a) Progressive Relaxation. University of Chicago Press, Chicago 1938.
   b) The Electrophysiology of Mental Activities. In: *Amer. J. of Psychology, 44,* 677–694, 1932, zit. nach FOULKES (15)

24. JONES, E.: Sigmund Freud, Life and Work, Bd. I, London 1953; dt.: Das Leben und Werk von Sigmund Freud. Bd. I. Huber, Bern/Stuttgart 1960.

25. JOVANOVIC, U. J.:
   a) Schlafforschung und ihre klinischen Aspekte. *Der Nervenarzt,*
      41, 1970, 5–23.
   b) Sexuelle Reaktionen und Schlafperiodik beim Menschen. Enke,
      Stuttgart 1972.
26. JUNG, R.:
   a) Physiologie und Pathophysiologie des Schlafes. *Verhandlg. der*
      Dtsch. Ges. f. Inn. Med., 71, 1965.
   b) Schlaf und Traum-Neurophysiologie und klinische Korrelatio-
      nen, in: Psychiatrie d. Gegenwart, Bd. I, A. Springer, Blu./
      Hdbg./New York, 1967.
   c) Schlaf und Traum, Fischer, Stuttgt., 1974.
27. KALES, A., u. a.: Sleep Patterns following 205 Hours of Deprivation.
   Psychosom. Med. XXXII, 189, 1970.
28. KEMPER, W.:
   a) Der Traum und seine Be-Deutung. Rowohlt-Enzyclopädie,
      Reinbek bei Hamburg, 1. Aufl. 1955.
   b) Analyse zweier eindrucksvoller Wahrträume. *Psyche,* VIII, H. 7,
      450–467 (1954–55).
   c) Zur Praxis der therapeutischen Traumdeutung. *Ztsch. Psychother.*
      u. med. Psychol., 6, 233–44 (1956).
   d) Über das Prospektive im Traum. *Psyche* IX, 1956, 561–583.
   e) Subjektstufen- und kategoriale Interpretation des Traumes. *Psy-*
      che XI, H. 1 (1957).
   f) The manifold possibilities of therapeutic evaluation of dreams. *In-*
      tern. J. Psychoanal. (London), *39,* II–IV, 125–128 (1958).
29. KLEITMAN, N.:
   a) Sleep and Wakefulness (2. erw. Aufl.). Chicago/London; Chicago
      University Press 1963.
   b) The Nature of Dreaming. In: *Ciba-Foundation Symposium on the*
      Nature of Sleep. Churchill Ltd. London, 1961, 349–363.
30. KRAMER, M. (Hrsg.): Dream Psychology and the New Biology of
   Dreaming. Ch. Thomas, Publ., Springfield/Ill. 1969.
31. LEONHARD, K. ROTH, B.: Aufgabe des paradoxen Schlafes in der
   Erhaltung des Gedächtnisses. *Z. Nervenheilk. 30,* 46–57 (1972).
32. LEWIN, B.: Sleep, the Mouth, and the Dream Screen. *Psychoanalytic*
   Quarterly 419–434, (1946).
33. OHLMEYER, P., BRILLMAYER, H., HÜLSTRUNG, H.: Periodische
   Vorgänge im Schlaf. *Pflügers Arch. ges. Physiol., 248,* 559 (1944). Zit.
   nach 25b.
34. OTHMER, E.: Schlaf- und Wachverhalten. *Forum der Psychiatrie,*
   Bd. 15, Stuttgart, Ferd. Enke 1967. Zit nach 37.
35. RECHTSCHAFFEN, A., GOODENOUGH, D. SHAPIRO, A.: Patterns of
   Sleep Talking, *Archives of General Psychiatry 7,* 418–426 (1962).

36. SCHULTZ-HENCKE, H.:
    a) Lehrbuch der Traumanalyse. Thieme, Stuttgart 1949.
    b) Lehrbuch der analyt. Psychotherapie. Thieme, Stuttg. 1951.
37. SCHULTZ, H., MEYER, A. E., COHEN, R.: Experimenteller Traum-
    entzug und psychische Veränderungen. *Nervenarzt 39*, 5, 193–198
    (1968).
38. SCHWIDDER, W.: Bedeutung der Traumbearbeitung in der psycho-
    analytischen Behandlungstechnik. In: *Fortschr. d. Psychoanalyse*
    Bd. 4, 18–38, Hogrefe, Göttingen 1970.
39. SHAPIRO, A., GOODENOUGH, D., GRYLE, R.: Dream Recall as a
    Function of Method of Awakening, *Psychosomatic Medicine 25*,
    174–180 (1963).
40. SHEPPARD, E.: Dream Content Analysis, in: M. KRAMER (Hrsg.):
    Dream Psychology and the New Biology of Dreaming. by Thomas,
    Publ. Springfield/Illinois (USA), 1969, S. 235.
41. SNYDER, F.: The Physiology of Dreaming. In: M. KRAMER (Hrsg.)
    (S. 40).
42. SPITZ, R.:
    a) Die Urhöhle (Zur Genese der Wahrnehmung und ihrer Rolle in
       der psychoanalytischen Theorie). *Psyche 9*, 11, 641–667 (1956).
    b) Die Entstehung der ersten Objektbeziehungen. Klett, Stuttgart
       1960.
    c) Nein und Ja. Die Ursprünge der menschlichen Kommunikation.
       Klett, Stuttgart 1957.
    d) Vom Säugling zum Kleinkind. Klett, Stuttgart 1967.
43. STRAUCH, I.: Methoden, Ergebnisse und Probleme der modernen
    experimentellen Traumforschung. In: GRAEVENITZ, J. v. (Hrsg.):
    Bedeutung und Deutung des Traumes in der Psychotherapie. Wiss.
    Buchges. Darmstadt. 1968, 331–372.
44. THOMA, H.: Bemerkungen zur Bedeutung neuerer physiologischer
    Schlaf- und Traumuntersuchungen für die psychoanalytische
    Traumlehre, *Psyche 19*, 801–812 (1965).
45. WOLFF, M.: Untersuchungen über den Schlafverlauf bei Gesunden
    und bei psychisch Kranken, Westd. Verlag, Köln/Opladen 1965.
46. WOLPERT, E., TROSMAN, H.: Experimental Evocation of Sequential
    Dream Episodes, *Archives of Neurolog. and Psychiatry 79*, 603–606
    (1958).

Traumregister

Namenregister

Sachregister

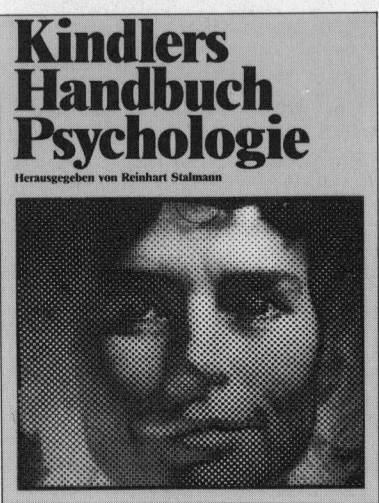